쉽고
재미있게
예제로 배우는!

PYTHON AND PYGAME

파이썬과 파이게임

| 정선호 지음 |

도서출판 그린

| 머리말 |

본 교재는 필자가 지금까지 강의했던 내용을 기초로 하여 구성하였다. 필자가 이 책을 쓰면서 제일 고민한 점은 어떤 내용에 중점을 두어야 할 것인가이다. 많은 기존 관련 서적들에서 서운했던 점들을 보완하면서 좀 더 현실적이고 다양한 응용이 가능한 내용을 다루고 싶었기 때문이다. 溫故知新(온고지신, 옛 것을 앎으로서 그것을 통하여 새로운 것을 알게 된다)은 오래된 한자 성어지만 컴퓨터 분야처럼 새로운 기술이 계속 발표되는 분야에서도 정확하게 들어맞는 말이라 생각한다. 기본만 탄탄하게 갖춘다면 새로운 기술은 얼마든지 쉽게 받아들이고 이해할 수 있기 때문이다. 이러한 기본 이론을 충분히 공부할 수 있는 시간은 아마도 학생 때나 취업을 준비할 때가 가장 충분할 것이다. 지금은 진정한 실력을 갖춘 사람이 살아남을 수 있는 가능성의 시대이다.

본 교재는 크게 두 부분으로 구성되어 있다. 앞부분은 파이썬(Python)에 대한 내용으로, 파이썬의 설치부터 핵심적인 내용을 다루었다. 두 번째 부분은 파이썬이 제공하는 여러 라이브러리 중 파이게임(Pygame)을 다루고 있다. 파이게임은 게임을 만들기 위한 모듈로 파이썬의 기능을 학습한 학생들이 쉽게 게임을 만들 수 있는 다양한 기능을 제공하고 있어 강의만으로는 부족했던 부분들을 실습할 수 있도록 내용을 기술하였다. 또한 파이썬을 처음 배우는 초급자들이 이론과 실무를 체계적으로 정리하는데 도움이 되도록 다양한 예제를 제공하려고 노력하였다.

좀 더 폭넓게 파이썬과 파이게임의 개념과 기능들을 충분히 다루려고 노력하였으나, 저자의 미숙함 때문에 부족한 부분이 있지 않을까 우려된다. 이 부분은 독자 여러분과 함께 지속적으로 보강해 나갔으면 하는 바람이다.

책을 만드는 과정에서 지속적인 관심으로 도와주신 그린출판사에 감사의 마음을 전한다.

개인적으로 멀리 타국에서 열심히 공부하고 있을 자랑스러운 나의 아이들, 그리고 오늘도 성실하게 자신만의 연구에 매진하고 있는 자랑스러운 딸과 남편, 이제는 만날 수 없는 그리운 부모님, 천호성지, 아름답고 평안한 그 곳에서 영원한 안식을 하고 계실거라 믿으며 부족한 자식에게 절대적인 응원과 지지를 보내주신 것에 감사의 마음을 전하며, 이 책을 바치고 싶다.

2020. 01. 30

정선호

C.O.N.T.A.N.T.S

PART 1 파이썬 (Python) 이해하기

PART 2 파이썬 프로그래밍

C.O.N.T.A.N.T.S

PART 3 Pygame으로 게임 만들기

쉽고 재미있게 예제로 배우는 **파이썬**과 **파이게임**

PART 1

파이썬 (Python) 이해하기

Chapter 1.
파이썬 (Python) 이란?

Chapter 1

파이썬 (Python) 이란?

프로그램은 작업을 수행하는 과정을 절차적으로 표현한 것으로, 프로그래밍 언어를 사용하여 작성한다. 프로그래밍 언어는 약속의 언어이다. 프로그래밍 언어로 작성된 프로그램 코드를 소스 코드 (Source code)라고 하며, 프로그래밍 언어마다 소스 코드를 기계어 (이진수로 이루어진 기계적인 특성에 가까운 저수준의 언어) 코드로 번역하기 위한 툴을 포함하고 있다.

이런 번역 프로그램은 크게 컴파일러(Compiler)와 인터프리터(Interpreter)로 구분된다. 컴파일러는 소스 코드를 기계어로 미리 번역한 후 사용하며, 인터프리터는 실행이 필요할 때마다 소스 코드를 실시간으로 해석해서 그에 맞는 명령을 실행한다.

파이썬은 인터프리터를 사용하는 언어이다. 따라서 파이썬 언어로 작성한 프로그램은 컴파일 과정을 거치지 않고 바로 실행시킬 수 있는데, 이를 위해서는 파이썬 인터프리터가 미리 설치되어 있어야 한다.

파이썬 인터프리터 프로그램을 줄여서 '파이썬'이라고 부른다. '파이썬'은 언어를 의미하기도 하고, 인터프리터 프로그램을 의미하기도 한다. 파이썬 인터프리터를 설치하고 사용하는 방법을 차근차근 알아보도록 한다.

1 파이썬의 특징

파이썬 (Python)은 네덜란드의 귀도 반 로섬 (Guido van Rossum)이 개발한 범용 프로그래밍 언어로, 코드 가독성 (readability)과 간결한 코딩을 강조한 언어이다. 파이썬은 오픈 소스

(Open Source)로 무료로 제공된다. 파이썬 공식 웹사이트 (https://www.python.org/)에서 다운로드하여 간단하게 설치할 수 있다.
또한 파이썬은 객체지향 프로그래밍 언어로서, 다양한 분야의 프로그래밍에 활용할 수 있으며, 리눅스, Mac OS X, 윈도우즈 (Windows) 등 다양한 시스템에서 널리 사용되고 있다.
MIT를 포함한 많은 대학에서 프로그래밍 입문을 위한 언어로 파이썬을 가르치고 있으며, 구글 (Google)이나 마이크로소프트 (Microsoft) 등의 많은 기업에서도 파이썬을 사용하고 있다.
뿐만 아니라 과학, 데이터 사이언스, 기계학습 (Machine learning)과 딥 러닝 (Deep learning) 등 급성장하고 있는 인공지능 (AI) 분야에서도 많이 사용되고 있다.

1) 파이썬의 특징

프로그래밍 언어마다 각각의 특징이 있지만, 파이썬에는 다른 언어들에서는 쉽게 찾아볼 수 없는 파이썬만의 독특한 특징이 있다. 파이썬의 특징을 간단히 알아보도록 한다.

▪ 파이썬은 배우기 쉽다 (Easy-to-learn, Easy-to-read)

파이썬은 문법이 쉽고 간결해서 배우고 사용하기 쉽다. 파이썬은 33개의 키워드 (예약어)만을 가지고 있으며, 코드를 작성하기 위해 사용되는 규칙이 적다. 규칙이 적어 기억하기 쉬울 뿐 아니라 프로그램을 배우는 시간도 적게 걸린다.
예약어의 수가 적을 뿐 아니라 파이썬은 비슷한 기능이 중복되지 않도록 만들어져 있는 간편하고 기억하기 쉬운 프로그래밍 언어이다.

▪ 파이썬은 사용하기 쉽다 (Easy-to-use)

파이썬이 20년 이상의 사용될 수 있었던 이유는 이전 버전의 기능들을 최대한 사용할 수 있도록 하면서 파이썬의 업그레이드가 진행되었기 때문이다. 새로운 기능을 추가하면서 기존의 기능들을 계속 사용할 수 있도록 유지하는 하위 호환을 최대한 고려하여 개발하고 있다.
프로그램의 구조가 단순하고 이해하기 쉽게 만들어져 있어 처리 내용을 이해하기 쉽도록 프로그램을 작성하고 가독성이 높은 프로그램을 만들 수 있다.

■ **파이썬은 확장이 용이하다 (Extendable)**

파이썬은 과학 기술 계산이나 통계 데이터 처리 등의 방대한 데이터 분석이나 딥 러닝, 기계 학습 등의 인공지능 분야에서도 많이 사용되고 있다. 이는 파이썬이 데이터 처리뿐만 아니라 언어 분석, 이미지 처리, 데이터베이스와의 연동 등의 많은 분야에서 사용할 수 있는 라이브러리를 제공하고 있기 때문이다.

관련된 라이브러리가 풍부하여 파이썬과 라이브러리를 함께 사용하면 짧은 시간에 원하는 소프트웨어를 개발할 수 있고, 언어도 다루기 쉬울 뿐 아니라 많은 라이브러리를 무료로 사용할 수 있다는 것이 파이썬의 특징이라 할 수 있다. 또한 UNIX, Windows 및 Macintosh의 플랫폼에서 호환이 되는 라이브러리가 대부분 존재하며, 다양한 하드웨어 플랫폼에서 실행될 뿐 아니라 모든 플랫폼에 동일한 인터페이스를 제공한다.

파이썬은 주요 상용 데이터베이스에 대한 인터페이스를 제공하며, 윈도우 MFC, 매킨토시 및 유닉스의 X 윈도우 시스템을 만들어 이식할 수 GUI 응용 프로그램을 지원한다.

2) 파이썬으로 할 수 있는 일

파이썬은 풍부한 라이브러리를 제공하고 있어, 데이터 분석, 게임 개발, 보안 등 다양한 분야에서 사용이 가능하다. 파이썬으로 할 수 있는 대표적인 몇 가지 예를 들어 보자.

■ **시스템 유틸리티**

파이썬은 운영체제(윈도우, 리눅스 등)의 시스템 명령어들을 이용할 수 있는 각종 도구를 갖추고 있기 때문에 이를 바탕으로 갖가지 시스템 유틸리티를 만드는 데 유리하다.

■ **GUI 프로그래밍**

파이썬 프로그램을 설치할 때 함께 설치되는 기본 모듈인 Tkinter(티케이인터)를 이용하여 GUI (Graphic User Interface) 프로그램을 간단히 만들 수 있다. Tkinter 뿐 아니라 wxPython, PyQT, PyGTK 등을 이용하여 다른 언어보다 훨씬 쉽게 GUI 프로그램 개발이 가능하다.

■ **C 언어/C++ 언어와의 결합**

파이썬은 접착(glue) 언어라고도 부르는데, 그 이유는 다른 언어들과 잘 어울려 다른 언어와 결합해서 사용할 수 있기 때문이다. C나 C++로 만든 프로그램을 파이썬에서 사용할 수 있으며, 파이썬으로 만든 프로그램 역시 C나 C++에서 사용할 수 있다.

■ **웹 프로그래밍**

파이썬은 파이썬이나 방명록과 같은 웹 프로그램을 만들기에 매우 적합한 도구이다.

■ **숫자 연산 프로그래밍**

사실 파이썬은 수치 연산 프로그래밍에 적합한 언어는 아니다. 수치가 복잡하고 연산이 많다면 C같은 언어로 하는 것이 더 빠르다. 하지만 파이썬에는 C로 작성된 NumPy이라는 수치 연산 모듈이 제공되어 파이썬에서도 수치 연산을 빠르게 할 수 있다.

■ **데이터베이스 프로그래밍**

파이썬은 오라클(Oracle), MySQL, 사이베이스(Sybase), 인포믹스(Infomix), PostgreSQL 등의 데이터베이스를 직접 이용할 수 있도록 하는 도구들을 제공한다. 이런 데이터베이스를 직접 이용하는 것 외에도 파이썬에는 피클(pickle)이라는 모듈이 있어서 파이썬에서 사용되는 자료들을 변형없이 그대로 파일에 저장하고 불러오는 일들을 수행할 수 있도록 한다.

■ **데이터 분석과 사물 인터넷 (IoT)**

파이썬으로 만들어진 판다스(Pandas)라는 모듈을 이용하면 데이터 분석을 더 쉽고 효과적으로 할 수 있다. 데이터 분석을 할 때 아직까지는 데이터 분석에 특화된 'R'이라는 언어를 많이 사용하고 있지만, 판다스가 등장한 이후로 데이터 분석에 주로 사용되었던 'R' 언어 대신 파이썬을 이용하는 경우가 점점 증가하고 있다.

사물 인터넷 분야에서도 파이썬이 많이 활용되고 있다. 리눅스 기반의 라즈베리파이 (Raspberry Pi)를 제어하기 위하여 파이썬을 사용하고 있으며, 라즈베리파이에 연결된 모터를 작동시키거나 LED에 불이 들어오게 하는 일들을 파이썬으로 할 수 있다.

그러나 도스나 리눅스 같은 운영체제, 엄청난 횟수의 반복과 연산을 필요로 하는 프로그램 또는 데이터 압축 알고리즘 개발 프로그램 등 시스템과 밀접한 프로그래밍이나 파이썬을 이용한 안드로이드 앱 개발이나 아이폰 앱 개발 등의 모바일 프로그래밍은 아직 파이썬으로는 할 수 없다.

2 파이썬 설치하기

파이썬 (Python)은 Windows, MacOS 및 Linux 등에서 모두 사용가능하다. 파이썬을 다운로드하고 설치하는 방법은 아주 간단하다. 이제 파이썬을 다운로드하여 설치하는 방법을 알아보도록 한다. 파이썬 웹사이트 (http://www.python.org/download)에서 윈도우즈용 파이썬 언어 패키지를 무료로 다운로드할 수 있으며, 윈도우 인스톨러를 사용하여 설치할 수 있다. 가장 최신 버전인 3.7 버전을 다운로드한다.

[1단계] 파이썬 다운로드

❶ 파이썬 웹사이트의 화면 상단 메뉴 중 [Downloads] 버튼을 클릭하여 다운로드 페이지로 이동한다.

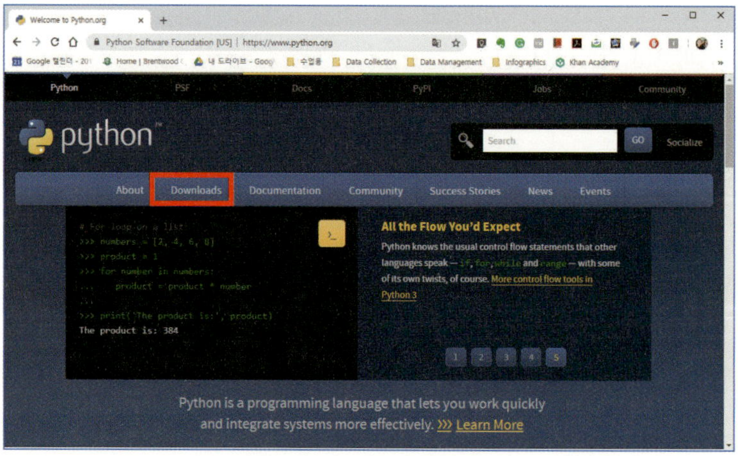

❷ 다운로드 페이지에서는 사용자 환경을 자동으로 판별하여 필요한 설치 프로그램이 표시된다. [Download Python 3.7.1] 버튼을 클릭하여 프로그램을 다운로드한다.

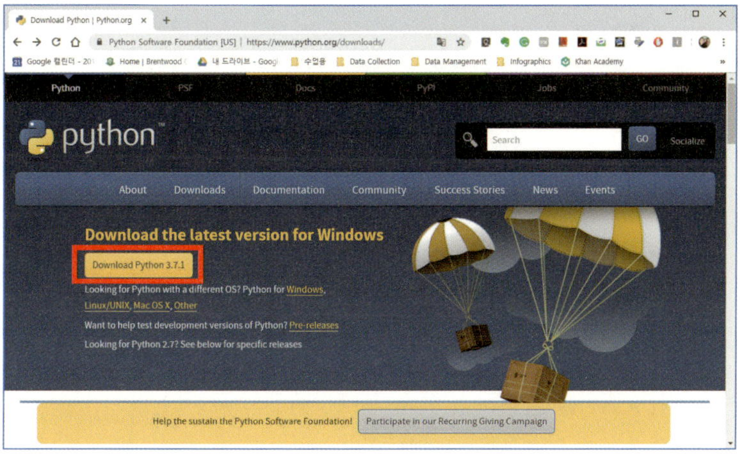

[2단계] 파이썬 설치

❶ 다운로드된 파일을 클릭하여 실행하면, [Python 3.7.1 Setup] 대화상자가 표시된다. 파이썬이 어느 곳에서든 실행될 수 있도록 'Add Python 3.6 to PATH' 옵션을 선택한 다음, 'Install Now'를 클릭하면 설치가 진행된다.

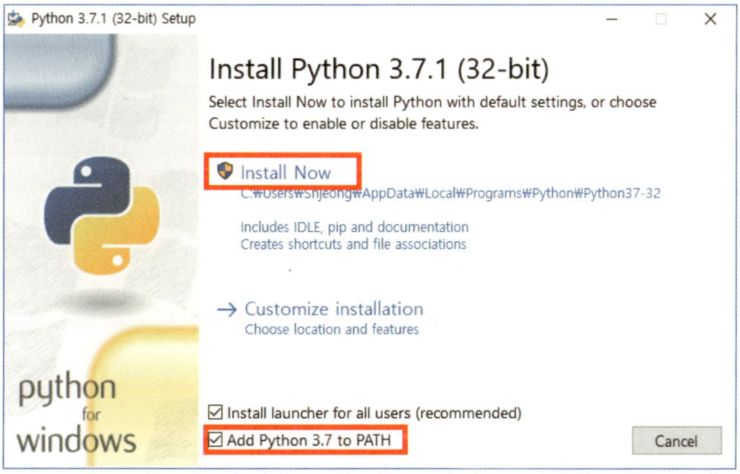

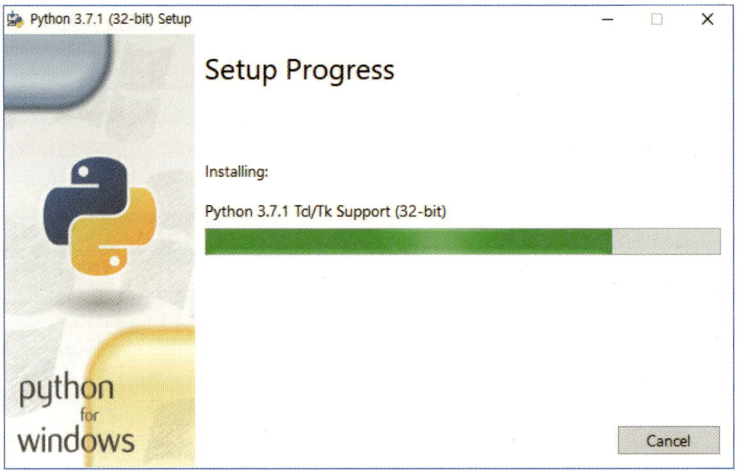

❷ 설치가 완료되면 [close]를 클릭하여 설치 프로그램을 종료한다.

❸ 파이썬이 정상적으로 설치되면, 프로그램 메뉴에서 [Python 3.7] 폴더가 추가된다.

3 파이썬 둘러보기

파이썬을 사용하여 간단한 프로그램을 작성하고 실행해 보도록 한다. 파이썬에는 대화형 셸(Interactive Shell)이라는 기능이 제공된다. 대화형 셸을 사용하여 파이썬과 대화하듯이 키보드로 명령어를 입력하여 간편하게 파이썬을 사용할 수 있다.

1) 대화형 쉘 (Interactive Shell) 사용하기

파이썬 프로그램 그룹에서 'Python 3.7'을 선택하면 다음과 같은 파이썬 쉘이 실행된다.

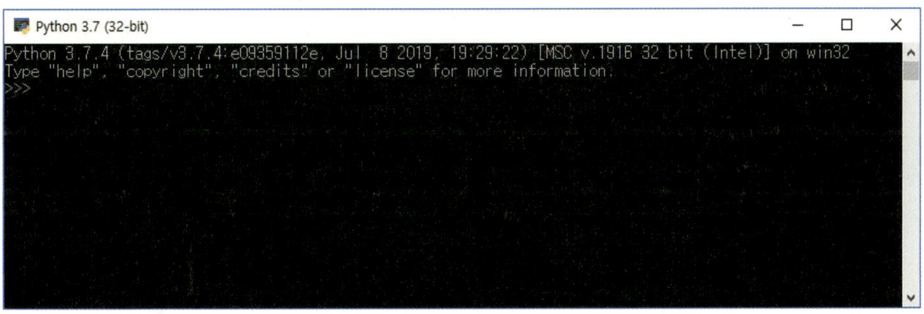

대화형 쉘이 시작되면 기본 프롬프트인 >>>가 화면에 표시된다. 한 줄 이상으로 작성된 식을 입력하는 경우 보조 프롬프트인 ...가 표시된다.

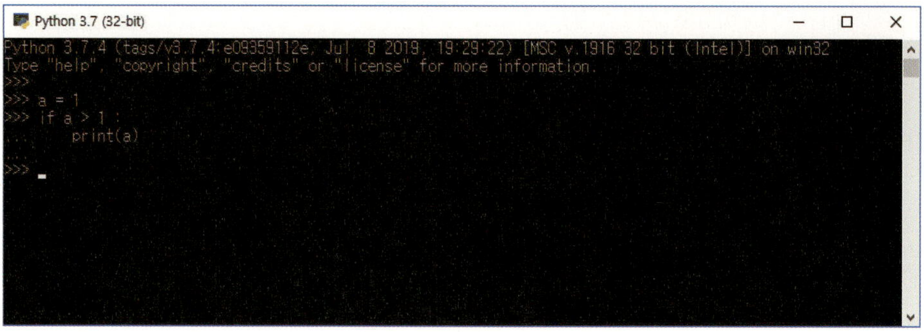

파이썬 쉘에서 exit( )를 입력하고 〈Enter〉 키를 누르거나, 〈Ctrl + Z〉 키를 누르고 〈Enter〉 키를 눌러 종료한다.

2) 파이썬 프로그램 작성하기

대화형 쉘을 사용하면 파이썬 코드를 작성하고 실행하기 편리하다. 그러나 쉘을 종료하면 입력한 코드도 함께 사라지게 된다. 또한 입력한 코드를 수정할 수도 없다. 이러한 이유로 대화형 쉘은 긴 프로그램을 작성하거나 코드를 저장하고자 하는 경우 적합하지 않다.
프로그램의 소스 코드를 작성하고, 저장하고, 열고, 편집하는 등의 작업을 하기 위해 소스 코드 작성을 위한 프로그래밍용 텍스트 편집 프로그램이 사용하면 편리하다.
프로그래밍용 텍스트 편집기의 종류는 매우 많다. 대표적으로 빔(Vim), 이맥스(Emacs), 아톰(Atom), 서브라임 텍스트(Sublime Text) 등이 있다. 이외에도 파이썬 인터프리터를 내장하고 있는 통합 개발 환경인 파이참(PyCham)이나 아나콘다(Anaconda) 등도 많이 사용되고 있다.
이 책의 앞부분에서는 파이썬 쉘과 에디터를 사용하여 코드를 작성하고, 중반 이후에는 아나콘다(Anaconda)를 설치하여 소스 코드를 작성하고 실행하도록 한다.

■ 기본 에디터 (Editor)를 사용하여 작성하기

윈도우에 기본적으로 설치되는 텍스트 파일을 작성하는 기본 에디터 (예, 메모장, 워드패드 등)를 사용하여 프로그램을 작성할 수 있다. 단, 저장할 때는 파이썬 프로그램 파일임을 표시하기 위해 확장자를 .py로 저장해야 한다.

■ 파이썬 IDLE (통합환경) 이용하기

파이썬을 설치하면 함께 설치되는 IDLE (아이들)을 사용하여 코드를 작성할 수 있다. 파이썬 프로그램 그룹에서 'IDLE (Python 3.7 32-bit)'를 선택하여 실행한다.

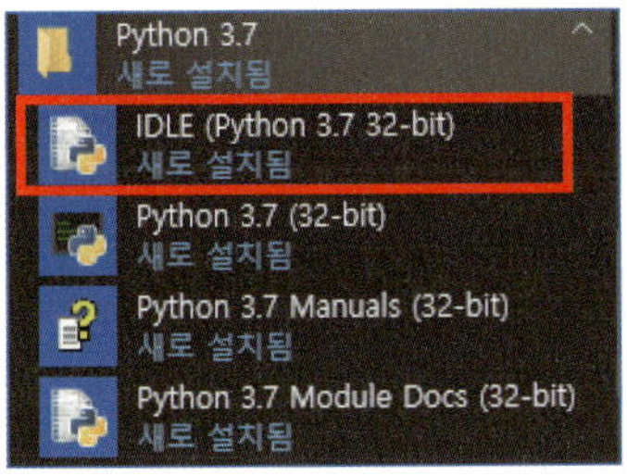

파이썬 IDLE는 쉘 (Shell) 모드와 에디터 (Editor) 모드가 있으며, 'IDLE (Python 3.7 32-bit)'를 선택하면 쉘 (Shell) 모드로 실행된다. 에디터 (Editor) 모드는 쉘 (Shell)모드에서 'File' 〉 'New File' 메뉴를 실행하여 표시한다.

에디터 (Editor) 모드에서 파이썬 프로그램을 작성한 후, 저장하고 실행하면 결과가 파이썬 쉘 (Shell)에 표시된다.

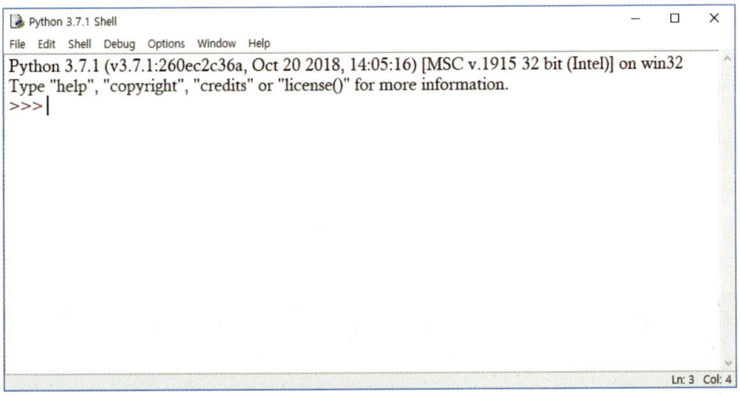

[쉘 (Shell)모드]

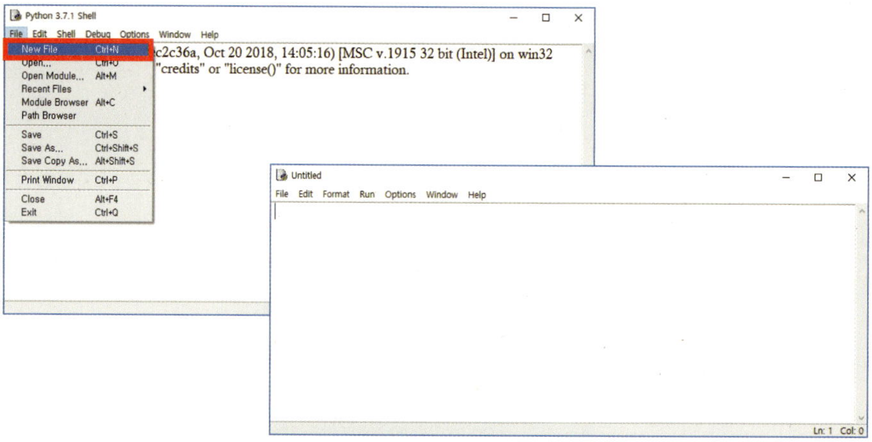

[에디터 (Editor) 모드]

▬ 아톰 (Atom) 에디터 사용하기

아톰은 Github에서 만든 에디터로 다양한 프로그래밍 언어의 편집기로 사용할 수 있도록 고안된 문서 및 소스코드 편집기이다. 무료이고, 플러그인으로 기능을 쉽게 확장할 수 있으며, 윈도우즈, 리눅스, macOS를 모두 지원한다.

아톰 에디터 설치하기

❶ 아톰 사이트 (https://atom.io/)에 접속한다.

❷ [Download] 버튼을 클릭하여 사용 중인 플랫폼에 맞는 설치 파일을 다운로드한다.

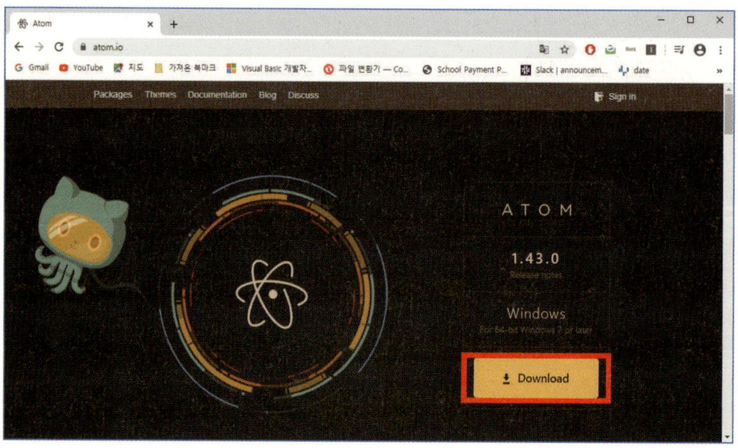

❸ 다운로드된 파일을 실행하면 다음과 같은 로고가 표시되고 설치를 진행한다.

❹ 설치가 완료되면 다음과 같은 화면이 표시된다.

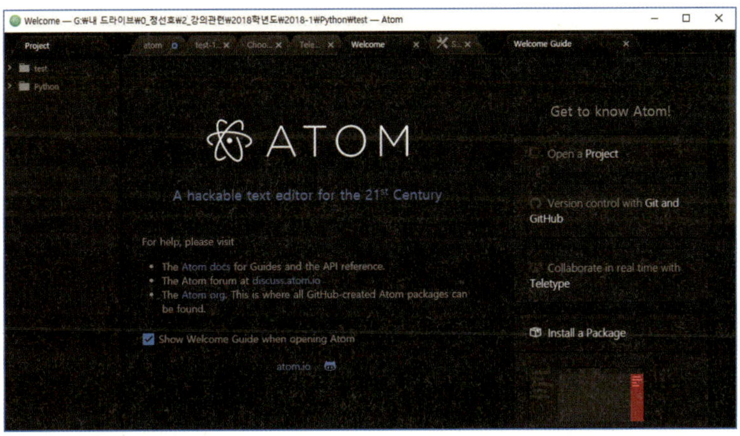

❺ 새로운 파일을 작성하기 위하여, [Project] 탭에서 마우스 오른쪽 버튼을 클릭하여 [New Folder] 메뉴를 선택하고,

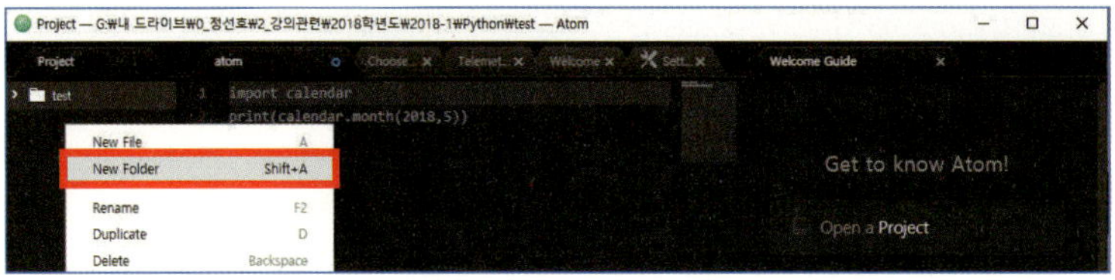

상단에 새 폴더 경로를 입력한 다음, 〈Enter〉 키를 누르면 지정된 경로에 폴더가 생성된다.

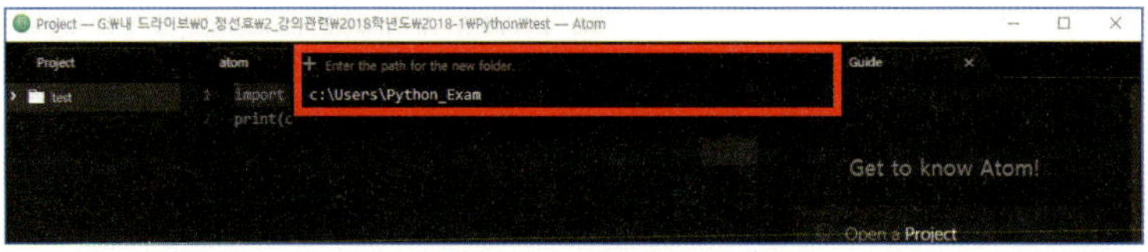

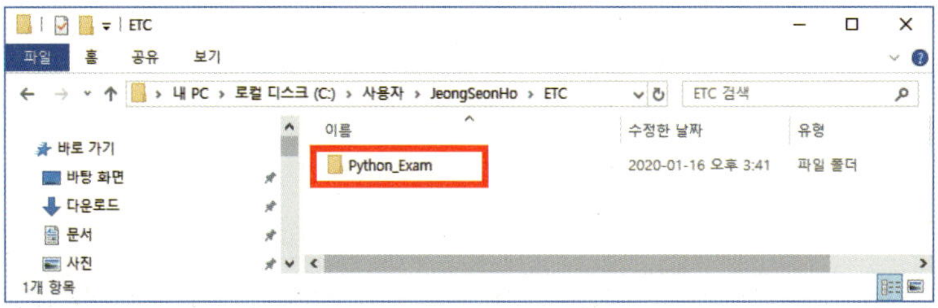

❻ 생성된 폴더를 [Project] 탭에 추가한다. [Project] 탭에서 마우스 오른쪽 버튼을 클릭하여 [New Project Folder] 메뉴를 선택하고, [Open Folder] 대화상자에서 폴더를 찾아 선택한 다음, [폴더 선택] 버튼을 클릭한다.

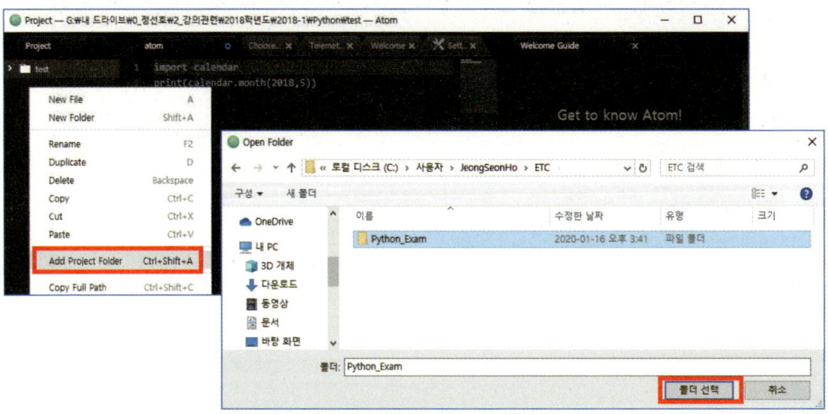

[Project] 탭에 'Python' 폴더가 추가된다.

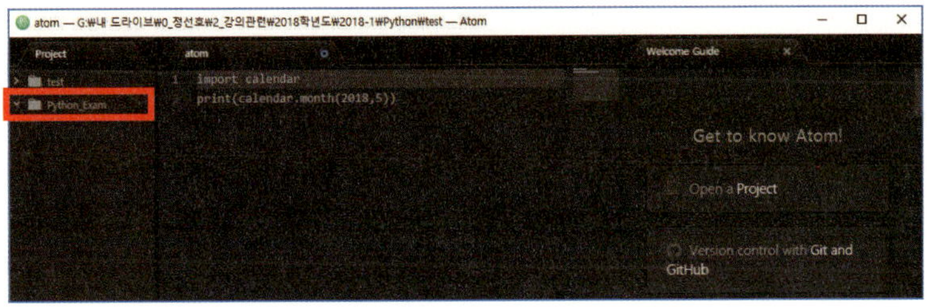

❼ 'Python' 폴더를 선택하고, 마우스 오른쪽 버튼을 클릭한 다음 'New File' 메뉴를 선택하고,

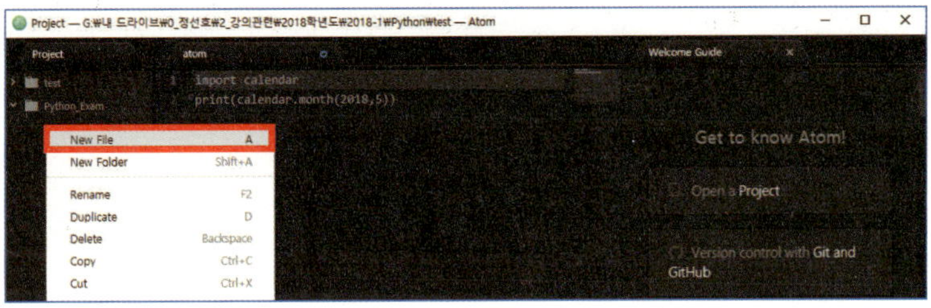

상단에 표시된 영역에 파일 이름 (test−1.py)을 입력한 다음 〈Enter〉 키를 누르면 파일이 생성되고, 파일 이름의 탭이 표시된다.

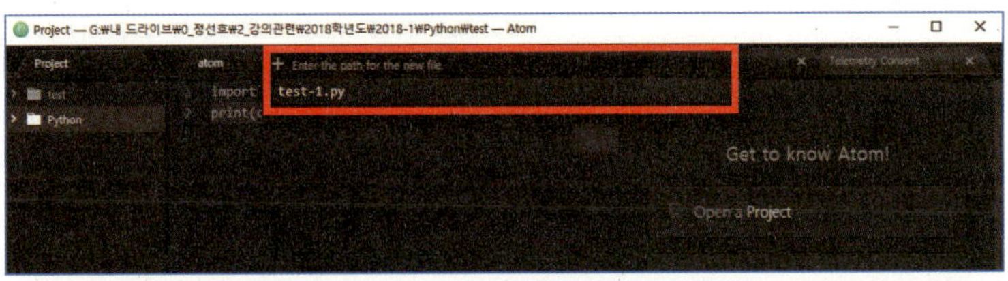

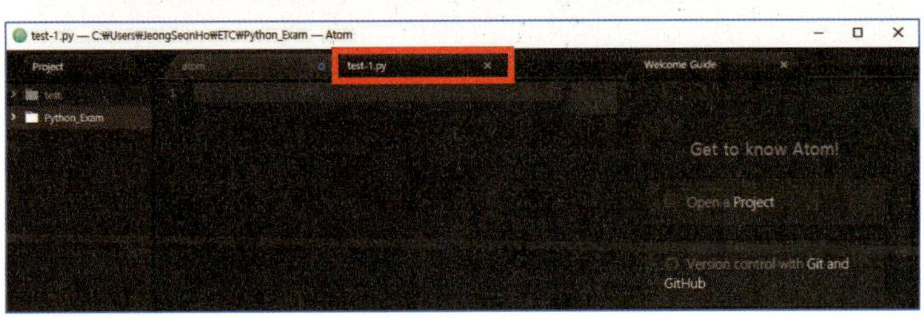

❽ 아톰 (Atom)은 77개 정도의 패키지가 포함되어 있어 다양한 언어와 자동완성 기능을 지원한다. 예를 들어 「language–python」 패키지는 파이썬의 소스코드 편집이 가능하도록 지원한다. 포함된 패키지 중 소스코드를 실행하기 위한 패키지인 「script」와 자동완성 기능을 제공하는 「emmet」를 설치해 보도록 한다.

❽–1. 아톰 편집기 화면 오른쪽의 [Welcome Guilde] 탭에서 [Install a Package] 버튼을 클릭한다.

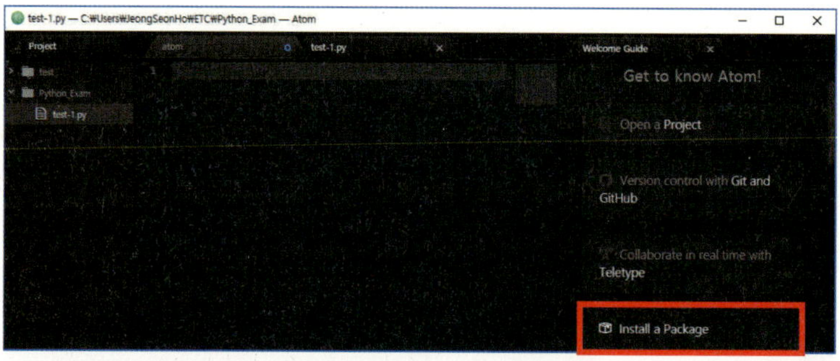

❽–2. [Install a Package]가 확장되면서 [Open Installer] 버튼이 표시된다. [Open Installer] 버튼을 클릭한다.

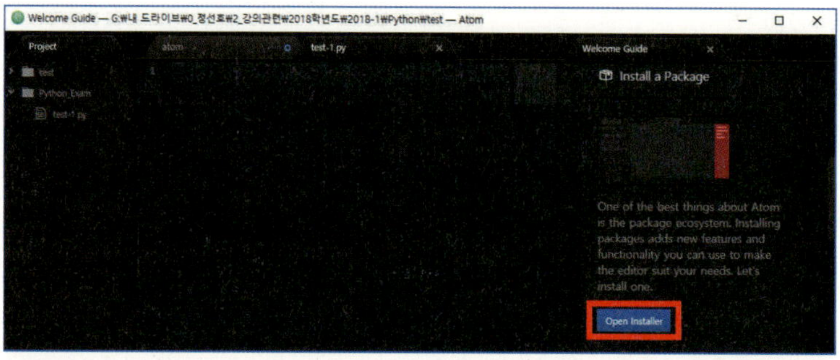

❽–3. [Setting] 탭이 표시되면, 검색할 패키지의 이름인 'script'를 입력하고, 'script' 패키지에 표시된 [Install] 버튼을 클릭한다.

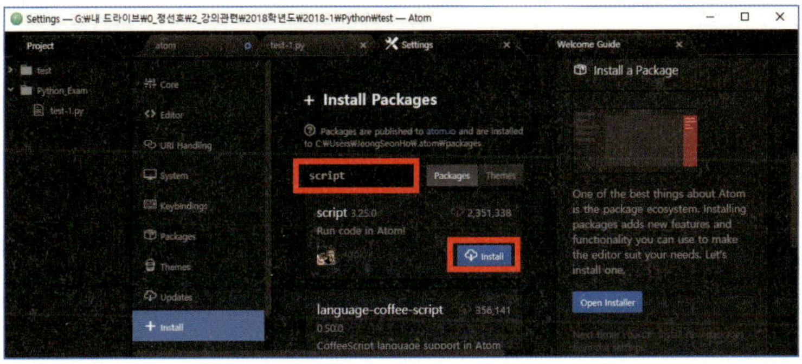

❽-4. script 패키지 설치가 완료되면, 다음 그림과 같이 표시된다.

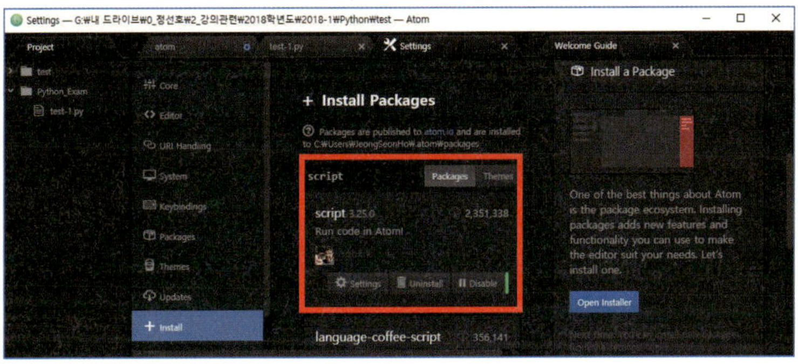

❽-5. 2~4 과정을 반복하여 emmet 패키지를 설치한다. 설치된 패키지는 'Packages'에서 확인할 수 있다.

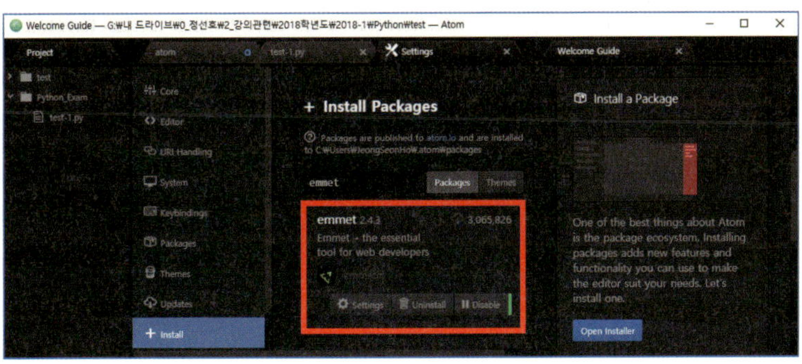

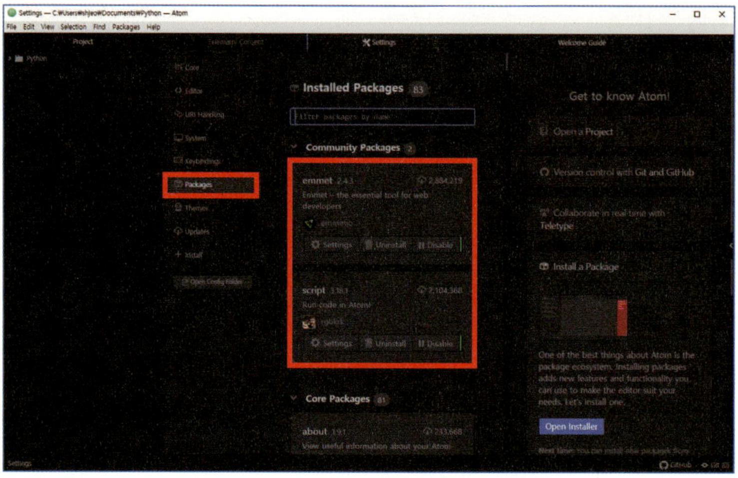

❾ [test-1.py] 탭을 클릭하고, 다음과 같이 파이썬 코드 작성한다.

```
a = "Atom 설치하기"
print (a)
```

■ 파이참 (PyCharm) 사용하기

파이썬을 가장 편리하게 사용할 수 있도록 기능을 제공하는 통합 개발 도구 중의 하나가 파이참 (PyCharm)이다. 파이참 (PyCharm)은 다음과 같이 몇 가지 특징이 있다.

▪ 파이참 (PyCharm)은 무료이다.

파이참 (PyCharm)은 Professional과 Community 2가지의 버전이 있다. Professional 버전은 전체 기능과 Web 개발이 가능하고 유료이지만, Community 버전은 무료로 사용이 가능하다.

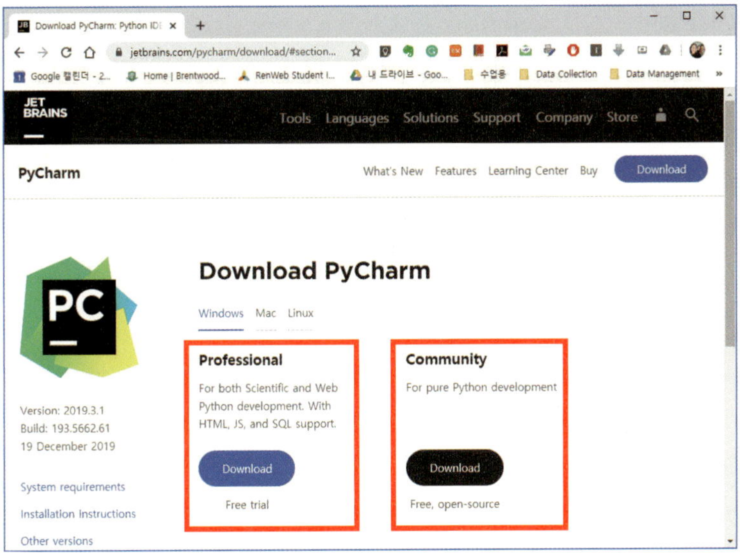

■ 파이썬 (Python) 버전을 선택할 수 있다.

파이썬은 2.7 버전과 3.5(이상) 버전을 모두 사용할 수 있다. 필요에 따라 버전을 선택적으로 적용해야 하는 경우 코드마다 실행하는 파이썬 (Python)버전을 선택할 수 있다.

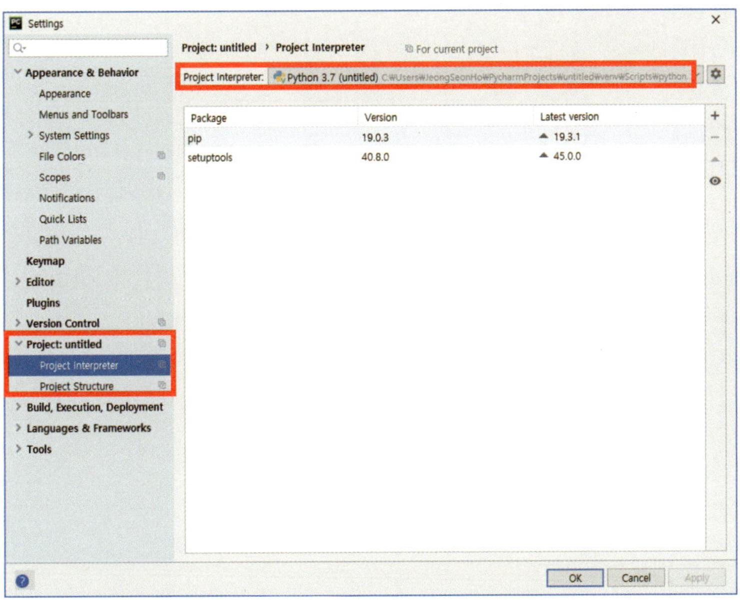

■ **패키지 설치가 쉽다.**

파이썬에서 필요한 패키지를 설치하려면 pip install 명령어를 사용하는 것과 달리 파이참(PyCharm)을 사용하면 패키지를 쉽게 설치할 수 있다. [Settings] 대화상자에서 'Project 〉 Project Interpreter'를 클릭하여 표시된 패키지 목록 중에서 원하는 패키지를 선택한 후 [+] 버튼을 클릭하여 설치한다.

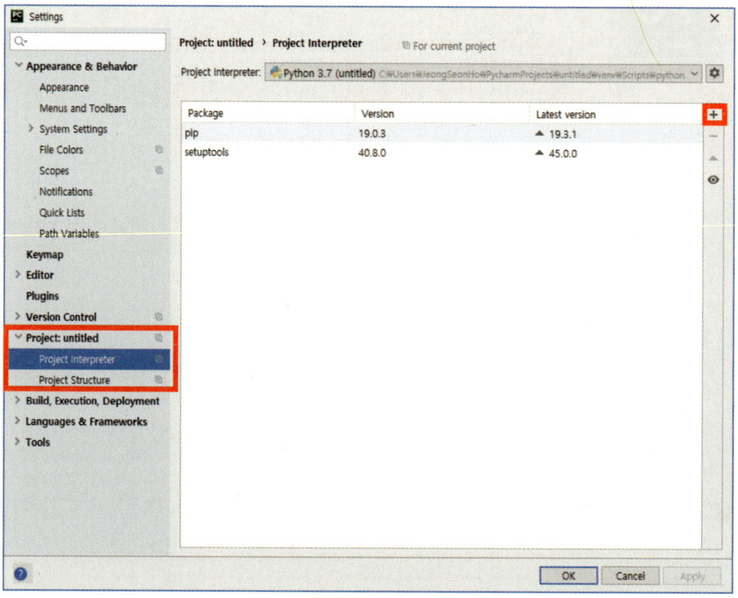

■ **코드 실행 방법이 간편하다.**

「Python Console」을 클릭하여 ipython을 실행하고 코드를 입력하거나, 편집창에서 코드를 입력하고, 실행하면 ipython 창에 바로 결과가 표시된다. 작성된 코드를 여러 번 반복적으로 실행하는 경우 유용하다.

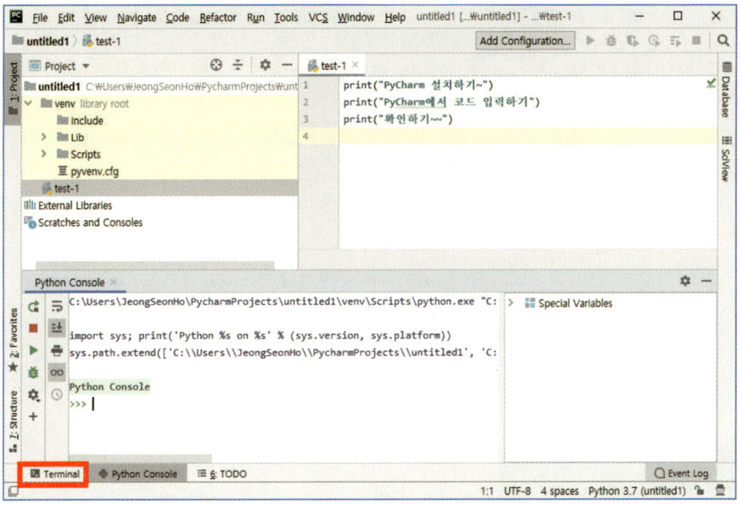

■ **파이썬 파일과 함수 관리가 쉽다.**

파이참 (PyCharm)의 편집 창의 [Structure] 탭에 해당 코드 안에 있는 함수들을 표시하여 작성한 함수를 쉽게 찾을 수 있다. [Structure] 탭이 표시되지 않은 경우 'View – Tool Windows' 메뉴에서 'Structure' 메뉴를 선택한다.

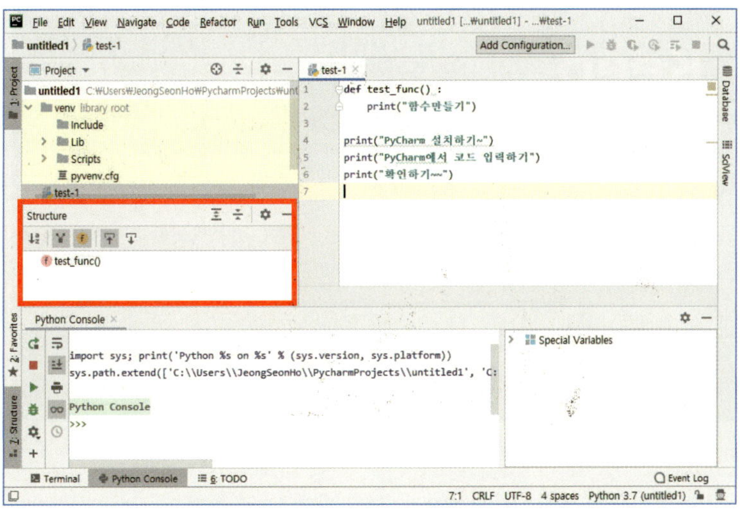

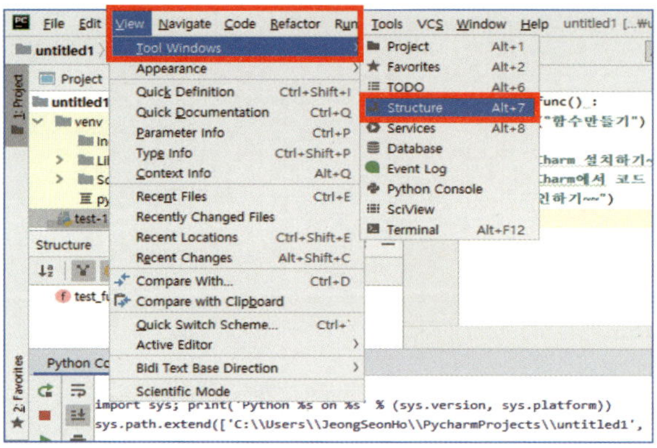

파이참 (PyCharm) 설치하기

❶ 파이참 (PyCharm) 공식 사이트 (https://www.jetbrains.com/)에 접속한다.

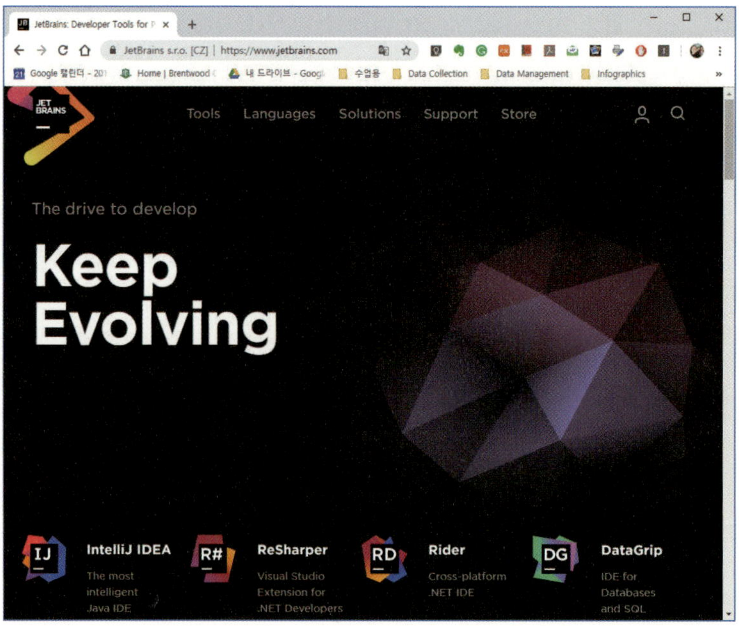

❷ 상단의 [Tools] 메뉴에서 [PyCharm]을 선택한다.

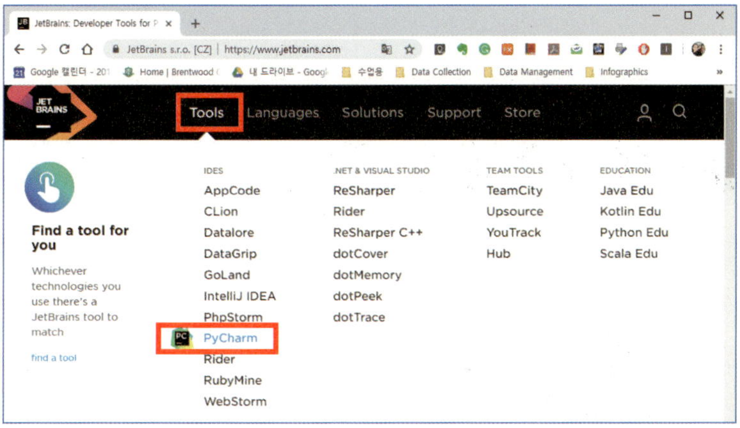

❸ [Download Now] 버튼을 클릭하여 사용 중인 플랫폼에 맞는 설치 파일을 다운로드한다.

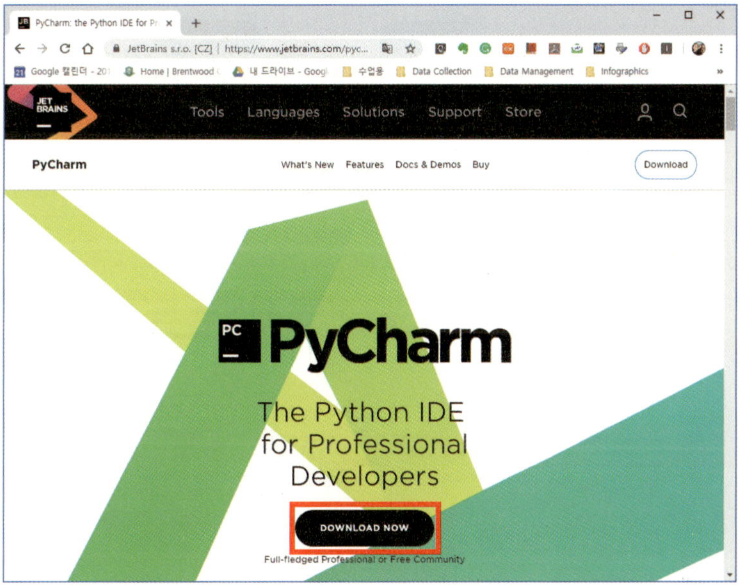

❹ 파이참 (PyCharm)은 유료인 Professional과 무료인 Community가 있다. Community를 클릭하여 다운로드한다.

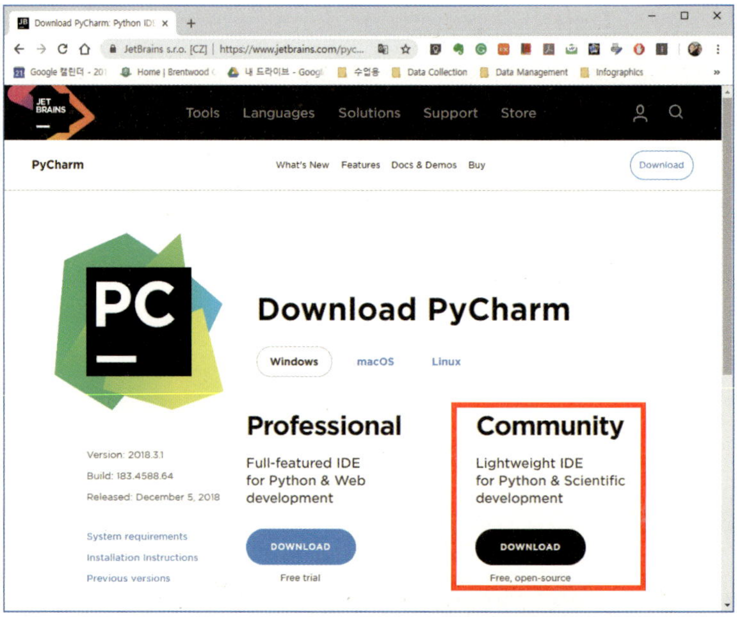

❺ 다운로드가 완료되면 파이참을 설치한다. Pycharm은 Java가 설치되어있어야 실행되므로, 설치되어 있지 않다면 「Download and Install JRE x86 by JetBrains」을 선택한다.

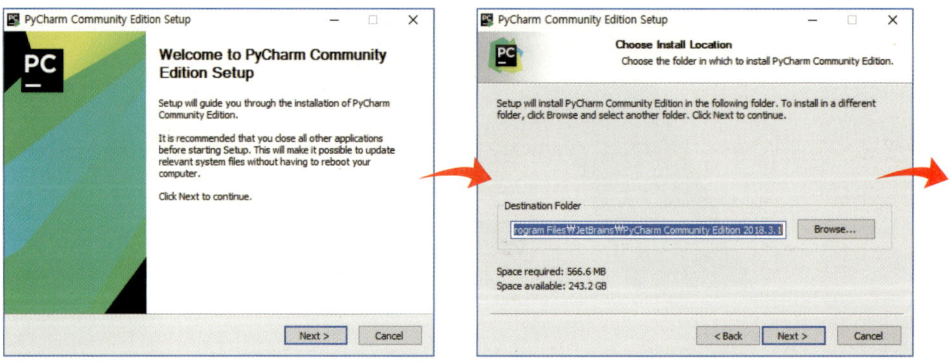

[경로 설정]

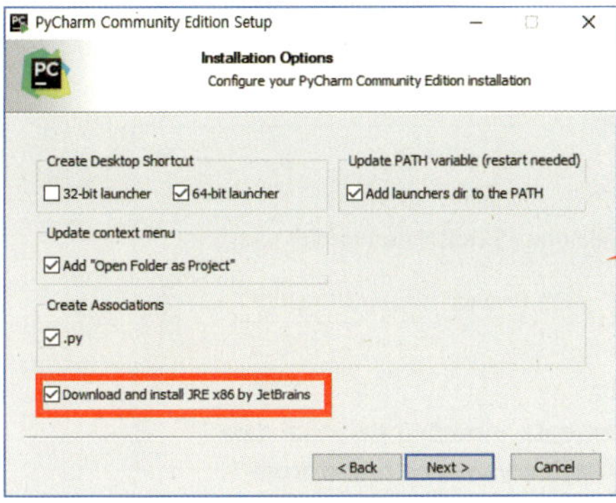

[옵션 설정]

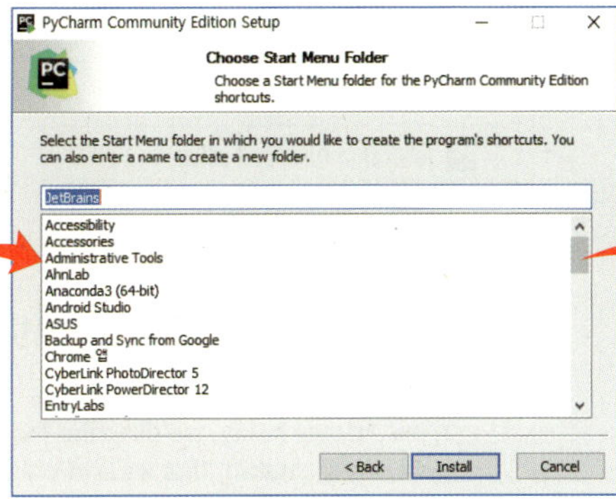

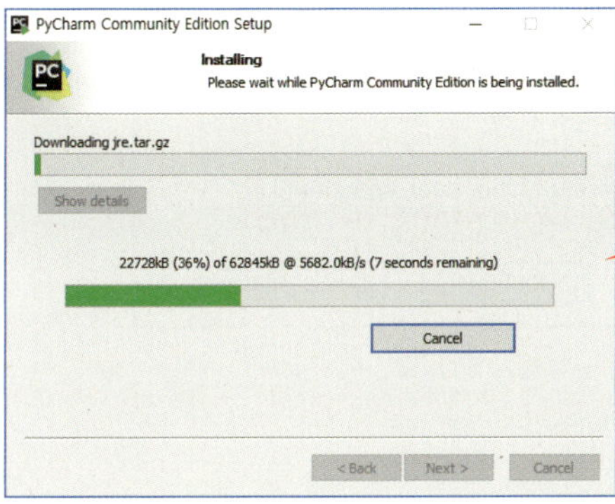

❻ 파이참을 실행하면 설정 정보를 가져올 것인지를 묻는 창이 표시된다. 이전에 설정한 정보가 없으면 'Do not ....'을 선택한 다음 [Ok]버튼을 클릭한다.

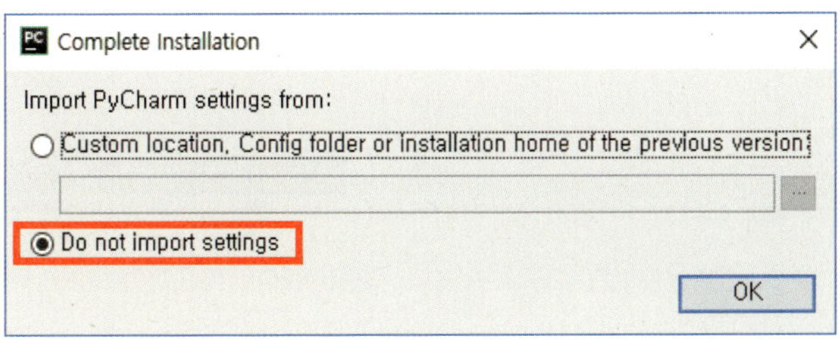

❼ 라이센스가 표시되면, 'I confirm ... '을 선택하고 [Continue] 버튼을 클릭한다.

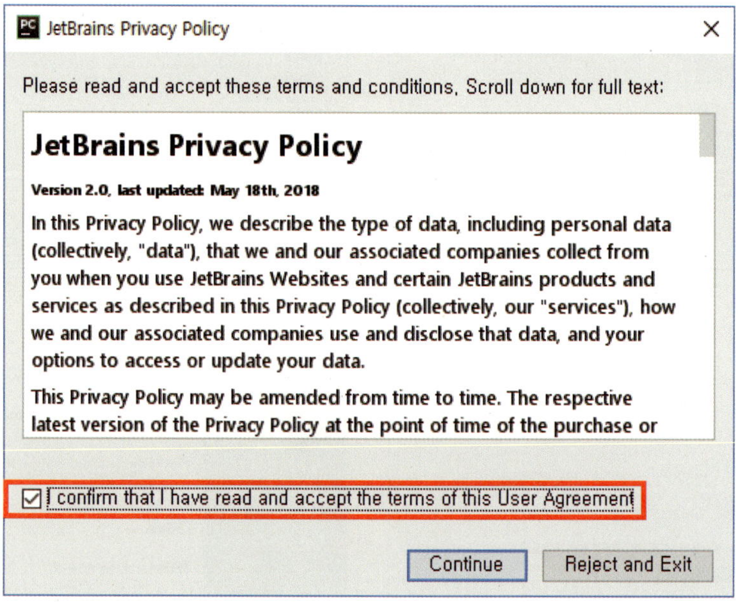

❽ [Data Sharing] 창에서 데이터 공유 여부를 선택한다.

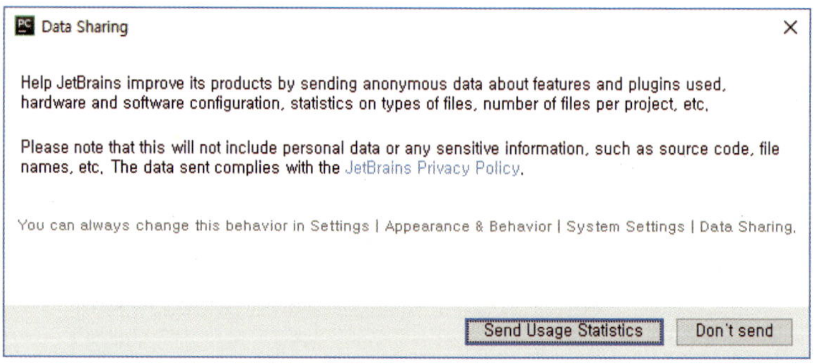

❾ [Customize PyCharm] 창에서 UI Theme를 선택한다.

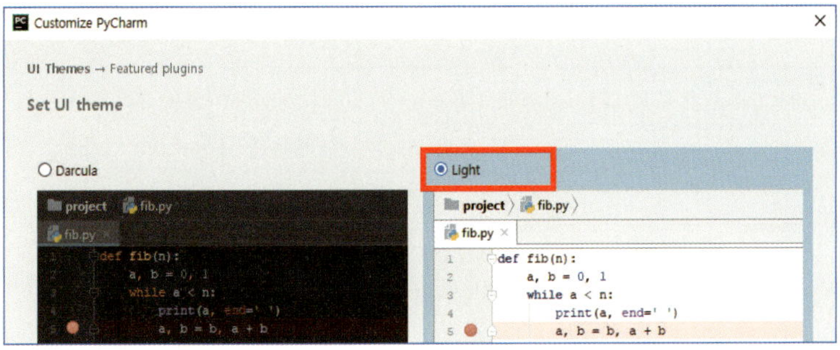

❿ [Customize PyCharm] 창에서 플러그인을 설치하려면 [Next Featured plugins] 버튼을 클릭한다.

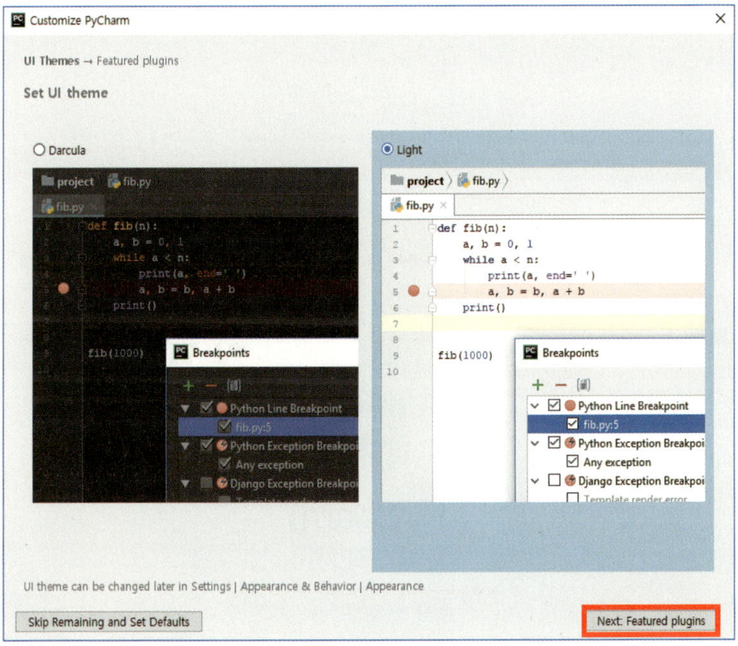

⓫ 설치할 플러그인을 Install한 다음 [Start Using PyCharm] 버튼을 클릭하여 파이참을 시작한다.

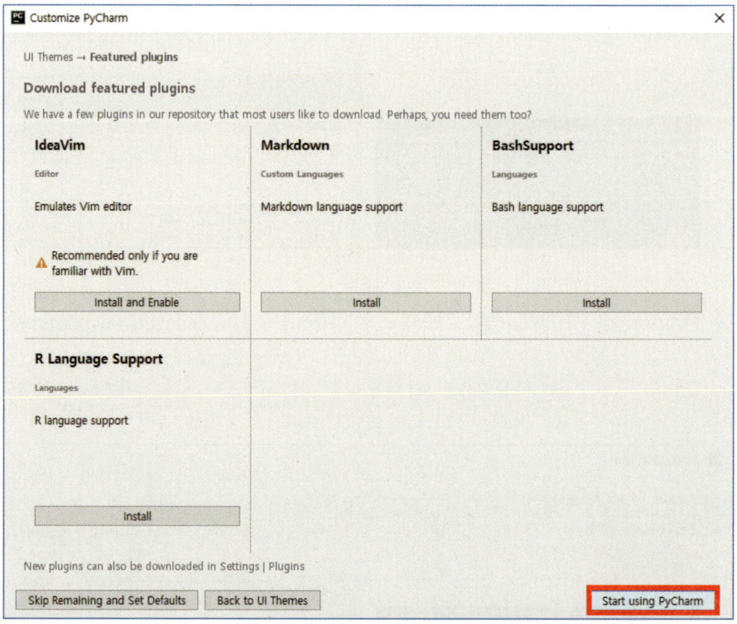

⓬ 파이참이 시작되면, [+Create New Project]를 클릭하여 프로젝트를 생성한다.

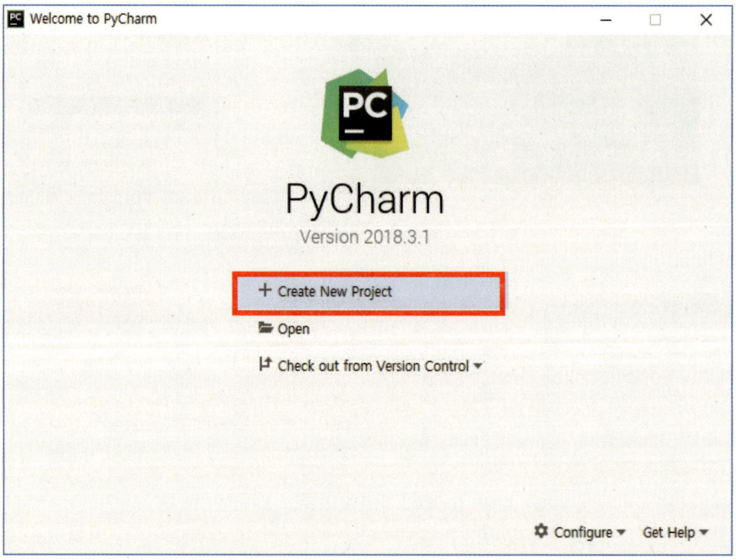

⑬ [New Project] 창에서

⑬-1. 저장할 위치를 지정하고,

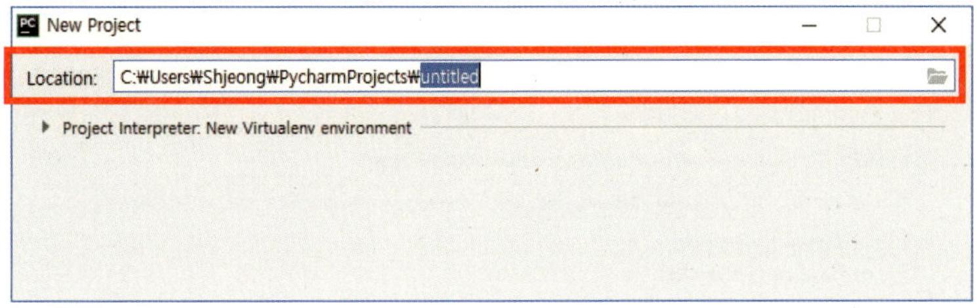

⑬-2. 'Location' 아래 [Project Interpreter : ...]를 클릭한다.

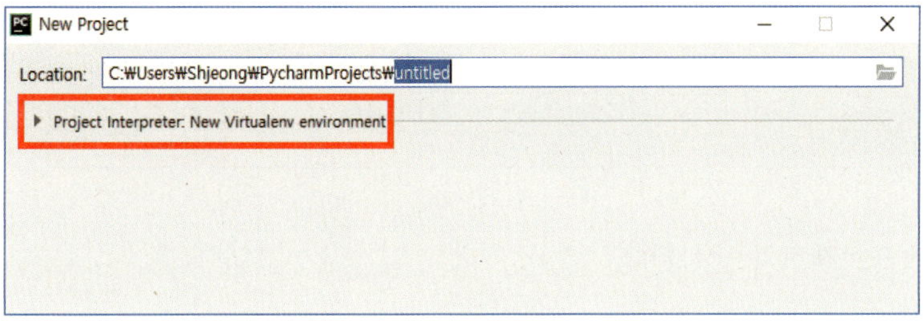

⑬-3 설치한 Python을 선택하고

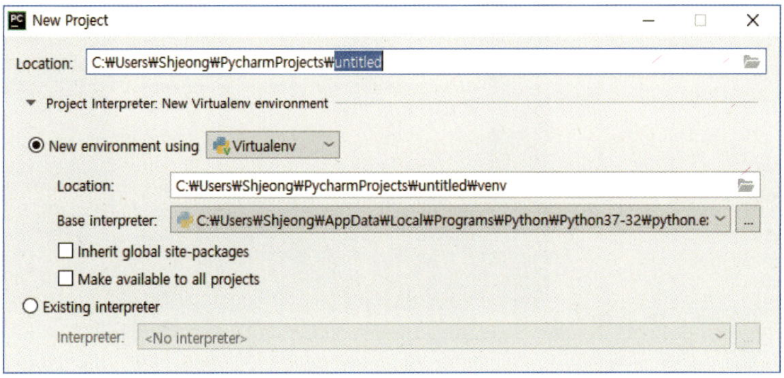

⑬-4 하단의 [Create] 버튼을 클릭한다.

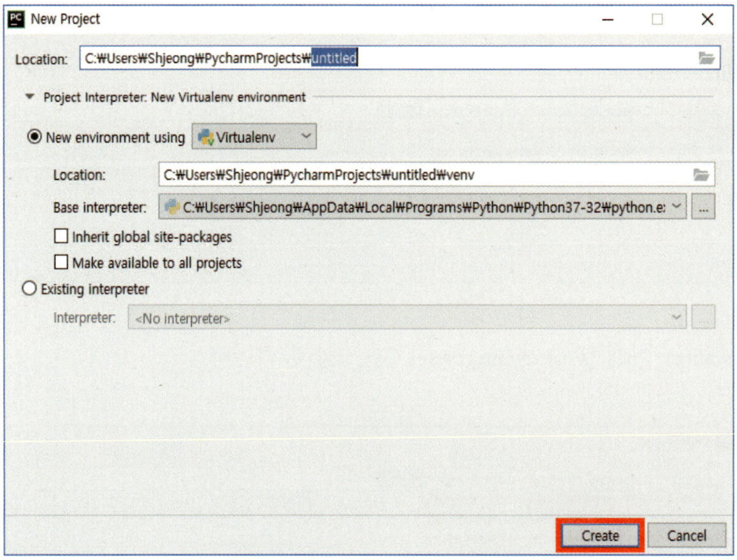

⑭ 새로운 프로젝트가 생성된다.

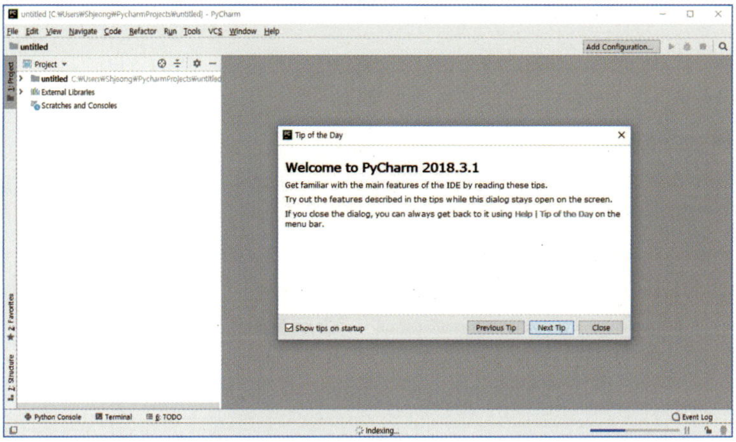

⑮ [Tip of the day] 창에서 'Show tips on startup'의 선택을 해제하고 [Close] 버튼을 클릭한다.

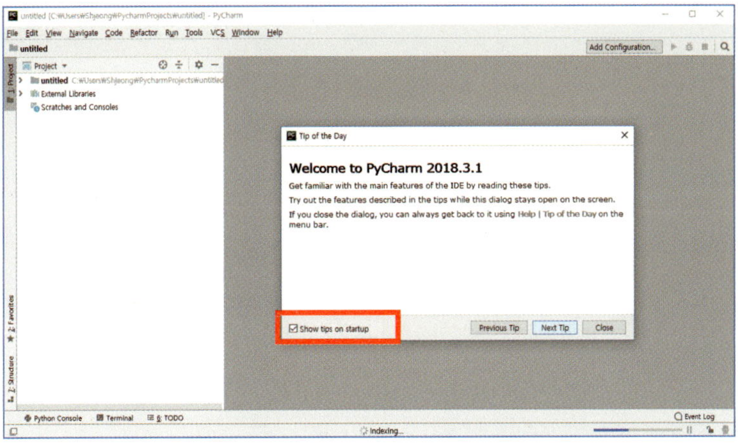

⑯ 파이참 편집화면의 왼쪽 「Project」 창에서 마우스 우측 버튼을 클릭하고, [New] – [Python File]을 차례대로 선택한다.

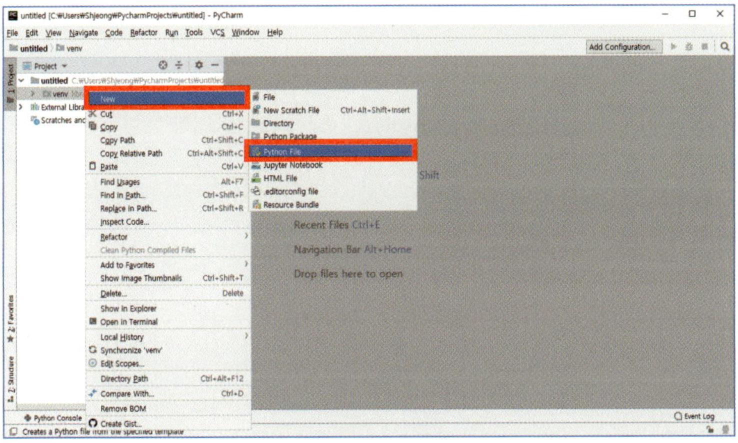

⑰ 작성할 파일 이름을 입력하고, [OK]버튼을 클릭한다.

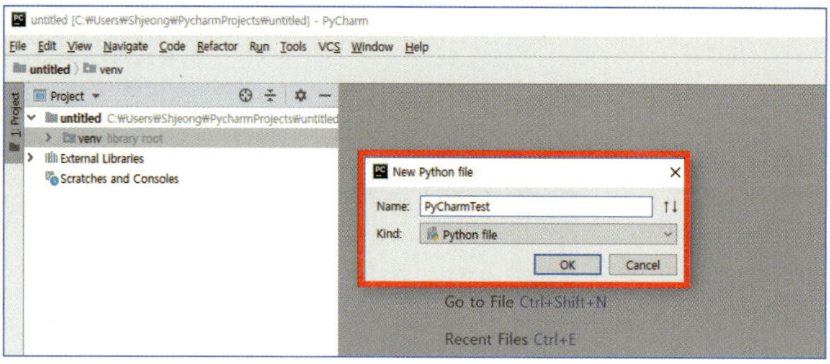

⑱ 다음과 같이 코드를 입력하고, [Run] 〉 [Run] 메뉴를 선택하거나, 코드 위에서 마우스 우측 버튼을 클릭하고 [Run 'PyCharmTest']를 선택한다.

```
print ('PyCharm 설치~ !!!')
print ('PyCharm으로 코드 입력하기')
print ('확인하기!')
```

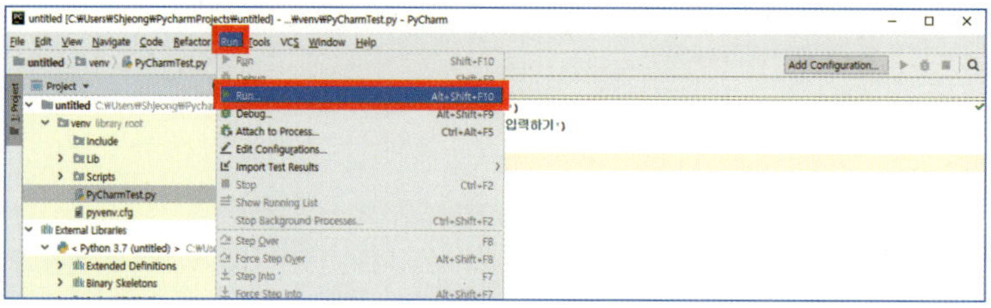

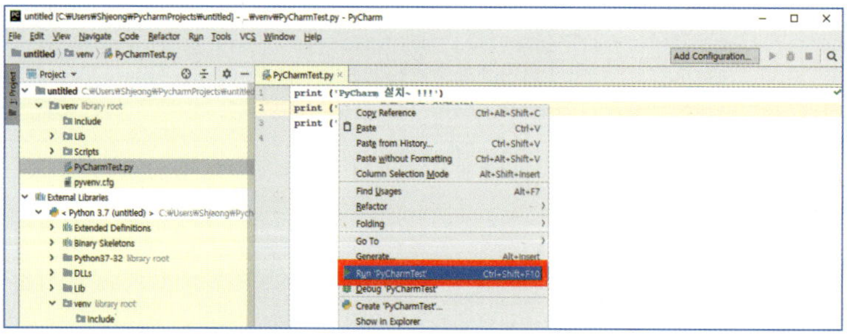

⑲ 하단에 실행 결과 창이 표시된다.

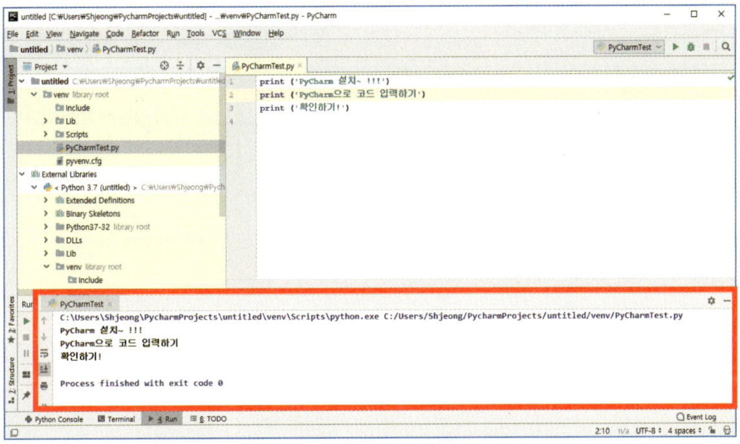

⑳ [File] 〉 [Close Project] 메뉴를 선택하여 프로젝트를 종료한다.

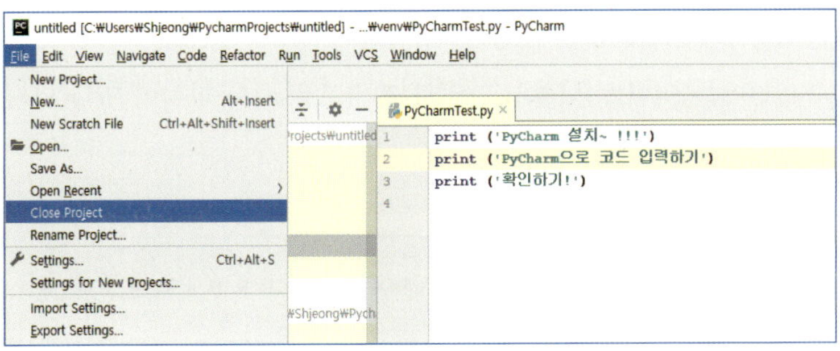

■ 아나콘다 (Anaconda) 사용하기

아나콘다는 Continuum Analytics에서 만든 파이썬 배포판으로, 453개 정도의 파이썬 패키지를 포함하고 있으며, 무료로 사용 가능하다.

아나콘다 (Anaconda) 설치하기

❶ 아나콘다 (Anaconda) 공식 사이트 (https://www.anaconda.com/ download/)에 접속한 다음, [Windows] 버튼을 클릭한다.

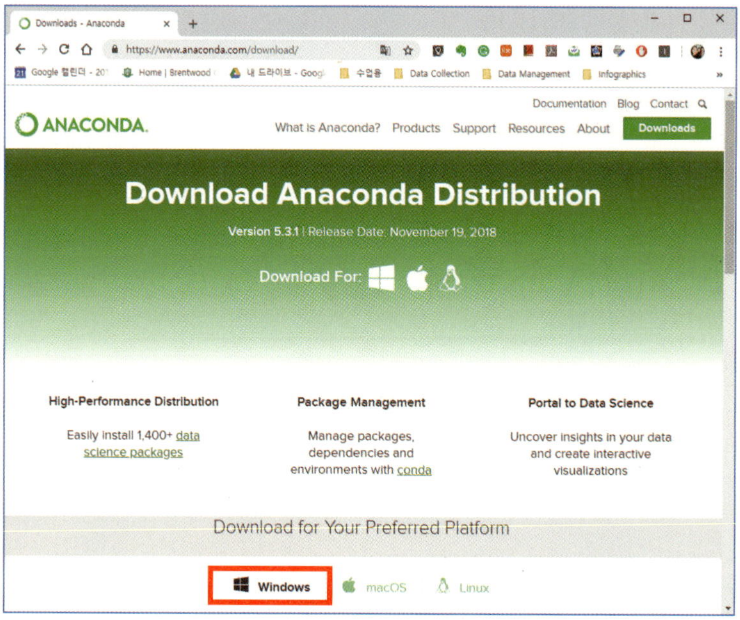

❷ 파이썬 버전 (2.7 버전과 3.7 버전 중)을 선택한다. 이 책에서는 파이썬 3.7을 사용한다. 파이썬 3.7 버전에는 64비트용 설치 파일과 32비트용 설치 파일이 있다. 사용 중인 윈도우에 맞는 설치 파일을 다운로드한다.

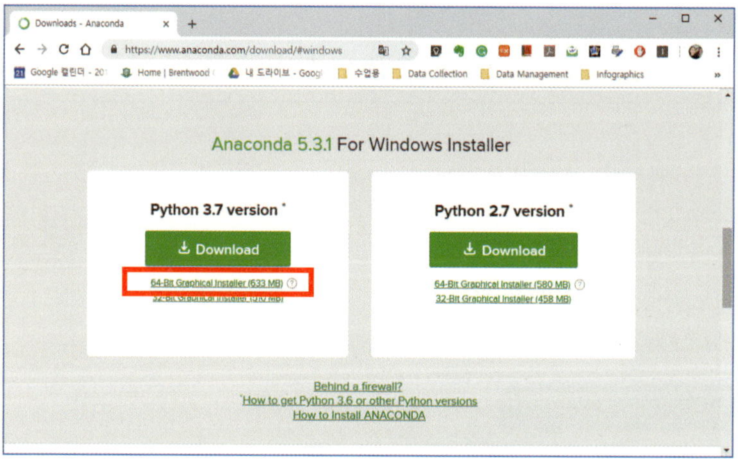

❸ 다운로드한 설치 파일을 클릭하여 아나콘다 설치를 진행한다.

❹ 아나콘다의 모든 설치가 완료되면, [Finish] 버튼을 클릭하여 설치를 종료한다. 아나콘다가 설치되면 다음과 같이 「Anaconda Navigator」, 「Jupyter Notebook」, 「Spyder」 등이 설치된다.

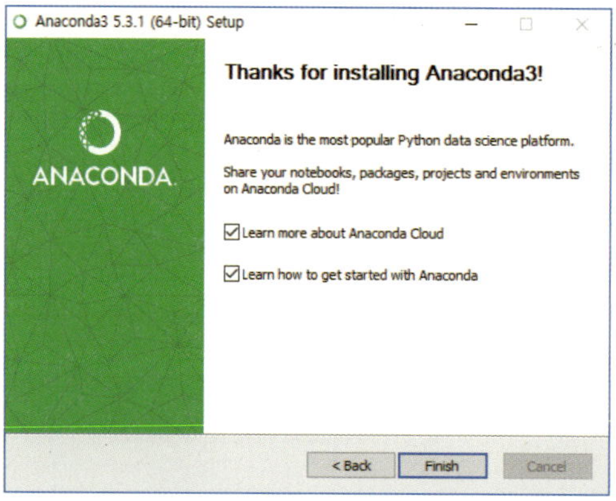

❺ 파이썬을 실행하려면 「Spyder」나 「Jupyter Notebook」을 실행한다. 「Spyder」와 달리 「Jupyter Notebook」은 웹 브라우저에 표시된다.

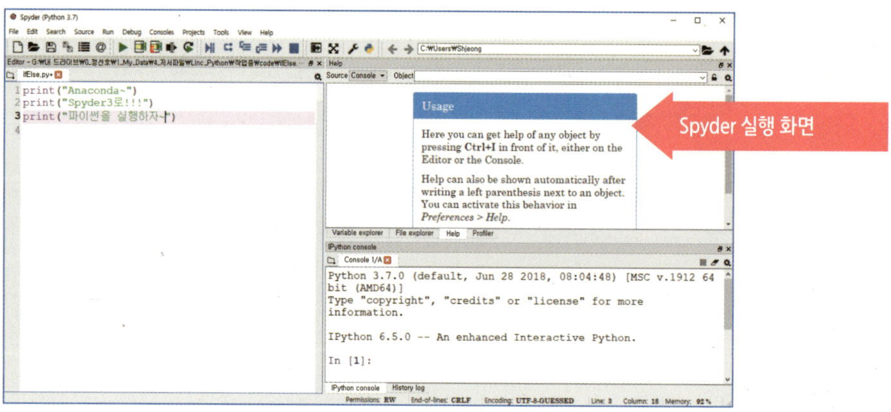

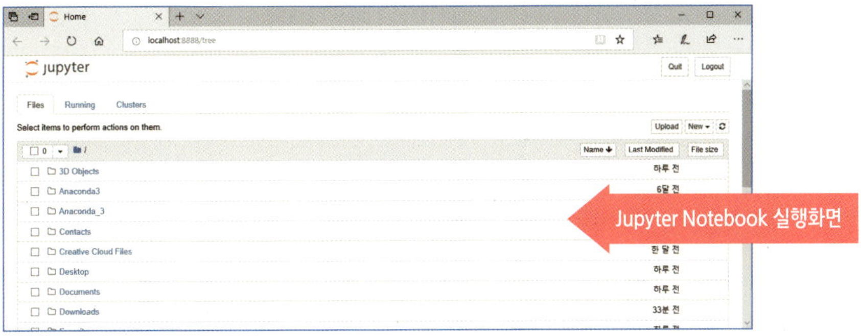

Spyder 사용하기

❶「Spyder」 프로그램을 실행하면 다음과 같이 3개의 창으로 구성된 화면이 표시된다.

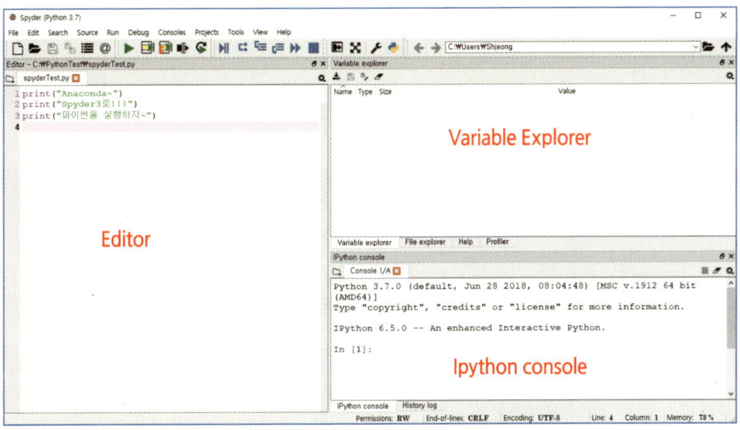

❷「Editor」에 다음과 같이 코드를 입력한다.

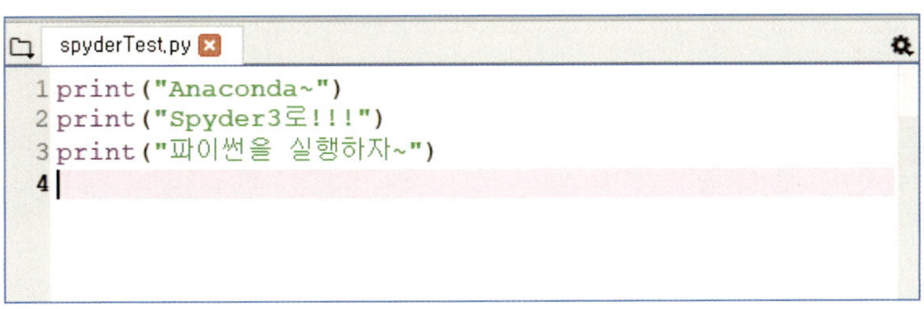

❸ [Run] 메뉴를 사용하여 코드를 실행한다. [Run] 메뉴에는 다음 4가지 방법이 있다. 전체 코드를 실행하기 위하여 [Run] 〉 [Run] 메뉴 또는 〈F5〉 코드를 실행한다.

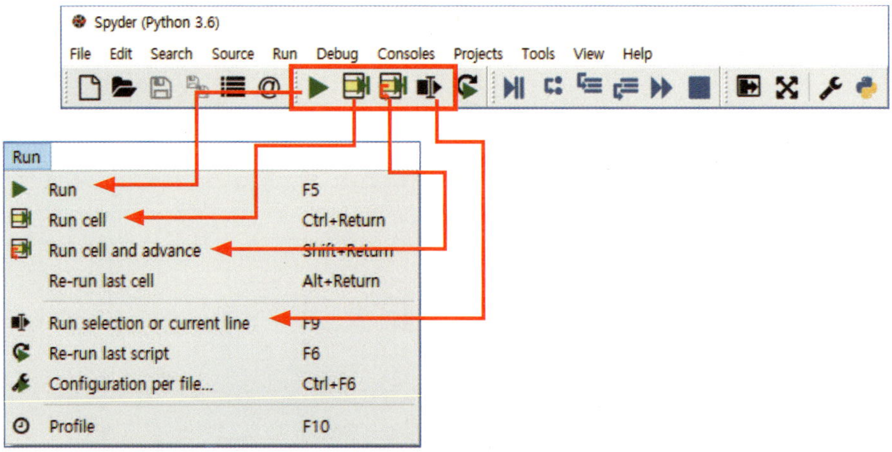

표 ▶ Run 메뉴 유형

명령	단축키	설명
Run	F5	저장한 파일 전체를 처음부터 끝까지 한 번에 실행
Run cell	Ctrl + Return (Ctrl + Enter)	현재 커서가 위치한 cell 전체를 실행한 후 커서를 현 cell에 위치
Run cell and advance	Shift + Return (Shift + Enter)	현재 커서가 위치한 cell 전체를 실행 후 다음 cell로 커서 이동
Run selection or current line	F9	현재 커서가 위치한 행(row) 또는 선택한 행 전체를 실행 (Run selection)

cell : '#%%'로 구분된, 위/아래를 선(line)으로 구분하는 코드 블록

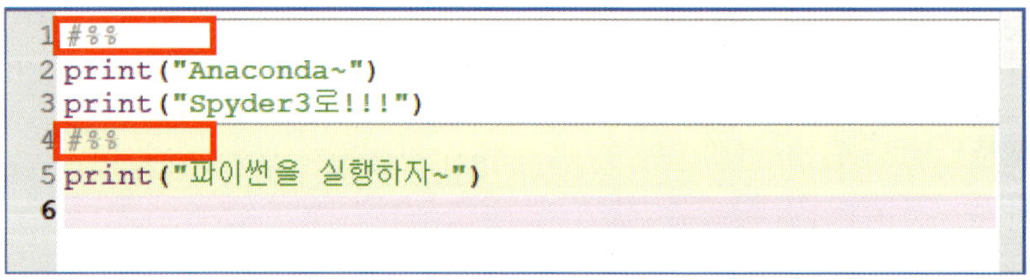

❹ 코드를 실행하면 [Ipython console] 창에 결과가 표시된다.

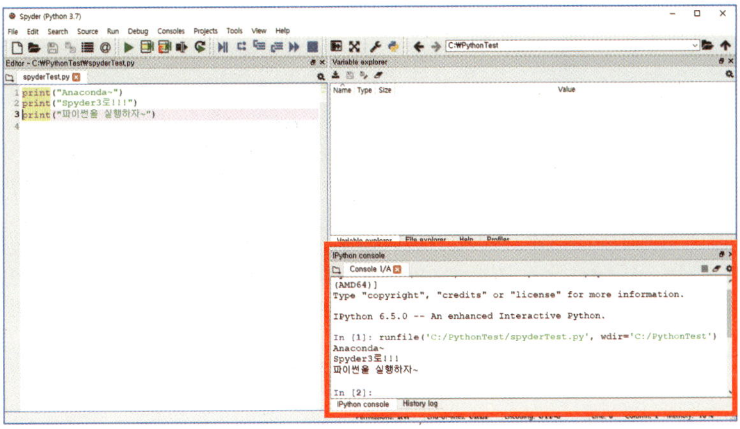

3) 파이썬 프로그램 실행하기

Windows에서 파이썬 프로그램을 실행할 때 다음 세 가지 방법을 사용할 수 있다.

[방법 1] 파이썬 프로그램 파일 더블클릭 – 파이썬이 자동으로 코드를 읽어 실행

[방법 2] 명령 프롬프트에서 실행 – 파이썬 파일이 저장된 위치에서 다음과 같이 명령을 입력하면 파일 이름을 명령행 인수로 전달하여 프로그램 실행

```
python test-1.py
```

❶ 검색 창에 cmd를 입력하여, 명령 프롬프트 창을 표시한다.

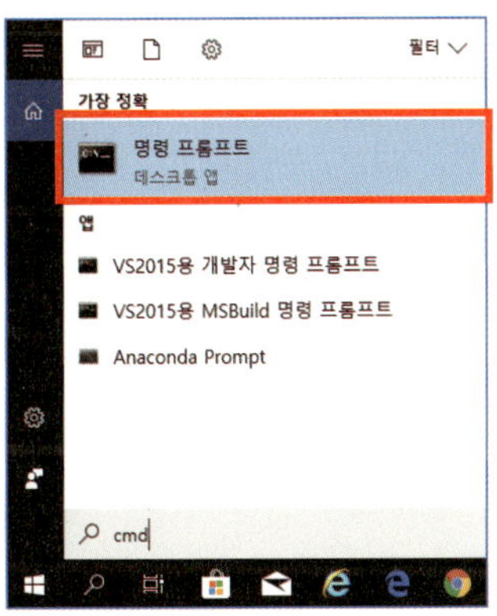

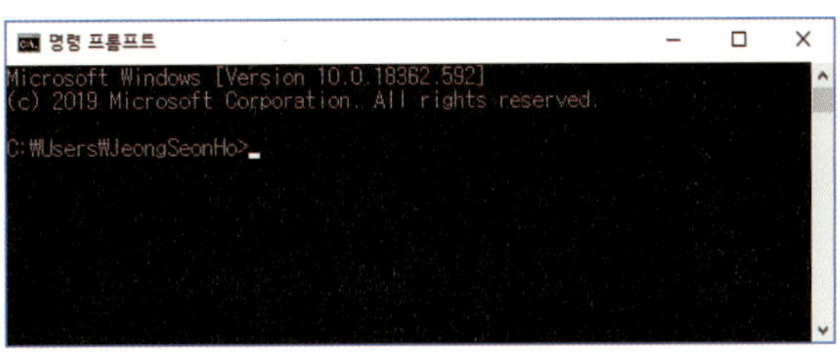

❷ 파이썬 프로그램 파일이 저장된 폴더로 이동한다.

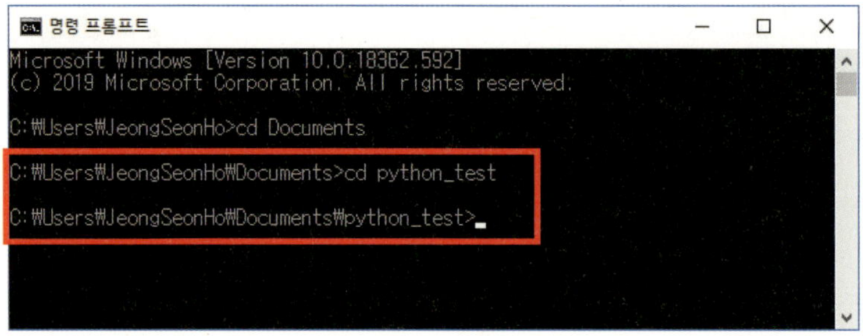

❸ 파이썬 파일을 실행하기 위한 명령어를 입력한다.

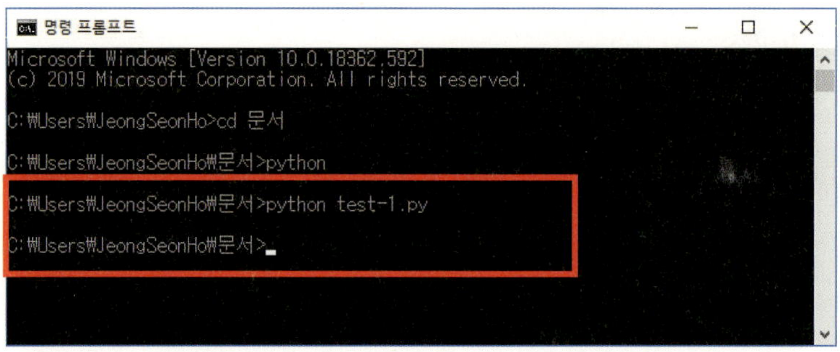

위 방법들보다 간단한 방법이 IDLE를 사용하는 방법이다. IDLE의 에디터 모드에서 코드를 작성하고 [Run] 〉 [Run Module] 메뉴 또는 〈F5〉 키를 누르면 바로 실행된다.

[방법 3] IDLE에서 [Run] 〉 [Run Module] 메뉴 또는 〈F5〉 키를 눌러 실행하기

❶ IDLE에서 코드를 입력한 다음, [File] 〉 [Save] 메뉴를 실행하여 파일을 저장한다.

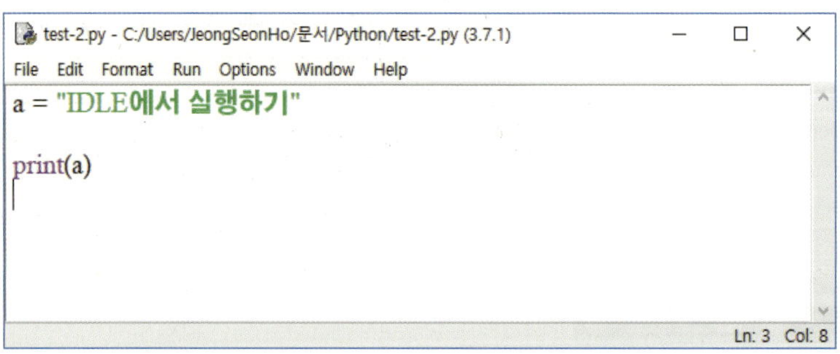

❷ [Run] 〉 [Run Module] 메뉴 또는 〈F5〉키를 눌러 실행한다. 실행 결과가 파이썬 쉘에 표시된다.

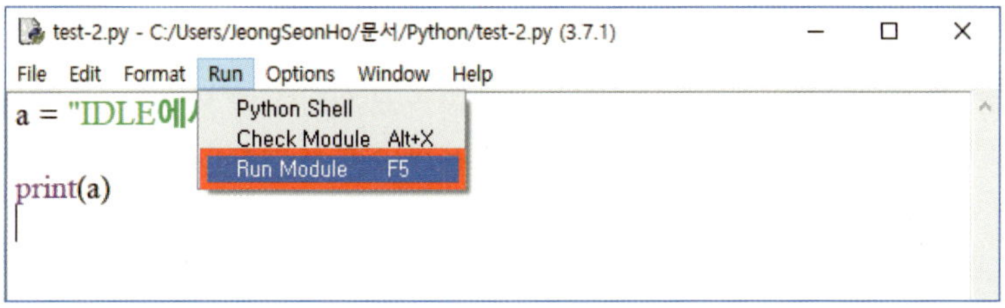

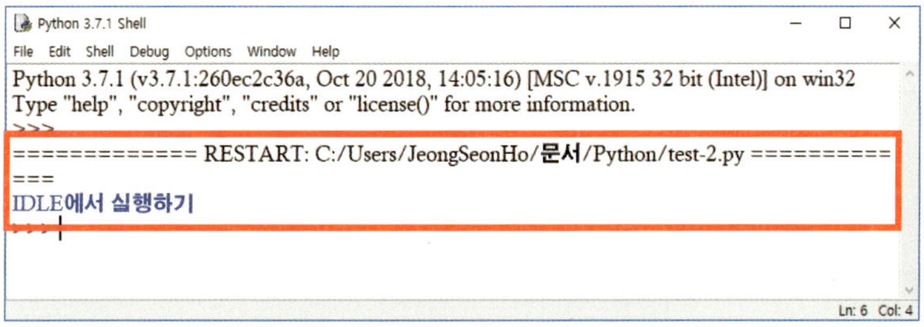

4) 파이썬 튜터 (Python Tutor) 사용하기

코드를 작성하고 실행하는 과정에서 오류가 발생하거나 코드가 실행되는 과정을 코드 한 줄씩 실행하면서 그림으로 보여주는 도구가 바로 파이썬 튜터 (Python Tutor)이다. 파이썬 튜터는 Philip Guo에 이해 개발된 도구로, 웹 브라우저를 통해 실행된다.

파이썬 튜터 사용하기

❶ 파이썬 튜터 사이트 (http://pythontutor.com/)에 접속한다.

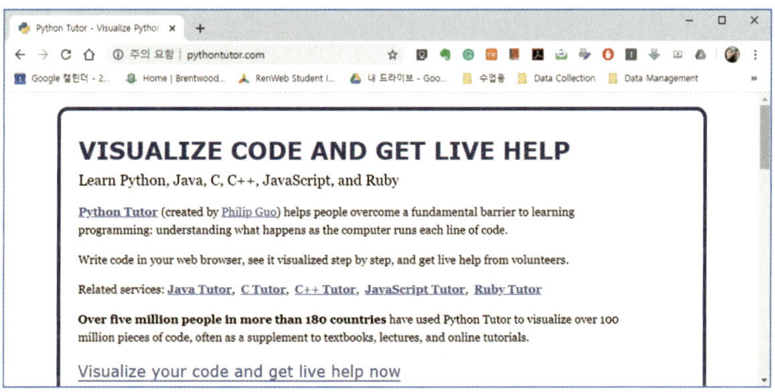

❷ 화면 중간에 있는 'Edit this code'를 클릭한다.

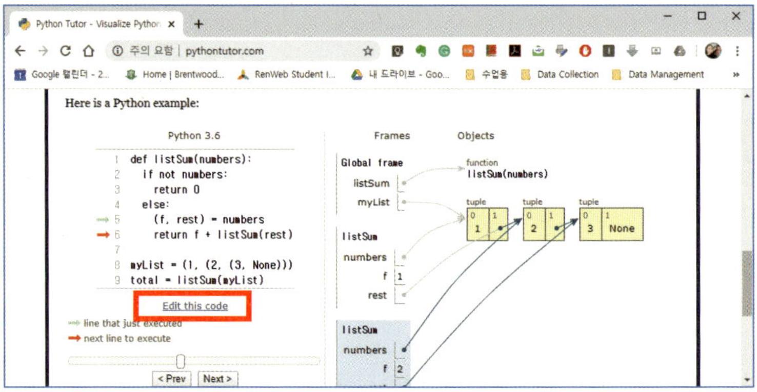

❸ 'Write code in' 항목에서 파이썬 버전을 선택한다.

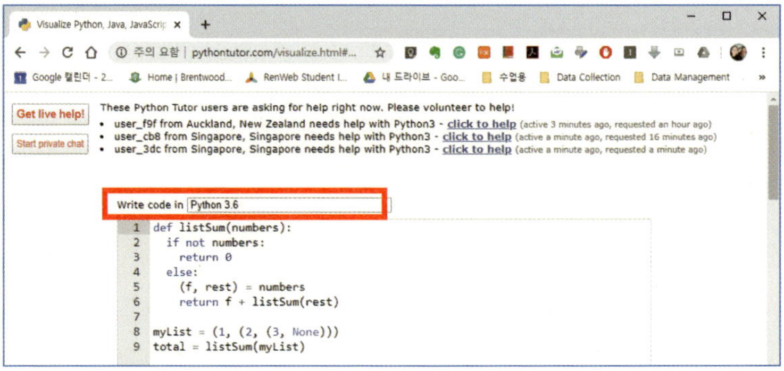

❹ 다음과 같이 코드를 입력한다.

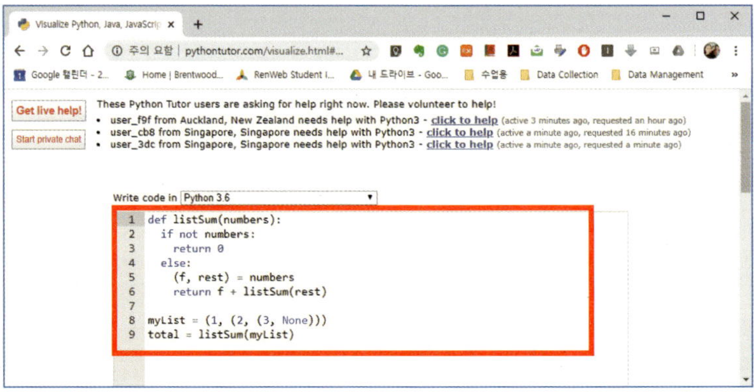

❺ 하단에 있는 [Visualize Execution] 버튼을 클릭한다.

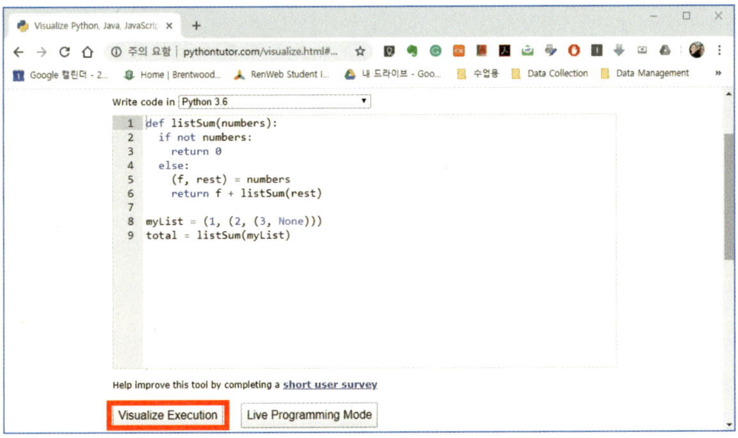

❻ 다음 화면에서 왼쪽 부분에 입력한 코드가 표시된다. 코드를 한 단계씩 실행하기 위하여 코드 아래쪽에 있는 [Next 〉] 버튼을 클릭한다.

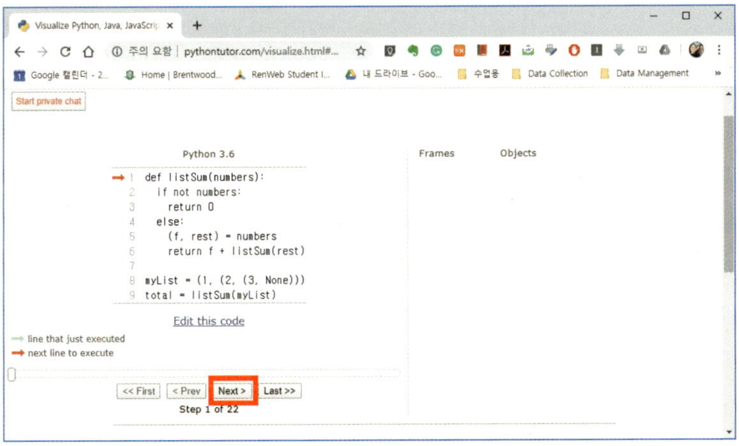

❼ 실행되는 과정이 화면의 오른쪽에 단계별로 표시된다.

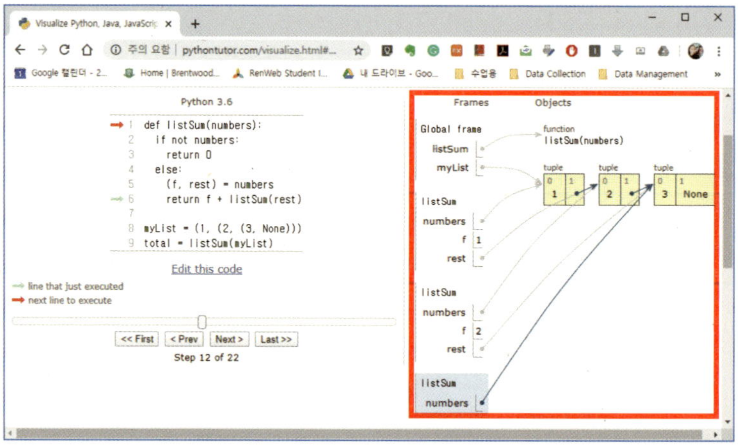

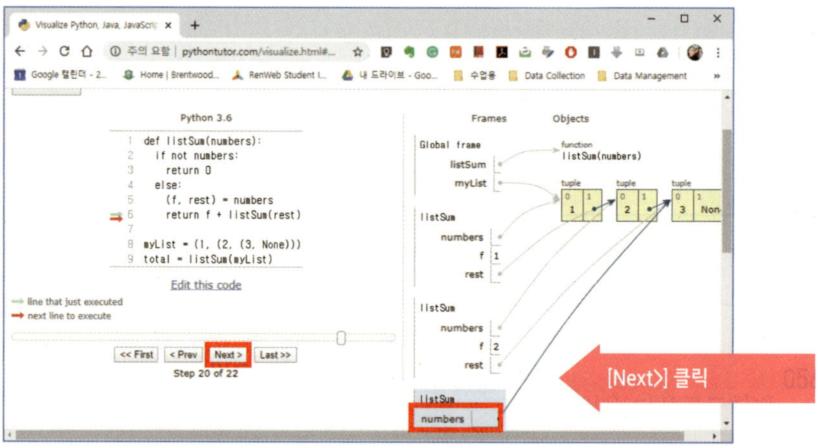

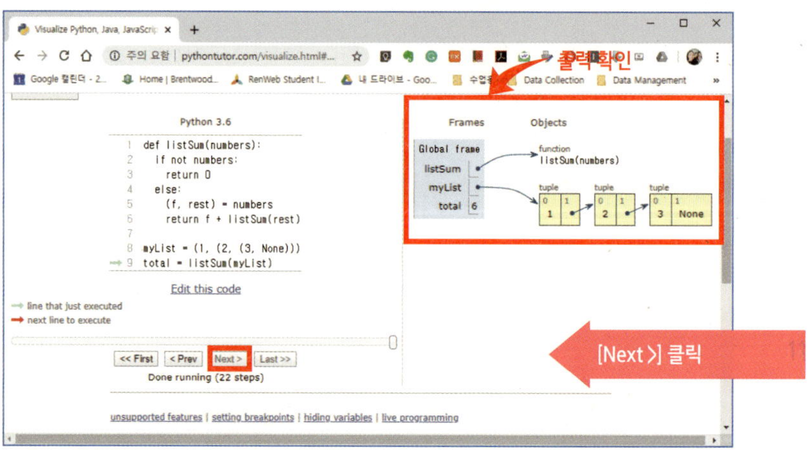

요약

- 파이썬 (Python)은 네덜란드의 귀도 반 로섬 (Guido van Rossum)이 개발한 범용 프로그래밍 언어로, 코드 가독성 (readability)과 간결한 코딩을 강조한 언어이다.
- 파이썬의 특징
  - 파이썬은 배우기 쉽다 (Easy–to–learn, Easy–to–read)
  - 파이썬은 사용하기 쉽다 (Easy–to–use)
  - 파이썬은 확장이 용이하다 (Extendable)
- 파이썬 프로그램 실행
  - [방법 1] 파이썬 프로그램 파일 더블클릭
  - [방법 2] 명령 프롬프트에서 실행
  - [방법 3] IDLE에서 [Run] 〉 [Run Module] 메뉴 또는 〈F5〉 키를 눌러 실행

연습문제

1. 다음 용어를 설명하라.

- 컴파일러 (Compiler)
- 인터프리터 (Interpreter)

2. 다음 코드를 실행하고 현재 사용자가 사용하는 파이썬 버전을 출력하라.

```
import sys
print ("Python 버전 : ", sys.version)
```

3. 파이썬의 특징을 설명하라.

쉽고 재미있게 예제로 배우는 **파이썬과 파이게임**

PART 2

파이썬 프로그래밍

Chapter 2

파이썬으로 프로그래밍 시작하기

이 장에서는 파이썬 프로그램을 작성하는 데 필요한 기본적인 내용들을 알아보도록 한다. 숫자나 문자열과 같은 기본적인 데이터의 처리 방법과 변수에 대하여 알아보자.

1 파이썬 프로그래밍의 기초, 구문 (Syntax)

파이썬 프로그램은 여러 개의 문장으로 구성된다. 파이썬은 다른 프로그래밍 언어에 비해 문법적으로 상당히 간단하고 쉬운 편이다. 파이썬 프로그램의 구문 특징을 살펴보자.

한 줄의 끝은 곧 한 문장의 끝

파이썬은 한 줄의 끝이 바로 문장의 끝이므로, 문장의 끝에 세미콜론 (;)을 붙일 필요없이 〈Enter〉 키를 누르는 것으로 문장이 완성된다. 그러나 실수로 문장 끝에 세미콜론 (;)을 붙여도 문법 오류(Syntax Error)가 발생하지는 않는다. 파이썬에서도 세미콜론을 사용하기 때문이다.

파이썬에서 세미콜론 (;)은 다음과 같이 한 줄에 여러 개의 문을 적고 싶을 때 사용한다.

세미콜론(;) 예

```
x = 1; y = 99; z = x + y
```

괄호는 옵션

파이썬은 조건 수식을 괄호로 감싸도 되고, 감싸지 않아도 된다.

괄호 사용 예

```
if (x == y) :
  .......
```

```
if x == y :
  .......
```

문장을 중첩하는 부분의 시작은 콜론(:)

파이썬에서 문장 안에 또 다른 문장들을 중첩해서 넣을 때 콜론 (:)을 사용한다.

문장 중첩 예

```
if (x == y) :
  print("X와 Y가 같아요!!")
```

블록의 구분은 들여쓰기 (Indentation)

다른 프로그래밍 언어들과 달리 함수나 클래스를 정의하거나 반복문, 조건문 등을 사용하여 문장 안에 다른 문장을 중첩해서 사용하는 경우 중괄호 ({ }) 대신 들여쓰기를 사용하여 구분한다.

들여쓰기는 공백(Space), 탭(Tab) 모두 가능하지만, 들여쓰기 공백 수는 동일한 블록 내에서 반드시 같아야 한다.

들여쓰기 예

```
if (x == y) :
    X = X + 1
```

```
Y = Y * 2
print("X와 Y가 같아요!!")
```

멀티 라인 문장

파이썬은 일반적으로 한 줄의 끝이 바로 문장의 끝이 된다. 그러나 수식이나 문장이 긴 경우 줄 연속 문자인 역슬래시 (\)를 사용하면 여러 줄에 걸쳐 작성할 수 있다.

멀티라인 예

```
stdInformation = 'Department of Convergence Software, ' + \
            'College of IT Engineering, ' + \
                'Pyongtaek University'
```

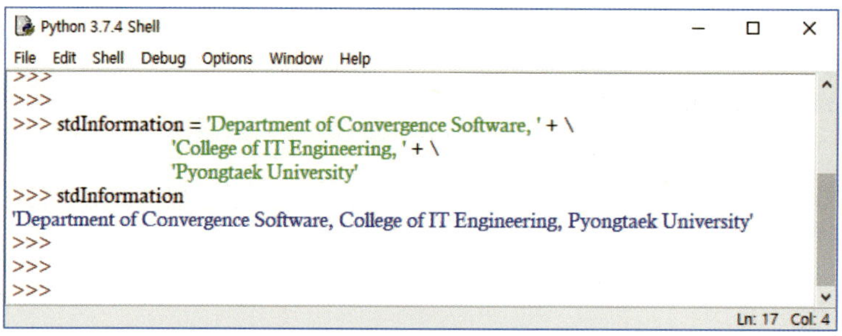

2 파이썬 프로그래밍의 기초, 변수 (Variable)

파이썬에서 변수 (Variable)는 프로그램에서 사용하는 숫자나 문자열 등의 데이터를 보관하기 위한 공간으로, 각 변수마다 이름을 붙여 사용한다. 변수를 사용하여 데이터를 관리함으로써 데이터의 종류나 목적을 알기 쉽게 나타낼 수 있다.

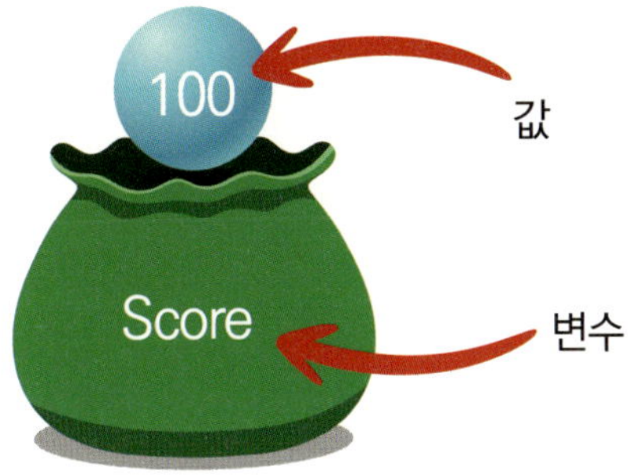

1) 변수 정의하기

변수는 어디에 만들어지는 걸까? 바로 컴퓨터의 메모리 (Memory)이다. 컴퓨터는 프로그램이 실행되는 과정에서 사용되는 여러 값들을 저장하기 위한 공간으로 메모리에 변수를 생성한다.

파이썬에서 변수를 정의하는 일은 매우 간단하다. 변수명을 만들고, 등호(=)를 사용하여 값을 대입하는 것만으로 변수를 만들 수 있다.

변수 정의

```
변수명 = 값
```

파이썬은 다른 프로그래밍 언어처럼 변수의 자료형을 함께 사용하지 않는다. 대신 변수에 저장된 값을 판단하여 자료형을 알아낸다.

변수 정의 예

```
a = “Python”          #변수 a에 문자열 할당
age = 20              #변수 age에 숫자 할당
```

예제와 같이 변수 a와 변수 age 변수가 생성되면, 파이썬 쉘에서 변수 이름을 입력하고 〈Enter〉 키를 누르거나, print( ) 함수를 사용하여 변수에 저장된 값을 확인할 수 있다.

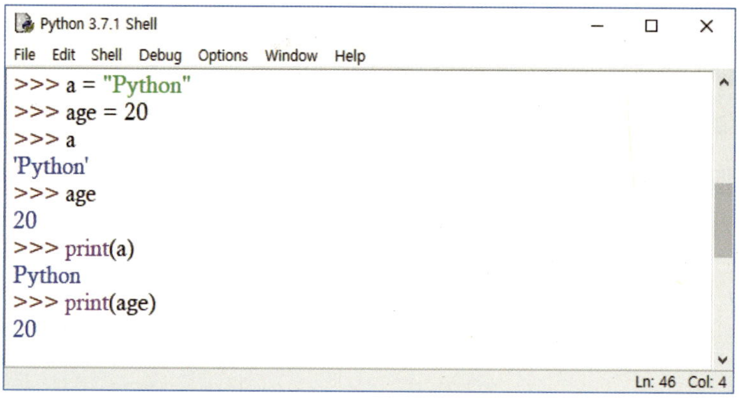

변수 이름은 a나 b처럼 짧게 사용하거나, age나 book_list처럼 데이터를 표현하는 이름으로 사용한다. 파이썬의 변수를 정의할 때 지켜야 할 규칙은 다음과 같다.

- 변수 이름은 문자 또는 밑줄 문자로 시작해야 한다.
- 변수 이름은 숫자로 시작할 수 없다.
- 변수 이름에는 영숫자 문자와 밑줄만 포함할 수 있다(A-z, 0-9 및 _).
- 변수 이름은 대소문자를 구분한다.
- 예약어는 변수 이름으로 사용할 수 없다. (파이썬은 30개의 예약어가 있으며, 모두 소문자이다)

표 ▶ 파이썬 예약어

and	exec	not	assert	finally	or
break	for	pass	class	from	print
continue	global	raise	def	if	return
del	import	try	elif	in	while
else	is	with	except	lambda	yield

파이썬은 동시에 여러 변수에 하나의 값을 할당할 수 있다. 예를 들어, 다음과 같이 3개의 변수에 같은 값 0을 할당하는 경우 다음과 같은 방법으로 사용가능하다.

변수 정의 예

```
a = 0
b = 0
c = 0
```

```
a = b = c = 0
```

또한 다음과 같이 여러 개의 변수에 여러 데이터를 할당할 수도 있다.

변수 정의 예

```
a = 1
b = "Python'
c = 20
```

```
a, b, c = 1, "Python', 20
```

2) 변수를 사용하여 계산하기

생성된 변수에 다른 값을 대입하여 다른 값을 저장할 수 있다. 예를 들어 20이 저장된 변수 age에 30을 대입하면 변수 age에 30이 저장되어 변경된다.

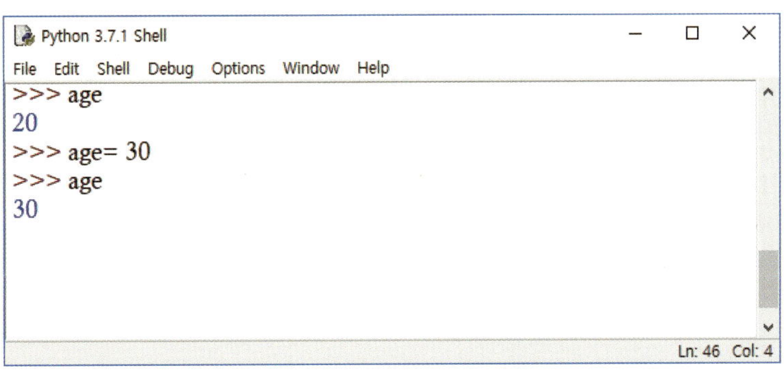

변수에 값을 대입시키면, 변수와 데이터를 조합하여 다양한 연산을 수행할 수 있다. 숫자 데이터가 들어있는 변수는 숫자 데이터처럼 연산이 가능하고, 변수에 다른 변수의 값을 저장할 수도 있다.

```
>>> width = 10
>>> height = 10
>>> triangle_area = width * height * 0.5
>>> triangle_area
50.0
```

파이썬에서 값이 할당되지 않은 변수를 사용하면 오류가 발생한다.

```
>>> print(hahaha)
Traceback (most recent call last):
  File "<pyshell#37>", line 1, in <module>
    print(hahaha)
NameError: name 'hahaha' is not defined
```

3) 상수 (Constant)와 주석 (Comment)

▬ 상수 (Constant)

변수가 프로그램이 실행되는 과정에 저장되는 값을 변경할 수 있는 것과 달리 한번 값이 저장되면 프로그램이 종료될 때까지 그 값이 변경되지 않는 변수를 상수 (Constant)라고 한다. 대부분의 프로그래밍 언어에서는 변수와 상수를 다르게 정의하지만, 파이썬에서는 변수와 상수의 정의는 프로그램을 작성하는 사람에게 맡겨진다. 보통 상수는 전체를 대문자로 작성하여 변수와 시각적으로 구분되도록 작성한다.

상수 정의 예

```
PI = 3.141592
MAX = 100
MIN = 0
```

상수는 동일한 값을 여러 번 반복해서 사용하는 프로그램에서, 반복되는 값을 수정하는 경우 코드 변경을 손쉽게 할 수 있고, 그 값이 의미하는 바를 단어를 통해 명확하게 표현하기 위해 사용한다.
예를 들어 원주율을 나타내는 3.141592 값을 가지고 연산하는 다음 코드를 보자.

```
Python 3.7.1 Shell
File Edit Shell Debug Options Window Help
>>> radius = 10
>>> circle_ara = radius * radius * 3.141594
>>> circumference = radius * 2 * 3.141592
>>> cylinder_volumn = radius * radius * 3.141594 * height
Ln: 61 Col: 4
```

만약 3.141592를 3.14로 변경하려면 3번 값을 수정해야 한다. 다음과 같이 3.141592를 상수로 정의하면 한 번만 수정하면 되므로 훨씬 간단하게 변경된 값을 적용할 수 있다.

```
Python 3.7.1 Shell
File Edit Shell Debug Options Window Help
>>> radius = 10
>>> PI = 3.14
>>> circle_ara = radius * radius * PI
>>> circumference = radius * 2 * PI
>>> cylinder_volumn = radius * radius * PI* height
Ln: 67 Col: 4
```

주석 (Comment)

주석은 소스 코드에 붙이는 설명과 같은 것으로, 프로그램 실행 결과에는 아무런 영향을 미치지 않는다. 주석은 반드시 작성해야 하는 것은 아니지만, 프로그램의 길이가 길고 복잡하다면 작성하는 것이 다음에 코드를 이해하는 데 도움이 된다.

파이썬에서 주석은 줄의 맨 처음에 # 기호를 붙여준다.

```
radius = 10              #radius : 반지름
PI = 3.14                #PI : 원주율
circle_ara = radius * radius * PI          #circle_ara : 원의 넓이
circumference = radius * 2 * PI            #circumference : 원의 둘레

#cylinder_volumn : 원기둥의 부피
cylinder_volumn = radius * radius * PI* height
```

3 파이썬 프로그래밍의 기초, 자료형

자료형이란 프로그래밍을 할 때 쓰이는 숫자, 문자열 등 자료 형태로 사용하는 것을 의미한다. 파이썬에서 사용하는 자료형에 대해 이 장에서 알아보도록 한다.

1) 숫자형 (Numbers)

숫자형(Number)이란 숫자 형태로 이루어진 자료형으로, 파이썬에는 다음 세 가지 숫자 유형이 있다.

- 정수형 (integer)
- 실수형 (floating-point)
- 복소수형 (complex number)

▬ 정수형 (integer)

정수형 (integer)은 소수점이 포함되지 않는 숫자로, int 데이터 유형으로 표시된다. 정수형은 대부분의 플랫폼에서 – 9,223,372,036,854,775,808과 9,223,372,036,854,775,807($-2^{31} \sim 2^{31}-1$) 사이의 숫자를 사용할 수 있다.

정수형은 2진수, 8진수, 10진수, 16진수 형식이 가능하며, 10진수가 아닌 형식의 정수를 사용하는 경우 숫자에 0과 형식을 의미하는 특수 문자를 함께 표시한다. 예를 들어, 0b100은 2진수 100을 의미한다. 일반적으로 사용하는 문자는 다음과 같다.

- b: 2진수
- o: 8진수
- x: 16진수

bin( ), oct( ) 및 hex( ) 함수를 사용하여 10진수를 다른 형식으로 변환할 수 있다.

```
test_string_11.py - C:\Users\JeongSeonHo\Documents\python_test\green_book\example...
File Edit Format Run Options Window Help
print("-"*15, ' Numeric ', "-"*15)

testNum_10 = 100
testNum_2 = 0b100
testNum_8= 0o100
testNum_16 = 0x100

print("Decimal 100 : ", testNum_10)
print("Binary100  : ", testNum_2)
print("Octal 100 : ", testNum_8)
print("Haxadecimal 100 : ", testNum_16)
print("")
print("Decimal 100 -> Binary :  ", bin(testNum_10))
print("Decimal 100 -> Octal :  ", oct(testNum_10))
print("Decimal 100 -> Haxadecimal :  ", hex(testNum_10))
Ln: 1 Col: 0
```

```
Python 3.7.4 Shell
File Edit Shell Debug Options Window Help
--------------- Numeric ---------------
Decimal 100 :  100
Binary100  :  4
Octal 100 :  64
Haxadecimal 100 :  256

Decimal 100 -> Binary :   0b1100100
Decimal 100 -> Octal :   0o144
Decimal 100 -> Haxadecimal :   0x64
>>>
>>>
Ln: 29 Col: 4
```

▬ 실수형 (floating-point)

실수형 (floating-point)은 소수점이 포함된 숫자를 의미하며, 10진수로 이루어진 실수는 부동 소수점 형식의 실수가 된다. 파이썬은 부동 소수점 값을 float 데이터 형식으로 저장한다. 부동 소수점 값은 최대값은 1.7976931348623157 × 10^{308}에서 최소값은 ± 2.2250738585072014 × 10^{-308}이다. 실수형의 범위는 파이썬이 실행되는 하드웨어 환경에 달려있으며, sys.float_info 명령을 사용하여 확인할 수 있다.

```
Python 3.7.4 Shell
File  Edit  Shell  Debug  Options  Window  Help
>>>
>>>
>>> import sys
>>> sys.float_info
sys.float_info(max=1.7976931348623157e+308, max_exp=1024, max_10_exp=308, min=2.225
0738585072014e-308, min_exp=-1021, min_10_exp=-307, dig=15, mant_dig=53, epsilon=2.22
0446049250313e-16, radix=2, rounds=1)
>>>
>>>
>>>
>>>
Ln: 37  Col: 4
```

부동 소수점 값으로 작업할 때 다양한 방법으로 변수에 할당할 수 있다. 가장 일반적인 두 가지 방법은 과학적 표기법을 사용하는 것이다.

```
test_65p-2.py - C:/Users/JeongSeonHo/Documents/python_test/green_book/example/test_65...
File  Edit  Format  Run  Options  Window  Help
print("-"*15, ' Floating - point ', "-"*15)

testFloat = 1234.0
testFloat_e1 = 1.234e3
testFloat_e2 = 1.234e-3

print("Floating - point : " , testFloat)
print("Floating - point (e) : " , testFloat_e1)
print("Floating - point (e) : " , testFloat_e2)

Ln: 9  Col: 34
```

```
Python 3.7.4 Shell
File  Edit  Shell  Debug  Options  Window  Help
--------------- Floating - point ---------------
Floating - point :  1234.0
Floating - point (e) :  1234.0
Floating - point (e) :  0.001234
>>>
>>>
>>>
Ln: 54  Col: 4
```

연산자 (Operator)

연산자를 사용하여 데이터에 대한 연산을 수행할 수 있다. 연산자에는 단항 연산자와 이항 연산자가 있으며, 파이썬에서 사용하는 연산자의 범주에는 산술연산자, 비교연산자, 논리연산자, 비트연산자, 할당연산자 등이 있다. 연산자는 숫자형, 문자형 등의 자료형 연산에 공통적으로 사용한다.

▪ 단항 연산자

파이썬에서의 단항 연산자는 부호 연산자로 사용된다.

표 ▶ 단항 연산자

연산자	설명	예
+	입력 데이터 그대로 출력	입력 : +4, 출력 : 4
-	입력 데이터에 -1를 곱하여 출력	입력 : -(-4), 출력 : 4

▪ 산술 연산자

산술연산자에는 (1) 사칙연산자 +, -, *, / 와 (2) 제곱을 나타내는 **, (3) 나머지를 산출하는 % (Modulus), 그리고 (4) 나누기에 소숫점 이하를 버리는 // 연산자(Floor Division) 등이 있다.

표 ▶ 산술 연산자

연산자	설명	예
+	더하기	x + y
-	빼기	x - y
*	곱하기	x * y
/	나누기	x / y
%	나머지	x % y
//	몫	x // y
**	지수	x ** y

산술연산자는 연산자 사이에 다음과 같은 우선 순위가 있다.

표 ▶ 산술 연산자의 우선 순위

연산자	설명	우선순위
**	지수	높음 ↑
* / % //	곱하기, 나누기, 나머지, 몫	
+ -	덧셈과 뺄셈	낮음 ↓

```
test_string_12.py - C:₩Users₩JeongSeonHo₩Documents₩python_test₩green_book₩examp...
File  Edit  Format  Run  Options  Window  Help
print("-"*15, ' Arithmetic Operator ', "-"*15)

A= 10
B = 3

print("A = %d,  B = %d" %(10, 3))
print("A + B  =  ", A+B)
print("A - B  =  ", A-B)
print("A * B  =  ", A*B)
print("A / B  =  ", A/B)
print("A % B  =  ", A%B)
print("A ** B  =  ", A**B)
print("A // B  =  ", A//B)
                                                        Ln: 1  Col: 0
```

```
Python 3.7.4 Shell
File  Edit  Shell  Debug  Options  Window  Help
--------------- Arithmetic Operator ---------------
A = 10,  B = 3
A + B  =  13
A - B  =  7
A * B  =  30
A / B  =  3.3333333333333335
A % B  =  1
A ** B  =  1000
A // B  =  3
>>>
>>>
>>>|
                                                        Ln: 16  Col: 4
```

■ **관계 연산자**

관계 연산자는 하나의 값을 다른 값과 비교하여 그 결과를 불리언(True/False)으로 반환한다. 관계 연산자는 종종 특정 작업을 수행하기 위한 조건이 충족하는 지를 검사하기 위해 사용된다.

표 ▶ 관계 연산자

연산자	설명	예(A=10, B=3)	
		식	결과
==	같다	A == B	False
!=	같지 않다	A! = B	True
〉	크다	A 〉B	True
〈	작다	A 〈 B	False
〉=	크거나 같다	A 〉= B	True
〈=	작거나 같다	A 〈= B	False

```
test_string_13.py - C:₩Users₩JeongSeonHo₩Documents₩python_test₩green_book₩examp...
File  Edit  Format  Run  Options  Window  Help
print("-"*15, ' Relational Operator ', "-"*15)

A= 10
B = 3

print("A = %d,  B = %d" %(10, 3))
print("A == B  :  ", A == B)
print("A  != B  :  ", A != B)
print("A  >  B  :  ", A > B)
print("A  <  B  :  ", A < B)
print("A >= B  :  ", A >= B)
print("A <= B  :  ", A <= B)
                                                        Ln: 1   Col: 0
```

```
Python 3.7.4 Shell
File  Edit  Shell  Debug  Options  Window  Help
--------------- Relational Operator ---------------
A = 10,  B = 3
A == B  :   False
A  != B  :   True
A  >  B  :   True
A  <  B  :   False
A >= B  :   True
A <= B  :   False
>>>
>>>
                                                        Ln: 27   Col: 4
```

■ 논리 연산자

논리 연산자는 and, or, not이 있으며 일반적으로 관계연산자와 함께 사용된다. 'and' 연산을 논리곱, 'or'을 논리합이라고도 부르며, and는 양쪽의 값이 모두 참(True)인 경우만 참(True)이 되고, or는 어느 한쪽만 참(True)이면 참(True)이 된다. not 은 참(True)이면 거짓(False)으로, 거짓(False)이면 참(True)이 된다.

표 ▶ 논리 연산자

연산자	설명	예(A=True, B=False)	
		식	결과
and	둘 다 참인 경우만 참	A and B	False
or	둘 다 거짓인 경우만 거짓	A or B	True
not	참은 거짓으로, 거짓은 참으로	not A	False

```
print("-"*15, ' Logical Operator ', "-"*15)

A= 10
B = 3

print("A = %d,  B = %d" %(10, 3))
print("A and B  :  ", A and B)
print("A  or B  :  ", A or B)
print("not A  :  ", not A)
```

```
--------------- Logical Operator ---------------
A = 10,  B = 3
A and B  :   3
A  or B  :   10
not A  :   False
>>>
>>>
>>>
```

■ 비트 연산자

비트 연산자에는 & (AND), | (OR), ^ (XOR), ~ (Complement), 《, 》 (Shift)가 있으며, 비트단위의 연산을 하는데 사용된다.

표 ▶ 비트 연산자

연산자	설명	예(A=10, B=3)	
		식	결과
&	논리곱 연산자, 두 비트가 모두 1일 때 결과가 1이며 그렇지 않으면 0	A & B	2
|	논리합 연산자, 두 비트 중 하나라도 1일 때 결과가 1, 둘 다 0이면 0	A | B	11

연산자	설명	예(A=10, B=3)	
		식	결과
^	배타적 논리합 연산자, 두 비트 값이 서로 다르면 결과가 1, 같을 때 0	A ^ B	9
~	부정 연산자, 0인 자리는 1, 1인 자리는 0으로 변환	A ~ B	-11
<<	왼쪽 쉬프트 연산자, 지정한 비트 수만큼 왼쪽으로 자리 이동, 1자리 이동하면 2를 곱한 결과와 같음	A << B	80
>>	오른쪽 쉬프트 연산자, 지정한 비트 수만큼 오른쪽으로 자리 이동, 1자리 이동하면 2로 나눈 결과와 같음	A >> B	5

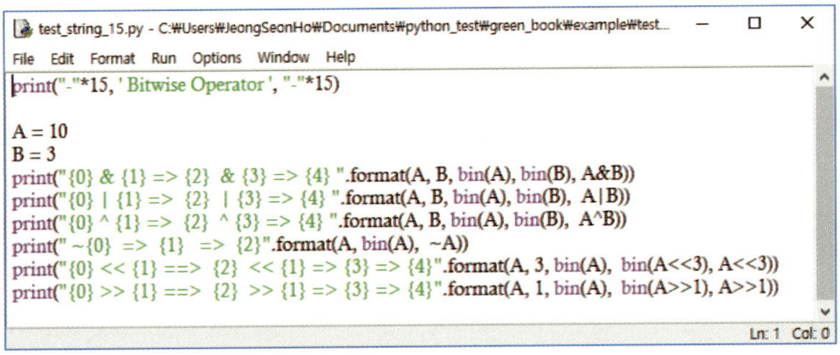

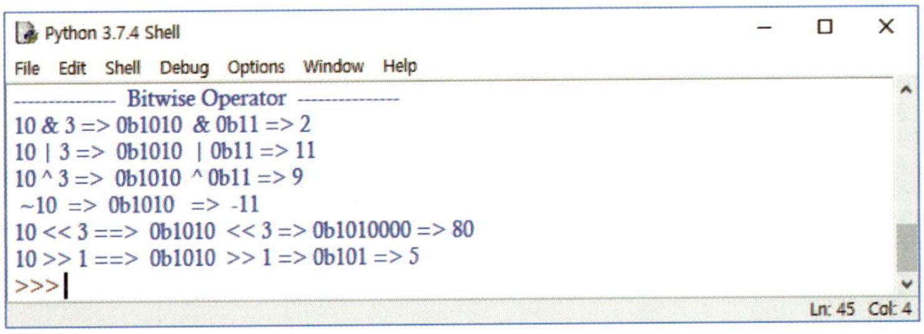

■ **대입 연산자(할당 연산자)**

대입 연산자는 왼쪽 변수의 값에 오른쪽 항의 값을 연산한 후 왼쪽 변수에 대입하는 연산자이다. a+=b 는 a= a+b와 같은 표현이며 a−=b는 a=a−b와 같은 표현이다. 대입 연산자는 코드를 간결하게 만드는 데에 도움이 될 수도 있지만, 너무 많이 사용하면 코드를 읽기가 어려워질 수도 있다.

표 9 ▶ 대입 연산자

연산자	설명	예(A=10, B=3)	
		식	결과(A)
=	왼쪽 항의 변수에 오른쪽 항 결과 대입	A = B	3
+=	A = A + B	A += B	11
−=	A = A − B	A −= B	9
*=	A = A * B	A *= B	-11
/=	A = A / B	A /= B	80
%=	A = A % B	A %= B	5
**=	A = A ** B	A **= B	1000
//=	A = A // B	A //= B	3

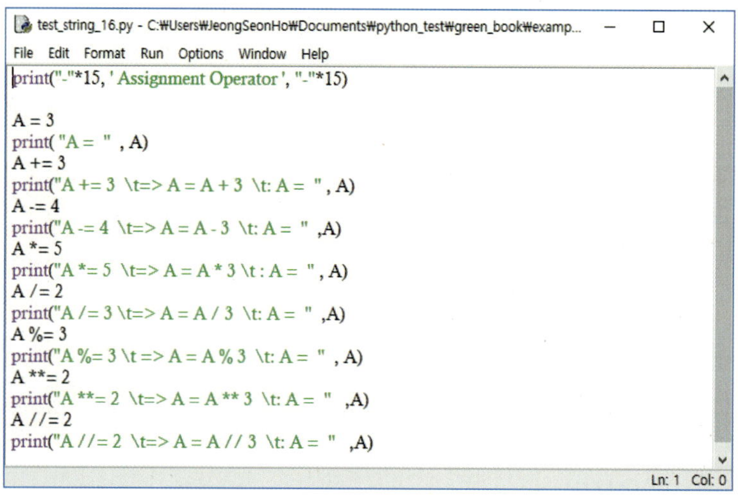

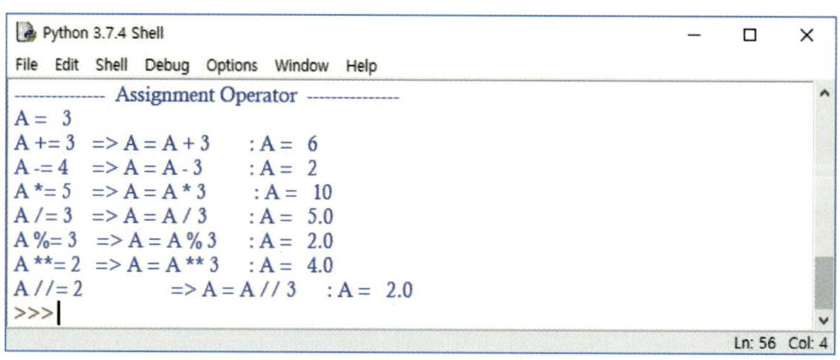

2) 문자열 자료형 (Strings)

문자열 (String)은 순서가 있는 문자들의 집합으로, 파이썬에서 문자열은 따옴표 (큰 따옴표, 작은 따옴표, 세 따옴표)를 사용하여 사용한다. 문자열도 숫자처럼 변수에 저장할 수 있다.

문자열 만드는 방법

- 큰 따옴표 (“ ”)로 양쪽 둘러싸기
- 작은 따옴표 (‘ ’)로 양쪽 둘러싸기
- 큰 따옴표 3개 (“““ ”””)를 연속으로 써서 양쪽 둘러싸기
- 작은 따옴표 3개 (‘‘‘ ’’’)를 연속으로 써서 양쪽 둘러싸기

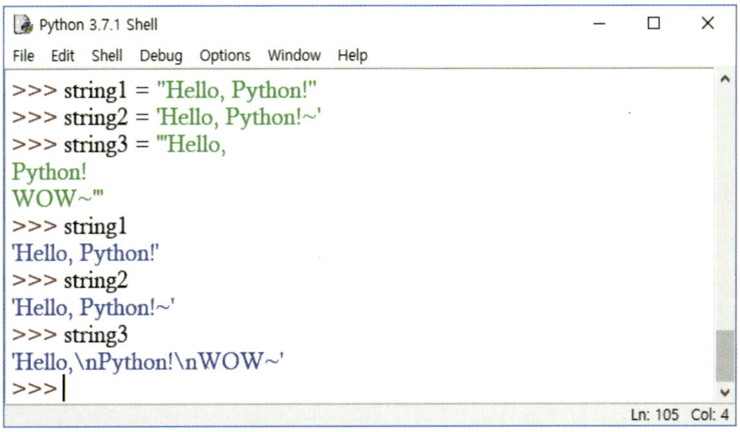

- **문자열 안에 작은 따옴표나 큰 따옴표를 포함하기**

- **문자열에 작은 따옴표 (') 포함시키기**

  Python's처럼 문자열에 작은 따옴표(')가 포함되어 있는 경우, 문자열을 큰 따옴표(")로 둘러싸면 큰 따옴표 안에 들어 있는 작은 따옴표를 문자열을 그대로 출력할 수 있다. 작은 따옴표를 사용하여 작은 따옴표(')가 포함되어 있는 문자열을 감싸면 다음과 같이 오류 메시지가 출력된다.

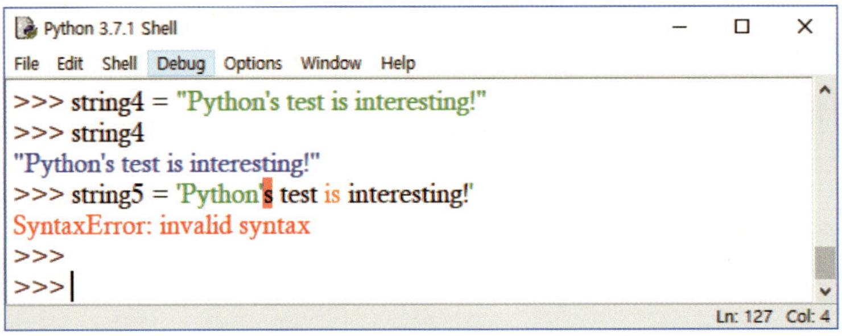

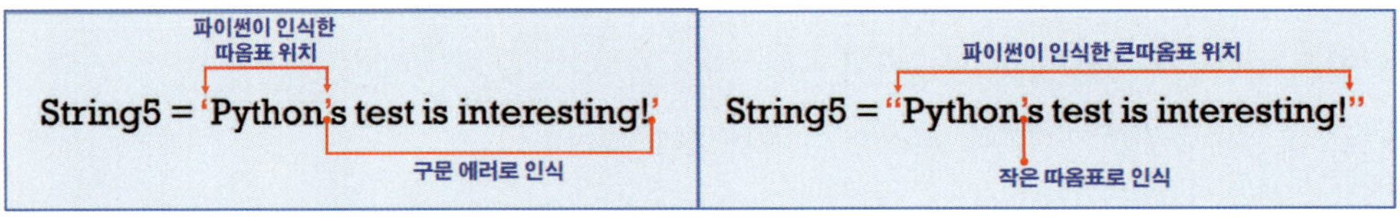

• 문자열에 큰 따옴표 (") 포함시키기

큰 따옴표(")가 포함된 문자열의 경우 문자열을 작은 따옴표(')로 둘러싸면 된다. 작은 따옴표(') 안에 사용된 큰 따옴표(")는 문자열을 만드는 기호로 인식되지 않는다. 큰 따옴표(")가 포함된 문자열을 큰 따옴표(")로 감싸면 다음과 같이 오류 메시지가 출력된다.

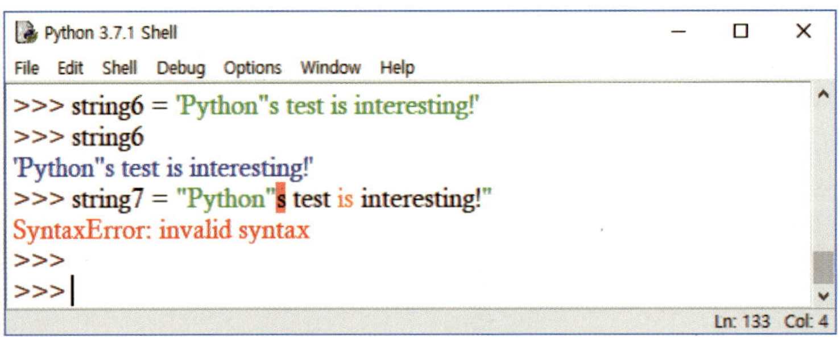

• \(백슬래시)를 이용해서 작은 따옴표(')와 큰 따옴표(")를 문자열에 포함시키기

작은 따옴표(')나 큰 따옴표(")를 문자열에 포함시키는 또 다른 방법은 \(백슬래시)를 이용하는 것이다. 백슬래시(\)를 작은 따옴표(')나 큰따옴표(") 앞에 삽입하면 \(백슬래시) 뒤의 작은 따옴표(')나 큰 따옴표(")는 그대로 출력된다.

```
Python 3.7.1 Shell
File Edit Shell Debug Options Window Help
>>> string5 = 'Python\'s test is interesting!'
>>> string5
"Python's test is interesting!"
>>> string7 = "Python\"s test is interesting!"
>>> string7
'Python"s test is interesting!'
>>>
Ln: 140 Col: 4
```

■ **한 줄 이상의 문자열 사용하기**

• 줄을 바꾸기 위한 이스케이프 코드 (\n) 삽입하기

줄바꿈 문자인 \n을 삽입하는 방법은 읽기에 불편하고 줄이 길어지는 단점이 있다.

```
Python 3.7.1 Shell
File Edit Shell Debug Options Window Help
>>> string8 = "Python\'s version is 3.7.1. \nPython is very good!"
>>> print(string8)
Python's version is 3.7.1.
Python is very good!
>>>
>>>
>>>
Ln: 168 Col: 4
```

• 작은 따옴표 3개(''') 또는 큰 따옴표 3개(""") 사용하기

줄바꿈 문자 \n을 삽입하는 방법의 단점을 보완하기 위해 사용하는 방법으로 한 줄 이상의 문장을 깔끔하게 표시할 수 있다.

```
Python 3.7.1 Shell
File Edit Shell Debug Options Window Help
>>> string9 = '''
Python's version is 3.7.1.
Python is very good!
'''
>>> print(string9)

Python's version is 3.7.1.
Python is very good!

>>>
Ln: 177 Col: 4
```

작은 따옴표 3개를 사용한 경우

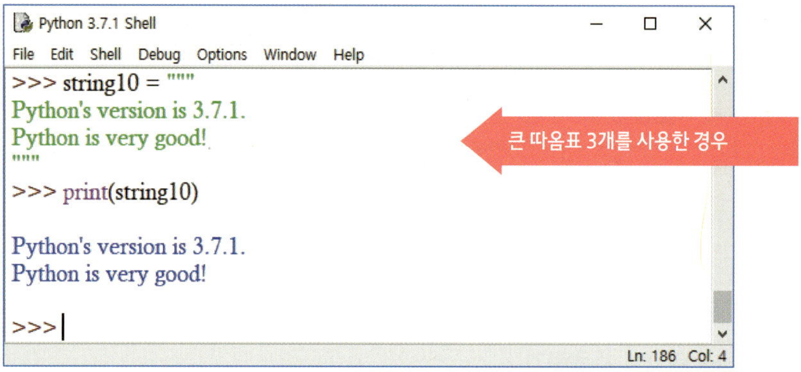

POINT 이스케이프 코드란?

이스케이프 코드란 프로그래밍할 때 사용할 수 있도록 미리 정의해 둔 「문자 조합」으로 문자 출력을 위한 용도로 이용된다. 파이썬에서 사용하는 이스케이프 코드는 다음과 같다.

코드	설명	코드	설명
\n	개행 (줄바꿈)	\r	캐리지 리턴
\t	수평 탭	\f	폼 피드
\\	문자 "\"	\a	벨 소리
\'	작은 따옴표 (')	\b	백 스페이스
\"	큰 따옴표 (")	\000	NULL 문자

문자열 연결하기 (Concatenation)

파이썬에서는 2개 이상의 문자열을 연결하여 새로운 문자열을 만들 수 있다. 다른 프로그래밍 언어에서는 볼 수 없는 재미있는 기능으로, 파이썬만이 가지는 장점이라고 할 수 있다.

▪ 문자열 붙여쓰기

파이썬은 2개 이상의 문자열을 서로 붙여 쓰는 것만으로도 자동으로 문자열이 연결되도록 하는 기능을 제공한다. 긴 문장을 분리하여 입력하고자 하는 경우 주로 사용한다. 이 경우 변수나 수식은 사용할 수 없다.

다음 예처럼 3개의 문자열('Py''thon''3.7')을 차례로 입력하면 자동으로 연결되어 새로운 문자열로 반환된다.

```
>>> 'Py' 'thon' '3.7'
'Python3.7'
>>>
```

■ **+ 연산자 사용하기**

변수와 변수, 변수와 수식, 변수와 문자열 등을 연결하고자 하는 경우 + 연산자를 사용한다.

```
>>> str1 = "3.7"
>>> "Python" +str1
'Python3.7'
>>> str2 = "Python"
>>> str1 + str2
'3.7Python'
```

+ 연산자는 2개 이상의 문자열을 결합하거나, 숫자에 대하여 더하기 연산을 할 수 있지만 문자열과 정수를 더하면 다음과 같이 오류가 난다.

```
>>>
>>> str2 + 2018
Traceback (most recent call last):
  File "<pyshell#129>", line 1, in <module>
    str2 + 2018
TypeError: can only concatenate str (not "int") to str
```

그 이유는 데이터의 자료형 (Type) 때문이다. 파이썬의 모든 데이터는 각각 자료형을 가지고 있다. 변수 str2는 문자열 데이터를 가지는 문자열형 (String)이고, 2018은 정수형 (Integer) 데이터이므로, 서로 다른 데이터 자료형을 가지는 데이터들을 결합하는 경우 오류가 발생하게 된다. 이런 경우 정수형 데이터 2018을 문자열형으로 변환한 후 + 연산을 하면 두 문자열을 연결하여 표시할 수 있다. 숫자를 문자열로 변환하기 위해서는 str( ) 함수를 사용한다.

```
Python 3.7.1 Shell
File  Edit  Shell  Debug  Options  Window  Help
>>>
>>> str2
'Python'
>>> str2 + str(2018)
'Python2018'
                                        Ln: 225  Col: 4
```

POINT str( ) 함수

str( ) 함수는 입력된 값을 문자열로 반환하는 함수이다. 입력 값이 없는 경우 빈 문자열을 반환한다.

■ **문자열 반복하기**

파이썬에서 *은 숫자를 곱하는 기능과 문자열의 반복 기능을 포함하고 있다. * 연산자 다음에 표시된 숫자만큼 문자열을 반복하여 표시한다.

```
Python 3.7.1 Shell
File  Edit  Shell  Debug  Options  Window  Help
>>> a = "="
>>> a * 15
'==============='
>>>
>>>
>>>
>>>
>>>
                                        Ln: 235  Col: 4
```

■ 문자열 인덱싱 (Idexing)

문자열은 문자들의 시퀀스로, 개별 문자들이 모여 있는 구조를 문자열 (strings)이라고 한다. 문자열은 기본적으로 변경 불가능한 객체로, 문자열 객체가 생성되면 생성된 문자열의 일부만 변경할 수는 없다. 그러나 대괄호 ([ ])를 사용하여 문자열의 각 개별 문자에 접근할 수 있다.

문자열은 여러 문자들로 구성되고, 구성된 문자들은 순서대로 번호가 매겨진다. 예를 들어, 변수 MyStr에 저장된 "Python" 이라는 문자열에는 다음과 같이 번호가 매겨진다. 문자 각각에 매겨진 번호를 인덱스 (Index)라고 한다. 파이썬에서 인덱스는 왼쪽부터 0에서 시작하므로, 첫 번째 문자의 인덱스는 0, 두 번째 문자의 인덱스는 1, 세 번째 문자의 인덱스는 2가 된다. 문자열의 각 문자에 접근하기 위해서는 MyStr[0]과 같이 대괄호와 인덱스를 사용하여 표시한다.

P	y	T	h	o	n
0	1	2	3	4	5
MyStr [0]	MyStr [1]	MyStr [2]	MyStr [3]	MyStr [4]	MyStr [5]

인덱스는 음수로 표시하는 것도 가능하다. 음수로 표현하는 경우 오른쪽에서 왼쪽으로 –1부터 번호가 매겨진다.

MyStr [0]	MyStr [1]	MyStr [2]	MyStr [3]	MyStr [4]	MyStr [5]
P	y	T	h	o	n
0	1	2	3	4	5
-6	-5	-4	-3	-2	-1
MyStr[-6]	MyStr[-5]	MyStr[-4]	MyStr[-3]	MyStr[-2]	MyStr[-1]

인덱스를 사용하면 문자열 중 지정한 인덱스의 문자를 검색할 수 있다.

```
>>>
>>> MyStr = "Python"
>>> MyStr[0]
'P'
>>> MyStr[-1]
'n'
>>>
>>>
```

그러나 인덱스를 사용하여 문자열의 문자중 하나만을 변경하는 것은 불가능하다.

```
>>> MyStr = "Python"
>>> MyStr[0]
'P'
>>> MyStr[0] ='p'
Traceback (most recent call last):
  File "<pyshell#13>", line 1, in <module>
    MyStr[0] ='p'
TypeError: 'str' object does not support item assignment
>>>
```

생성된 문자열의 변경이 필요하면 함수 (예, replace( ) 함수)를 사용하거나, 새로운 문자열을 사용하여 변경하여야 한다. replace( ) 함수는 특정 문자(old)를 새로운 문자(new)로 교체한 후 문자열의 복사본을 반환한다. 문자열에 동일한 문자가 한 개 이상 존재하는 경우 교체할 지정한 인수의 개수만큼 교체된다.

replace 함수

형식 : replace (old, new[, count])

기능 : 특정 문자(old)를 새로운 문자(new)로 교체한 후 문자열 반환

인수 : old - 문자열에서 변경할 문자

new - old 문자를 대체할 문자열

count - 교체를 반복할 횟수, 생략하면 맨 처음 나오는 한 개만 교체

```
>>>
>>> MyStr
'Python'
>>> MyStr.replace("P", "p")
'python'
>>>
>>>
```

```
>>>
>>> MyStr_1 = "Hello, Python"
>>> MyStr_1.replace('o', "O", 1)
'HellO, Python'
>>>
>>> MyStr_1 = "Hello, Python"
>>> MyStr_1.replace('o', "O")
'HellO, PythOn'
>>>
```

■ 문자열 슬라이싱 (Slicing)

문자열에서 인덱스를 이용하여 지정한 위치의 문자 하나를 추출할 수 있다. 2개 이상의 문자를 한꺼번에 추출하려면 문자열 슬라이싱 (Slicing)을 사용한다. 시작 문자 위치와 마지막 문자 위치를 지정하여 하나 이상의 문자를 검색할 수 있다.

문자열 슬라이싱은 다음과 같은 형식으로 사용할 수 있다.

슬라이싱 형식

- 문자열명[start :]　　　　　#start 위치부터 끝까지
- 문자열명[: end]　　　　　#처음부터 end 위치 앞까지
- 문자열명[start : end]　　　#start 위치부터 end 위치 앞까지
- 문자열명[start : end : step]　#start 위치부터 end 위치 앞까지 한 칸 건너뛰어서

첫 번째 형식은 지정한 인덱스부터 마지막까지의 문자를 슬라이싱하여 표시한다. 예를 들어 MyStr1 = 'Hello, Python!!'에서 MyStr1[5 :]은 인덱스 5인 ','부터 마지막까지의 문자열 (', Python!!')을 슬라이싱하여 반환한다.

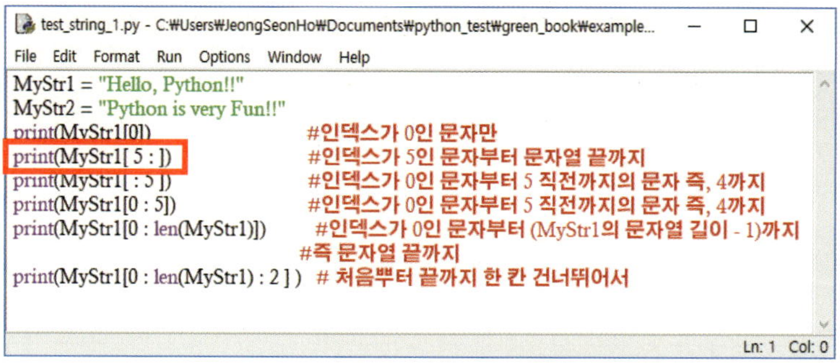

MyStr1[5 :]

H	e	l	l	o	,		P	y	T	h	o	n
0	1	2	3	4	5	6	7	8	9	10	11	12

두 번째 형식은 처음(인덱스가 0인 문자)부터 end 위치 앞까지의 서브 문자열을 결과로 표시한다. 예를 들어 MyStr1 = 'Hello!!'에서 MyStr1[: 5]는 인덱스 0인 H에서 인덱스 5 앞까지인 'Hello' 문자열을 반환하다. MyStr1[: 5]는 MyStr1[0 : 5]와 동일한 결과를 표시한다. 세 번째 형식은 start 위치에서 end 직전까지의 서브 문자열을 결과로 표시한다. 예를 들어 MyStr1[0 : 5]은 인덱스 0인 H에서 인덱스 5 앞까지 'Hello' 문자열을 반환하다.

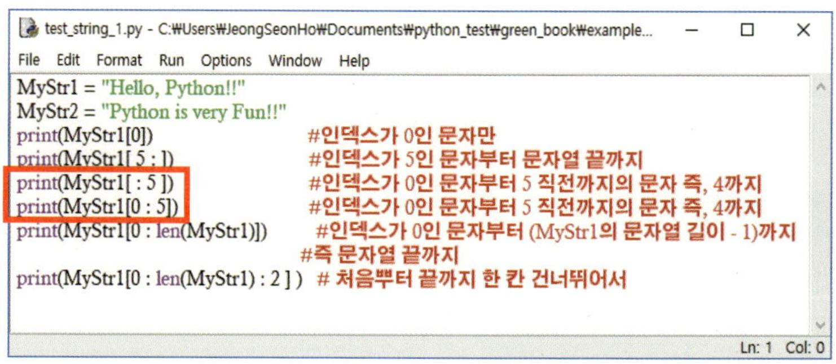

MyStr1[0 : 5]

H	e	l	l	o	,		P	y	T	h	o	n
0	1	2	3	4	5	6	7	8	9	10	11	12

MyStr1[: 5]

네 번째 형식은 지정한 값만큼 문자를 건너뛰어 문자열을 반환하기 위해 사용한다.

```
test_string_1.py - C:₩Users₩JeongSeonHo₩Documents₩python_test₩green_book₩example...
File  Edit  Format  Run  Options  Window  Help
MyStr1 = "Hello, Python!!"
MyStr2 = "Python is very Fun!!"
print(MyStr1[0])                          #인덱스가 0인 문자만
print(MyStr1[ 5 : ])                      #인덱스가 5인 문자부터 문자열 끝까지
print(MyStr1[ : 5 ])                      #인덱스가 0인 문자부터 5 직전까지의 문자 즉, 4까지
print(MyStr1[0 : 5])                      #인덱스가 0인 문자부터 5 직전까지의 문자 즉, 4까지
print(MyStr1[0 : len(MyStr1)])             #인덱스가 0인 문자부터 (MyStr1의 문자열 길이 - 1)까지
                                          #즉 문자열 끝까지
print(MyStr1[0 : len(MyStr1) : 2 ])        # 처음뿌터 끝까지 한 칸 건너뛰어서
Ln: 1  Col: 0
```

MyStr1[0 : len(MyStr1) : 2]

H	e	l	l	o	,		P	y	T	h	o	n
0	1	2	3	4	5	6	7	8	9	10	11	12
-13	-12	-11	-10	-9	-8	-7	-6	-5	-4	-3	-2	-1

실행하면 아래 그림과 같은 결과를 얻을 수 있다.

```
Python 3.7.4 Shell
File  Edit  Shell  Debug  Options  Window  Help
H
, Python!!
Hello
Hello
Hello, Python!!
Hlo yhn!
>>>
Ln: 106  Col: 4
```

인덱싱과 마찬가지로 슬라이싱을 사용하여 추출한 문자열의 문자를 변경할 수는 없다.

```
Python 3.7.4 Shell
File  Edit  Shell  Debug  Options  Window  Help
>>> stringSlicing = "Hello, Python"
>>> stringSlicing[0:5]
'Hello'
>>> stringSlicing[0:5] = "Hi~~~"
Traceback (most recent call last):
  File "<pyshell#35>", line 1, in <module>
    stringSlicing[0:5] = "Hi~~~"
TypeError: 'str' object does not support item assignment
>>>|
Ln: 115  Col: 4
```

슬라이싱을 이용하여 문자열의 일부분을 변경하려면 먼저, 변경하려는 문자를 추출한 다음, 다시 결합하는 방식을 사용해야 한다. 예를 들어 MyStr2 문자열에서 'Fun'을 'Good'으로 변경하려면 F 앞까지의 문자열을 검색한 후 'Good' 문자열을 연결한다.

```
test_string_2.py - C:₩Users₩JeongSeonHo₩Documents₩python_test₩green_book₩examp...
File  Edit  Format  Run  Options  Window  Help

MyStr1 = "Hello, Python!!"
MyStr2 = "Python is very Fun!!"

MyStr3 = MyStr2[ 0 : 15 ]              #인덱스가 14인 문자까지
print(MyStr3)

MyStr4 = "Good"
MyStr5 = MyStr3 + MyStr4               #MyStr3과 MyStr4 연결
print(MyStr5)

MyStr6 = MyStr3 + "Good"               #MyStr3과 "Good" 연결
print(MyStr6)

Ln: 1  Col: 0
```

```
Python 3.7.4 Shell
File  Edit  Shell  Debug  Options  Window  Help

Python is very
Python is very Good
Python is very Good
>>>
>>>
>>>
>>>

Ln: 123  Col: 4
```

len 함수

형식 : len( )

기능 : 문자열의 길이 반환

슬라이싱을 이용하면 입력 문자열을 거꾸로 뒤집을 수도 있다. 문자열의 각 문자를 역순으로 선택하도록 하기 위해서는 문자열을 이동하는 크기를 정하는 세 번째 값(step)를 이용한다. 이 값(step)이 음수이면 파이썬은 리스트를 거꾸로(오른쪽에서 왼쪽으로) 읽어 출력한다. 다음과 같이 코드를 작성하고 실행해 보도록 하자.

test_string_10.py - C:₩Users₩JeongSeonHo₩Documents₩python_test₩green_book₩...

```python
print("-"*15, 'Reversing String', "-"*15)

testString = "Reversing a String~."
reversingString = testString[::-1]

print("testString : ", testString)
print("reversingString : ", reversingString)
```

Python 3.7.4 Shell

```
--------------- Reversing String ---------------
testString :  Reversing a String~.
reversingString :  .~gnirtS a gnisreveR
>>>
>>>
>>>
```

문자열 찾기 : in / not in 연산자

문자열 안에 다른 문자열이 있는 지를 알아내기 위하여 in 연산자를 사용한다. 찾는 문자열이 포함되어 있는 경우에는 True를, 그렇지 않은 경우 False를 반환한다.

in / not in 연산자

형식 : 찾는_문자열 in 문자열
       찾는_문자열 not in 문자열
기능 : 문자열이 포함되었는 지 검사
반환 값 : True / False

in 연산자와 비슷한 기능으로 find( ) 함수를 사용할 수 있다. find( ) 함수는 찾는 문자열이 포함된 경우 가장 왼쪽 첫 번째 인덱스를 반환한다.

find( ) 함수

형식 : find(찾는문자열[, start, end])
기능 : 문자열이 포함되었는 지 검사
반환 값 : 찾은 문자열의 가장 왼쪽 인덱스, 없는 경우 -1 반환

```
test_string_3.py - C:₩Users₩JeongSeonHo₩Documents₩python_test₩green_book₩e...
File  Edit  Format  Run  Options  Window  Help
MyStr1 = "Hello, Python!!"
MyStr2 = "Python is very Fun!!"

stringIn = "Python" in MyStr1
print(stringIn)

stringFind = MyStr1.find("Python")
print(stringFind)
                                                        Ln: 1  Col: 0
```

```
Python 3.7.4 Shell
File  Edit  Shell  Debug  Options  Window  Help
True
7
>>>
>>>
                                                        Ln: 136  Col: 4
```

문자열 비교하기

문자열과 문자열을 비교하거나, 어떤 문자열이 사전 순서상 앞에 나오는 지를 검사할 수 있다. 문자열과 문자열을 비교하기 위해서는 관계연산자 (==, !=, 〈, 〉)를 사용한다. "Apple"은 "Mango"보다 사전에서 앞에 나오므로 〈 연산자를 사용했을 때 True가 된다.

```
Python 3.7.4 Shell
File  Edit  Shell  Debug  Options  Window  Help
>>>
>>> "Apple" == "Mango"
False
>>> "Apple" > "Mango"
False
>>> "Apple" < "Mango"
True
>>> "Apple" != "Mango"
True
>>>
                                                        Ln: 144  Col: 4
```

■ 문자열 포맷 코드를 사용하여 문자열 출력하기

문자열에 변수와 같은 값을 삽입하여 출력하는 것을 문자열 포매팅 (Formatting) 이라고 한다. 문자열에 숫자, 문자열, 변수, 또는 2개 이상의 값 등을 삽입하여 출력할 수 있다. 문자열 내에 값을 삽입하는 경우 값의 자료형에 따라 문자열 포맷 코드를 삽입한다.

표 ▶ 문자열 포맷 코드

코드	설명	코드	설명
%s	문자열 (String)	%o	8진수
%c	문자 1개	%x	16진수
%d	정수 (Integer)	%%	문자 %
%f	부동소수		

■ 출력 문자열에 숫자 대입하기

지정된 문자열 내에 2019라는 정수를 삽입하고자 하는 경우, 문자열 안에서 숫자를 넣고 싶은 자리에 %d라는 문자를 넣어 주고, 삽입할 숫자인 2019은 가장 뒤에 있는 % 문자 다음에 써 넣는다. %d를 문자열 포맷 코드라고 한다.

따옴표로 묶여 있는 문자열 내에 값을 삽입하여 출력되도록 하려는 경우 사용하는 것임을 기억하자.

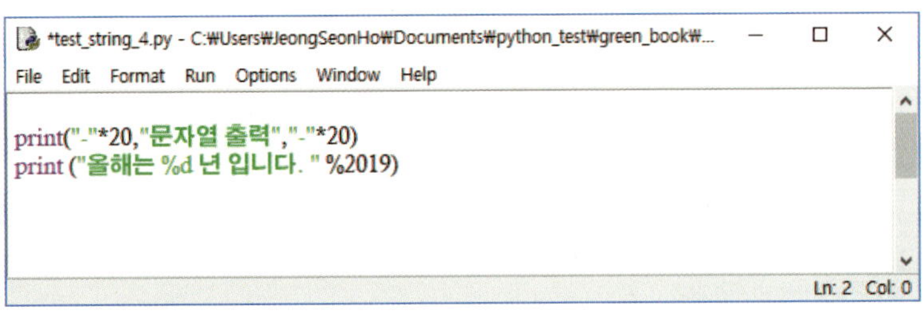

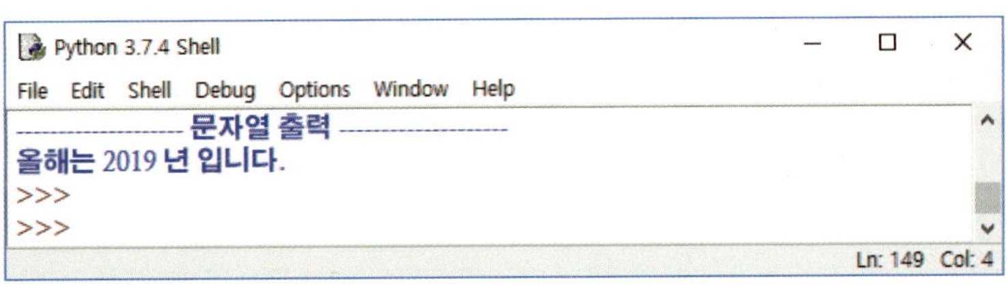

■ 출력 문자열에 문자열 대입하기

문자열 내에 문자열을 삽입하여 출력할 수도 있다. 문자열을 삽입하는 경우 문자열 포맷 코드는 %s를 사용해야 한다. 삽입할 문자열도 따옴표로 묶어주어야 한다.

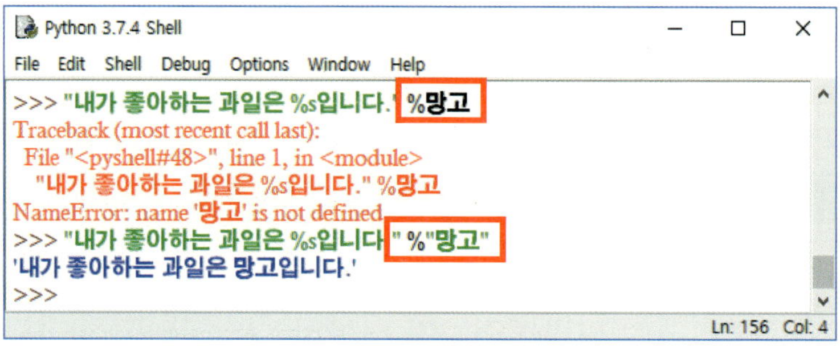

■ 값을 나타내는 변수를 대입하기

숫자나 문자열을 문자열 내에 삽입할 수도 있지만 값을 나타내는 변수를 사용하는 것도 가능하다.

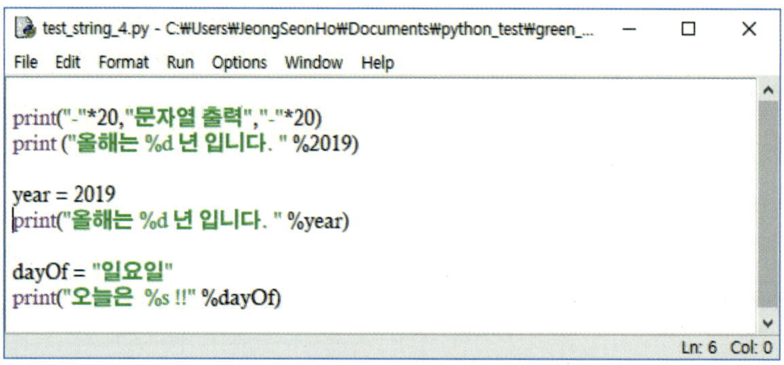

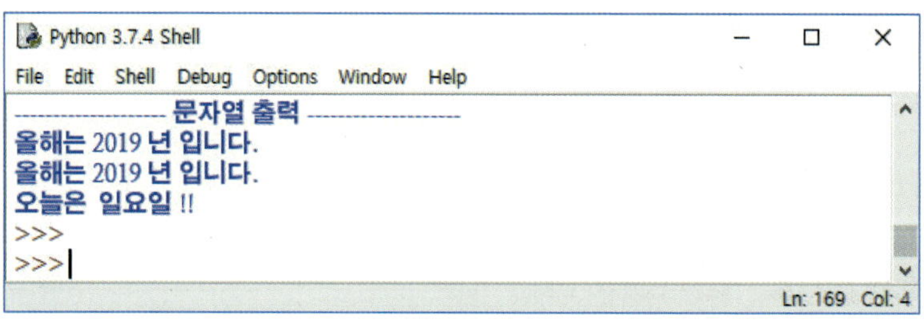

■ 2개 이상의 값 넣기

문자열 안에 1개가 아닌 여러 개의 값을 넣고 싶은 경우 % 다음 괄호 안에 콤마(,)로 구분하여 각각의 값을 넣어준다.

```
test_string_5.py - C:₩Users₩JeongSeonHo₩Documents₩python_test₩green_...
File Edit Format Run Options Window Help
print("-"*20,"문자열 출력","-"*20)

year = 2019
month = 8
day = 15
dayOf = "광복절"

print("올해는 %d 년 %d 월 %d 일, %s 입니다. " %(year, month, day, dayOf))
Ln: 1 Col: 0
```

```
Python 3.7.4 Shell
File Edit Shell Debug Options Window Help
-------------------- 문자열 출력 --------------------
올해는 2019 년 8 월 15 일, 광복절 입니다.
>>>
>>>
>>>
Ln: 175 Col: 4
```

■ 정렬과 공백 설정하기

포맷 코드와 숫자 함께 사용하여 출력 문자열의 크기와 정렬 방식을 설정할 수 있다. 문자열 포맷 코드 앞의 숫자는 전체 출력 문자열의 크기를, 양수는 오른쪽 정렬, 음수는 왼쪽 정렬을 표시한다.

```
test_string_6.py - C:₩Users₩JeongSeonHo₩Documents₩python_test₩green_...
File Edit Format Run Options Window Help
print("-"*15,"문자열 출력(공백과 정렬)","-"*15)

MyStr1 = "Python"
MyStr2 = 123.456

print("오른쪽 정렬 : %30s" %MyStr1)
print("왼   쪽 정렬 : %-30s" %MyStr2)
Ln: 1 Col: 0
```

```
Python 3.7.4 Shell
File Edit Shell Debug Options Window Help
--------------- 문자열 출력(공백과 정렬) ---------------
오른쪽 정렬 :                         Python
왼   쪽 정렬 : 123.456
>>>
>>>
Ln: 181 Col: 4
```

▬ format( ) 함수 이용하여 출력하기

문자열의 format 함수를 이용하면 문자열 포맷 코드를 사용하는 것처럼 문자열 포맷을 지정할 수 있다. format( ) 함수를 사용하는 경우 값을 삽입할 위치에 중괄호 ({ })를 사용하여 인덱스나 이름을 사용하여 입력한다. 인덱스는 0부터 삽입 위치마다 1씩 증가하면서 표시된다. 인덱스와 이름 등을 함께 사용할 수 있다.

test_string_7.py - C:₩Users₩JeongSeonHo₩Documents₩python_test₩green_book₩exampl...

```python
print("-"*15, "format() 함수", "-"*15)
print('올해는 {0}년 입니다.'.format(2019) )            #숫자 대입
print("오늘은 {0}입니다." .format("월요일") )                #문자열 대입
month=8
print("이 달은 {0}월 입니다." .format(month) )              #변수 month 대입
print("오늘은 {0}월 {1}일입니다." .format(month, 12) )       #2개 이상의 값 대입
print("오늘은 {0}월 {1}일입니다." .format(month) )
#문자열에 포함된 대괄호 개수 보다 format안에 들어 있는 값의 수가 적으면 에러
```

Python 3.7.4 Shell

```
--------------- format() 함수 ---------------
올해는 2019년 입니다.
오늘은 월요일입니다.
이 달은 8월 입니다.
오늘은 8월 12일입니다.
Traceback (most recent call last):
  File "C:\Users\JeongSeonHo\Documents\python_test\green_book\example\test_string_7.py", line 7, in <module>
    print("오늘은 {0}월 {1}일입니다." .format(month) )
IndexError: tuple index out of range
>>>
```

format( ) 함수는 중괄호 ({ }) 안에 콜론 다음으로 시작하는 형식 지정 양식을 포함한다. 예를 들어 {: f}는 고정 소수점 숫자를 출력하고, 표시하려는 요소 항목의 번호는 콜론 앞에 표시한다. 예를 들어 {0 : f}는 첫 번째 요소를 고정 소수점 숫자 형식으로 출력하도록 한다.

format( ) 함수

형식 : .format([[fill]align][sign][#][0][width][,][.precision][type])

기능 : 서식 지정 양식에 따라 문자열 출력

인수 :

- fill – 할당된 공간에 맞지 않는 데이터를 표시할 때 사용되는 채우기 문자 정의
- align – 표시 공간 내에서의 데이터 정렬 방식 지정

기호	정렬 방식	기호	정렬 방식
〈	왼쪽 정렬	^	가운데 정렬
〉	오른쪽 정렬	=	배분 정렬

- sign - 양수(+), 음수(-) 기호 표시. 〈공백〉은 양수이면 +를, 음수이면 -를 표시
- # - 숫자 데이터의 대체 표시 형식 지정
  예)print("{:#x}" .format(10)) =〉 0xa (10을 16진수로 표시)
- 0 - 빈 공간을 0으로 채움
- width - 데이터를 출력할 공간 크기
- , - 1000 단위 구분 기호 표시
- .precision - 소수점 이하 크기
- type - 데이터의 출력 형식 지정

기호	정렬 방식	기호	정렬 방식
s	문자열	%	퍼센트
b	2진수	c	문자(character)
o	8진수	d	10진수
X	16진수(대문자)	x	16진수(소문자)
g	일반 형식(소문자)	f	고정소수점(소문자)
G	일반 형식(대문자)	F	고정소수점(대문자)

test_string_8.py - C:₩Users₩Shjeong₩Documents₩python_test₩test_string_8.py (3.7.4)

```
print("-"*15, "format() 함수", "-"*15)

formatSpec = "{:d}"                      #10진수 출력
print("1  : ", formatSpec.format(1000))
formatSpec = "{:,d}"                     #천 단위 구분기호를 사용하여 10진수 출력
print("2  : ", formatSpec.format(1000))
formatSpec = "{:^15s}"                   #출력 공간 : 15, 가운데 정렬 문자열 출력
print("3  : ", formatSpec.format('String'))
formatSpec = "{:<15s}"                   #출력 공간 : 15, 왼쪽  정렬 문자열 출력
print("4  : ", formatSpec.format('String'))
formatSpec = "{:>15s}"                   #출력 공간 : 15, 오른쪽 정렬 문자열 출력
print("5  : ", formatSpec.format('String'))
formatSpec = "{:<15,d}"                  #출력 공간 : 15, 왼쪽 정렬, 천 단위 구분기호 출력
print("6  : ", formatSpec.format(1000))
formatSpec = "{:=15,d}"                  #출력 공간 : 15, 배분 정렬, 천 단위 구분기호 출력
print("7  : ", formatSpec.format(1000))
formatSpec = "{:*^15,d}"                 #출력 공간 : 15, 가운데 정렬, 천 단위 구분기호, 빈 공간 *  출력
print("8  : ", formatSpec.format(100))
formatSpec = "{:*^15.2f}"                #출력 공간 : 15, 가운데 정렬, 천 단위 구분기호 표시, 빈 공간 * 출력
print("9  : ", formatSpec.format(100))
formatSpec = "{:*>15X}"                  #출력 공간 : 15, 16진수 대문자, , 빈 공간 *  출력
print("10 : ", formatSpec.format(100))
formatSpec = "{:*<#15x}"                 #출력 공간 : 15, 16진수 소문자, 빈 공간 * 출력
print("11 : ", formatSpec.format(100))
formatSpec ="{:#x}"                      #16진수 소문자, 대체문자  출력
print("12 : ", formatSpec.format(100))
formatSpec = "{:=015d}"                  #출력 공간 : 15, 10진수 소문자, 빈 공간 0 출력
print("13 : ", formatSpec.format(1000))

formatSpec = "A {0} {1} and a {0} {2}."
print(formatSpec.format("Python", ", Hello!!", "is Good~"))
```

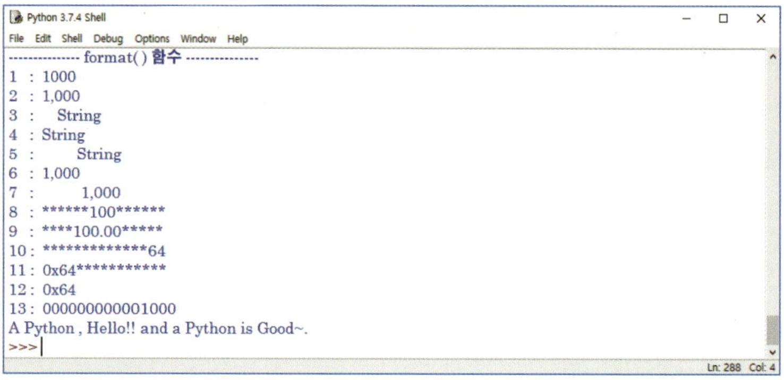

▬ 문자열과 관련된 함수

문자열 자료형은 문자열 내장함수들을 가지고 있다. 문자열 내장함수는 문자열 변수 이름 뒤에 '.'를 붙인 다음에 함수 이름을 붙여서 사용한다.

표 ▶ 문자열 관련 함수

함수	설명	예 (a = "Python test")	
capitalize( )	형식 : s.capitalize( ) - 첫 글자가 대문자인 문자열 반환 - title( ) 함수와 동일	코드	aa = "python" aa.capitalize( )
		결과	Python
center( )	형식 : s.center(width, char) - 문자열(s)을 지정된 공간(width)에 가운데 정렬하고, 빈 공간을 지정한 문자(char)열로 채워 표시	코드	aa = "python" aa.center(15, "-")
		결과	'-----python----'
count( )	형식 : s.count(str [, start, end]) - 문자열(s)에 포함된 특정 문자(열)의 개수. start와 end를 생략하면 문자열 전체에서 검색.	코드	a.count('t')
		결과	3
endswith( )	형식 : s.endswith(str [,start, end]) - 문자열(s)가 문자(열) str로 끝나면 True 반환. start와 end를 생략하면 문자열 전체에서 검색.	코드	a.endswith('st')
		결과	True
expandtabs( )	형식 : s.expandtabs(size) - 탭을 지정된 크기로 변환	코드	a='python \tpython' a.expandtabs(4)
		결과	'python python'

함수	설명	예 (a = "Python test")	
find( )	형식 : s.find(char [, start, end]) - 문자열(s)에서 특정 문자(char)가 맨 처음 나오는 위치 - 찾는 문자가 없는 경우 : -1	코드	a.find('o')
		결과	4
		코드	a.find('b')
		결과	-1
index( )	형식 : s.index(char [, start, end]) - 문자열(s)에서 특정 문자(열)가 맨 처음 나오는 가장 왼쪽 위치 - 찾는 문자가 없는 경우 : 오류 발생	코드	a.index('o')
		결과	4
		코드	a.index('b')
		결과	오류 메시지 출력
isalnum( )	형식 : s.isalnum( ) - 문자열이 비어있지 않고(nonempty) 모든 문자가 alphanumeric이면 True반환	코드	a.isalnum( )
		결과	False
isalpha( )	형식 : s.isalpha( ) - 문자열이 비어있지 않고(nonempty) 모든 문자가 alphabetic이면 True반환	코드	a.isalpha( )
		결과	False
isdecimal( )	형식 : s.isdecimal( ) - 문자열이 비어있지 않고(nonempty) 모든 문자가 10진수이면 True반환	코드	aa = '12345' aa.isdecimal( )
		결과	True
isdigit( )	형식 : s.isdigit( ) - 문자열이 비어있지 않고(nonempty) 모든 문자가 ASCII digit이면 True반환	코드	aa = '12345' aa.isdigit( )
		결과	True
islower( )	형식 : s.islower( ) - 문자열이 비어있지 않고(nonempty) 모든 문자가 소문자이면 True반환	코드	a.islower( )
		결과	False
isnumeric( )	형식 : s.isnumeric( ) - 문자열이 비어있지 않고(nonempty) 모든 문자가 numeric Unicode 문자이면 True반환	코드	aa = '12345' aa.isnumeric( )
		결과	True
isspace( )	형식 : s.isspace( ) - 문자열이 비어있지 않고(nonempty) 모든 문자가 공백 문자이면 True반환	코드	cc = " " cc.isspace( )
		결과	True
isupper( )	형식 : s.isupper( ) - 문자열이 비어있지 않고(nonempty) 모든 문자가 대문자이면 True반환	코드	c = "PYTHON" c.isupper( )
		결과	True

함수	설명	예 (a = “Python test”)	
join( )	형식 : str.join(s) - 문자열(s)의 각 문자 사이에 변수 에 저장된 값 또는 지정한 문자(열) str 삽입	코드	aa = ‘**’ aa.join(‘ABCD’)
			“**”.join(‘ABCD’)
		결과	'A**B**C**D'
ljust( )	형식 : s.ljust(width, char) - 문자열(s)을 지정된 공간(width)에 왼쪽 정렬하고, 빈 공간을 지정한 문자(char)열로 채워 표시	코드	aa = 'Python' aa.ljust(15, '-')
		결과	'Python---------'
lower( )	형식 : s.lower( ) - 문자열(s)을 소문자로 반환	코드	aa = ‘PYTHON’ aa.lower( )
		결과	'python'
replace( )	형식 : s.replace(old, new, count) - 문자열(s) 내의 특정한 문자(열) old를 새로운 문자(열) new로 지정한 개수(count)만큼 치환	코드	a.replace(‘P’, ‘p’)
		결과	'python test'
upper( )	형식 : s.upper( ) - 문자열(s)을 모두 대문자로 표시	코드	a.upper( )
		결과	'PYTHON TEST'
split( )	형식 : s.split(str, count) - 지정된 문자(str)를 기준으로 문자열(s)을 분리 - 괄호 안에 아무런 값도 넣지 않으면 공백(스페이스, 탭, 엔터 등)을 기준으로 문자열을 분리	코드	a.split( )
		결과	['Python', 'test']
		코드	bb = ‘A-B-C-D’ bb.split(‘-’)
		결과	['A', 'B', 'C', 'D']
startswith( )	형식 : s.startswith(str [,start,end]) - 문자열(s)가 문자(열) str로 시작하면 True 반환. start와 end를 생략하면 문자열 전체에서 검색.	코드	aa = 'Python' aa.startswith('Py')
		결과	True
strip( )	형식 : s.strip(chars) - chars가 없는 경우 문자열(s) 양쪽에 있는 한 칸 이상의 연속된 공백 삭제 - chars가 있는 경우 문자열(s) 양쪽에 있는 문자(열) 삭제	코드	b = “ Python ” b.strip( ) dd = '~~Python!!~~‘ dd.strip(‘~~’)
		결과	'Python' 'Python!!'

```
print("-"*15, 'String Method Test', "-"*15)

testString = "Think like a man of actin and act like man of thought."
print('testString :  ', testString)
print('find("man") : ', testString.find("man"))
print('rfind("man") : ', testString.rfind("man"))
print('count("man") : ', testString.count("man"))
print('startswith("The") : ', testString.startswith("The"))
print('endswith("The") : ', testString.endswith("The"))
print('replace : ', testString.replace("act", "Act") .replace("thought", "Thought"))
```

```
--------------- String Method Test ---------------
testString :   Think like a man of actin and act like man of thought.
find("man") :  13
rfind("man") :  39
count("man") :  2
startswith("The") :  False
endswith("The") :  False
replace :  Think like a man of Actin and Act like man of Thought.
>>>
>>>
```

4 파이썬 프로그래밍의 기초, 리스트 (List)

파이썬에서 여러 개의 자료들을 하나의 묶음으로 관리하기 위해 사용하는 것이 리스트 (list)이다. 리스트도 숫자형이나 문자열처럼 자료형의 하나이며, 여러 데이터를 묶어 효율적으로 처리할 수 있도록 한다.

예를 들어, 100명의 학생들의 이름을 저장하기 위해서는 100개의 변수를 사용할 수는 없다. 리스트를 사용하면 데이터의 값만큼 변수를 사용하지 않고 100개의 데이터를 하나의 공간에 저장하여 관리하고 사용할 수 있다.

1) 리스트 정의

파이썬으로 리스트를 정의하려면 대괄호 ([,])를 사용한다. 대괄호 안에 리스트의 요소를 나열하고, 리스트의 요소는 쉼표 (,)를 사용하여 구분한다.

리스트 정의하기

```
형식 : 리스트명 = [요소1, 요소2, 요소3, ...]
예 :  a = [ ]
      b = [1, 2, 3]
      c = ['Python', 'is', 'very', 'easy']
      d = [1, 2, 'Python', 'easy']
      e = [1, 2, ['Python', 'easy']]
```

리스트는 아무것도 포함하지 않는 비어 있는 리스트([ ])일 수도 있고, 숫자 또는 문자열을 요소 값으로 가질 수도 있다. 또한 숫자와 문자열을 함께 요소 값으로 가지거나, 리스트 자체를 요소 값으로 가질 수도 있다. 리스트 안에는 어떠한 자료형도 포함시킬 수 있다.

리스트도 문자열처럼 각 요소에 인덱스 (Index)라는 번호가 매겨진다. 인덱스 (Index)를 사용하면 문자열과 마찬가지로 리스트의 요소를 추출할 수 있다.

listTest = ['Python', 'is', 'very', 'easy']

	listTest [0]	listTest [1]	listTest [2]	listTest [3]
	'Python'	**'is'**	**'very'**	**'easy'**
인덱스 (양수)	0	1	2	3
인덱스 (음수)	-4	-3	-2	-1
	listTest [0]	listTest [1]	listTest [2]	listTest [3]

```
Python 3.7.1 Shell
File  Edit  Shell  Debug  Options  Window  Help
>>> listTest = ['Python', 'is', 'very', 'easy']
>>> listTest[0]
'Python'
>>> listTest[-1]
'easy'
>>>
                                        Ln: 111  Col: 4
```

2) 리스트 연결과 반복

파이썬에서는 리스트에 대한 덧셈이 가능하다. 리스트의 덧셈은 2개의 리스트를 연결해서 새로운 리스트를 만들게 된다.

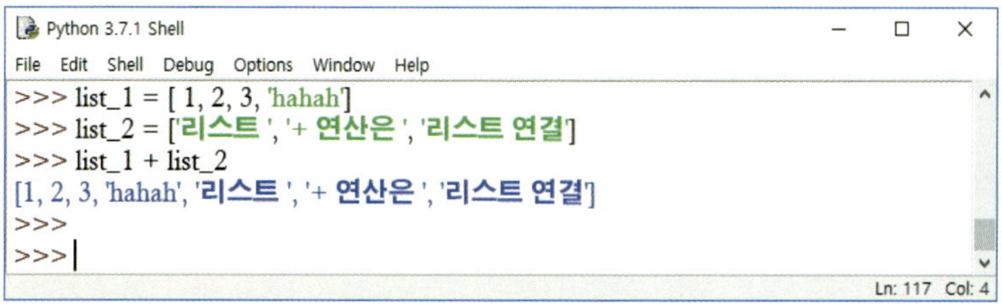

문자열과 마찬가지로 * 연산자는 리스트를 주어진 회수만큼 반복하여 새로운 리스트를 만들게 된다.

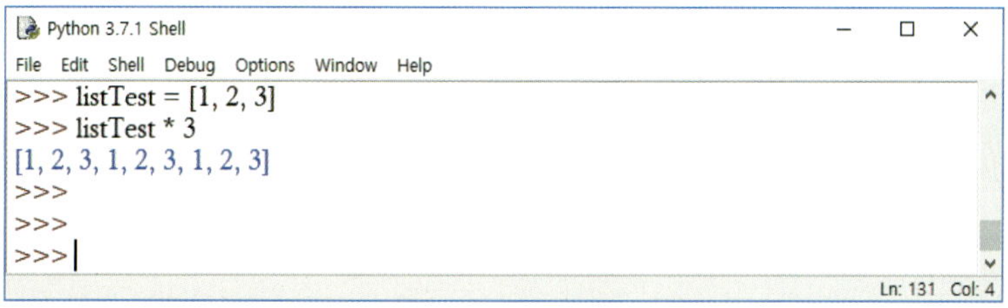

3) 리스트 인덱싱 (Indexing)과 슬라이싱 (Slicing)

리스트도 문자열처럼 인덱싱과 슬라이싱이 가능하다.

■ 리스트 인덱싱 (Indexing)

문자열과 마찬가지로 리스트의 인덱스를 이용하여 리스트의 요소에 접근이 가능하다. 문자열은 인덱스를 이용하여 문자열을 이루는 문자를 변경할 수 없지만, 리스트는 인덱스를 사용하여 리스트의 요소를 변경하는 것이 가능하다.

```
Python 3.7.1 Shell
File Edit Shell Debug Options Window Help
>>>
>>> listIndexing = [1, 2, 'Python', 'is', 'easy']
>>> listIndexing[2]
'Python'
>>> listIndexing[2] = 'Hi~~, Python'
>>> listIndexing
[1, 2, 'Hi~~, Python', 'is', 'easy']
>>>|
                                        Ln: 27 Col: 4
```

리스트의 요소로 리스트를 포함하는 경우 포함된 리스트의 요소의 인덱스는 어떻게 작성해야 할까? 리스트에 포함된 리스트는 지금까지의 인덱스 사용 방법과 동일하다.

```
Python 3.7.1 Shell
File Edit Shell Debug Options Window Help
>>>
>>> listIndexing = [ 1, 2, ['Python', 'is', 'very', 'easy'] ]
>>> listIndexing[0]
1
>>> listIndexing[2]
['Python', 'is', 'very', 'easy']
>>>
>>>|
                                        Ln: 37 Col: 4
```

리스트 안에 포함된 리스트 요소의 인덱스는 다음과 같이 사용한다.

인덱스	[0]	[1]	[2]			
	[-3]	[-2]	[-1]			
리스트	1	2	'Python'	'is'	'very'	'easy'
리스트의 리스트 인덱스	[0]	[1]	[2][0]	[2][1]	[2][2]	[2][3]
	[-3]	[-2]	[-1][0]	[-1][1]	[-1][2]	[-1][3]
			[-1][-4]	[-1][-3]	[-1][-2]	[-1][-1]

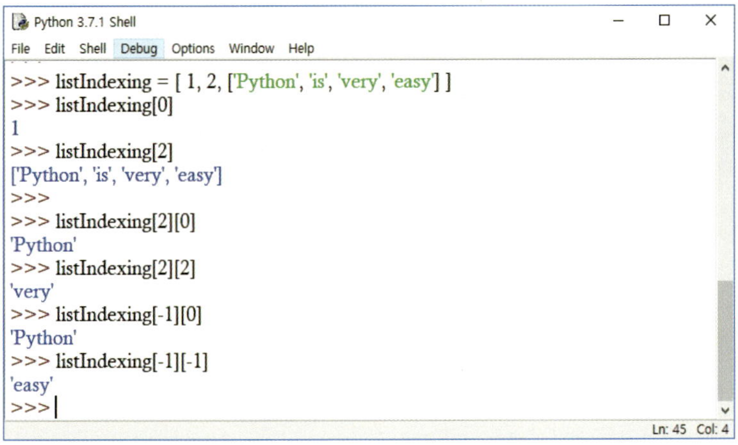

■ 리스트 슬라이싱 (Slicing)

문자열과 마찬가지로 리스트에서도 슬라이싱 기법을 적용할 수 있다. 문자열과 마찬가지로 대괄호 안에 콜론 (:)으로 구분하여 인덱스를 작성한다.

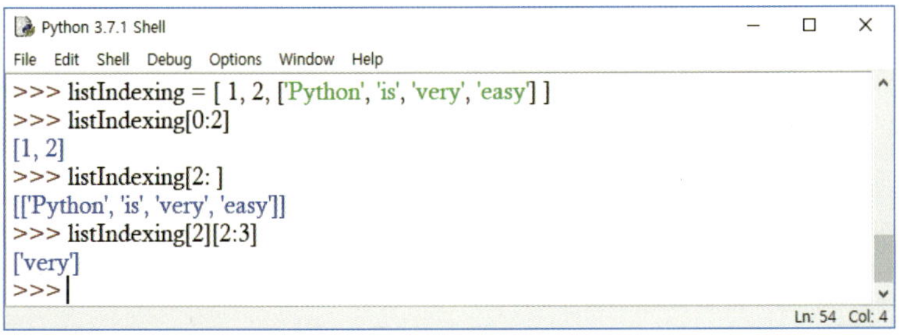

리스트가 포함된 중첩 리스트 역시 슬라이싱 방법은 똑같이 적용된다. 위의 예에서 listIndexing[2]는 ['Python', 'is', 'very', 'easy']를 나타낸다. 따라서, listIndexing[2][2:3]는 ['Python', 'is', 'very', 'easy']의 세 번째 요소인 'very'를 나타내는 리스트를 의미한다.

4) 리스트 수정하기

리스트에서 하나의 요소를 변경하기 위해서는 다음과 같이 인덱스를 사용하면 된다.

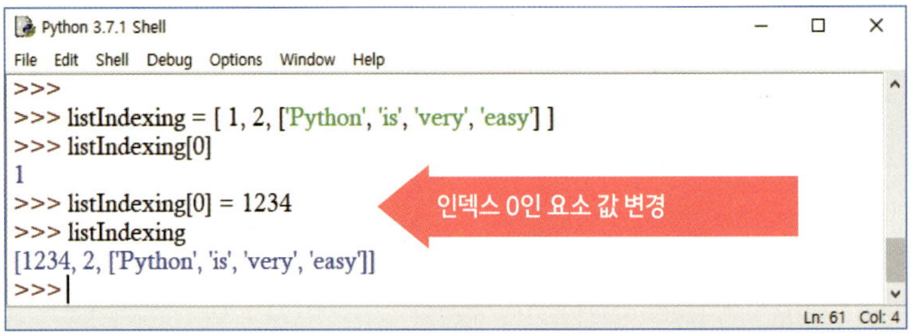

리스트에서는 연속된 범위의 요소 값을 수정할 수 있다. 예를 들어 listIndexing[0:2]는 listIndexing[0]에서부터 listIndexing[1]까지를 의미하므로, listIndexing[0:2] = [222, 333]을 실행하면 listIndexing[0]에서부터 listIndexing[1]까지의 요소 값이 변경된다.

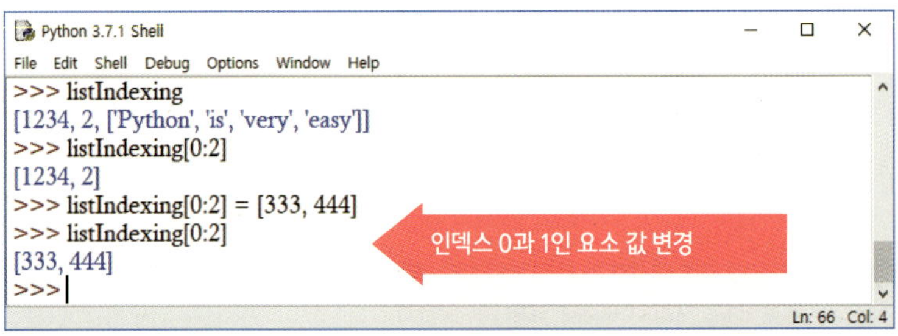

리스트에 요소에 값 대신 대괄호만 입력하면 지정된 범위의 요소가 삭제된다.

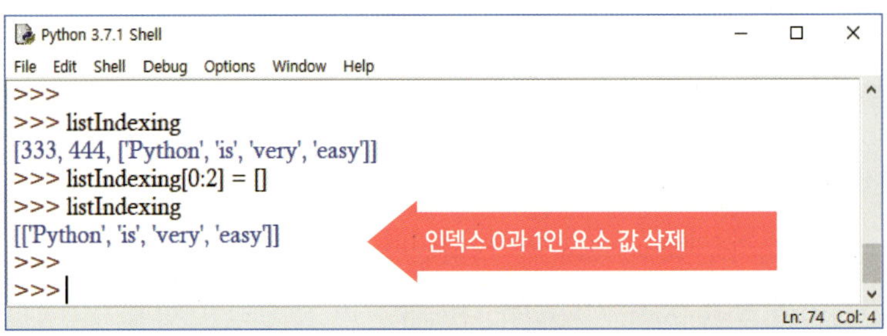

리스트 요소를 삭제하기 위해 del 함수를 사용해도 된다. del 함수는 다음과 같은 형식으로 사용한다.

del 함수

형식 : del 리스트 이름[인덱스]
　　　del 리스트 이름[시작_인덱스 : 마지막-인덱스 + 1]

```
Python 3.7.1 Shell
File  Edit  Shell  Debug  Options  Window  Help
>>> listIndexing = [1, 2, 3, ['a', 'b', 'c']]
>>> del listIndexing[0]
>>> listIndexing
[2, 3, ['a', 'b', 'c']]
>>> del listIndexing[2][-1]
>>> listIndexing
[2, 3, ['a', 'b']]
>>>
Ln: 81  Col: 4
```

5) 리스트 정렬하기

리스트에 포함된 요소들을 제자리에 정렬하는 데 사용하려면 sort( ) 함수를 사용한다. 목록을 제자리에 정렬하는 것은 단순히 목록의 정렬된 복사본을 반환하는 것이 아니라 정렬된 순서로 원래 목록을 변경하는 것을 의미한다. 파이썬에서 요소에 대한 정렬은 기본적으로 오름차순으로 이루어진다.

sort 함수

형식 : sort(key=None, reverse=False)
인수 : key - 리스트에서 비교 키를 추출하는 데 사용되는 하나의 인수 함수 지정
　　　　(예 : key = len( )). 기본값 : None.
　　　reverse - 부울 값. True로 설정하면 역순으로 정렬.
기능 : 주어진 리스트를 정렬
반환 값 : 리스트

```
test_list_2.py - C:₩Users₩JeongSeonHo₩Documents₩python_test₩green_book₩example...
File Edit Format Run Options Window Help
print("-"*15, ' sort method ', "-"*15)

sortTest = [ 'e', 'x', 't', 'e', 'n', 'd' ]

print('sortTest = ', sortTest)
print("")

sortTest.sort ( )
print('리스트 정렬 : sort ( ) => sortTest.sort ( ) = ', sortTest)
Ln: 8 Col: 0
```

```
Python 3.7.4 Shell
File Edit Shell Debug Options Window Help
--------------- sort method ---------------
sortTest = ['e', 'x', 't', 'e', 'n', 'd']

리스트 정렬 : sort ( ) => sortTest.sort ( ) = ['d', 'e', 'e', 'n', 't', 'x']
>>>
>>>
Ln: 236 Col: 4
```

위 그림에서 보는 것처럼 sort( ) 함수는 리스트를 정렬한 후 아무것도 반환하지 않는다. 사용자들이 가장 흔하게 범하는 실수가 아무 것도 반환하지 않는 함수 결과의 사본을 만드는 것이다. 예를 들어 아래 코드처럼 sort( ) 함수를 실행한 경과를 저장하는 변수를 선언한 후 출력하면 정렬된 리스트 대신 None이 출력된다.

```
Python 3.7.4 Shell
File Edit Shell Debug Options Window Help
>>>
>>> sortTest = ['e', 'x', 't', 'e', 'n', 'd']
>>>
>>> result = sortTest.sort()
>>>
>>> print(result)
None
>>>
Ln: 243 Col: 4
```

만약 정렬하기 전의 리스트와 정렬된 후의 리스트를 모두 사용하고 싶다면 다음과 같이 리스트의 사본을 만들어 정렬을 수행하면 된다.

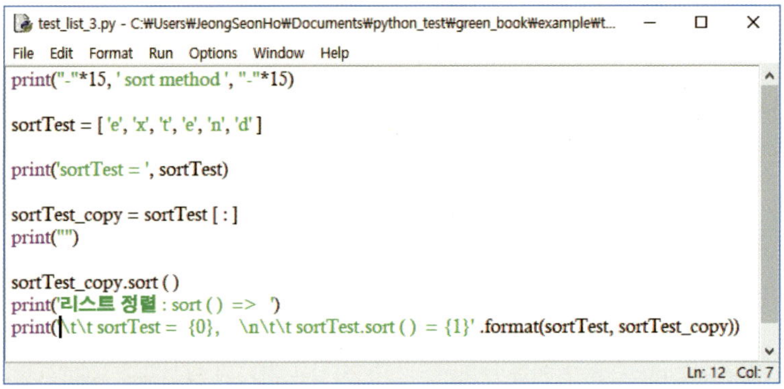

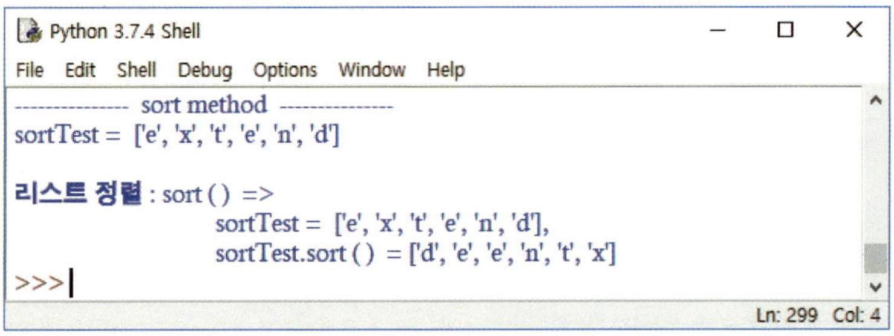

sort( ) 함수의 인수 (key와 reverse)를 사용하여 정렬 조건을 지정하거나 역순(내림차순)으로 리스트를 정렬하도록 할 수 있다. 예를 들어 문자의 길이를 기준으로 리스트를 정렬하려면 다음과 같이 key 인수를 설정한다.

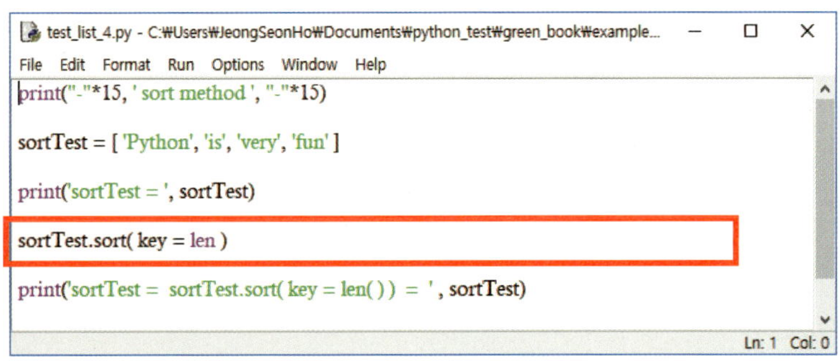

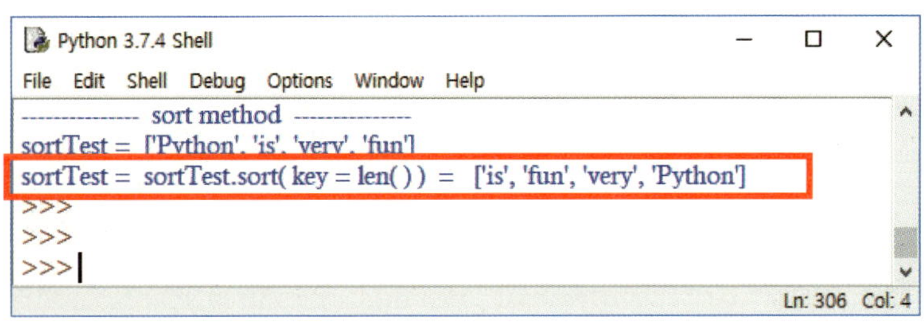

또 다른 방법은 sorted( ) 함수를 사용하는 것이다. sorted( ) 함수는 파이썬의 내장함수로 주어진 리스트 또는 문자열을 입력으로 하여 정렬한 후 리스트로 반환하는 함수이다.

sorted 함수

형식 : sorted(iterable[, key=None, reverse=False])

인수 : iterable - 리스트 또는 문자열

key - iterable에서 비교 키를 추출하는 데 사용되는 하나의 인수 함수 지정 (예 : key = str.min( )). 기본값 : None.

reverse - 부울 값. True로 설정하면 역순으로 정렬

기능 : 주어진 리스트 또는 문자열을 정렬

반환 값 : 리스트

```
test_list_4-1.py - C:/Users/JeongSeonHo/Documents/python_test/green_book/example/test...
File  Edit  Format  Run  Options  Window  Help
print("-"*15, ' sort method ', "-"*15)

sortTest = [ 'e', 'x', 't', 'e', 'n', 'd' ]

print('sortTest = ', sortTest)

sortTest_copy = sorted( sortTest)
print("")

print('리스트 정렬 : sort ( ) =>  sortTest =   ', sortTest)
print('\t\t          sortTest_copy = sorted( sortTest ) = ' , sortTest_copy)
                                                                 Ln: 4  Col: 0
```

```
Python 3.7.4 Shell
File  Edit  Shell  Debug  Options  Window  Help
--------------- sort method ---------------
sortTest =  ['e', 'x', 't', 'e', 'n', 'd']

리스트 정렬 : sort ( ) =>  sortTest =    ['e', 'x', 't', 'e', 'n', 'd']
                           sortTest_copy = sorted( sortTest ) =  ['d', 'e', 'e', 'n', 't', 'x']
>>>
>>>
                                                                 Ln: 335  Col: 4
```

sorted( ) 함수에 reverse 인수를 True로 설정하면 역순(내림차순)으로 정렬하여 리스트를 반환한다.

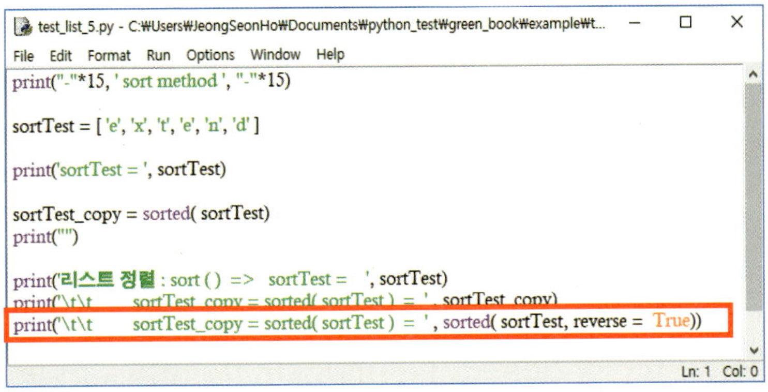

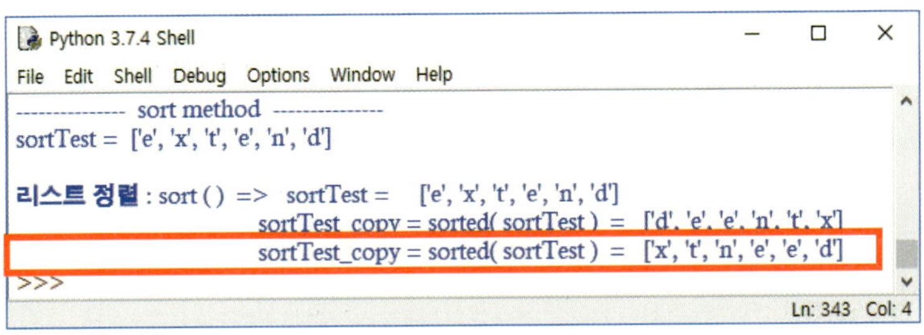

6) 리스트와 관련된 함수

문자열과 마찬가지로 리스트 변수명 뒤에 '.'를 붙여서 여러 가지 리스트 관련 함수들을 이용할 수 있다.

표 ▶ 리스트 관련 함수

함수	설명	예 (a = [3, 2, 1])	
append( )	리스트의 맨 마지막에 요소 값 추가	코드	a.append(4)
		결과	[3, 2, 1, 4]
sort( )	리스트의 요소를 순서대로 정렬	코드	a.sort( )
		결과	[1, 2, 3]
reverse( )	현재의 리스트를 그대로 역순으로 표시	코드	a.reverse( )
		결과	[3, 2, 1]
index( )	리스트에 있는 지정된 값의 위치 값(인덱스) 반환	코드	a.index(3)
			0

함수	설명	예 (a = [3, 2, 1])	
insert(x, y)	리스트의 x번째 위치에 y를 삽입	코드	a.insert(1,['A', 'B'])
		결과	[3, ['A', 'B'], 2, 1]
remove(x)	리스트에서 맨 처음 나오는 값 x를 삭제하는 함수	코드	a.remove(2)
		결과	[3, 1]
pop( )	리스트의 맨 마지막 요소를 쉘에 출력하고, 삭제하는 함수	코드	a = [1, 2, 3] a.pop( )
		결과	3
count(x)	리스트에 포함된 요소 x의 개수를 세서, 그 개수를 돌려주는 함수	코드	a = [1, 2, 3, 2, 2] a.count(2)
		결과	3
extend(x)	x에는 리스트만 올 수 있으며, 리스트 a에 리스트 x를 추가	코드	a = [1,2,3] a.extend([4,5])
		결과	[1, 2, 3, 4, 5]

test_list_1.py - C:₩Users₩JeongSeonHo₩Documents₩python_test₩green_book₩example₩test_l...

File Edit Format Run Options Window Help

```
print("-"*15, ' list Method ', "-"*15)

listTest1 = [ 1, 2, 3 ]
listTest2 = ['c', 'b', 'a' ]
listTest3 = ['e', 'x', 't', 'e', 'n', 'd' ]
print('listTest1 = {0},   listTest2 = {1},   listTest3 = {2}' .format(listTest1, listTest2, listTest3))
print("")
print('리스트 개수 : len ( ) ,  \tlen(listTest) = ', len(listTest1))

listTest1.append(4)
print('리스트 추가하기 : append ( ) ,  \tlistTest1.append(4) = ', listTest1)
listTest1.append( listTest2 )
print('리스트 추가하기 : append ( ) ,  \tlistTest1.append( listTest2 ) = ', listTest1)
listTest2.extend( listTest3 )
print('리스트 확장하기 : extend ( ) ,  \tlistTest2.extend( listTest3 ) = ', listTest2)

listTest2.sort()
print('리스트 정렬 : sort ( ) ,  \tlistTest2.sort() = ', listTest2)

listTest2.reverse()
print('리스트 역순 : reverse ( ) ,  \tlistTest1.reverse() = ', listTest2)

print('리스트 요소 개수 : count ( ) ,  \tlistTest2.count("e") = ', listTest2.count('e'))

listTest2.insert(0, ['insert'])
print('리스트 요소 삽입 : insert ( ) ,  \tlistTest2.insert() = ', listTest2)

listTest2.remove("e")        #첫번째 나오는 e만 제거
print('리스트 요소 삭제 : remove( ) ,  \tlistTest2.remove("e") = ', listTest2)

listTest2.pop( )             #맨 마지막 요소 제거
print('리스트 요소 삭제 : pop( ) ,  \tlistTest2.pop() = ', listTest2)
listTest2.pop(4)             #index = 4인  요소 'e' 제거
print('리스트 요소 삭제 : pop( ) ,  \tlistTest2.pop(4) = ', listTest2)
```

Ln: 1 Col: 0

```
Python 3.7.4 Shell
File  Edit  Shell  Debug  Options  Window  Help
-------------- list Method --------------
listTest1 = [1, 2, 3],   listTest2 = ['c', 'b', 'a'],   listTest3 = ['e', 'x', 't', 'e', 'n', 'd']

리스트 개수 : len ( ) ,        len(listTest) =  3
리스트 추가하기 : append ( ) ,        listTest1.append(4) =  [1, 2, 3, 4]
리스트 추가하기 : append ( ) ,        listTest1.append( listTest2 ) =  [1, 2, 3, 4, ['c', 'b', 'a']]
리스트 확장하기 : extend ( ) ,        listTest2.extend( listTest3 ) =  ['c', 'b', 'a', 'e', 'x', 't', 'e', 'n', 'd']
리스트 정렬 : sort ( ) ,        listTest2.sort() =  ['a', 'b', 'c', 'd', 'e', 'e', 'n', 't', 'x']
리스트 역순 : reverse ( ) ,    listTest1.reverse() =  ['x', 't', 'n', 'e', 'e', 'd', 'c', 'b', 'a']
리스트 요소 개수 : count ( ) ,        listTest2.count("e") =  2
리스트 요소 삽입 : insert ( ) ,        listTest2.insert() =  [['insert'], 'x', 't', 'n', 'e', 'e', 'd', 'c', 'b', 'a']
리스트 요소 삭제 : remove( ) ,        listTest2.remove("e") =  [['insert'], 'x', 't', 'n', 'e', 'd', 'c', 'b', 'a']
리스트 요소 삭제 : pop( ) ,   listTest2.pop() =  [['insert'], 'x', 't', 'n', 'e', 'd', 'c', 'b']
리스트 요소 삭제 : pop( ) ,   listTest2.pop(4) =  [['insert'], 'x', 't', 'n', 'd', 'c', 'b']
>>>
                                                                    Ln: 359  Col: 4
```

요약

■ **파이썬 구문의 특징**

- 한 줄의 끝은 곧 한 문장의 끝
- 문장을 중첩하는 부분의 시작은 콜론(:) 사용
- 블록의 구분은 들여쓰기 (Indentation) 사용
- 줄 연속 문자인 역슬래시 (\)를 사용하여 여러 줄에 걸쳐 문장 작성

■ **파이썬 변수 이름 만들기**

- 변수 이름은 문자 또는 밑줄 문자로 시작해야 함
- 변수 이름은 숫자로 시작할 수 없음
- 변수 이름에는 영숫자 문자와 밑줄만 포함(A-z, 0-9 및 _)
- 변수 이름은 대소문자를 구분함
- 예약어는 변수 이름으로 사용할 수 없음

■ **파이썬의 주석**

- 파이썬에서 주석은 줄의 맨 처음에 # 기호 표시

■ **파이썬 자료형**

- 숫자형 (Numbers): 정수형 (integer), 실수형 (floating-point), 복소수형 (complex number)
- 문자열 (String) : 순서가 있는 문자들의 집합으로, 따옴표 (큰 따옴표, 작은 따옴표, 세 따옴표)를 사용하여 표현

■ **파이썬 연산자**

- 단항 연산자 : +, -
- 산술 연산자 : 사칙연산자 (+, -, *, /), 제곱 (**), 나머지 연산자 (%), // 연산자 (Floor Division) 등
- 관계 연산자 : 하나의 값을 다른 값과 비교하여 그 결과를 불리언(True/False)으로 반환하는 연산자

• 논리 연산자 : and, or, not

• 비트 연산자 : & (AND), | (OR), ^ (XOR), ~ (Complement), <<, >> (Shift)

■ **리스트 (list)**

• [ ]를 사용하여 원소 표시

• 여러 개의 자료들을 하나의 묶음으로 관리하기 위해 사용

• 리스트의 각 요소를 인덱스 (Index)를 사용하여 관리

• * 연산자를 사용하여 리스트를 주어진 회수만큼 반복하여 새로운 리스트 생성

■ **리스트의 인덱싱 (Indexing)**

• 인덱스를 사용하여 리스트의 요소 관리 및 변경 가능

■ **리스트의 슬라이싱 (Slicing)**

• 대괄호 안에 콜론 (:)으로 구분하여 인덱스 사용

■ **리스트 정렬**

• sort( ) 함수를 사용하여 리스트의 요소들을 제자리에 정렬

• key와 reverse 인수를 사용하여 정렬 대상을 지정하거나 순서(내림차순 또는 오름차순) 정렬 가능

• sorted( ) 함수 사용. sorted( ) 함수는 파이썬의 내장함수로 주어진 리스트 또는 문자열을 입력으로 하여 정렬한 후 리스트로 반환

• reverse 인수를 True로 설정하여 역순(내림차순)으로 정렬된 리스트 반환

■ **리스트와 관련된 함수**

함수		
append( )	remove(x)	index( )
sort( )	pop( )	insert(x, y)
reverse( )	count(x)	extend(x)

연습문제

1. 다음 코드를 실행한 후 같은 값이 인쇄되는가? 그 이유를 설명하라.

```
x = 7
print(7)
print("7")
```

2. 다음 코드를 실행한 후 같은 값이 인쇄되는가? 그 이유를 설명하라.

```
x = 2019
print(x)
print("x")
```

3. 다음 중 변수 이름으로 사용할 수 없는 것은 무엇인가? 그 이유를 설명하라.

(a) Robert

(b) if

(c) 20x

(d) -4

(e) Hello_Python

(f) HelloPython

(g) Hello-Python

(h) Hello Python

(i) hellopython

(j) While

(k) public

(l) \16

(m) public

(n) _hello

(o) 10%

(p) a12345

(q) Hong's

4. 1.23×10^{-3}을 변수 A에 할당하는 식을 완성하라.

5. print 문을 하나만 사용하여 다음과 같이 출력하라.

```
A
B
C
D
E
```

6. 다음 이진연산자의 우선 순위를 내림차순으로 표시하라.

+, -, *, //, /, %, =, **

7. 다음 변수 x를 print 문을 사용하여 출력한 결과는 무엇인가?

x = 2

(a) print("x")

(b) print('x')

(c) print(x)

(d) print("x + 1")

(e) print('x' + 1)

(f) print(x + 1)

8. 다음 변수를 사용하여 아래 수식의 결과를 계산하라.

i1 = 4

i2 = 10

i3 = -3

d1 = 4.0

d2 = 10.0

d3 = -0.5

(a) i1 + (i2 * i3)

(b) i1 * (i2 + i3)

(c) i1 / (i2 + i3)

(d) i1 // (i2 + i3)

(e) i1 / i2 + i3

(f) i1 // i2 + i3

(g) d1 + (d2 * d3)

(h) d1 + d2 * d3

(i) d1 / d2 - d3

(j) d1 / (d2 - d3)

(k) d1 + d2 + d3 / 3

(l) (d1 + d2 + d3) / 3

(m) d1 + d2 + (d3 / 3)

(n) 3 * (d1 + d2) * (d1 - d3)

9. 다음과 같이 리스트를 선언하였다.

lst = [2, 10, -5, 17, 39]

(a) 리스트의 첫 번째 원소를 나타내는 식을 작성하라.

(b) 리스트의 마지막 원소를 나타내는 식을 작성하라.

(c) lst[0]이 나타내는 값은 무엇인가?

(d) lst[-1]이 나타내는 값은 무엇인가?

(e) lst[-4]이 나타내는 값은 무엇인가?

10. 다음과 같이 리스트를 선언하였다. 다음 식을 계산하라.

lst = [8, 30, 1, -24, 30, -6, 100, 5, 9, 20]

(a) lst

(b) lst[0:4]

(c) lst[3:8]

(d) lst[3:33]

(e) lst[−5:−3]

(f) lst[−20:2]

(g) lst[5:]

(h) lst[:]

(i) lst[:5]

(j) lst[1:5]

(k) −24 in lst

(l) −34 not in lst

(m) len(lst)

11. 다음 식의 결과를 구하라.

(a) [6] * 4

(b) 7 * [3, 5]

(c) [1, 2, 3, 4] + ['a', 'b', 'c', 'd']

(d) 2 * [1, 2] + [3, 4, 5]

(e) 3 * ([1, 2] + [4, 5])

12. 다음 식의 결과를 계산하라.

(a) [x + 2 for x in [1, 2, 3, 4, 5]]

(b) [2*x for x in range(5, 10)]

(c) [x for x in range(10, 50) if x % 3 == 0]

(d) [(x, y) for x in range(3) for y in range(5)]

(e) [(x, y) for x in range(5) for y in range(7) if (x + y) % 2 == 0]

Chapter 3

프로그램의 구조 제어하기, 조건문

프로그램의 특징 중 하나는 조건에 따라서 실행되는 내용을 다르게 설정하는 것이다. 조건에 따라 실행되는 문장이 다르도록 설정하는 구문을 조건문이라고 한다. 파이썬에서 조건에 따른 분기를 처리하기 위해 if 문을 사용한다. 다른 언어와 달리 파이썬에는 switch .. case 문이 없다.

if 문은 프로그램의 실행 여부를 결정하기 위한 조건식을 사용하여 조건을 만족하는 경우 즉, 참 (True)인 경우와 조건을 만족하지 않는 경우 즉, 거짓 (False)인 경우 어떻게 처리할 것인 지를 결정하기 위해 다음과 같은 3가지 유형을 제공한다.

표 ▶ if 문 유형

유형	설명
if 문	조건식 결과가 참 (True)인 경우만 고려
if ... else 문	조건식 결과가 참 (True)인 경우와 거짓인 경우에 대하여 각각 정의된 문장 실행
if .. elif .. else 문	조건을 검사하는 식이 여러 개인 경우를 처리하기 위해 사용

1 if 문

if 문은 조건식의 끝에 콜론 (:)을 붙이고, 조건이 참인 경우에 실행하는 문장들을 일정한 크기의 들여쓰기를 사용하여 작성한다. 조건이 참(True)인 동안 실행하는 문장들은 같은 크기의 들여쓰기를 반드시 유지해야 한다.

참과 거짓을 판별하는 조건식은 비교연산자와 논리연산자를 사용하거나 부울 변수를 사용하여 참과 거짓 값을 가지도록 작성한다. 파이썬의 if 문의 형식은 다음과 같다.

if 문

형식 : if ❶ 조건식 :
　　　❷ 조건이 참인 경우 실행되는 문장들

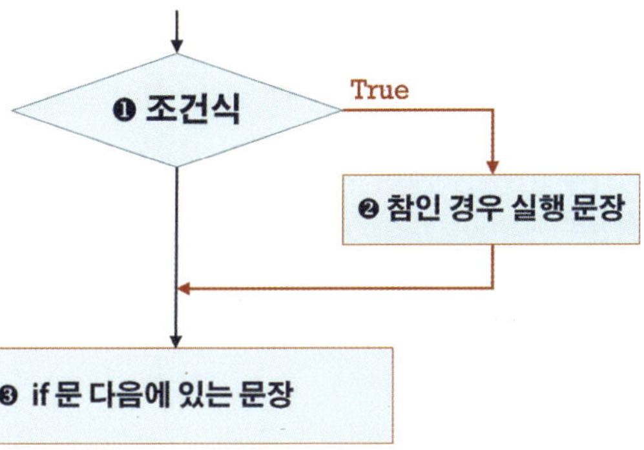

조건식을 검사(❶)하여 조건식이 참이면, 들여쓰기가 되어 있는 「❷ 참인 경우 실행 문장」이 실행되고, 조건식이 참이 아니면, 들여쓰기가 되어 있는 문장을 건너뛰어 그 다음에 있는 「❸ if 문 다음에 있는 문장」을 실행한다.

if 문 형식

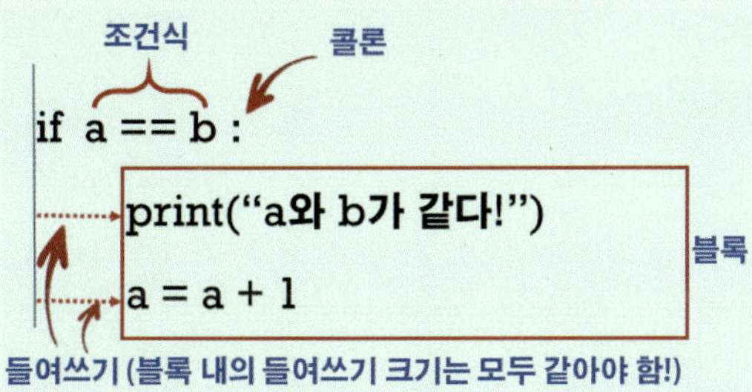

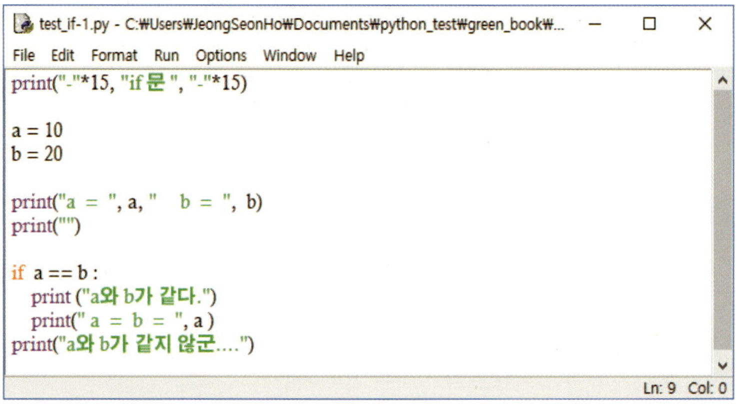

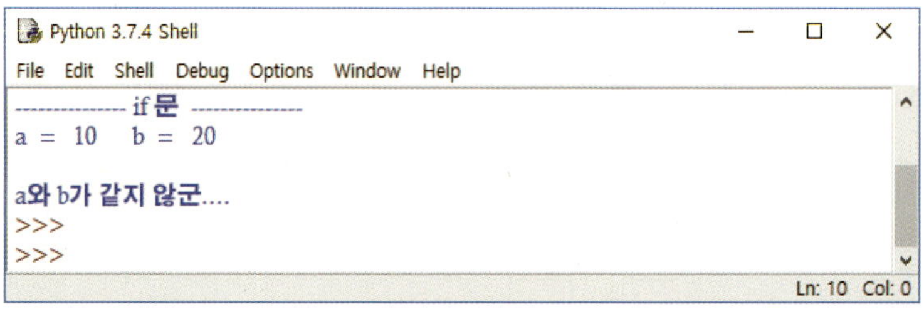

만일 if 문에서 참인 경우 수행하는 문장들의 들여쓰기 크기가 동일하지 않은 경우 다음과 같은 오류 메시지가 표시된다.

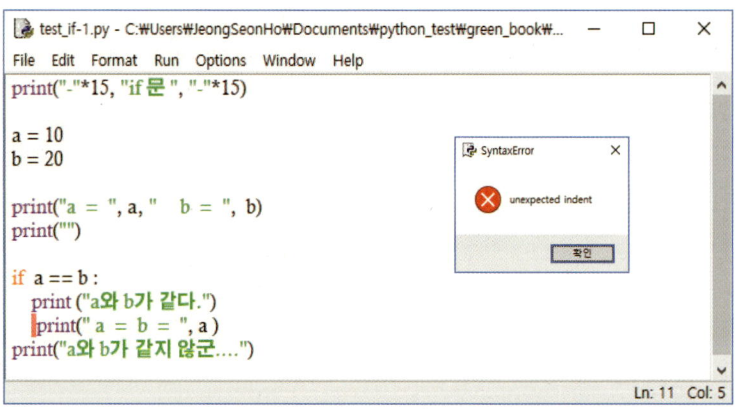

if 문 블록에 작성되는 실행 문장의 개수에 제한은 없으나 최소한 한 줄은 있어야 한다. 가끔, 몸통 부문에 어떤 문장도 없는 경우가 있다. 아직 코드를 작성하지 않아서 자리만 잡아 놓는 경우로, 이런 경우 아무것도 수행하지 않는 pass문을 사용할 수 있다.

pass 문 형식

형식 : if 조건식 :

　　　　pass　#조건이 참인 경우 아무것도 실행하지 않음

부울 변수

조건식의 결과는 항상 참 (True) 또는 거짓 (False)이다. 파이썬에서는 참과 거짓을 저장하는 변수를 만들 수 있다. 이러한 변수를 부울 변수라고 한다. 부울 변수는 참 (True)과 거짓 (False) 값만을 가진다.

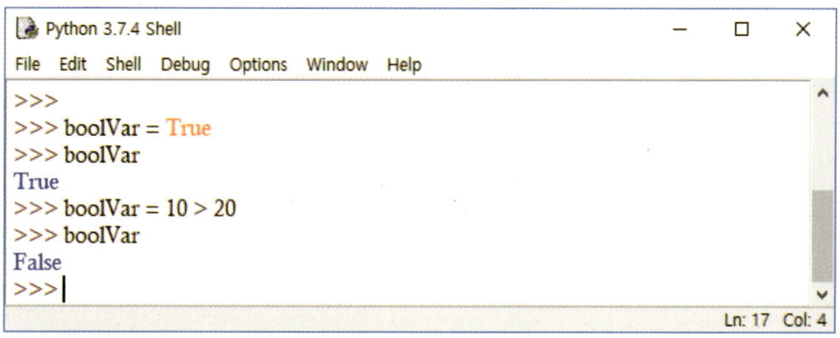

문자열과 비교연산자

비교연산자를 사용하여 숫자를 비교하는 것뿐 아니라 문자열을 비교하는 것도 가능하다. 문자열의 비교를 위해서는 '같다 (==)'와 '같지않다 (!=)' 연산자를 사용한다.

'크다 (>)', '작다 (<)', '크거나 같다 (>=)', '작거나 같다 (<=)' 등의 연산자는 문자열이 사전에서 앞에 나오는 지 여부를 비교하게 된다. '크다 (>)'는 사전의 뒤에 나타나는 것을, '작다 (<)'는 사전의 앞쪽에 나타나는 것을 의미한다.

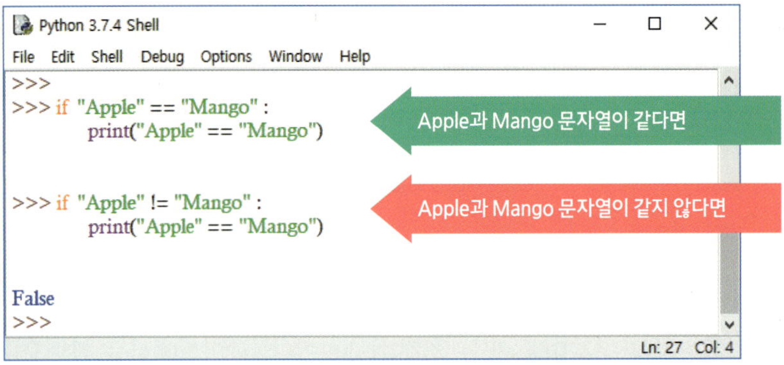

위 예에서 첫 번째 if 문은 Apple과 Mango 문자열이 같으면 print 문의 결과를 출력하는 구문이다. Apple과 Mango 문자열이 같지 않으므로 아무것도 출력하지 않는다.

두 번째 if 문은 Apple과 Mango 문자열이 같지 않으면 print 문의 결과를 출력하는 구문이다. Apple과 Mango 문자열이 같지 않으므로 True를 출력한다.

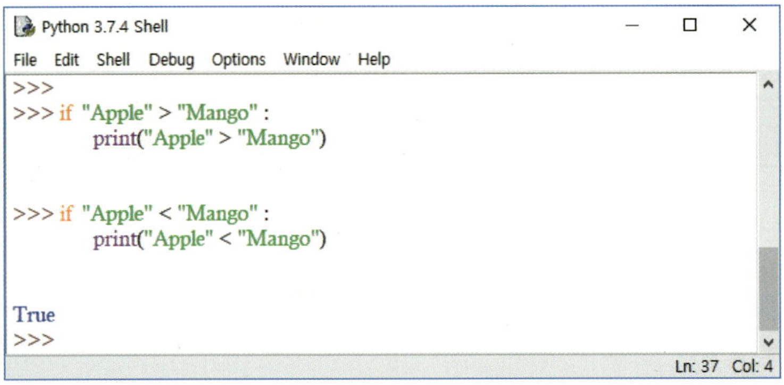

문자열에서 '크다(>)'는 사전순으로 뒤에 나오는 것을 의미하므로, Apple이 Mango 보다 사전에서 앞에 나오는 지를 묻는 조건식을 가지는 첫 번째 if 문의 조건식의 결과는 거짓 (False)으로 아무것도 출력하지 않고, 두 번째 if 문의 조건식의 결과는 참 (True)이므로 print 문의 결과인 True를 출력한다.

2 if .. else 문

조건식이 참 (True)인 경우와 거짓 (False)인 경우에 각각 실행하도록 할 때 if ... else 구문을 사용한다. 파이썬의 if ... else 문의 형식을 다음과 같다.

if .. else 문

형식 :

❶
if 조건식 :
    ❷ 조건식이 참인 경우 실행되는 블록
else :
    ❸ 조건식이 거짓인 경우 실행되는 블록

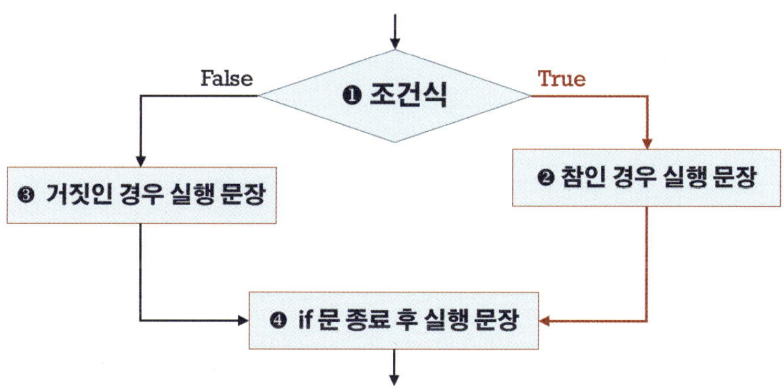

조건식을 검사(❶)하여 조건식이 참이면, 「❷ 참인 경우 실행 문장」이 실행되고, 조건식이 거짓이면 else 문 다음에 있는 「❸ 거짓인 경우 실행 문장」을 실행한다. for 문이 종료한 다음 「❹ if 문 종료 후 실행 문장」을 실행한다.

if .. else 문 형식

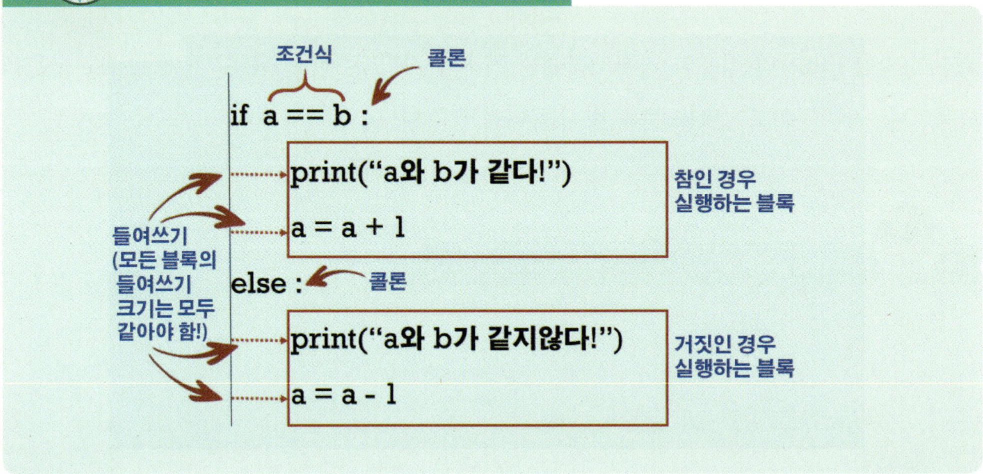

점수가 80점 이상이면 '합격' 문자열을 출력하고, 80점 이상이 아니면 (80점 미만이면) '불합격'이라는 문자열을 출력하도록 다음과 같이 코드를 작성한 후 실행하면 조건식의 결과에 따라 실행 결과를 표시한다.

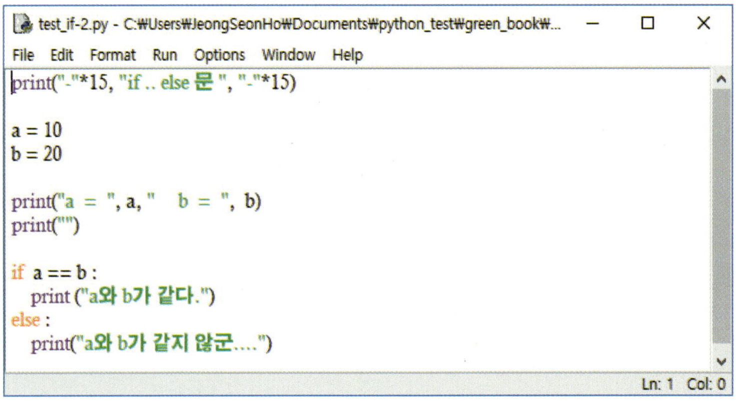

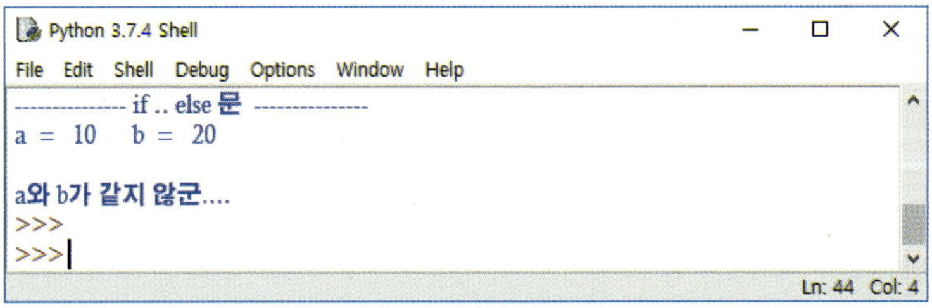

3 if .. elif .. else 문

하나의 조건식의 결과에 따라 참 (True)과 거짓 (False)을 판별하는 것이 아니라 여러 조건을 고려하여 코드를 작성하고자 하는 경우 else 문 안에 또 다른 if 문을 사용할 수 있다.

if .. elif .. else 문

형식 :

```
❶
if 조건식-1 :
  ❷ 조건식-1이 참인 경우 실행되는 블록
❸
elif 조건식-2 :
  ❹ 조건식-1이 참인 경우 실행되는 블록
...
else :
  ❺ 조건식이 거짓인 경우 실행되는 블록
```

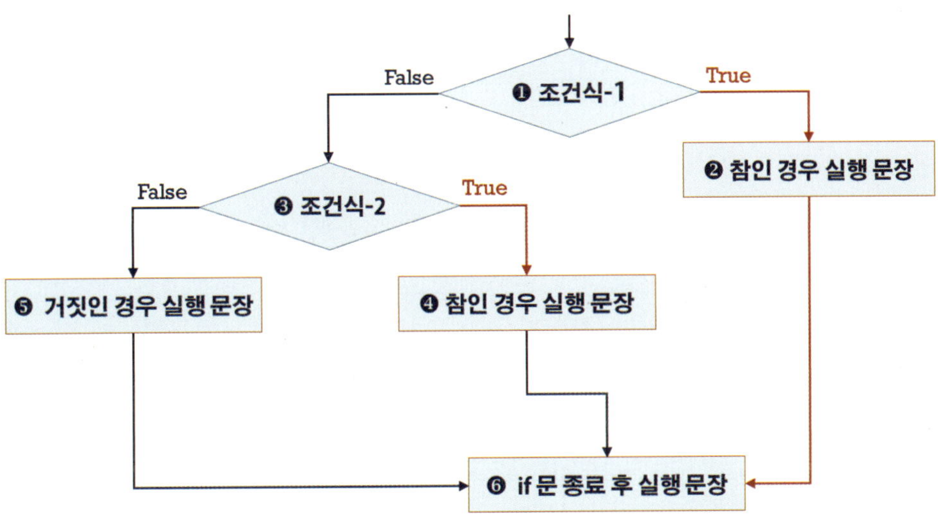

조건식 (조건식-1)을 검사(❶)하여 조건식이 참이면, 「❷ 참인 경우 실행 문장」이 실행되고, 조건식이 거짓이면 elif 문에 있는 조건식 (조건식-2)을 검사(❸)한다. ❸의 결과가 참(True)이면, 「❹ 참인 경우 실행 문장」이 실행되고, 거짓 (False)이면 else 문 다음에 있는 「❺ 거짓인 경우 실행 문장」을 실행한다. if 문이 종료한 다음 「❻ if 문 종료 후 실행 문장」을 실행한다.

if .. elif .. else 문 형식

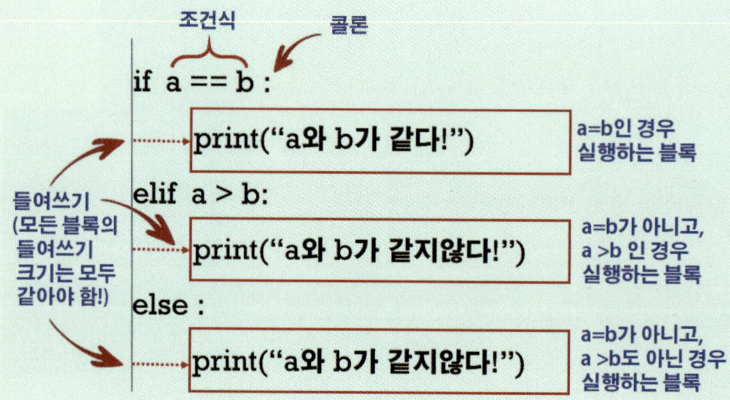

점수가 90점 이상이면 'A 학점' 문자열을 출력하고, 80점 이상이면 (90점 미만, 80점 이상이면) 'B 학점'이라는 문자열을 출력하고, 80점 미만이면 '재시험' 이라는 문자열을 출력하도록 다음과 같이 코드를 작성한다.

코드는 블록을 구분할 수 있도록 파이썬 쉘에서 [File] 〉 [New File] 메뉴를 실행하여 파이썬 에디터를 실행하여 입력한다.

```
print("-"*15, "if .. elif .. else 문 ", "-"*15)

jumsu = 72

print("jumsu  =  ", jumsu)
print("")

if jumsu >= 90 :
   print ("A 학점")
elif jumsu >=80 :
   print ("B 학점")
else :
   print("재시험 ....")
```

```
--------------- if .. elif .. else 문 ---------------
jumsu  =  72

재시험 ....
>>>
>>>
```

4 if 문 중첩하기

하나의 조건식의 결과에 따라 참 (True)과 거짓 (False)을 판별하여 문장을 실행하도록 하는 경우도 있지만, 이전 단계에서 내려진 결정에 의존하여 다음 레벨에서 결정을 내리는 것처럼 다양한 입력을 기반으로 하는 응용 프로그램을 작성하는 경우 중첩 (nesting)을 사용한다. 가장 일반적으로 사용되는 방법은 if 문 및 if … else 문의 조합이다. 이러한 중첩의 형태를 선택 트리 (selection tree) 라고 한다.

아래와 같이 코드를 작성한 후 실행하면, 사용자로부터 입력을 받아 inputOne과 inputTwo에 각각 저장한다.

```
test_if-4.py - C:\Users\JeongSeonHo\Documents\python_test\green_book\...
File Edit Format Run Options Window Help
print("")

print("-"*15, "중첩 if .. 문 ", "-"*15)

inputOne = int(input("첫 번째 : 1 ~ 10 사이의 값을 입력하세요 :  "))
inputTwo = int(input("두 번째 : 1 ~ 10 사이의 값을 입력하세요 :  "))
print("")

print("inputOne = ", inputOne, "inputTwo = ", inputTwo)

if (inputOne >= 1) and (inputOne <= 10):
    if (inputTwo >= 1) and (inputTwo <= 10):
        print("inputOne * inputTwo = ", inputOne * inputTwo)   ❷
    else:
        print("두 번째 : 1 ~ 10 사이의 값을 넣으세요. !!")          ❶
else:
    print("첫 번째 : 1 ~ 10 사이의 값을 넣으세요. !!")
Ln: 1 Col: 0
```

사용자의 입력이 inputOne과 inputTwo 모두 1~10 사이의 값인 경우 아래와 같이 실행된다.

```
Python 3.7.4 Shell
File Edit Shell Debug Options Window Help

--------------- 중첩 if .. 문 ---------------
첫 번째 : 1 ~ 10 사이의 값을 입력하세요 :  5
두 번째 : 1 ~ 10 사이의 값을 입력하세요 :  9

inputOne =  5 inputTwo =  9
inputOne * inputTwo =  45
>>>
Ln: 60 Col: 4
```

만약 첫 번째 입력값(inputOne)이 1~10 사이의 값이 아닌 경우 안쪽 if 문 (❷)은 실행되지 않고 바깥쪽 if 문(❷)의 else문이 실행된다.

```
Python 3.7.4 Shell
File Edit Shell Debug Options Window Help

--------------- 중첩 if .. 문 ---------------
첫 번째 : 1 ~ 10 사이의 값을 입력하세요 :  20
두 번째 : 1 ~ 10 사이의 값을 입력하세요 :  4

inputOne =  20 inputTwo =  4
첫 번째 : 1 ~ 10 사이의 값을 넣으세요. !!
>>>|
Ln: 69 Col: 4
```

두 번째 입력값(inputTwo)이 1~10 사이의 값이 아닌 경우 안쪽 if 문 (❷)의 else 문이 실행되고 바깥쪽 if 문(❷)의 else문은 실행되지 않는다.

```
Python 3.7.4 Shell
File  Edit  Shell  Debug  Options  Window  Help

--------------- 중첩 if .. 문 ---------------
첫 번째 : 1 ~ 10 사이의 값을 입력하세요 :  5
두 번째 : 1 ~ 10 사이의 값을 입력하세요 :   20

inputOne =   5 inputTwo  =   20
두 번째 : 1 ~ 10 사이의 값을 넣으세요. !!
>>>|
                                        Ln: 78  Col: 4
```

if 문, if … else 문 및 if … elif … else 문의 조합을 사용하여 필요한 조건을 검사할 수준만큼 코드 블록을 중첩할 수 있다.

```
test_if-5.py - C:₩Users₩JeongSeonHo₩Documents₩python_test₩green_book₩...
File  Edit  Format  Run  Options  Window  Help
print("")
print('-'*15, "if 문, if … else 문 및 if … elif … else 문의 조합", '-'*15)
print('')
print("1. 버거")
print("2. 음료")
print("3. 사이드")
print('')
yourChoice = int(input("주문 번호를 입력하세요 : "))
if (yourChoice == 1):
    print("1. 불고기 버거")
    print("2. 치킨 버거")
    print("3. 새우 버거")
    selectItemBurger = int (input('버거 종류를 선택하세요. : '))
    if ( selectItemBurger == 1 ) :
        print('선택한 버거 : 불고기 버거')
    elif ( selectItemBurger == 2 ) :
        print('선택한 버거 : 치킨 버거')
    elif ( selectItemBurger == 3 ) :
        print('선택한 버거 : 새우 버거')
elif (yourChoice == 2):
    print("1. 콜라")
    print("2. 스프라이트")
    print("3. 오렌지 주스")
    selectItemBeverage = int (input('음료 종류를 선택하세요. : '))
    if ( selectItemBeverage == 1 ) :
        print('선택한 음료 : 콜라')
    elif ( selectItemBeverage == 2 ) :
        print('선택한 음료 : 스프라이트')
    elif ( selectItemBeverage == 3 ) :
        print('선택한 음료 : 오렌지 주스')
elif (yourChoice == 3):
    print("1. 프렌치 프라이")
    print("2. 치즈스틱")
    print("3. 맥너겟")
    selectItemSideMenu = int (input('사이드 종류를 선택하세요. : '))
    if ( selectItemSideMenu == 1 ) :
        print('선택한 사이드 : 프렌치 프라이')
    elif ( selectItemSideMenu == 2 ) :
        print('선택한 음료 : 치즈스틱')
    elif ( selectItemSideMenu == 3 ) :
        print('선택한 음료 : 맥너겟')
else :
    print("번호를 다시 입력해 주세요. ")
                                        Ln: 1  Col: 0
```

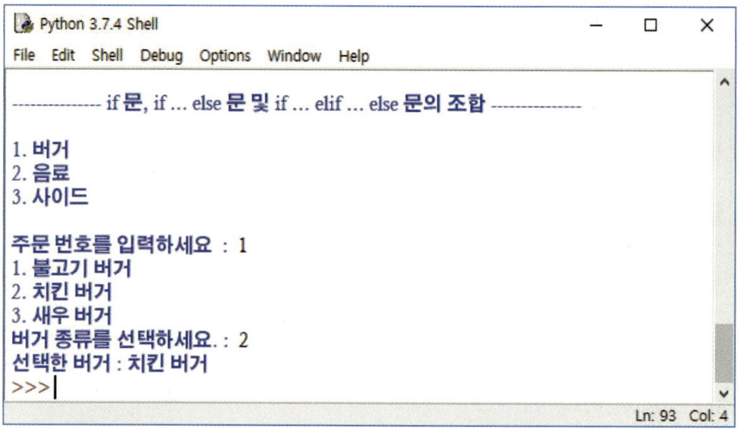

이 예제에는 몇 가지 흥미로운 기능이 있다. 우선 if … elif 문에 항상 else 절이 필요한 것은 아니다. if 문과 elif 문의 조건이 모두 만족하지 않는 경우 else 문을 실행하게 되므로 이 옵션이 필요하지 않다면 굳이 사용하지 않아도 된다.

input 함수

형식 : 변수 = input ("표시할 프롬프트")
기능 : 사용자가 입력한 값을 변수에 저장

요약

■ 조건문

- 조건에 따라 실행되는 문장이 다르도록 설정하는 구문
- if 문 사용

■ if 문 유형

유형	설명
if 문	조건식 결과가 참 (True)인 경우만 고려
if ... else 문	조건식 결과가 참 (True)인 경우와 거짓인 경우에 대하여 각각 정의된 문장 실행
if .. elif .. else 문	조건을 검사하는 식이 여러 개인 경우를 처리하기 위해 사용

■ if 문

- 형식 :

```
if 조건식 :
    조건이 참인 경우 실행되는 문장들
```

■ if .. else 문

- 형식 :

```
if 조건식 :
    조건식이 참인 경우 실행되는 블록
else :
    조건식이 거짓인 경우 실행되는 블록
```

■ if .. elif .. else 문

- 형식 :

```
if 조건식-1 :
    조건식-1이 참인 경우 실행되는 블록
elif 조건식-2 :
    조건식-1이 참인 경우 실행되는 블록
...
else :
    조건식이 거짓인 경우 실행되는 블록
```

연습문제

1. 변수 x,y, z가 다음과 같이 선언되었을 때 다음 각 식의 결과를 구하라.

x, y, z = 2, 5, 10

b1, b2 = True, False

(a) x == 3

(b) x 〈 y

(c) x 〉= y

(d) x 〈= y

(e) x != y - 2

(f) x 〈 10

(g) x 〉= 0 and x 〈 10

(h) x 〈 0 and x 〈 10

(i) x 〉= 0 and x 〈 2

(j) x 〈 0 or x 〈 10

(k) x 〉 0 or x 〈 10

(l) x 〈 0 or x 〉 10

(m) not b1

(n) not b2

(o) b1 and b2

(p) b1 or b2

(q) not b1 and b2

(r) not b1 or b2

(s) not (b1 and b2)

(t) not (b1 or b2)

2. input 함수를 사용하여 사용자가 입력한 숫자가 1에서 100 사이의 값이면 'Good'을 출력하고, 그렇지않으면 아무것도 출력하지 않는 파이썬 프로그램을 작성하라.

3. 다음 프로그램을 수행한 결과를 구하라.

```
i, j, k = 10, 20, 30

if i < j:
    if j < k:
        i = j
    else:
        j = k
else:
    if j > k:
        j = i
    else:
        i = k

print("i =", i, " j =", j, " k =", k)
```

4. 입력한 점수에 따라 다음과 같이 등급을 표시하도록 프로그램하라.

조건 :

```
>= 90    A
>= 80    B
>= 70    C
>= 60    D
< 60     F
```

5. 입력한 숫자가 5의 배수이거나 7의 배수이면 출력하라.

결과 :

```
숫자를 입력하시오. : 25
입력한 숫자 25는 5또는 7의 배수입니다.
```

Chapter **4**

프로그램의 구조 제어하기, 반복문 (Loop)

프로그램에서 조건에 따른 선택과 반복 (Loop)은 기본적인 구문 중의 하나이다. 반복은 같은 작업을 여러 번 실행하는 것을 의미한다. 같은 문장을 반복해서 출력하거나, 숫자를 카운트하다가 3의 배수가 나오면 프로그램을 종료하도록 하는 등의 조건에 따라 지정한 문장을 여러 번 반복하는 구조를 반복문이라 한다.

반복되는 작업을 프로그래밍하는 경우 가장 중요한 것은 반복되는 '주기'와 각 주기마다 실행해야 하는 작업을 정하는 것이 중요하다. 대표적인 반복문으로는 for 문과 while 문이 있다.

1 for 문

for 문은 정해진 횟수만큼 코드 블록을 반복 실행할 때 사용하는 반복 구조이다. for 문은 순차적 처리와 리스트나 문자열 등의 순회에 특화된 반복문이다. for 문의 형식은 다음과 같다.

for 문

형식 :

```
for 변수 in 리스트(또는 튜플, 문자열):
    수행할 문장1
    수행할 문장2
```

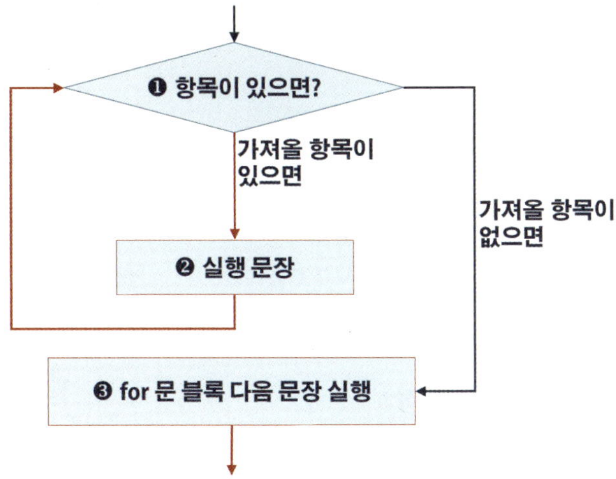

❶ 리스트 (또는 문자열, 튜플 등)에서 가져올 항목이 있으면, ❷ 블록 내의 문장을 실행하고, 가져올 항목이 더 이상 없으면 for 문의 블록 바깥쪽에 있는 문장(❸)을 실행한다.

for 문 형식

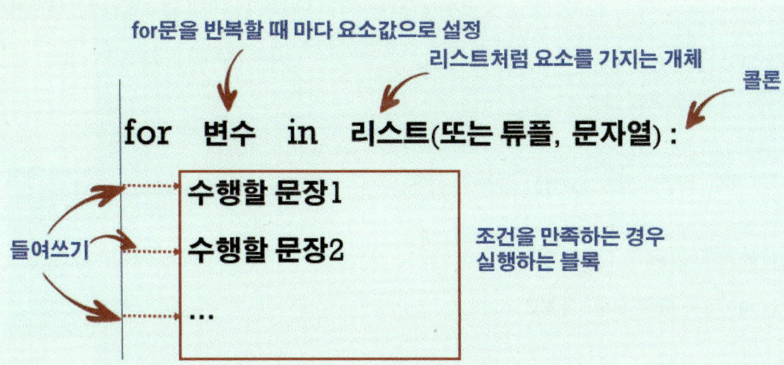

- for 문에 있는 「변수」는 리스트나 문자열 등의 요소들이 저장되며, for 문이 실행될 때마다 다른 값을 가진다.
- 「수행할 문장1」, 「수행할 문장2」 등은 for 문이 실행될 때마다 반복되는 블록이며, 반드시 동일한 크기의 들여쓰기를 해야한다.
- for 문이 반복될 때마다 가져올 요소가 있는 지를 검사한다.

- 가져올 요소가 없으면 for 문을 종료하고, for 문의 블록 다음에 있는 문장을 실행한다.

for 문 실행 과정

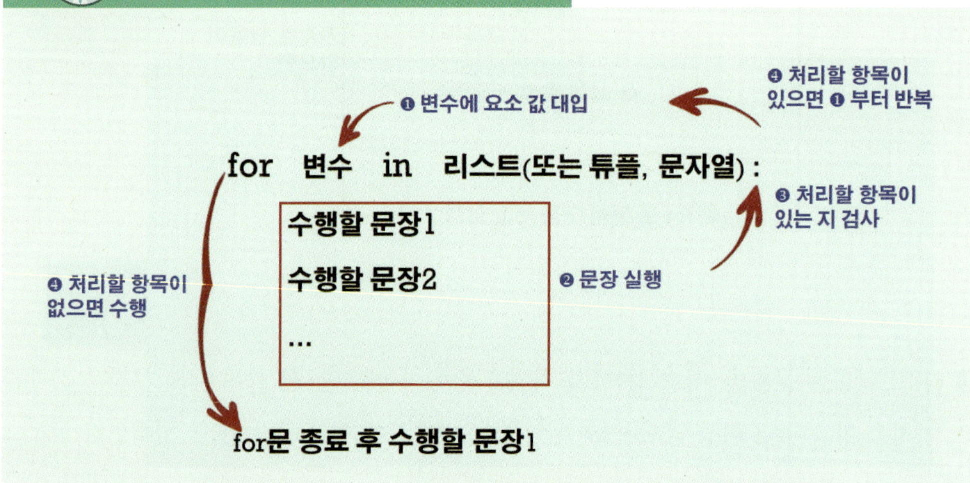

1) 리스트 요소 출력하기

리스트의 각 요소들을 하나씩 출력하는 for 문을 다음과 같이 파이썬 에디터 (Editor)를 사용하여 작성한 다음, 파이썬 파일을 저장한다.

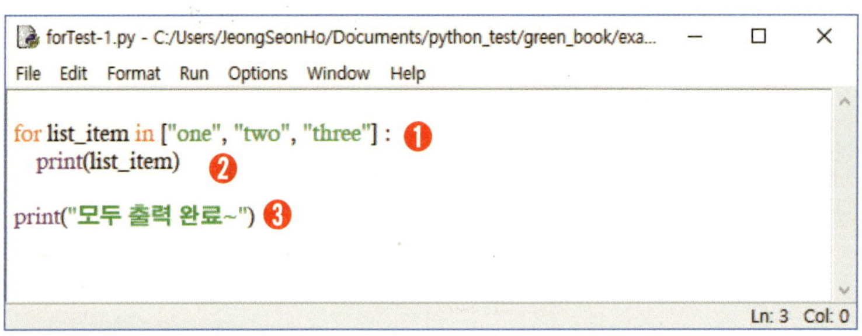

for 문은 지정된 리스트의 길이만큼 코드를 반복 실행한다. ❶에서 순회할 리스트 ([“one”, “two”, “three”])의 길이가 3이므로, 반복되는 문장 블록(❷)은 3번 실행된다. ❸에서 in 예약어 왼쪽에 정의한 list_item 변수에는 각 반복 주기마다 리스트 ([“one”, “two”, “three”])의 요소가 하나씩 순서대로(“one”, “two”, “three”) 대입된다. 이 변수는 ❷와 같이 for 문의 본문에서 사용할 수 있다.

for 문의 순회가 모두 끝나고 더 이상 읽을 리스트의 요소가 없으면, for 문 다음에 있는 문장 ❸이 실행된다.

리스트에서 리스트의 각 요소를 변수에 저장하는 과정은 다음과 같이 수행된다.

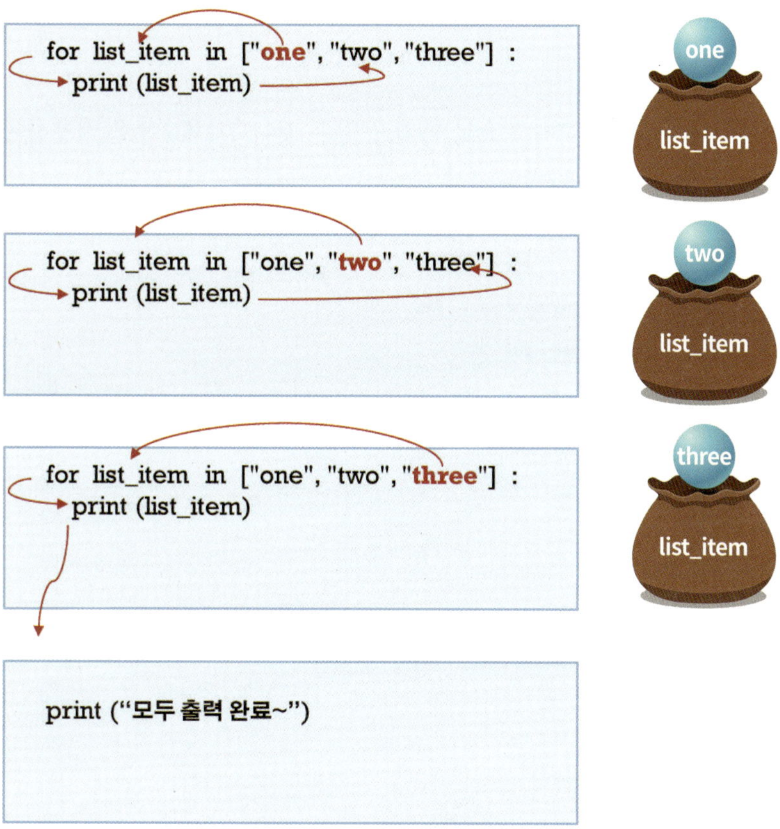

〈F5〉 키 또는 [Run] 〉 [Run Module] 메뉴를 실행하면 다음과 같이 결과가 표시된다.

```
one
two
three
모두 출력 완료~
>>>
>>>
```

2) 문자열 출력하기

문자열도 하나 이상의 문자를 연속적으로 가지고 있는 것이므로 for 문을 사용하여 문자를 하나씩 출력하도록 할 수 있다.

```python
stringTest = "Python 3.7"

print("문자열 출력 시작 ~ ")
for stringItem in stringTest :
    print(stringItem)

print("모두 출력 완료~")
```

```
문자열 출력 시작 ~
P
y
t
h
o
n

3
.
7
모두 출력 완료~
>>>
```

3) 정수 리스트 출력과 range( ) 함수

정수 리스트에서 정수를 하나씩 출력하는 코드를 다음과 같이 작성할 수 있다.

```
int_list = [ 0, 1, 2, 3, 4, 5 ]

for list_item in int_list :
    print(list_item)

print("정수 출력 완료~")
```

위 예제처럼 일정한 규칙을 가지는 정수를 요소로 가지는 리스트의 경우 range( ) 함수를 사용할 수 있다. range( ) 함수는 숫자 리스트를 자동으로 만들어 주는 함수이다.
예를 들어 리스트 [0, 1, 2, 3, 4, 5]는 range(0, 6) 또는 range(6), range(0, 6, 1)과 같이 표시할 수 있다.

range 함수

형식 : range([시작 값], 마지막 값, [증가분])
기능 : 문자열이 포함되었는 지 검사
반환 값 : True / False

range( ) 함수는 '시작 값'부터 '마지막 값 – 1'까지 '증가분' 크기만큼의 간격으로 정수들을 생성한다. '시작 값'은 생략이 가능하고, 생략하면 0부터 생성된다. '마지막 값'은 '마지막 값' –1 까지의 값을 생성하고, '증가분' 값이 생략된 경우 '1'을 의미한다.

표 ▶ range ( ) 함수 예

형식	값
range (10)	0, 1, 2, 3, 4, 5, 6, 7, 8, 9
range (1, 10)	1, 2, 3, 4, 5, 6, 7, 8, 9
range (5, 9)	5, 6, 7, 8
range (2, 15, 3)	2, 5, 8, 11, 14
range (10, 2, -1)	10, 9, 8, 7, 6, 5, 4, 3

앞의 예제를 range( ) 함수를 이용하여 표시하면 다음과 같다.

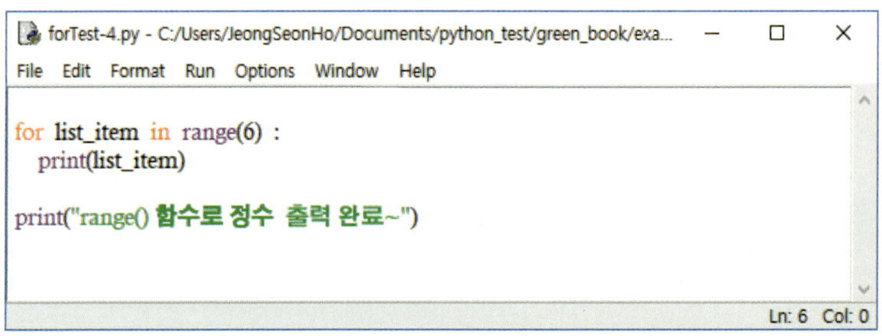

〈F5〉 키 또는 [Run] 〉 [Run Module] 메뉴를 실행하면 다음과 같이 결과가 표시된다.

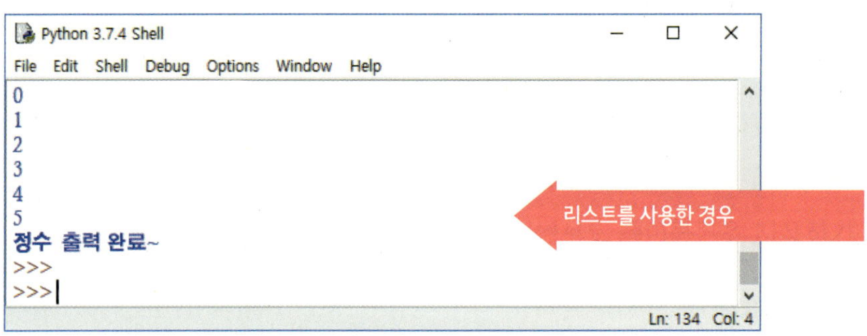

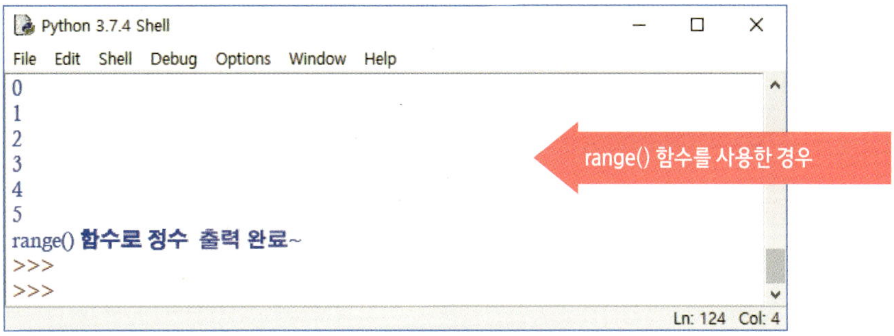

4) for 문과 continue 문

for문 안의 문장을 수행하는 도중에 continue 문을 만나면 실행을 중지하고 for문의 처음으로 돌아가게 된다. 예를 들어 60점 이상인 사람에게는 '합격'이라는 문자를 출력하고, 60점 미만인 경우 아무 것도 출력하지 않도록 하는 프로그램을 에디터를 이용하여 작성하고, 저장한다.

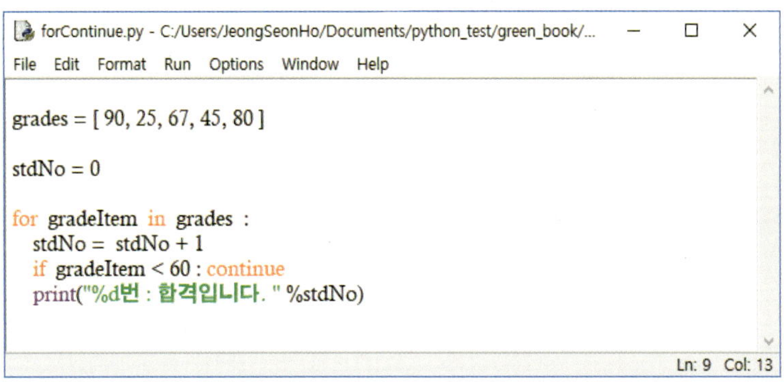

점수가 60점 이하인 두 번째와 네 번째 요소에는 gradeItem 〈 60이 참이 되어 continue 문이 수행된다. 따라서 합격 메시지를 출력하는 부분인 print문을 수행하지 않고 for문의 처음으로 돌아가게 된다.

```
Python 3.7.4 Shell
File Edit Shell Debug Options Window Help
1번 : 합격입니다.
3번 : 합격입니다.
5번 : 합격입니다.
>>>
>>>
Ln: 147 Col: 4
```

5) break 문

break 문은 for 문의 실행을 중지하고, for 문에서 빠져나가도록 하기 위해 사용한다. 일반적으로 특정 조건문을 만족하는 경우에 루프를 빠져나가도록 하기 위하여 사용한다.

예를 들어 입력된 숫자 중에서 5의 배수를 만나면 for 문을 종료하도록 하려면 break 문을 사용하여 다음과 같이 코드를 작성한다.

```
forBreak.py - C:/Users/JeongSeonHo/Documents/python_test/green_book/exa...
File Edit Format Run Options Window Help

inputNums = [ 91, 27, 65, 44, 80 ]

count = 0

for num in inputNums :
    count = count + 1
    if ( num % 5 ) == 0 :
        break
    print("%d번 요소 (%d) : 5의 배수가 아닙니다. " %(count, num))

print("%d번 요소 (%d) : 5의 배수입니다. ~ Stop!!" %(count, num))
Ln: 12 Col: 0
```

```
Python 3.7.4 Shell
File Edit Shell Debug Options Window Help
1번 요소 (91) : 5의 배수가 아닙니다.
2번 요소 (27) : 5의 배수가 아닙니다.
3번 요소 (65) : 5의 배수입니다. ~ Stop!!
>>>
>>>
Ln: 151 Col: 0
```

실습하기 정수의 합 구하기

1부터 사용자가 입력한 수까지의 합을 계산하는 프로그램을 작성하라.

HINT

= 변수 값 갱신하기 =

대입문을 사용하여 변수에 값을 설정할 수 있다. 변수에 값을 대입하기 위하여 매번 새로운 변수를 생성할 수는 없다. 이전 값들을 다시 연산에 사용하고, 다시 사용하기 위해서 모든 프로그램 언어는 다음과 같은 식을 허용한다.

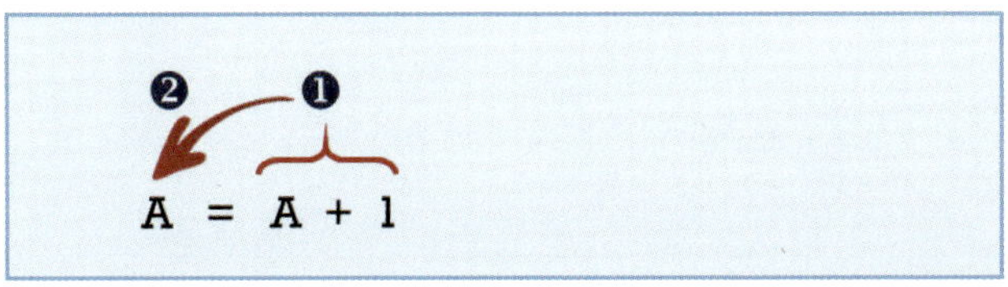

위 식은 오른쪽의 「A + 1」 계산 결과를 외쪽에 있는 변수 A에 대입함으로써 변수 A의 값을 갱신하게 된다.

ANSWER

[코드]

```
sum = 0
inputNum = int ( input("합을 계산할 값을 입력하세요 : "))

for i in range(1, inputNum + 1) :
    sum = sum + 1

print("1부터 %d까지의 합은 %d입니다. " %(inputNum, sum))
```

[결과]

```
합을 계산할 값을 입력하세요 : 5
1부터 5까지의 합은 5입니다.
>>>
>>>
```

실습하기 구구단 출력하기 (for 문)

사용자가 입력한 단수에 해당하는 구구단을 출력하는 프로그램을 작성하라.

ANSWER

[코드]

```
for_gugudan.py - C:/Users/JeongSeonHo/Documents/python_test/green_book/...
File Edit Format Run Options Window Help

dan = int ( input("출력하고 싶은 단은 ? "))

print("%8d 단  " %dan)

for i in range(1, 10) :
   print("%d * %d = %d " %(dan, i, dan*i))

Ln: 10 Col: 0
```

[결과]

```
Python 3.7.4 Shell
File Edit Shell Debug Options Window Help
출력하고 싶은 단은 ? 5
       5 단
5 * 1 = 5
5 * 2 = 10
5 * 3 = 15
5 * 4 = 20
5 * 5 = 25
5 * 6 = 30
5 * 7 = 35
5 * 8 = 40
5 * 9 = 45
>>>|
Ln: 171 Col: 4
```

2 while 문

지정한 조건이 유지되는 동안 코드를 계속 반복해서 수행해야 하는 경우 while 문을 사용한다. while 문은 기능이 단순해서 사용하기 다소 불편할 때도 있지만, 특별한 제약 없이 다양한 반복 처리를 수행할 수 있다.

while문은 조건문이 참 (True)인 동안에 while 문 아래에 포함된 문장 블록을 반복해서 수행된다. while 문의 형식은 if 문의 형식과 매우 유사하고, if 문처럼 지정된 조건이 참일 때만 문장 블록을 실행한다.

while 문과 if 문의 차이는 본문의 코드가 실행되는 횟수다. if 문은 본문을 최대 한 번만 실행하지만, while 문은 조건이 참으로 유지되는 동안에는 몇 번이든 조건 검사와 코드 실행을 반복한다. while 문의 형식은 다음과 같다.

while 문

형식 :

```
while 조건 :
    실행할 문장 1
    실행할 문장 2
    ...
```

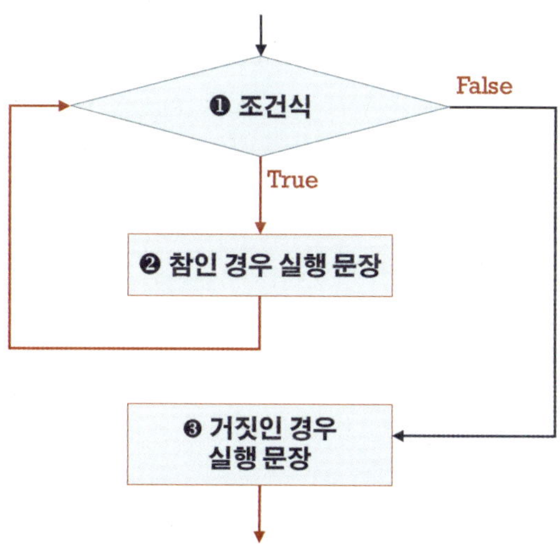

for 문과 달리 while 문은 조건이 참 (True)인 동안 블록 내의 문장들을 반복하여 실행하게 된다. 따라서 반복을 유지하는 방법과 반복 구조를 빠져나갈 수 있도록 하는 방법을 프로그래머가 직접 설계하여야 한다. while 문에서 반복 흐름을 잘못 설계하거나 조건을 틀리게 입력하면 코드가 무한히 반복 실행될 수 있다. 만약 코드가 무한히 반복 실행되면 〈Ctrl + C〉 키를 눌러 프로그램의 실행을 중지하면 된다.

while 문

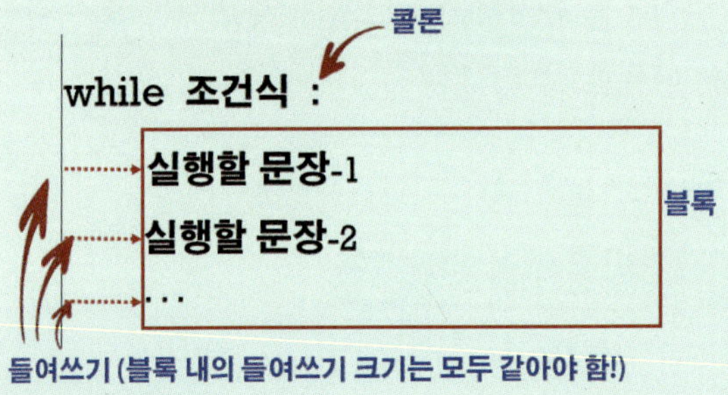

1) 반복 횟수 관리하기

while 문은 조건을 확인하고 코드를 실행하는 것을 반복하는 명령이므로, 조건에 변화가 생기지 않는다면 반복은 무한 반복된다. 반복을 어떻게 유지하고 어떻게 끝낼지에 대해 while 문안에 표시할 필요가 있다.

다음 코드는 1에서부터 5까지의 숫자를 출력하는 예제이다. 다음 코드가 실행되는 과정을 한 단계씩 살펴보도록 한다.

```
while-1.py - C:/Users/JeongSeonHo/Documents/python_test/green_book/exam...
File  Edit  Format  Run  Options  Window  Help

i = 0 ①

while i < 6 :        ②
    print("%d 번째 숫자 : %d" %(i+1, i) )   ③
    i = i+1    ④

print("While문 종료~!!")

Ln: 9  Col: 0
```

❶ while 문을 시작하기 전, while 문이 몇 번이나 반복되고 있는 지 반복 실행되는 횟수를 저장하기 위해 ①에서 변수 i를 정의하였다. 이 시점에서는 아직 반복 주기가 실행되지 않았으므로 0을 대입한다.

❷ ②에서 while 문의 조건을 처음으로 검사한다. 이 시점에서 변수 i는 0이고, 0은 6보다 작다. 따라서 조건은 참 (True)이다. 그러므로 while 문의 문장 블록을 실행한다.

❸ 문장 블록에는 반복 실행하려는 코드 ③(화면에 문자열 출력)과 반복을 제어하기 위한 코드 ④(반복된 횟수를 1 증가)가 있다. 문장 블록이 실행되면 화면에 '1번째 문자 : 0'이 출력되고, 변수 i는 0에서 1 증가하여 1이 된다.

❹ 문장 블록의 실행을 마치면 ②로 돌아와 조건 (i 〈 6)이 참 (True)인지 다시 검사한다. 변수 i가 1로 변경되었지만, 여전히 6보다 작으므로 조건이 참 (True)이다. 문장 블록(③, ④)을 한 번 더 실행하여 화면에 '2번째 문자 : 1'이 한 번 더 출력되고, 변수 i는 2가 된다.

❺ 다시 ②의 조건을 검사한다. 변수 i는 2로 여전히 6보다 작으므로, 문장 블록(③, ④)을 한 번 더 실행한다. 화면에 '3번째 문자 : 2'이 출력되고, 변수 i는 3이 된다.

❻ 다시 ②의 조건을 검사한다. 변수 i는 3으로 여전히 6보다 작으므로, 문장 블록(③, ④)을 한 번 더 실행한다. 화면에 '4번째 문자 : 3'가 출력되고, 변수 i는 4가 된다.

❼ 다시 ②의 조건을 검사한다. 변수 i는 4로 여전히 6보다 작으므로, 문장 블록(③, ④)을 한 번 더 실행한다. 화면에 '5번째 문자 : 4'가 출력되고, 변수 i는 5이 된다.

❽ 다시 ②의 조건을 검사한다. 변수 i는 5로 여전히 6보다 작으므로, 문장 블록(③, ④)을 한 번 더 실행한다. 화면에 '6번째 문자 : 5'가 출력되고, 변수 i는 6이 된다.

❾ 다시 ②의 조건을 검사한다. 이 순간 변수 i는 6이어서 6보다 작지 않으므로, 조건 (i 〈 6)은 거짓이 된다. 따라서 while 문의 문장 블록(③, ④)을 실행하지 않고, 다음 명령으로 넘어간다.

❿ 다음 명령인 'print('while 문 종료~!!!')'을 실행하고, 프로그램은 종료된다. 프로그램을 실행하면 다음과 같이 실행 결과가 표시된다.

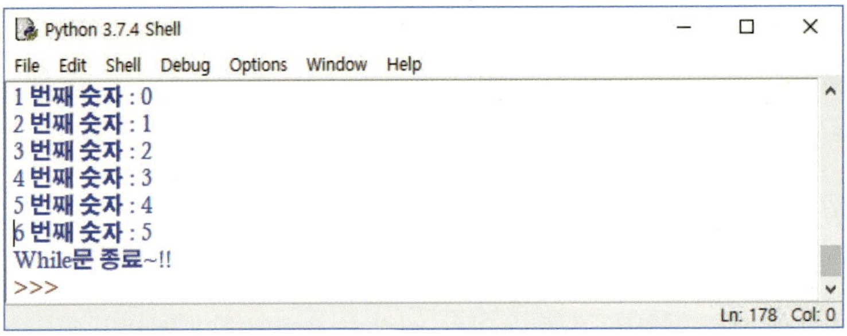

while 문을 사용하는 패턴에는 여러 가지가 있는데, 지금 살펴본 반복 횟수를 관리하는 패턴이 가장 기본적이다. 코드를 N번 반복 실행 패턴은 다음과 같이 정리할 수 있다.

while 문의 실행 패턴

[코드를 N번 반복하는 while 문 패턴]

① 반복을 시작하기 전, 반복 회수를 기억할 변수(i)에 0을 대입한다.

② while 문의 조건을 i<N으로 지정한다.

③ while 문의 코드 블록 안에서 i의 값을 사용한다.

④ while 문의 코드 블록 안에서 i의 값을 1 증가시킨다.

2) 컬렉션 순회하기

컬렉션 (collection)은 리스트나 문자열, 튜플과 같이 하나 이상의 요소들을 포함하는 구조를 의미한다. while 문을 사용한 반복은 컬렉션을 순회하며 내용을 조회하는 데도 유용하게 사용된다.

다음 예제는 무지개의 색상 값을 가지는 리스트의 내용을 화면에 출력하는 프로그램이다.

```
while-2.py - C:/Users/JeongSeonHo/Documents/python_test/green_book/exam...
File  Edit  Format  Run  Options  Window  Help

rainbow = ['Red', 'Orange', 'Yellow', 'Green', 'Blue', 'Dark Blue', 'Violet']

rainbowItem = 0 ①

while rainbowItem < len(rainbow) :      ②
    print(rainbow[rainbowItem])     ③
    rainbowItem += 1  ④
                                                    Ln: 5  Col: 0
```

위 예제를 실행하는 방법은 앞에서 배운 반복 패턴과 유사하다.

❶ ①에서 리스트의 몇 번째 요소를 읽어야 하는지 나타내는 변수 rainbowItem을 정의하고, 0을 대입하여 리스트의 첫 번째 요소를 가리키도록 한다.

❷ 반복 조건은 rainbowItem이 리스트의 인덱스 범위를 벗어나지 않는 지를 검사하도록 하는 것으로, 이를 나타내기 위해 ②에서 'rainbowItem이 리스트의 길이(len(rainbow))보다 작은 동안'으로 조건을 설정한다.

❸ while 문의 문장 블록 중 ③에서 rainbowItem은 rainbow[rainbowItem]와 같이 리스트의 rainbowItem번째 요소를 출력하는 데 사용된다. 그리고 ④에서 rainbowItem 크기가 1씩 증가한다. 따라서 반복이 1회 실행될 때마다 리스트의 다음 요소를 읽을 수 있다.

출력 결과는 다음과 같다.

```
Python 3.7.4 Shell
File  Edit  Shell  Debug  Options  Window  Help
Red
Orange
Yellow
Green
Blue
Dark Blue
Violet
While문 종료~!!
>>>|
                                                    Ln: 190  Col: 4
```

3) break 문과 continue 문

숫자를 순서대로 세거나, 리스트나 문자열을 순서대로 읽는 것은 반복 흐름이 일정하다. 하지만 반복이 어떤 순서로, 몇 번이나 수행될 지 미리 정할 수 없는 경우도 있다. 예를 들어 사용자가 특정 값을 입력하거나 단어를 입력하는 경우처럼 반복 회수를 정하기 어려운 경우 특정 조건이 유지되는 동안 (예, 엔터키를 누를 때까지, 읽을 파일이 남아있는 동안 등) 반복되도록 조건을 지정할 수도 있다.

그런 경우 break 문을 사용한다. break 문은 for 문과 마찬가지로 루프를 빠져나가도록 할 때 사용한다. 반면 contunue 문은 반복문을 중단시키지 않고 다음 반복으로 넘어가도록 할 때 사용한다.

예를 들어 10의 배수를 입력하면 루프를 종료하도록 break 문을 사용하는 코드와 반복문의 다음 문장을 실행하도록 continue 문을 사용하는 코드를 다음과 같이 작성한 후 실행하도록 한다.

while_break.py - C:/Users/JeongSeonHo/Documents/python_test/green_book/e...

```
while True :
    inputNum = input('숫자를 입력하세요 : ')
    if int(inputNum) % 10 == 0 :
        print('\t 10으로 나누었을 때의 나머지가 0입니다.')
        print('\t 10의 배수이면 이 문장이 출력됩니다. ~ 10의 배수~~')
        break
    print('\t 10의 배수가 아니면 이 문장이 출력됩니다.~~')

print('10의 배수가 입력되면 while 문을 종료해요~')
```

Python 3.7.4 Shell

```
숫자를 입력하세요 : 5
         10의 배수가 아니면 이 문장이 출력됩니다.~~
숫자를 입력하세요 : 10
         10으로 나누었을 때의 나머지가 0입니다.
         10의 배수이면 이 문장이 출력됩니다. ~ 10의 배수~~
10의 배수가 입력되면 while 문을 종료해요~
While문 종료~!!
>>>
```

while 문을 이용하면 모든 반복 상황을 프로그래밍할 수 있다. 흐름이 예정되지 않은 반복이나 무한 반복을 나타낼 때 특히 유용하다. 하지만 작업을 순차적으로 처리하거나 리스트나 문자열 등을 순회할 때는 for 문을 사용하는 것이 더 편리하다.

실습하기 구구단 출력하기 (while 문)

사용자가 입력한 단수에 해당하는 구구단을 출력하는 프로그램을 작성하라.

ANSWER

[코드]

```
while_gugudan.py - C:/Users/JeongSeonHo/Documents/python_test/green_bo...
File  Edit  Format  Run  Options  Window  Help

dan = int ( input ('출력하고 싶은 단은? : '))

i = 1
print("")
print('%8d 단 ' %dan)

while i < 10 :
    print('%d  *  %d  =  %d' %(dan, i, dan*i))
    i = i+1

Ln: 11   Col: 0
```

[결과]

```
Python 3.7.4 Shell
File  Edit  Shell  Debug  Options  Window  Help

       5 단
5 * 1 = 5
5 * 2 = 10
5 * 3 = 15
5 * 4 = 20
5 * 5 = 25
5 * 6 = 30
5 * 7 = 35
5 * 8 = 40
5 * 9 = 45
>>>
Ln: 224   Col: 0
```

3 중첩 루프

반복문은 중첩하여 사용할 수 있다. 즉, 반복문 안에 다른 반복문을 포함하여 사용하는 것이 가능하다. 바깥쪽에 있는 반복문을 외부 반복문 (Outer loop), 안쪽에 있는 반복문을 내부 반복문 (Inner loop)라고 한다.

바깥쪽에 있는 반복문이 한 번 실행될 때마다 안쪽에 있는 반복문이 처음부터 새롭게 실행된다.

for 문의 구조 예)

외부 반복문

내부 반복문

```
for i  in [1,2] :
    for j  in [ 'A','B' ] :
        print ('i  = %d,  j  = %s '  %(i, j))
print ('중첩  for문 종료!!')
```

❶ 바깥쪽의 for 문 (외부 반복문)은 리스트 [1, 2]를 순회하므로 안쪽의 블록에 있는 코드는 2회 실행된다.

❷ 안쪽의 for 문 (내부 반복문)은 바깥쪽의 본문이 한 번 실행될 때마다 리스트 ['A', 'B']를 순회한다. 바깥쪽에서 2번, 안쪽에서 2번 반복되므로 print('i = %d, j = %s' %(i, j))는 총 2 * 2 = 4회 실행된다.

❸ 화면에 출력할 내용은 변수 i와 j를 함께 사용한다. 변수 i에 2가 대입된 동안, j에는 'A', 'B'가 차례로 대입되므로, 화면에는 i = 1, j = 'A', i = 1, j = 'B', i = 2, j = 'A', i = 2, j = 'B'가 차례대로 출력된다.

❹ for 문이 종료된 후 print ('중첩 for문 종료!!') 문장을 실행한다.

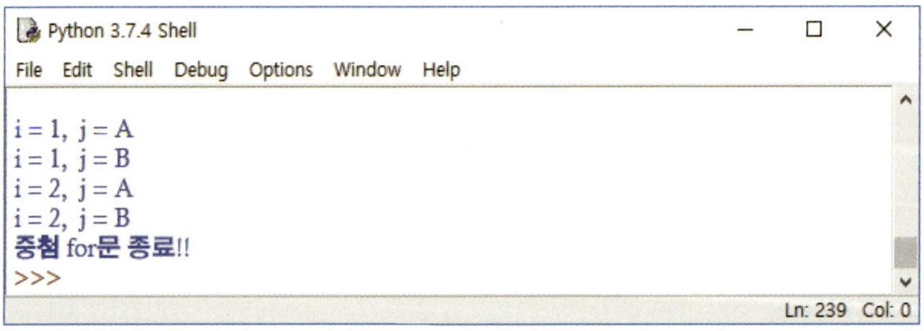

예를 들어 첫 번째 숫자는 홀수, 두 번째 숫자는 짝수를 (홀수, 짝수) 형식으로 출력하는 구문은 다음과 같이 작성할 수 있다.

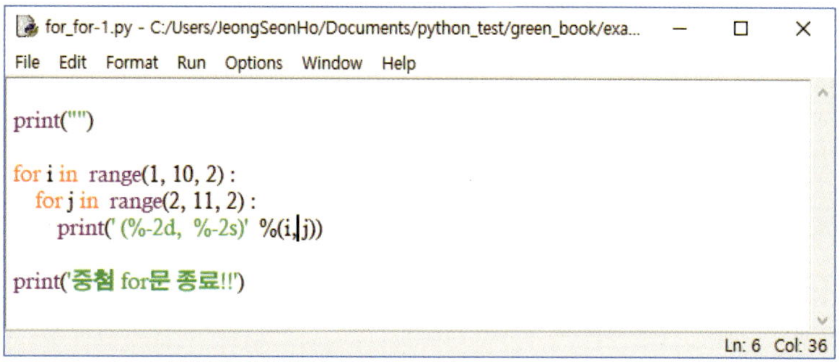

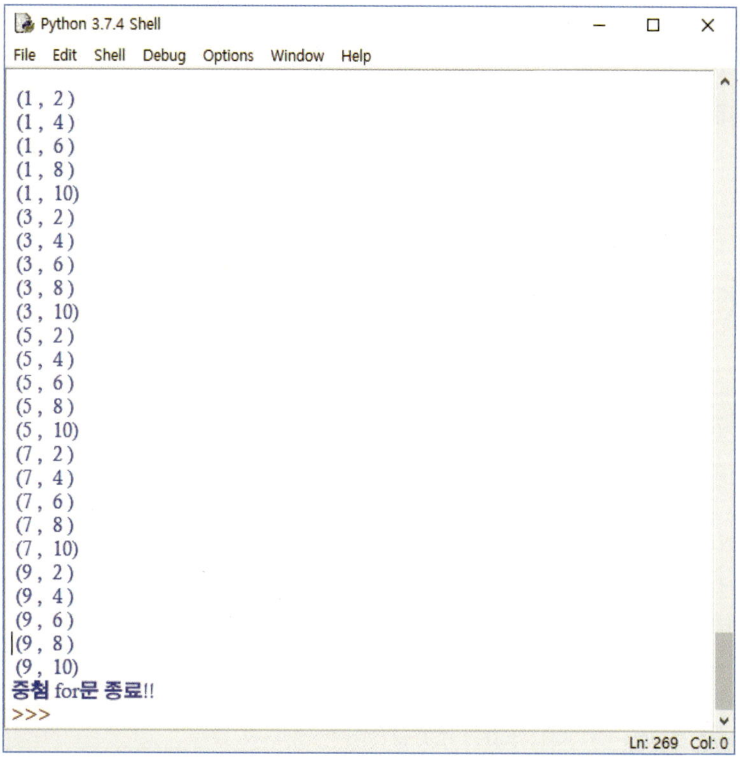

출력되는 형식을 안쪽에 있는 for 문이 모두 실행된 후 줄바꿈이 되도록 하려면 다음과 같이 코드를 수정한다.

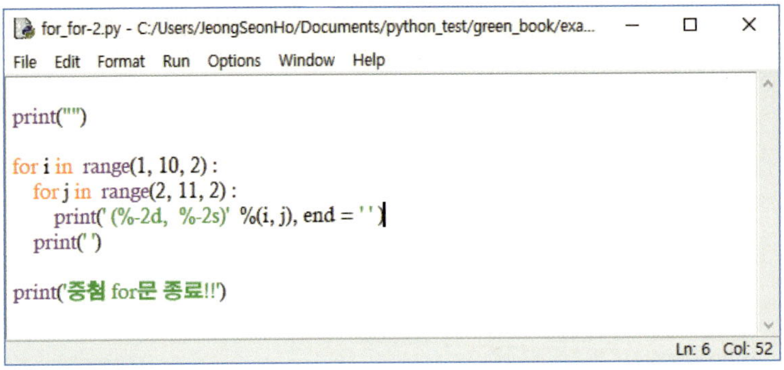

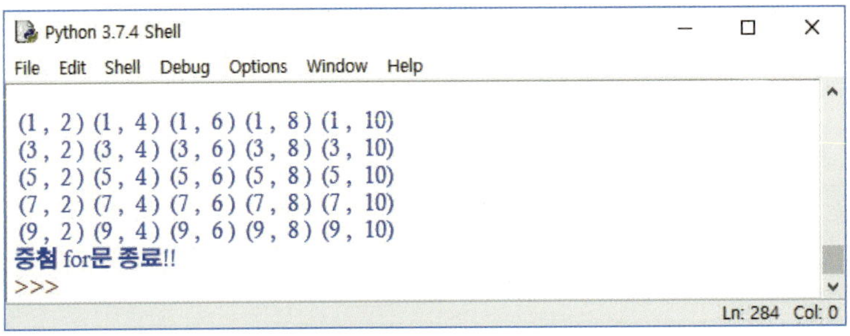

POINT print ( ) 함수

print( ) 함수는 문자열을 출력하기 위해 사용하는 함수이다. 출력할 문장은 따옴표를 사용하여 작성하며, 콤마(,)로 문자열을 나열하는 경우 공백이 자동으로 추가된다.

- end 파라미터 : print( ) 함수에 end 파라미터를 추가하면 줄바꿈 문자를 제거할 수 있다. 지정하지 않으면 '₩n'이 자동으로 설정된다.

  print (출력할 문자열, end = ' ')
- sep 파라미터 : print( ) 함수에 sep 파라미터를 사용하면 콤마로 구분된 문자열을 지정된 sep 파라미터로 결합할 수 있다.

  print (출력할 문자열, sep = '–')

  예) print ('Hello', 'Python') => 'Hello Python' 출력

  print ('Hello', 'Python', sep ="–") => 'Hello–Python' 출력
- 문자열 관련 함수와 함께 사용 :

  print('Hello Python!'.center(20)) => '   Hello Python   ' 출력

  print('Hello Python!'.rjust(20)) => '   Hello Python' 출력

  print('Hello Python!'.ljust(20)) => 'Hello Python   ' 출력

  print('hello python!'.upper()) => 'HELLO PYTHON' 출력
- .format 함수와 함께 사용

  print('{{,d}' .format(1000000)} => 1,000,000 출력

실습하기 구구단 출력하기 (반복 중첩)

2단에서 9단까지 구구단을 3단씩 출력하는 프로그램을 작성하라.

ANSWER

[코드]

```
for_for-gugudan.py - C:/Users/JeongSeonHo/Documents/python_test/green_book/ex...
File Edit Format Run Options Window Help

print("")

for i in range(2, 10, 3) :
    for dan in range(0, 3) :
        print(' %8d 단' %(i+dan), '\t', end = ' ')
    print(' ')

    for j in range(1, 10) :
        for k in range(i, i+3) :
            print('{:^3}'.format(k), ' * ', '{:^3}'.format(j), ' = ', '{:^3}'.format(k*j), '\t', end=' ')
        print( )
    print( )
                                                                        Ln: 9  Col: 0
```

[결과]

```
Python 3.7.4 Shell
File Edit Shell Debug Options Window Help

     2 단            3 단            4 단
2 * 1 = 2        3 * 1 = 3        4 * 1 = 4
2 * 2 = 4        3 * 2 = 6        4 * 2 = 8
2 * 3 = 6        3 * 3 = 9        4 * 3 = 12
2 * 4 = 8        3 * 4 = 12       4 * 4 = 16
2 * 5 = 10       3 * 5 = 15       4 * 5 = 20
2 * 6 = 12       3 * 6 = 18       4 * 6 = 24
2 * 7 = 14       3 * 7 = 21       4 * 7 = 28
2 * 8 = 16       3 * 8 = 24       4 * 8 = 32
2 * 9 = 18       3 * 9 = 27       4 * 9 = 36

     5 단            6 단            7 단
5 * 1 = 5        6 * 1 = 6        7 * 1 = 7
5 * 2 = 10       6 * 2 = 12       7 * 2 = 14
5 * 3 = 15       6 * 3 = 18       7 * 3 = 21
5 * 4 = 20       6 * 4 = 24       7 * 4 = 28
5 * 5 = 25       6 * 5 = 30       7 * 5 = 35
5 * 6 = 30       6 * 6 = 36       7 * 6 = 42
5 * 7 = 35       6 * 7 = 42       7 * 7 = 49
5 * 8 = 40       6 * 8 = 48       7 * 8 = 56
5 * 9 = 45       6 * 9 = 54       7 * 9 = 63

     8 단            9 단            10 단
8 * 1 = 8        9 * 1 = 9        10 * 1 = 10
8 * 2 = 16       9 * 2 = 18       10 * 2 = 20
8 * 3 = 24       9 * 3 = 27       10 * 3 = 30
8 * 4 = 32       9 * 4 = 36       10 * 4 = 40
8 * 5 = 40       9 * 5 = 45       10 * 5 = 50
8 * 6 = 48       9 * 6 = 54       10 * 6 = 60
8 * 7 = 56       9 * 7 = 63       10 * 7 = 70
8 * 8 = 64       9 * 8 = 72       10 * 8 = 80
8 * 9 = 72       9 * 9 = 81       10 * 9 = 90

>>>
                                                  Ln: 354  Col: 0
```

요약

■ **반복문**

- 같은 작업을 한번 이상 반복적으로 실행하는 구문
- for 문과 while 문

■ **for 문**

- 정해진 횟수만큼 코드 블록을 반복 실행할 때 사용하는 반복 구조
- 순차적 처리와 리스트나 문자열 등의 순회에 주로 사용
- 형식 :

```
for  변수  in  리스트(또는 튜플, 문자열):
        수행할 문장1
        수행할 문장2
```

- continue 문 : for문 안의 문장을 수행하는 도중에 continue 문을 만나면 실행을 중지하고 for문의 처음으로 이동
- break 문 : for 문의 실행을 중지하고, for 문에서 빠져나가도록 하기 위해 사용

■ **while 문**

- 지정한 조건이 유지되는 동안 코드를 계속 반복해서 수행해야 하는 경우 사용
- 조건문이 참 (True)인 동안에 while 문 아래에 포함된 문장 블록을 반복해서 수행
- 형식 :

```
while 조건 :
        실행할 문장 1
        실행할 문장 2
```

- break 문 : 루프를 빠져나가도록 할 때 사용
- contunue 문 : 반복문을 중단시키지 않고 다음 반복으로 넘어가도록 할 때 사용

■ **중첩 루프**

- 반복문 안에 다른 반복문을 포함하여 사용

연습문제

1. 반복문을 사용하여 음수를 입력하기 전까지 사용자가 입력한 값의 합을 계산하여 출력하는 프로그램을 작성하라.

2. 다음 프로그램의 실행 결과를 구하라.

```
a = 0
while a < 100:
    print(a, ' ', end='')
    a += 1
print( )
```

3. 다음 프로그램의 실행 결과를 구하라.

```
a = 0
while a < 100:
    print(a, ' ', end='')
print( )
```

4. 다음 프로그램의 실행 결과를 구하라.

```
a = 0
while a < 10:
    b = 0
    while b < 50:
        print(b, ' ', end='')
        b += 1
    print( )
    a += 1
```

5. 다음 프로그램의 실행 결과를 구하라.

```
a = 0
while a < 100:
    if a % 5 == 0:
        print('*', end='')
    a += 1
print( )
```

6. 다음 프로그램의 실행 결과를 구하라.

```
a = 0
count = 0
while a < 10:
    b = 0
    while b < 20:
        if (a + b) % 2 == 0:
            print(a, ' + ', b,  end='')
        b += 1
        print( )
        a += 1
        count += 1

print('count : ', count)
```

7. break 문을 사용하여 사용자가 입력한 값이 5의 배수이면 프로그램을 종료하고, 5의 배수가 아니면 입력값을 출력하는 프로그램을 작성하라.

8. 트리 높이 값을 입력으로 받아 다음과 같은 모양이 출력되도록 프로그램하라.

```
트리 높이 : 8
       *
      ***
     *****
    *******
   *********
  ***********
 *************
***************
```

9. 트리 높이 값을 입력으로 받아 다음과 같은 모양이 출력되도록 프로그램하라.

```
트리 높이 : 9
*
**
***
****
*****
******
*******
********
*********
********
*******
******
*****
****
***
**
*
```

Chapter 5

함수 (Function)

프로그램을 작성하다보면 동일한 처리를 위하여 같은 코드를 반복해서 사용할 때가 있다. 프로그램 내에서 반복되는 코드를 줄이고, 이전에 작성된 코드 부분을 재사용할 수 있도록 특정 코드를 함수 안에 정의하고, 그 코드를 함수를 호출함으로써 실행하도록 할 수 있다.

함수는 지금까지 print( )와 같이 프로그램에서 제공하는 함수, 즉 내장 함수(built-in function)와 사용자가 용도와 목적에 맞게 정의해서 사용하는 사용자 정의 함수(user-defined function)으로 구분한다.

이 장에서는 사용자 정의 함수를 만들고 사용하는 방법을 알아보도록 한다.

1 함수의 정의

파이썬에서 함수 (function)는 특정 작업을 수행하는 코드를 모아 놓은 것을 의미한다. 변수를 사용하여 데이터에 이름을 부여하는 것과 마찬가지로, 프로그램 코드들을 모아 이름을 부여할 수 있다. 반복적으로 사용되는 코드를 함수로 정의해 두면, 함수 이름만으로 동일한 코드를 필요한 만큼 실행시킬 수 있다. 함수 이름만으로 코드가 실행되도록 하는 과정을 함수의 호출 (call)이라고 한다. 파이썬에서 함수를 정의하는 방법을 알아보도록 한다.

1) 함수 정의, def 문

파이썬에서 함수를 정의할 때는 def 문을 사용한다. def는 define에서 앞 글자를 딴 것으로,

def 문은 다음과 같은 형식으로 사용한다.

함수 정의

형식 :

```
def 함수이름 (매개변수1, 매개변수2, … ) :
    실행 문장-1
    . . .
```

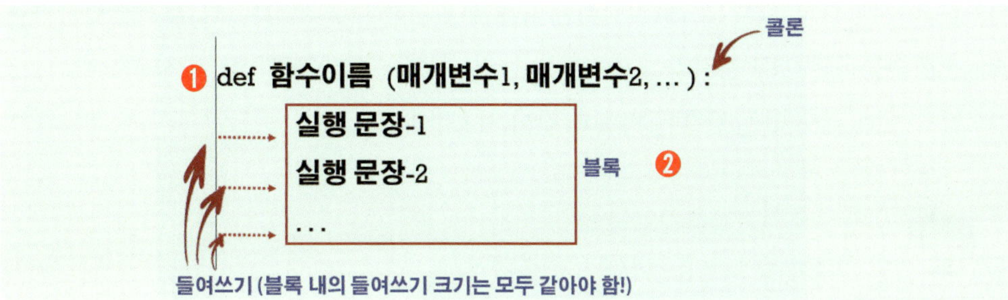

함수는 ❶ 헤더 (header)와 ❷ 몸체 (body) 부분으로 구성된다. 헤더 (header)는 def 키워드로 시작하고, 함수의 이름과 괄호(( )) 안에 매개변수 (parameter)를 적어주고, 끝에 콜론 (:)을 붙여준다. 매개변수는 함수 외부에서 전달되는 값을 함수로 전달하기 위해 사용하는 것으로, 매개변수의 개수는 함수의 기능에 따라 다르며, 하나도 없을 수도 있다.

함수의 몸체 (body) 부분은 함수가 실행할 작업과 관련된 문장들을 포함한다. 실행할 코드를 작성하는 경우 들여쓰기의 크기가 같아야 한다. 들여쓰기의 크기가 달라지면 함수의 정의가 종료된다.

예를 들어 문자열 (Hello, Python)을 출력하는 함수는 다음과 같이 정의할 수 있다.

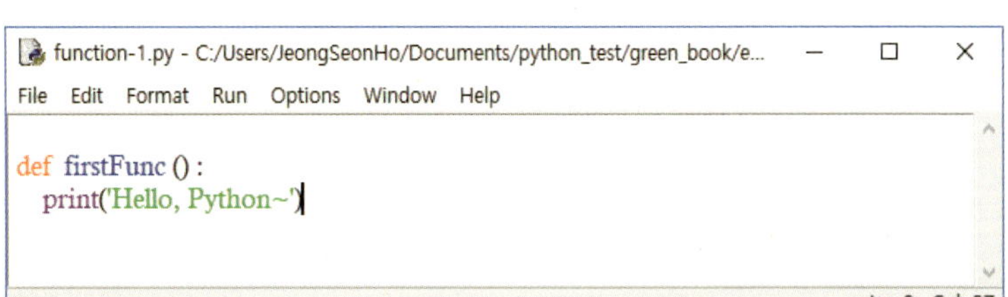

함수의 이름은 변수를 정의하는 것과 마찬가지로 예약어나 밑줄, 숫자 등을 사용하지 않도록 작성하면 된다. 일반적으로 함수의 목적을 설명하는 동사 또는 동사 + 명사를 결합하여 사용하는 것이 좋다.

함수는 입력 값과 결과 값의 유무에 따라 다음 4가지 유형으로 분류할 수 있다.

입력 값과 반환되는 결과 값이 없는 함수

입력 값도 결과 값도 없는 함수로, 이러한 유형의 함수는 다음과 같이 빈 함수를 만들거나, print( ) 함수를 사용하여 문자열을 출력하는 등의 기능을 수행하도록 할 때 사용한다.
입력 값도 결과 값도 없는 함수는 다음과 같이 사용한다.

입력 값도 결과 값도 없는 함수

- **[함수 정의]**

```
def 함수이름 ( ) :
    실행문장-1
    ...
```

- **[함수 호출]**

```
함수이름 ( )
```

- **[예]**

```
def hello ( ) :
    print('hello~~')

hello ( )
```

다음과 같이 빈 함수는 코드 부분에 pass 문을 넣어 아무런 기능을 하지 않으나 함수의 틀을 유지할 필요가 있을 때 주로 사용한다.

function_pass.py - C:/Users/JeongSeonHo/Documents/python_test/green_book...

```
def noActionFunc () :
  pass

print( )
noActionFunc ()
```

Ln: 6 Col: 15

반환되는 결과 값이 없는 함수

함수에 전달되는 입력 값은 있으나 결과 값이 없는 함수로, 함수 안에서 실행된 결과를 호출한 부분으로 반환하지 않고 출력하도록 하거나 처리를 종료하도록 하기 위해 사용한다.

반환되는 결과 값이 없는 함수는 다음과 같은 형식으로 사용한다.

결과 값이 없는 함수

- **[함수 정의]**

```
def 함수이름 ( 매개변수, .. ) :
    실행문장-1
    ...
```

- **[함수 호출]**

```
함수이름 ( 값, ... )
```

- **[예]**

```
def addFunc (a, b) :
    print("%d + %d = %d" % (a, b, a+b))

addFunc ( 10, 20 )
```

함수의 결과 값이 없다는 것은 함수의 실행 결과를 다른 변수나 수식 등에서 사용하지 못한다는 것을 의미한다. 함수의 전달된 (10, 20)의 값을 계산하여 얻어진 30 (10+20의 계산값)은 print 문의 출력 문자열에 해당하는 것일 뿐이다. 함수에서는 결과 값을 return 문에 의해서만 반환할 수 있다.

함수 addFunc( )를 실행하면 다음과 같이 결과가 표시된다.

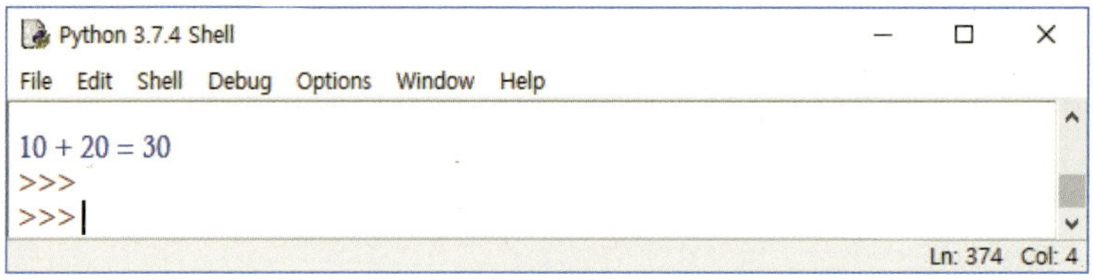

■ 입력 값 (전달되는 값)이 없는 함수

함수에 전달되는 입력 값은 없으나 결과 값이 있는 함수로, 함수 안에서 실행된 결과를 호출한 부분으로 반환하기 위하여 사용한다.

입력 값이 없는 함수는 다음과 같이 사용한다.

입력 값이 없는 함수

- **[함수 정의]**

```
def 함수이름 ( ) :
    실행문장-1
    ...
```

- **[함수 호출]**

```
변수 = 함수이름 ( )
```

- **[예]**

```
def addFunc ( ) :
    print("%d " % ( 10 + 20 ) )

result = addFunc ( )
```

함수를 정의할 때 매개변수를 사용하지 않았으므로, 함수를 정의할 때 괄호안에 아무것도 넣지 않아야 한다. 입력 값은 없지만 addFunc( ) 함수의 결과 값을 받을 수 있도록 변수를 사용하여 다음과 같이 정의한다.

결과값을 받을 변수 = 함수이름 ( )

변수 result에 함수의 결과 값이 저장된다고 하더라도 변수를 프롬프트에 입력해야 결과 값이 표시된다.

function_addFunc-1.py - C:/Users/JeongSeonHo/Documents/python_test/gree...

File Edit Format Run Options Window Help

```
def addFunc ( ) :
   print(' %d' %(10 + 20))

print( )
result = addFunc ( )

result
```

Ln: 3 Col: 28

Python 3.7.4 Shell

File Edit Shell Debug Options Window Help

```
30
>>>
>>>
```

Ln: 395 Col: 0

▬ 입력 값과 반환되는 결과 값이 모두 있는 함수

입력 값이 있고 결과 값이 있는 함수가 일반적인 함수의 형태이다. 결과 값을 반환하기 위하여 return 문을 사용한다. return으로 반환하는 값은 반환 값이라고 하며, 함수를 호출해 준 부분에 결과를 알려주기 위해 사용한다.

입력 값과 결과 값이 모두 있는 함수는 다음과 같이 사용한다.

입력 값과 결과 값이 모두 있는 함수

- **[함수 정의]**

```
def 함수이름 ( 매개변수, ..) :
      실행문장-1
      . . .
      return 반환값
```

- **[함수 호출]**

```
변수 = 함수이름 ( 값, .. )
```

- **[예]**

```
def addFunc ( a, b ) :
   print("결과 : %d " % ( a + b ) )
   return a+ b

result = addFunc ( 10, 20 )
```

addFunc( ) 함수를 실행하면 입력 값 (10, 20)에 대한 결과 30을 반환하고, 반환된 값이 변수 result에 저장된다. print( ) 함수를 사용하여 다음과 같이 결과를 출력할 수 있다.

```
function_addFunc-2.py - C:/Users/JeongSeonHo/Documents/python_test/gree...
File  Edit  Format  Run  Options  Window  Help

def addFunc ( a, b ) :
    print(' 결과 : %d' %(a + b))
    return a+b

print( )
result = addFunc ( 10, 20 )

print(result)
                                                    Ln: 9  Col: 3
```

```
Python 3.7.4 Shell
File  Edit  Shell  Debug  Options  Window  Help

결과 : 30
30
>>>
>>>
                                                    Ln: 409  Col: 4
```

'결과 : 30'은 함수 addFunc(10, 20)의 print( ) 함수를 실행한 결과이고, '30'은 함수의 실행 결과를 받은 변수 result의 값을 출력한 결과이다.

2) 함수 호출 (call)

함수를 정의하는 것만으로는 함수안에 있는 문장들은 실행되지 않는다. 함수를 실행하려면 함수를 호출 (call)하여야 한다. 함수를 호출하기 위해서는 작성한 함수의 이름을 써주면 된다.

```
function_call.py - C:/Users/JeongSeonHo/Documents/python_test/green_book/...
File  Edit  Format  Run  Options  Window  Help

def firstFunc () :
    print('Hello, Python~')  ❶

firstFunc ()  ❷

                                                    Ln: 6  Col: 0
```

❶은 함수를 정의하는 구문이고, ❷는 함수를 호출하는 구문이다. 정의된 함수가 매개변수를 가지지 않으므로, 함수를 호출할 때 매개변수없이 사용한다. 매개변수의 개수는 함수를 정의했을 때와 함수를 호출할 때 동일해야 한다.

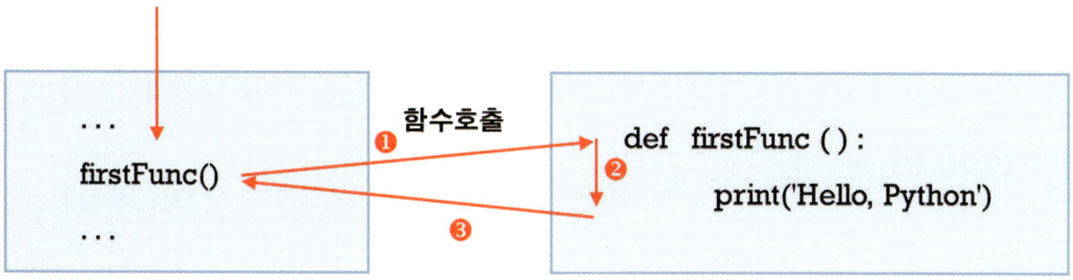

함수 firstFunc( )를 호출(❶)하면 괄호 안의 값(인수, argument)이 함수로 전달되고, 함수 안에 정의된 문장(❷)이 실행된다. 함수안에 정의된 문장들의 실행이 모두 끝나면 호출한 위치로 되돌아간다(❸).

함수를 호출하면 다음과 같은 순서로 함수가 실행된다.

함수 실행 순서

❶ 괄호 속의 데이터(매개변수가 가지는 값)가 함수에 전달된다.
❷ 함수 안의 정의된 코드가 위에서 아래로 차례대로 실행된다.
❸ 코드가 모두 실행되면, 함수 실행이 종료되고, 함수의 실행 결과가 반환된다.

함수는 처리할 값을 입력받기도 하고, 함수를 실행한 결과를 출력하기도 한다. 함수에 처리할 데이터를 전달할 때는 firstFunc("Hi~")처럼 괄호 안에 전달할 값을 넣어 호출하기도 하고, result = firstFunc("Hi~")처럼 함수 실행 결과를 변수에 대입하여 저장하기도 한다. 함수에서 데이터를 입력받고 출력하는 방법은 다음 장에서 더 자세히 알아보도록 한다.

함수를 호출하는 유형은 다음과 같이 정리할 수 있다.

함수 호출 유형

- 값없이 함수 호출하기 : **함수이름( )**
- 값을 전달하여 함수 호출하기 : **함수이름(값)**
- 함수를 호출하여 반환된 값 (실행 결과) 보관하기 : **변수 = 함수이름(값)**
- 함수를 호출하여 반환된 값 (실행 결과)을 화면에 출력 : print **(함수이름(값))**

함수를 만들기 전에 함수를 먼저 호출하면 안 된다. 다음과 같이 함수를 먼저 호출한 뒤 함수를 만들면, 함수가 정의(define)되지 않았다는 오류가 발생한다. 파이썬 코드는 위에서 아래로 순차적으로 실행되기 때문에 반드시 함수를 먼저 만든 뒤에 함수를 호출해야 한다.

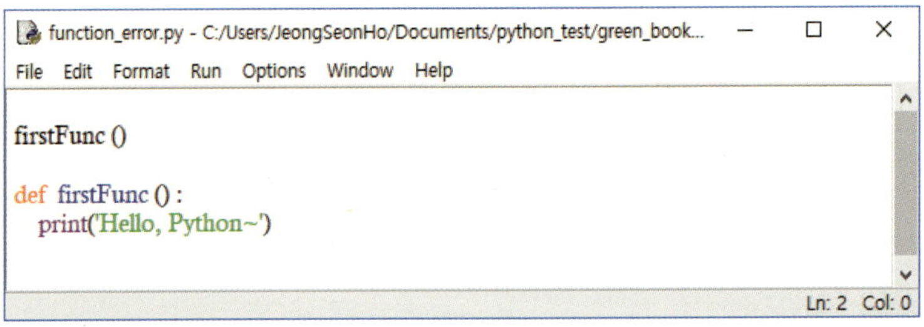

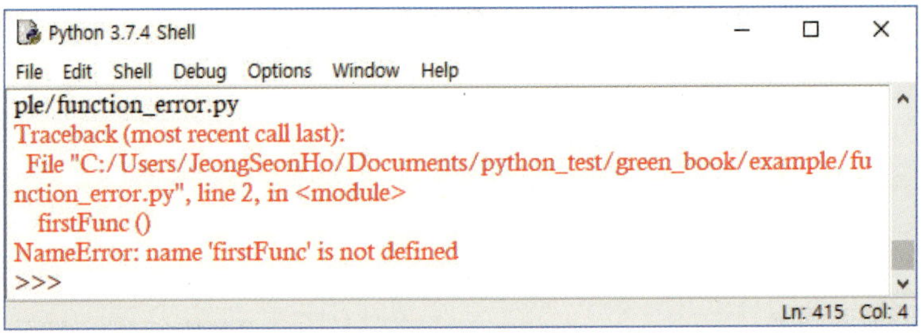

3) 매개 변수 (parameter) 이해하기

함수를 정의할 때 함수에 값을 전달하기 위해서 사용하는 변수를 매개변수 (parameter)라고 한다. 예를 들어 다음과 같이 함수를 정의한다고 가정한다.

매개변수

매개변수 (parameter)

```
def  addFunc ( a, b )
    print("결과 : %d " % ( a + b ))
    return  a+ b

result = addFunc ( 10, 20 )
```

함수 addFunc (a, b)에서 a와 b는 매개변수 (parameter)이다. 그럼 함수를 호출할 때 a, b 대신에 함수에 전달되는 값 (10, 20)은 뭐라 부를까? 인수 (arguments)라고 한다.

매개변수와 인수

```
def  addFunc ( a, b ) :
    print("결과 : %d " % ( a + b ))
    return  a+ b

result = addFunc ( 10, 20 )
```

인수 (arguments)

매개변수는 함수에 입력으로 전달된 값을 받는 변수를 의미하고, 인수는 함수를 호출할 때 전달하는 입력 값을 의미한다.

매개변수와 인수의 대입을 함수 호출과정의 그림으로 표현하면 다음과 같다.

함수의 호출 과정

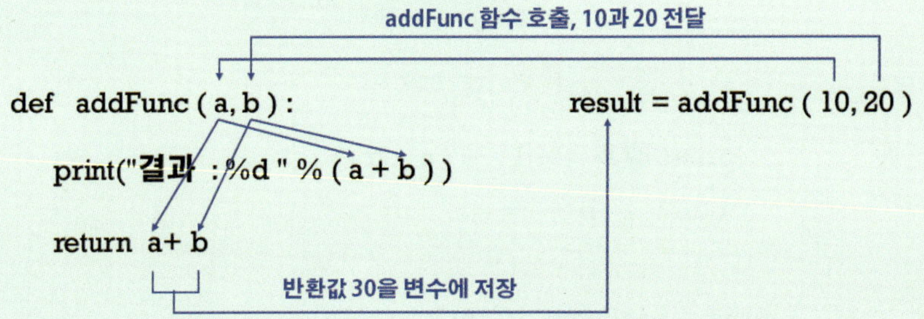

반환 값을 변수에 저장하지 않고 바로 다른 함수에 넣을 수도 있다. 예를 들어 다음과 같이 print( ) 함수에 addFunc( )를 넣어서 결과를 출력하도록 하는 것도 가능하다.

반환 값과 변수

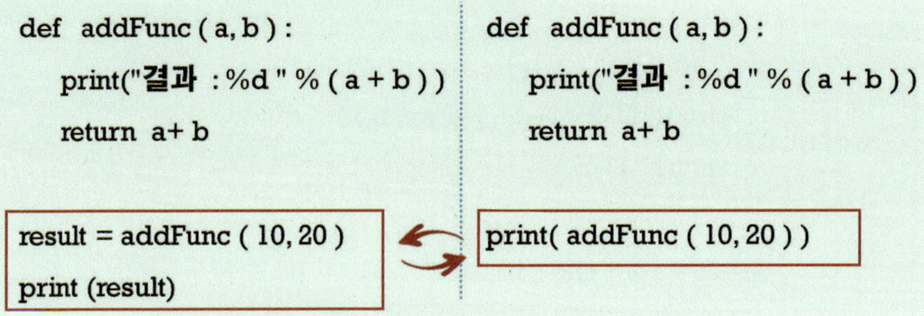

return 문은 매개변수는 없지만 값만 반환하는 함수를 만들거나, 함수를 실행하는 중간에 바로 빠져나오도록 하기 위한 용도로 사용할 수도 있다.

return 문의 활용

```
def hello ( ):
    print( " 매개변수는 없지만 " )
    return 1

print ( hello ( ) )
```

```
def notFive ( a ):
    if a % 5 == 0:
        return
    print(" a : %d " % ( a ))

notFive (3)
notFive (5)
```

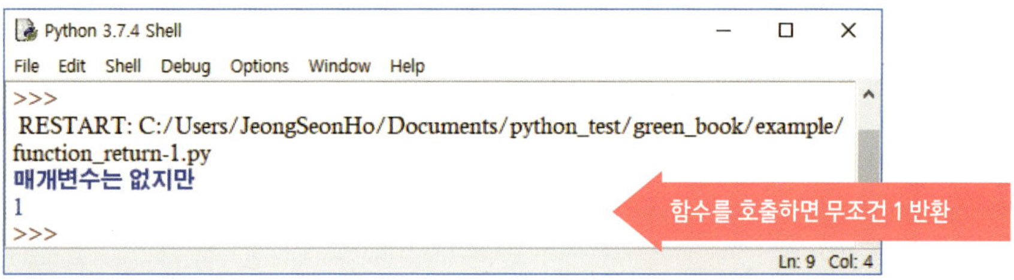

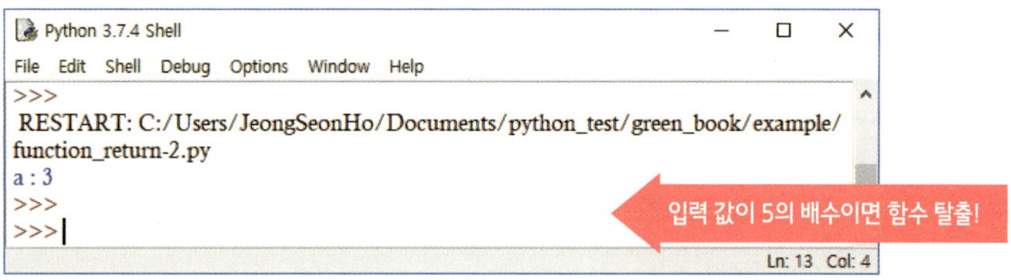

함수를 호출할 때는 함수에 정의된 매개변수의 개수만큼 순서대로 값을 전달해야 한다. 그러나 매개변수에 전달할 값을 생략하거나, 순서를 원하는 대로 변경할 수도 있다.

▬ 매개변수에 기본 (Default)값 설정하기

함수에 전달되는 입력 매개변수에 지정된 값을 기본 (Default)값으로 사용하도록 할 수 있는데, 이를 디폴트 매개변수 (또는 Optional 매개변수)라 부른다. 입력 매개변수에 기본 값을 설정하면 매개변수에 전달할 값없이 함수를 호출했을 때 자동으로 기본 값이 적용된다.

디폴트 매개변수의 사용

```
def  cal ( a, b, ratio = 0.1 ) :      ← 매개변수에 기본값 설정
    return  a * b * ratio        ❶

result = cal (10, 20 )      ← 세번째 인수없이 함수 호출
```

❶의 매개변수 ratio처럼, 매개변수에 등호 (=)와 값 (0.1)을 덧붙여 매개변수의 기본 값을 정의할 수 있다. 매개변수에 기본 값을 정의해 두면, ❷와 같이 함수를 호출할 때 매개변수에 전달할 인자를 생략할 수 있다. 인자가 생략된 매개변수에는 기본 값이 대입된다.

변수 result에는 함수 cal (10, 20)를 호출한 후 생략된 세 번째 인자 0.1을 사용하여 10 * 20 * 0.1의 결과인 20이 저장된다. 변수 result에 저장된 값을 출력하면 다음과 같이 표시된다.

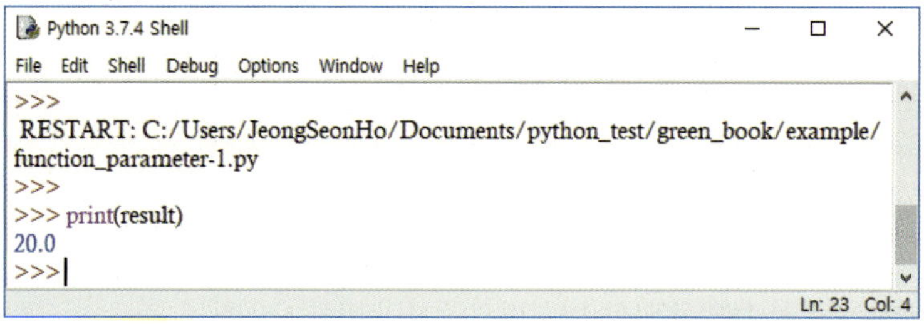

매개변수를 지정하여 호출하기

함수를 호출할 때 보통 함수에 정의한 매개변수의 순서대로 값을 전달한다. 이렇게 순서에 의한 전달 방식 외에 전달 순서를 바꾸거나 필요한 매개변수만 골라 값을 전달할 수도 있다. 또 다른 호출 방식으로 「매개변수 이름=매개변수 값」과 같은 형식으로 매개변수를 전달하면 어떤 값이 어떤 매개변수로 전달되는지 쉽게 파악할 수 있는 장점이 있다.

매개변수 지정하여 호출하기

```
def grade ( stdName, stdNo, stdJumsu ) :
    print ( stdName , stdJumsu )

grade ( stdName = "Kang", stdJumsu = 90 , stdNo = 1234567 )
```

함수의 정의된 매개변수의 순서와 다르게 전달

grade 함수를 호출하면 매개변수에 지정된 값들을 함수에 전달하여 다음과 같이 출력한다.

```
Python 3.7.1 Shell
File Edit Shell Debug Options Window Help
>>>
=================== RESTART: C:/PythonTest/parameter-2.py ==========
=========
>>>
HongGilSoon 90
>>>
>>>|
                                                    Ln: 1900 Col: 4
```

매개변수와 값을 함께 함수에 전달하면 기본 값이 지정되어있는 매개변수의 값을 변경할 수 있다.

매개변수 지정하여 호출하기

```
def  area ( radius,  height = 0,  pi = 3.141592) :
    return  radius * radius * pi

result = area ( radius = 10 )
result_1 = area (radius = 10,  pi = 3.14 )
print ( ' result : %f,  result_1 : %f  '  %(result, result_1))
```

- area (radius = 10) ← 기본값이 정의된 매개변수 생략
- area (radius = 10, pi = 3.14) ← 기본값 변경

result 변수에는 10 * 10 * 3.141592의 계산 값이 저장되고, result_1에는 pi 값이 3.14로 변경되어 10 * 10 * 3.14의 계산 값이 저장된다.

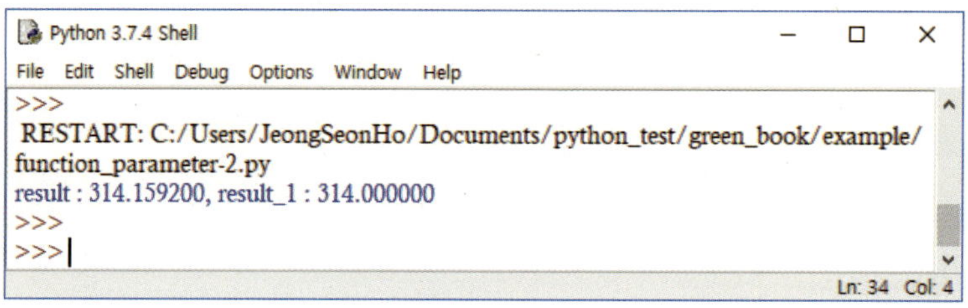
Python 3.7.4 Shell
File Edit Shell Debug Options Window Help
```
>>>
 RESTART: C:/Users/JeongSeonHo/Documents/python_test/green_book/example/function_parameter-2.py
result : 314.159200, result_1 : 314.000000
>>>
>>>
```
Ln: 34 Col: 4

가변길이 매개변수

함수의 매개변수의 개수를 미리 알 수 없거나, 사용자가 입력하는 개수에 따라 n개의 매개변수를 입력으로 받아들이도록 하고 싶다면, 가변길이 매개변수를 사용할 수 있다. 가변길이 매개변수는 매개변수 이름 앞에 *를 붙여 가변길이임을 표시한다.

아래 예제에서 *nums는 가변길이 매개변수이므로, 함수 sum()을 호출할 때, *nums에 입력되는 모든 값을 더하여 sum 값을 돌려주게 된다.

```
function_parameter-3.py - C:/Users/JeongSeonHo/Documents/python_test/green_b...
File Edit Format Run Options Window Help

def sum ( *nums ) :
   sum = 0
   for i in nums :
      sum = sum + 1
   return sum

result = sum( 1, 2, 3 )
print ( ' sum (1, 2, 3 ) = %d ' %result )
result_1 = sum( 1, 2, 3, 4, 5, 6, 7, 8, 9, 10 )
print ( ' sum (1 ~ 10 ) = %d ' %result_1 )

Ln: 12  Col: 0
```

```
Python 3.7.4 Shell
File Edit Shell Debug Options Window Help
>>>
 RESTART: C:/Users/JeongSeonHo/Documents/python_test/green_book/example/
function_parameter-3.py
 sum (1, 2, 3 ) = 3
 sum (1 ~ 10 ) = 10
>>>
Ln: 45  Col: 20
```

반환 값이 하나 이상인 경우

함수에서 반환되는 값은 언제나 하나이다. 한 개 이상의 값을 반환할 수는 없을까? 있다! 반환하고 싶은 만큼 개수만큼 return 키워드 다음에 콤마 (,)로 구분하여 적는다.

예를 들어, return a, b, c 는 3개의 값(a, b, c)을 반환한다. 하지만, 기술적으로 좀 더 깊이 설명하면, 이는 (a, b, c) 세 개의 값을 포함하는 투플 (Tuple) 하나를 반환하는 것으로, 함수는 항상 하나의 반환 값을 전달한다고 볼 수 있다.

하나 이상의 값 반환 형식

```
def 함수이름 (매개변수, ... ):
    return 반환값1, 반환값2
```

예를 들어 두 수를 더한 값과 곱한 값을 반환하는 함수를 만들어보도록 한다. 지금까지 배운 내용을 기준으로 하면 2개의 함수를 만들어 각각의 결과가 반환되도록 코드를 작성해야 한다.

하나 이상의 값 반환 예)

```
def add ( a, b ):
    return a + b

def mul ( a, b ):
    return a * b

print ( '더하기 : %d' %( add (10, 20 ) ) )
print ( '곱하기 : %d' %( mul (10, 20 ) ) )
```

위 예제는 다음과 같이 작성할 수 있다.

하나 이상의 값 반환 예)

```
def add_mul ( a, b ):
    return a + b, a * b

print ( ' 더하기 : %d, 곱하기 : %d ' %( add_mul (10, 20 ) ) )
```

함수 add_mul (10, 20)에서 반환되는 값이 2개 이므로 다음과 같이 결과가 출력된다.

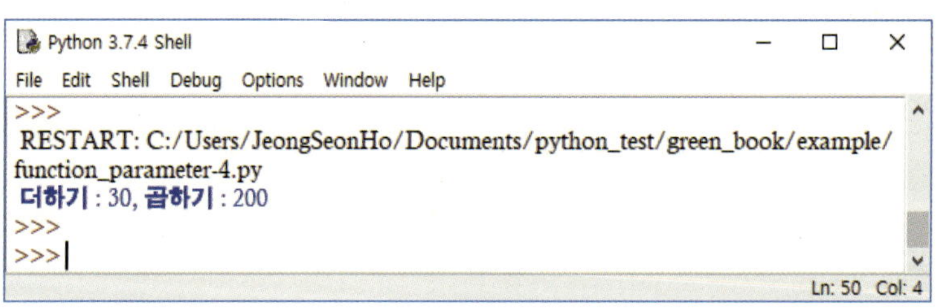

함수에서 반환되는 값을 변수에 저장하는 경우 변수를 다음과 같이 사용하면 된다.

하나 이상의 값 반환 예)

```
def add_mul ( a, b ):
    return a + b, a * b

addResult, mulResult = add_mul (10, 20 )
print ( ' 더하기 : %d, 곱하기 : %d ' %( addResult, mulResult ))
```

만약 반환되는 값을 하나의 변수에 저장하면 어떻게 될까? 반환되는 값은 2개, 저장하는 변수는 1개이면 다음과 같이 두 개의 값을 괄호로 묶어 반환한다. 파이썬의 자료형에는 값을 순서쌍으로 표현하는 투플 (tuple)이라는 자료형이 있으며, 이러한 경우 투플로 반환하게 된다.

하나 이상의 값을 하나의 변수에 반환 예)

```
def add_mul ( a, b ):
    return a + b, a * b

Result = add_mul (10, 20 )
print ( Result )
```

```
Python 3.7.4 Shell
File Edit Shell Debug Options Window Help
>>>
 RESTART: C:/Users/JeongSeonHo/Documents/python_test/green_book/example/
function_parameter-6.py
(30, 200)
>>>
>>>
Ln: 61 Col: 4
```

실습하기 가장 높은 점수를 구하는 함수 만들기

입력된 숫자 중에 가장 큰 값과 가장 작은 값을 출력하는 프로그램을 작성하라. 가장 큰 값을 구하기 위해서는 max( ) 함수, 가장 작은 값을 구하기 위해서는 min( ) 함수를 사용한다.

ANSWER

[코드]

```
chap5_max_min.py - C:/Users/JeongSeonHo/Documents/python_test/green_book/e...
File Edit Format Run Options Window Help

def max_min ( *inputNum ) :
   return max(inputNum), min(inputNum)

max_num, min_num = max_min( 10, 20, 30, 40, 50, 60, 70, 80, 90 )
print ( 'max_num : %d, min_num : %d ' %(max_num, min_num ))
Ln: 6 Col: 61
```

[결과]

```
Python 3.7.4 Shell
File Edit Shell Debug Options Window Help
>>>
>>>
 RESTART: C:/Users/JeongSeonHo/Documents/python_test/green_book/example/
chap5_max_min.py
max_num : 90, min_num : 10
>>>
Ln: 64 Col: 0
```

2 내장 함수 (Built-in Function)

반복적인 작업을 위하여 함수를 정의하고 사용하는 것을 공부했다. 필요한 기능을 수행하기 위해 사용자가 정의하는 함수 이외에 파이썬에 사용자들이 자주 사용하는 함수들을 내장 함수로 제공하고 있다.

파이썬에서 자주 사용하는 내장 함수는 다음과 같다.

표 ▶ 파이썬의 내장 함수

함수이름	설명	예
abs( )	형식 : abs(x) - 입력된 숫자의 절대값 반환	>>> abs(-3) 3

all( )	형식 : all(x)
	- 반복 가능한 자료형 x를 입력으로 받아, x가 모두 참이면 True, 거짓이 하나라도 있으면 False 반환
		>>> all([1, 2, 3])
		True
		>>> all([1, 2, 3, 0])
		False

any( )	형식 : any(x)
	- 반복 가능한 자료형 x를 입력으로 받아, 하나라도 참이 있을 경우 True, x가 모두 거짓일 경우 False 반환
		>>> any([1, 2, 3, 0])
		True
		>>> any([0, ""])
		False

chr( )	형식 : chr(i) - 아스키(ASCII) 코드값을 입력으로 받아 그 코드에 해당하는 문자 출력	>>> chr(97) 'a'
dir( )	형식 : dir(객체) - 객체가 자체적으로 가지고 있는 변수나 함수 표시	>>> dir(list) ['append', 'count', 'extend', 'index', 'insert', 'pop',...]
divmod( )	형식 : divmod(a, b) - 2개의 숫자를 입력으로 받아, a를 b로 나눈 몫과 나머지를 투플 형태로 반환	>>> divmod(7, 3) (2, 1)
enumerate( )	형식 : enumerate(자료) - 순서가 있는 자료형(리스트, 튜플, 문자열)을 입력으로 받아 인덱스 값을 포함하는 enumerate 객체 반환	>>> for i, j in enumerate(['a','b','c']): print(i, j) 0 a 1 b 2 c

함수이름	설명	예

eval	형식 : eval(expression)
	- 실행 가능한 문자열을 입력으로 받아 문자열을 실행한 결과값 반환
		>>> eval('1+2')
		3
		>>> eval("'hi' + 'a'")
		'hia'

filter	형식 : filter(함수이름, 데이터) - 2개의 인수(함수 이름, 함수에 들어갈 반복 가능한 자료형)을 받아 반복 가능한 자료형 요소들이 첫 번째 인수인 함수에 입력되었을 때 리턴값이 참인 것만 묶어서 반환	def pos(x): return x > 0 >>>print(list(filter(pos, [1, -3, 2, 0, -5, 6]))) [1, 2, 6]
hex	형식 : hex(x) - 정수값을 입력받아 16진수(hexadecimal)로 변환	>>> hex(234) '0xea'

id	형식 : id(object)
	- 객체를 입력받아 객체의 고유 주소값(레퍼런스)을 반환
		>>> a = 3
		>>> id(3)
		135072304

input	형식 : input([prompt])
	- 사용자 입력을 받는 함수
		>>> a = input()
		hi
		>>> a
		'hi'

int	형식 : int(x)
	- 문자열 형태의 숫자나 소수점이 있는 숫자 등을 정수 형태로 반환
		>>> int('3')
		3
		>>> int(3.4)
		3

isinstance	형식 : isinstance(object, class)
	- 2개의 인수(인스턴스, 클래스 이름)을 받아, 인스턴스가 그 클래스의 인스턴스인지를 판단하여 참이면 True, 거짓이면 False 반환
		>>> class Test :
		  pass
		>>> a = Test( )
		>>>isinstance(a, Test)
		True

len	형식 : len(s) - 요소의 전체 개수 반환	>>> len("python") 6
list	형식 : list(s) - 반복 가능한 자료형 s를 입력받아 리스트로 만들어 반환	>>> list("python") ['p', 'y', 't', 'h', 'o', 'n']

map	형식 : map(함수, 데이터)
	- 함수와 반복 가능한(iterable) 자료형을 입력으로 받아, 입력받은 자료형의 각 요소가 함수에 의해 수행된 결과를 묶어서 반환
		def mul(x):
		  return x*2
		
		>>> list(map(mul, [1, 2, 3, 4]))
		[2, 4, 6, 8]

max	형식 : max(데이터) - 인수로 반복 가능한 자료형을 입력받아 그 최대값 반환	>>> max([1, 2, 3]) 3
min	형식 : min(데이터) - 인수로 반복 가능한 자료형을 입력받아 그 최소값 반환	>>> max([1, 2, 3]) 1

함수이름	설명	예
oct	형식 : oct(x) - 정수 형태의 숫자를 8진수 문자열로 바꾸어 반환	>>> oct(34) '0o42'
open	형식 : open(filename, [mode]) - '파일 이름'과 '읽기 방법'을 입력받아 파일 객체 반환 mode : 설명 w : 쓰기 모드로 파일 열기 r : 읽기 모드로 파일 열기 a : 추가 모드로 파일 열기 b : 바이너리 모드로 파일 열기	>>> openFile = open("test.txt", "r")
ord	형식 : ord(c) - 문자의 아스키 코드값 반환	>>> ord('a') 97
pow	형식 : pow(x, y) - x의 y 제곱한 결과값 반환	>>> pow(2, 4) 16

range	형식 : range([start,] stop [,step])
	- for문과 함께 자주 사용되는 함수로, 입력받은 숫자에 해당되는 범위의 값을 반복 가능한 객체로 반환
		>>> list(range(5))
		[0, 1, 2, 3, 4]
		>>> list(range(5, 10))
		[5, 6, 7, 8, 9]

round	형식 : round(number[, ndigits])
	- 숫자를 입력받아 반올림 값 반환
		>>> round(4.6)
		5
		>>> round(5.678, 2)
		5.68

sorted	형식 : sorted(iterable)
	- 입력값을 정렬한 후 그 결과를 리스트로 반환
		>>> sorted([3, 1, 2])
		[1, 2, 3]
		>>> sorted(['a','c','b'])
		['a', 'b', 'c']

str	형식 : str(object)
	- 문자열 객체를 변환하여 반환
		>>> str('hello')
		'hello'
		>>> str('hello'.upper( ))
		'HELLO'

tuple	형식 : tuple(iterable)
	- 반복 가능한 자료형을 입력받아 투플 형태로 변환하여 반환
		>>> tuple("abc")
		('a', 'b', 'c')
		>>> tuple([1, 2, 3])
		(1, 2, 3)

type	형식 : type(object)
	- 입력값의 자료형이 무엇인지 알려주는 함수
		>>> type("abc")
		<class 'str'>
		>>> type([ ])
		<class 'list'>

zip	형식 : zip(*iterable) - 동일한 개수로 이루어진 자료형을 묶어 주는 역할을 하는 함수	>>> list(zip([1, 2, 3], [4, 5, 6])) [(1, 4), (2, 5), (3, 6)]

실습하기 입력된 단어의 개수 개산하기

입력된 문자열의 단어 개수를 세는 함수를 작성하고, 단어의 개수를 출력하는 프로그램을 작성하라. 입력된 문자열과 단어의 개수, 그리고 입력된 문자열이 없으면 오류 메시지('문자열을 입력하세요')를 출력하도록 하라.

ANSWER

[코드]

chap5_BulitinTest.py - C:/Users/JeongSeonHo/Documents/python_test/green_book/...

File Edit Format Run Options Window Help

```
print( )
inputText = input(' 문자열을 입력하세요 : ')

def wordCount ( ) :
   global inputTest
   words = inputText.split( )

   if (len(words) <= 0 ) :
      print (' 문자열을 입력하세요 !~')
   else :
      print (' 입력 단어 : ')
      for wordItem in words :
         print('\t', wordItem )
      print ()
      print (' 입력된 단어의 개수 : %d ' %len(words) )

print ( )
wordCount ( )
```

Ln: 12 Col: 26

[결과]

Python 3.7.4 Shell

File Edit Shell Debug Options Window Help

```
문자열을 입력하세요 : 입력한 문자열에 포함된 단어의 개수를 세어보자~

입력 단어 :
	입력한
	문자열에
	포함된
	단어의
	개수를
	세어보자~

입력된 단어의 개수 : 6
>>>
```

Ln: 125 Col: 5

3 함수와 재귀적 호출 (Recursive Call)

함수 안에서 함수 자신을 호출하는 방식을 재귀적 호출 (recursive call)이라고 한다. 재귀적 호출은 잘 사용하지 않지만, 알고리즘을 구현할 때 매우 유용하게 사용된다. 알고리즘에 따라 반복문으로 구현한 코드보다 재귀호출로 구현한 코드가 좀 더 직관적이고 이해하기 쉬운 경우가 많다. 재귀적 호출을 사용하는 방법과 주의할 점을 알아보도록 한다.

재귀적 호출 함수는 정의하는 함수를 함수 안에서 다시 사용하도록 선언한다.

재귀적 호출 함수

```
def hello ( ):
    print ('Hello, Python~')
    hello ( )

hello ( )
```

위 에제는 hello( ) 함수 안에서 다시 hello( ) 함수를 호출하고 있다. 코드를 실행해보면 'Hello, Python~' 문자열이 계속 출력되다가 에러가 발생한다. 파이썬은 함수 호출 스택의 깊이가 1,000으로 제한되어 있기 때문이다. 즉, hello( ) 함수가 자신을 계속 호출하다가 스택이 넘쳐서 스택 오버플로우(stack overflow)가 발생한다.

스택의 깊이를 알아보기 위해 다음과 같이 stackCount 변수를 사용하여 스택의 깊이를 출력하도록 코드를 수정한 후 실행해보도록 한다.

함수의 재귀적 호출

```
stackCount = 0
def hello ():
    global stackCount
    stackCount = stackCount + 1
    print ('stackCount : %d 번째 : Hello, Python~' %stackCount)
    hello ()

hello ()
```

코드를 실행하면 다음과 같이 스택 오버플로우 (stack overflow) 오류가 표시되고 실행이 중지된다.

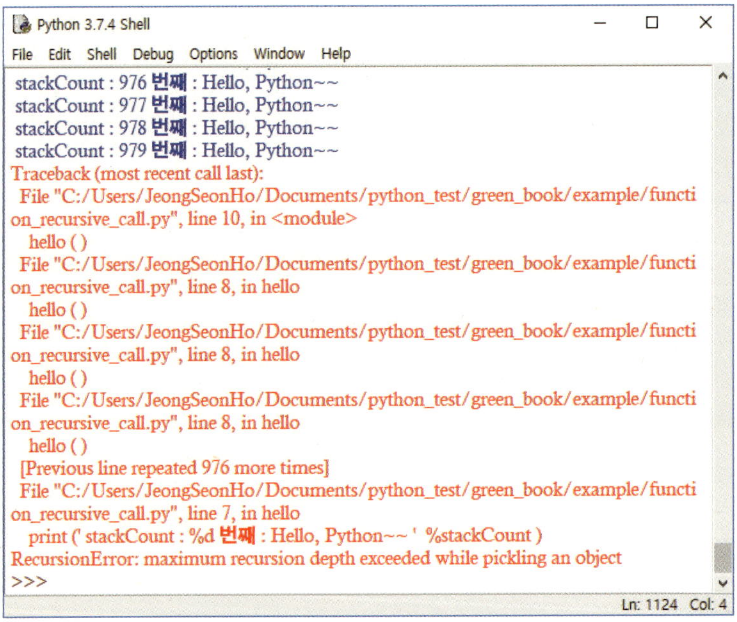

```
Python 3.7.4 Shell
File  Edit  Shell  Debug  Options  Window  Help
 stackCount : 976 번째 : Hello, Python~~
 stackCount : 977 번째 : Hello, Python~~
 stackCount : 978 번째 : Hello, Python~~
 stackCount : 979 번째 : Hello, Python~~
Traceback (most recent call last):
  File "C:/Users/JeongSeonHo/Documents/python_test/green_book/example/functi
on_recursive_call.py", line 10, in <module>
    hello ()
  File "C:/Users/JeongSeonHo/Documents/python_test/green_book/example/functi
on_recursive_call.py", line 8, in hello
    hello ()
  File "C:/Users/JeongSeonHo/Documents/python_test/green_book/example/functi
on_recursive_call.py", line 8, in hello
    hello ()
  File "C:/Users/JeongSeonHo/Documents/python_test/green_book/example/functi
on_recursive_call.py", line 8, in hello
    hello ()
  [Previous line repeated 976 more times]
  File "C:/Users/JeongSeonHo/Documents/python_test/green_book/example/functi
on_recursive_call.py", line 7, in hello
    print (' stackCount : %d 번째 : Hello, Python~~ '  %stackCount )
RecursionError: maximum recursion depth exceeded while pickling an object
>>>
                                                        Ln: 1124   Col: 4
```

재귀적 호출 과정을 그림으로 표시하면 다음과 같다.

함수의 재귀적 호출

```
def  hello ( ):
        global stackCount
        stackCount = stackCount + 1
        print ('stackCount : %d 번째 : Hello, Python~' %stackCount)
```

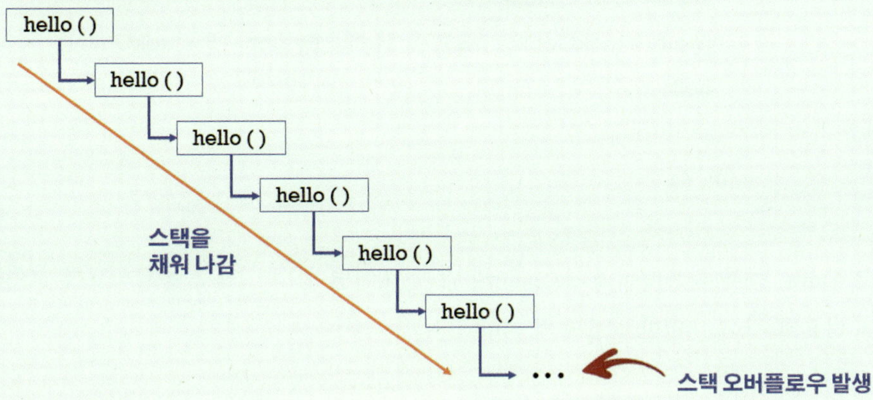

함수의 재귀적 호출은 함수가 무한 반복되어 오류가 발생하게 되므로 함수의 종료 조건을 함수 내에 명시해야 한다. 예를 들어 앞의 예제를 10번만 반복 실행하도록 하고 싶다면 회수를 제어하는 변수를 사용하여 다음과 같이 수정한다.

함수의 재귀적 호출

```
stackCount = 0
def  hello ( ):
    global stackCount
    if  stackCount == 10 :
        return
    stackCount = stackCount + 1
    print ('stackCount : %d 번째 : Hello, Python~' %stackCount)
    hello ( )

hello ( )
```

stackCount 값이 10이면 함수 종료!!

변수 return 문을 사용하여 stackCount의 값이 10이면 함수 실행을 종료하도록 코드를 추가하면 다음과 같이 10번만 실행하게 된다.

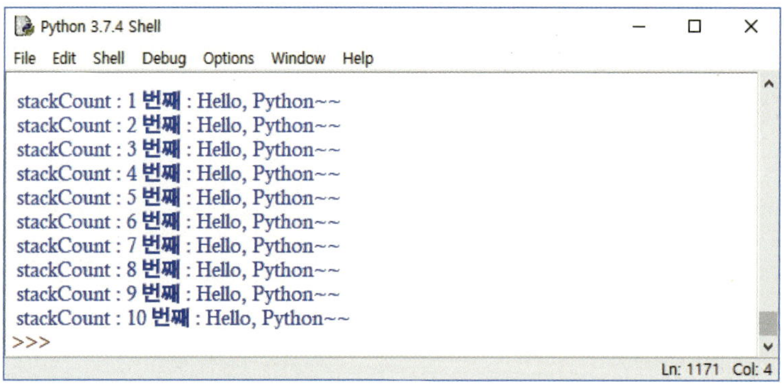

실습하기 재귀적 호출을 사용하여 팩토리얼 계산하기

1부터 n까지 숫자를 차례대로 곱하는 팩토리얼을 재귀적 호출 방법을 사용하여 프로그램하라.

ANSWER

[코드]

```
chap5_recursiveCall_fact.py - C:/Users/JeongSeonHo/Documents/python_test/green...
File  Edit  Format  Run  Options  Window  Help

stackCount = 0

def factorial ( n ) :
    if n == 1 :
        return 1
    return n * factorial( n-1 )

print( )
print ( '결과 : %d ' %factorial(5) )

                                                        Ln: 11  Col: 0
```

[계산 과정]

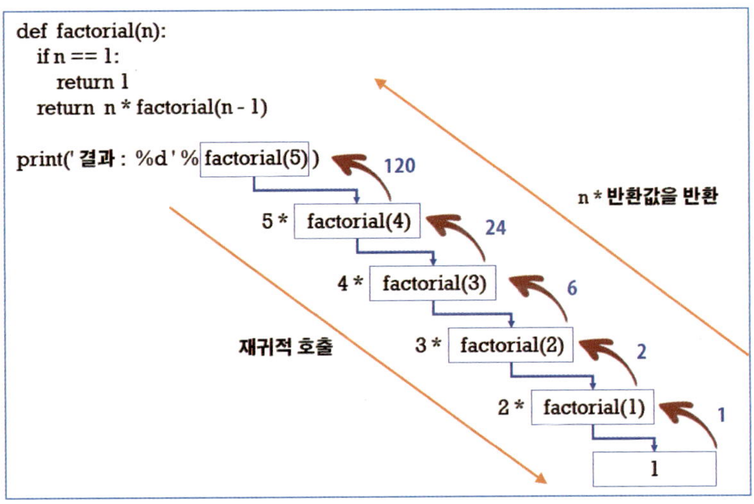

[결과]

```
Python 3.7.4 Shell
File  Edit  Shell  Debug  Options  Window  Help
RESTART: C:/Users/JeongSeonHo/Documents/python_test/green_book/example/
chap5_recursiveCall_fact.py

결과 : 120
>>>
                                                        Ln: 1175  Col: 4
```

4 람다 (Lambda) 함수 사용하기

함수는 프로그램 코드에 이름을 붙인 것으로, 함수로 이름을 붙이기에는 너무 간단하거나, 다시 사용할 필요가 없어서 굳이 이름을 붙이지 않아도 되는 경우도 있다. 이럴 때 이름이 없는 함수, 즉 익명 함수 (anonymous function)를 만들 수 있다.

함수를 정의할 때 def 문을 이용하지만, 익명 함수는 람다 (lambda) 식을 사용하며, 입력과 출력이 있는 간단한 한 행짜리 함수를 만들 때 사용한다. 람다 (lambda) 식은 다음과 같은 형식으로 정의한다.

람다 (lamda) 식

형식 : lamda 매개변수 : 반환값

예를 들어, 매개변수 a에 전달받은 수보다 1 큰 수를 반환하는 함수를 def 문과 람다 (lambda) 식을 사용하여 다음과 같이 정의할 수 있다.

람다 (lamda) 식 예)

```
lambda a : a + 1
```

```
def plus ( a ):
    a = a + 1
    return a
```

람다 (lambda) 식으로 정의한 함수는 변수에 대입하여 호출할 수도 있다. 이름이 없지만, 변수에 대입하면 이름을 붙일 수도 있다. 그러나 파이썬에서 이러한 방법은 권하지 않으며, 함수를 호출하여 사용하고 싶은 경우 def 문을 이용하도록 한다.

5 전역 변수와 지역 변수

프로그램 내에서 여러 데이터에 다양한 이름을 붙여서 변수 (variable)로 정의하여 사용한다. 변수가 선언된 위치에 따라서 변수를 사용할 수 있는 범위가 달라진다.

예를 들어, 다음과 같이 변수 a를 선언하는 경우를 고려하자. 왼쪽 코드는 변수 a를 함수 바깥쪽에 선언하였고, 오른쪽 코드는 변수 a를 함수 내부에 선언하였다.

변수 선언과 범위

```
a = 'Hello'

def aPrint ( ):
    print ( a )

aPrint ( )
```

```
def aPrint ( ):
    a = 'Hello'
    print ( a )

aPrint ( )
```

왼쪽과 오른쪽 코드를 실행하면 출력 결과는 모두 같다.

```
Python 3.7.4 Shell
File  Edit  Shell  Debug  Options  Window  Help
RESTART: C:/Users/JeongSeonHo/Documents/python_test/green_book/example/
var_scope-1.py

Hello
>>>
RESTART: C:/Users/JeongSeonHo/Documents/python_test/green_book/example/
var_scope-2.py

Hello
>>>
                                                    Ln: 1181  Col: 5
```

이제 변수 a를 함수 외부에서 출력하는 print( )함수를 추가하고 실행 결과를 확인하도록 한다.

변수 선언과 범위

```
a = 'Hello'

def aPrint ( ):
    print ( a )

aPrint ( )
print ( a )
```

```
def aPrint ( ):
    a = 'Hello'
    print ( a )

aPrint ( )
print ( a )
```

왼쪽과 오른쪽 코드를 각각 실행시켜보면 다음과 같이 오른쪽 코드는 오류가 발생하게 된다.

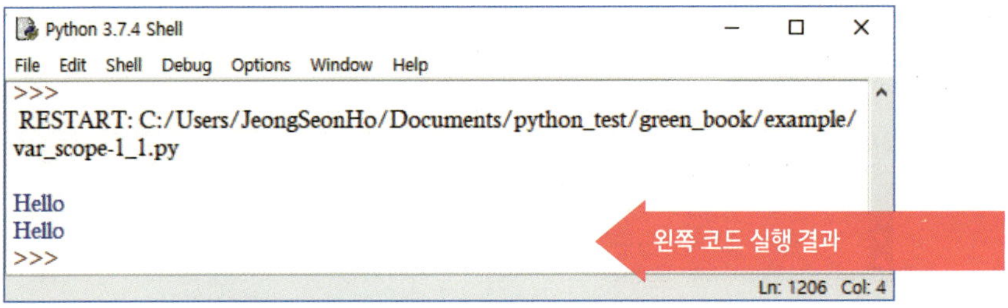

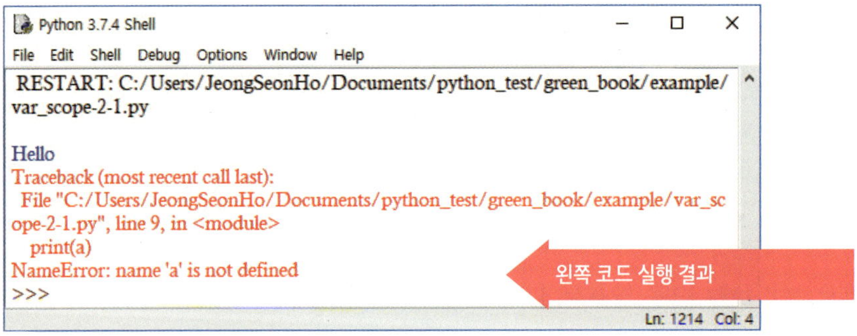

변수는 선언된 위치에 따라 전역변수 (global variable)와 지역변수 (local variable)로 나뉜다. 지역변수 (local variable)는 함수가 호출되어 실행될 때 만들어지고, 함수의 실행이 끝나면 모두 삭제된다. 따라서 지역변수는 그 변수가 속한 함수의 밖이나 다른 함수에서는 사용할 수 없다. 매개변수도 함수 안에 정의되므로 지역변수이다.

전역변수 (global variable)는 어디에서나 사용할 수 있지만, 함수 안에서 전역변수에 새로운 값을 대입할 수는 없다.

변수 선언과 범위

```
a = 'Hello'          ← 전역변수

def aPrint ( ):
    print ( a )

aPrint ( )
print ( a )
```

↑ 전역변수의 사용 범위

```
def aPrint ( ):
    a = 'Hello'      ← 지역변수
    print ( a )

aPrint ( )
print ( a )
```

↑ 지역변수의 사용 범위

만약 다음과 같은 코드에서 전역변수의 값을 변경하면 어떻게 될까?

변수 선언과 범위

```
a = 'Hello'          ← 전역변수 ❶

def aPrint ( ):
❷  a = 'Python'     ← 지역변수
    print ('aPrint 함수의 변수 a : %s' %a )

aPrint ( )
print ( a ) ❸
```

함수 aPrint( )에 사용하는 ❷ 변수 a는 지역변수로 함수가 호출되면 생성되므로, 변수 a (❷)에는 'Python'이 저장된다. ❶에서 정의한 변수 a는 전역변수로, 'Hello'가 저장된다.

함수 aPrint( )가 호출되면, ❷ 변수 a에 저장된 'Python'을 출력한다. 함수가 종료된 후 ❷의 지역변수 a도 함께 삭제되므로 함수 내에서 변경된 내용을 반영하지 못하고, 함수 종료 후 실행되는 ❸ print(a)는 전역변수 a (❶)의 값을 출력하게 된다. 이 두 변수 a는 이름은 같지만 전혀 다른 변수이다. 따라서 함수를 실행하면 다음과 같이 변수 a의 값이 전혀 다르게 출력된다.

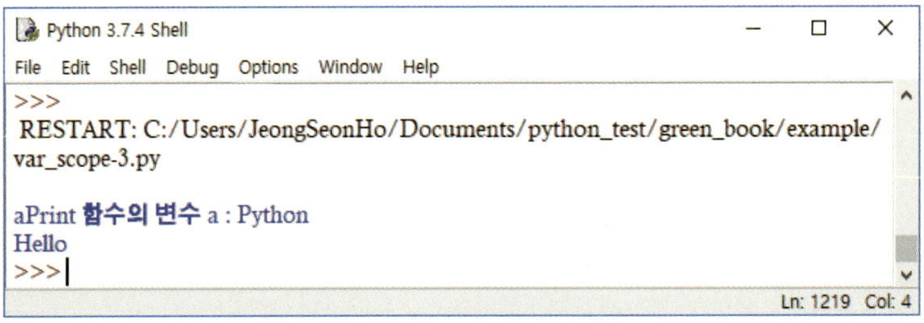

함수 안에서 전역 변수의 값을 변경하려면 global 키워드를 사용해야 한다. 그러나 global 문은 문장이 실행되는 자연스러운 흐름을 흐트러뜨리기 때문에 global 문의 사용법을 알아두되, 가급적이면 사용하지 않도록 한다.

변수 선언과 범위

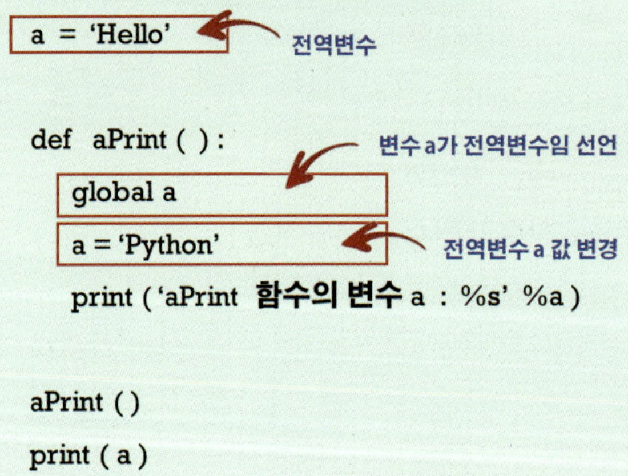

이제 함수 안에서 변경된 값이 함수 바깥에서 사용되는 변수에도 적용된다.

```
Python 3.7.4 Shell
File Edit Shell Debug Options Window Help
>>>
 RESTART: C:/Users/JeongSeonHo/Documents/python_test/green_book/example/
var_scope-4.py

aPrint 함수의 변수 a : Python
Python
>>>|
                                                        Ln: 1224 Col: 4
```

전역변수와 지역변수의 접근 범위를 정리하면 다음과 같다.

표 13 ▶ 전역변수와 지역변수의 접근 범위

특징	전역변수	지역변수
함수 안에서 읽기	가능	가능
함수 안에서 수정	불가(global 문을 사용하면 가능)	가능
함수 밖에서 읽기	가능	불가
함수 밖에서 수정	가능	불가

6 함수 안에서 함수 만들기

함수 안에서 함수를 만들 수 있다. 다음과 같이 def 문으로 함수를 만들고 다시 def 문으로 함수를 만들면 된다.

함수안에 함수 만들기

```
def 함수이름 ( 매개변수, ... ) :
    실행 문장
    def 함수이름-1 (매개변수, ... ) :
        실행문장-1
        ...
```

예를 들어, 다음과 같이 함수 안에서 문자열을 출력하는 함수를 정의하고 실행하도록 한다.

함수안에 함수 만들기 예)

```
def hello ( ) :
    hello = 'Hello, Python~!'
    def printMsg ( ):
        print ( hello )
    printMsg ( )

hello ( )
```

함수 hello( ) 안에서 함수 printMsg( )를 정의하고, hello 안에서 printMsg( ) 함수를 호출하였다. 두 함수가 실제로 동작하려면 바깥쪽에 있는 hello( )를 호출해야 한다. 즉, hello( ) 〉 printMsg( ) 순으로 실행된다. 함수 hello( )를 호출하면 다음과 같이 결과가 표시된다.

```
Python 3.7.4 Shell
File  Edit  Shell  Debug  Options  Window  Help
>>>
 RESTART: C:/Users/JeongSeonHo/Documents/python_test/green_book/example/
func_in_func.py

Hello, Python~!
>>>
                                                        Ln: 1228  Col: 4
```

만약 함수 내부에 정의된 printMsg( ) 함수를 실행하면 다음과 같이 오류가 발생한다.

```
Python 3.7.4 Shell
File  Edit  Shell  Debug  Options  Window  Help
>>> printMsg( )
Traceback (most recent call last):
  File "<pyshell#18>", line 1, in <module>
    printMsg( )
NameError: name 'printMsg' is not defined
>>>
                                                        Ln: 1230  Col: 0
```

함수 내부에 선언된 지역변수는 함수 내부에 정의된 함수에서 사용할 수 있다.

함수안에 함수 만들기 예)

```
def hello ( ) :
  hello = 'Hello, Python~!'
    def printMsg ( ):
      print (hello)
    printMsg ( )

hello ( )
```

지역변수

지역변수의 사용 범위

그러나 지역변수의 값을 함수 내부에 정의한 함수에서 변경할 수는 없다. 다음과 같이 코드를 수정한 후 실행한다.

함수안에 함수_지역변수 예)

```
def add ():
    sum = 0                  ← 지역변수
    def addSum (a, b) :
        sum = sum + a + b    ← 지역변수 값 변경
    addSum (10, 20)
    print ( sum )

add ()
```

코드를 실행하면 다음과 같이 지역변수 sum이 할당되기 전에 참조되었다는 에러가 발생한다. 함수 add( )의 지역변수 sum에 접근한 것 같지만 실제로는 함수 addSum 안에서 이름이 같은 지역 변수 sum을 사용하려고 하는 것으로 참조에 대한 오류가 발생하게 된다.

파이썬에서는 함수 안에서 변수를 만들면 항상 현재 함수의 지역 변수가 되므로, addSum 안에서 sum에 값을 할당하지 않아서 addSum의 지역 변수가 없는 상태가 된다.

```
Python 3.7.4 Shell
File Edit Shell Debug Options Window Help

Traceback (most recent call last):
  File "C:/Users/JeongSeonHo/Documents/python_test/green_book/example/func_in_func-1.py", line 11, in <module>
    add ()
  File "C:/Users/JeongSeonHo/Documents/python_test/green_book/example/func_in_func-1.py", line 8, in add
    addSum( 10,20 )
  File "C:/Users/JeongSeonHo/Documents/python_test/green_book/example/func_in_func-1.py", line 6, in addSum
    sum = sum + a + b
UnboundLocalError: local variable 'sum' referenced before assignment
>>>
                                                        Ln: 1245  Col: 4
```

함수 바깥에 있는 지역 변수의 값을 변경하려면 nonlocal 키워드를 사용해야 한다. 다음과 같이 addSum 함수 안에서 nonlocal에 지역 변수의 이름을 지정한 후 실행한다.

함수안에 함수_지역변수 예)

```
def add ():
    sum = 0
    def addSum (a, b) :
        nonlocal sum
        sum = sum + a + b
    addSum (10, 20)
    print ( sum )

add ()
```

이제 함수 addSum( )에서 함수 add( )의 변수 sum에 접근하여 사용할 수 있다. nonlocal은 현재 함수의 지역 변수가 아니라는 의미로, 바깥 함수의 변수를 사용하도록 한다. 이제 함수를 실행하면 다음과 같이 출력된다.

실습하기 입력되는 과목별 성적의 총점과 합계 계산하기

3과목(국어, 영어, 수학)의 점수를 입력받아 총점과 평균을 계산하는 프로그램을 작성하라.
점수를 입력받는 함수, 총점을 계산하는 함수, 평균을 계산하는 함수를 각각 작성하여 이용하라.

ANSWER

[코드]

Chap6_grade.py - C:/Users/JeongSeonHo/Documents/python_test/green_book/exa...

File Edit Format Run Options Window Help

```
def readJumsu ( ) :
    jumsuList = [ ]
    flag = True
    i = 3

    while flag :
        for subjectItem in ['국어', '수학', '영어' ] :
            inputJumsu = int(input('%s 점수를 입력하시오. : ' %subjectItem ) )
            if inputJumsu < 0 :
                flag = False
                print ('0보다 적은 값은 입력할 수 없습니다. ')
                break
            else :
                jumsuList.append(inputJumsu)

            if i == len(jumsuList) :
                flag = False
    return jumsuList

def subjectTotal (nlist) :
    total = 0
    for i in nlist :
        total = total + int(i)
    return total

def subjectAverage ( total ) :
    average =total / 3
    return average

def sum_avg ( ) :
    jumsu = readJumsu ( )
    jumsu_total = subjectTotal ( jumsu )
    jumsu_avg = subjectAverage ( jumsu_total )
    print ( )
    print ('성적 : %s ' %jumsu)
    print ('총점 : %d ' %jumsu_total)
    print ('평균 : %.2f ' %jumsu_avg)

print ( )
sum_avg ( )
```

Ln: 26 Col: 0

[결과]

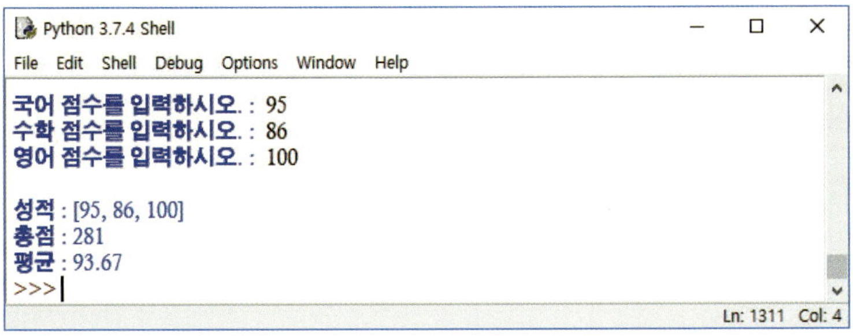
Python 3.7.4 Shell
File Edit Shell Debug Options Window Help
국어 점수를 입력하시오. : 95
수학 점수를 입력하시오. : 86
영어 점수를 입력하시오. : 100
성적 : [95, 86, 100]
총점 : 281
평균 : 93.67
>>>
Ln: 1311 Col: 4

■ **함수**

- 프로그램 내에서 반복되는 코드를 재사용할 수 있도록 이름을 사용하여 정의한 코드로, 함수 이름을 호출하여 실행

■ **함수 정의**

- def 문 사용
- 형식 :

```
def 함수이름 (매개변수1, 매개변수2, … ) :
        실행 문장-1
```

■ **함수 종류**

- 입력 값과 반환되는 결과 값이 없는 함수
- 반환되는 결과 값이 없는 함수
- 입력 값 (전달되는 값)이 없는 함수
- 입력 값과 반환되는 결과 값이 모두 있는 함수

■ **매개 변수 (parameter)**

- 함수를 정의할 때 함수에 값을 전달하기 위해서 사용하는 변수
- 매개변수에 기본 (Default)값 설정 : 함수에 전달되는 입력 매개변수에 지정된 값을 기본 (Default)값으로 사용하도록 값을 설정하면 매개변수에 전달할 값없이 함수를 호출했을 때 자동으로 기본 값이 적용
- 매개변수를 지정하여 호출 : 보통 함수에 정의한 매개변수의 순서대로 값을 전달하면 전달 순서를 바꾸거나 필요한 매개변수만 골라 값을 전달 가능
- 반환 값을 하나 이상 실정 가능 : 반환하고 싶은 만큼 개수만큼 return 키워드 다음에 콤마 (,)로 구분하여 표시

■ **파이썬의 내장 함수**

함수이름			
abs	open	id	eval
all	ord	input	filter
any	pow	int	hex
chr	range	isinstance	tuple
dir	round	len	type
divmod	sorted	list	zip
enumerate	str	map	max
min	oct		

연습문제

1. 다음 프로그램의 실행 결과를 구하라.

```
def print_hello( ):
    print("Hello~")
def print_python( ):
    print("Python!!")

print_hello( )
print_python( )
print_hello( )
```

2. 사용자로부터 입력 받은 점수에 따라 등급을 출력하는 함수를 작성하고, 결과(등급)가 출력되도록 프로그램을 작성하라.

실행 결과 :

```
점수를 입력하시오 : 60
D
```

3. 세 개의 숫자를 입력으로 받아 가장 큰 숫자를 찾아 출력하는 함수를 정의하고, 결과가 출력되도록 프로그램하라.

4. 주어진 리스트의 모든 숫자의 합을 계산하고 결과를 출력하는 함수를 정의하라.

5. 다음 문자열을 역순으로 출력하는 함수를 정의하고 결과를 출력하라.

test_str = 'abcdefg'

결과 : gfedcba

6. 다음 리스트의 원소 중 중복되는 원소를 제외한 리스트를 반환하라

test_list = [1,1, 2, 3, 3, 3, 3, 4, 5, 5, 5, 6, 7, 7, 7, 8, 8, 9]

결과 : [1, 2, 3, 4, 5, 6, 7, 8, 9]

7. 문자열을 입력으로 받아 대문자와 소문자의 개수를 구하여 출력하는 함수를 정의하고, 그 결과를 출력하라.

결과 :

```
문자열을 입력하세요 : Hello Python
입력문자열 : Hello Python
No. of 대문자 : 2
No. of 소문자 : 9
```

8. 다음 리스트에서 짝수를 구하는 함수를 정의하고, 그 결과를 출력하라.

test_data = [1, 2, 3, 4, 5, 6, 7, 8, 9, 11, 12, 13, 14, 15, 16, 17, 18, 19, 20]

Chapter 6

투플 (Tuples), 집합 (Set) 그리고 딕셔너리 (Dictionary)

파이썬에는 리스트(lists) 뿐 아니라 투플 (tuples), 집합 (sets), 딕셔너리 (disctu-inalries)와 같은 다양한 내장 데이터 컬렉션 (collection)을 제공한다. 리스트는 앞에서 다루었으므로 이장에서는 다른 컬렉션 유형의 특징과 사용방법 등을 알아보도록 한다.

1 투플 (Tuples)

리스트와 달리 투플은 생성된 후에는 수정할 수 없는 immutable 객체이다. 투플이 객체의 할당 (allocation)과 할당 해제(delocation)를 빠르게 실행할 수 있음에도 불구하고 요소의 위치가 정보 자체인 구조에 권장되는 데이터 유형이다.

투플은 여러 개체를 순서쌍 (x, y, ..)으로 묶어 사용하며, 투플의 값을 변경하지 않은 데이터들을 처리할 때 이용한다.

다음 코드를 실행해 보자.

```
tuple_test-1.py - C:\Users\JeongSeonHo\Documents\python_test\green_book\...
File Edit Format Run Options Window Help
print('')
print('-'*15, '투플 (Tuples) 사용하기', '-'*15)
print('')
myTuple = ('Python', 'is', 'very', 'Fun')
print( '투플 ( myTuple )의 길이 : ', len(myTuple))
addTuple = 'Hello~',  myTuple
print( '투플 ( addTuple )의 길이 :  ', len(addTuple))
print( '투플 ( addTuple )의 전체 요소 : ', addTuple)
print( '투플 ( addTuple )의 2번째  요소 : ', addTuple[1])
print( '투플 ( addTuple )에서 투플 ( myTuple )의 4번째 요소 출력 : ', addTuple[1][3])
Ln: 7  Col: 0
```

```
Python 3.7.4 Shell
File Edit Shell Debug Options Window Help
--------------- 투플 (Tuples) 사용하기 ---------------

투플 ( myTuple )의 길이 :  4
투플 ( addTuple )의 길이 :   2
투플 ( addTuple )의 전체 요소 :  ('Hello~', ('Python', 'is', 'very', 'Fun'))
투플 ( addTuple )의 2번째  요소 :  ('Python', 'is', 'very', 'Fun')
투플 ( addTuple )에서 투플 ( myTuple )의 4번째 요소 출력 :  Fun
>>>
Ln: 1321  Col: 4
```

빈 투플 (empty tuple)은 myEmpty = ( )와 같이 빈 괄호로 표시한다. 빈 투플을 사용하는 경우 파이썬이 투플과 객체를 둘러싸는 괄호를 구별할 수 있도록 첫 번째 (및 유일한) 항목 다음에 쉼표를 사용하여 지정해야한다. 예를 들어, 2를 포함하는 투플은 myTuple = (2,)로 표시한다.

2 딕셔너리 (Dictionary)

리스트는 값을 그룹화하고, 각 값을 숫자로 참조할 때 아주 유용한 자료형이다. 반면 딕셔너리 (dictionary)는 주소록처럼 이름으로 각 값을 참조 할 수 있는 매핑형의 데이터 구조를 가진다. 즉, 키 (이름)와 그 키에 대응하는 값 (세부 사항)의 쌍으로 구성된다. 각 키는 고유해야하며, 불변 객체 (문자열 등) 만 사용할 수 있지만, 사전 값에는 불변 객체 (문자열, 투플) 또는 가변 객체 (리스트 등)를 모두 사용할 수 있다.

딕셔너리 (dictionary) 선언

형식 : 딕셔너리_이름 = {key1 : value1, key2 : value2, ... }

딕셔너리 (dictionary)는 중괄호 ({ })를 사용하여 묶어주며, 키와 값 쌍은 콜론 (:)으로 구분하고, 각 쌍은 쉼표로 구분한다. 키(key)와 값(value)의 쌍은 어떤 방식으로도 정렬되지 않으므로, 정렬이 필요한 경우 사용하기 전에 직접 정렬해야한다.

dict 함수로 딕셔너리 만들기

dict 함수를 사용하여 다른 사전 또는 (키, 값) 쌍으로 구성된 시퀀스를 딕셔너리로 구성할 수 있다. 또는 dict 함수의 매개변수를 사용하여 구성하는 것도 가능하다.
예를 들어 다음과 같은 시퀀스를 dict 함수를 사용하여 딕셔너리로 만들 수 있다.

```
Python 3.7.4 Shell
File Edit Shell Debug Options Window Help
>>>
>>> items = [('Author', 'J. K. Rowling'), ('Book', 'Harry Potter')]
>>> book_dict = dict(items)
>>> book_dict
{'Author': 'J. K. Rowling', 'Book': 'Harry Potter'}
>>>|
Ln: 1326 Col: 4
```

dict 함수의 매개변수에 다음과 같이 값을 설정하여 구성할 수 있다.

```
Python 3.7.4 Shell
File Edit Shell Debug Options Window Help
>>>
>>> makeDict = dict(Author = 'J. K. Rowling', Book = 'Harry Potter')
>>> makeDict
{'Author': 'J. K. Rowling', 'Book': 'Harry Potter'}
>>>
>>>|
Ln: 1332 Col: 4
```

인수없이 사용하면 리스트 (list)나 투플 (tuple), str과 같은 유사한 함수와 마찬가지로 비어있는 새 사전을 반환한다.

딕셔너리 연산 (operation)

딕셔너리의 다음 연산들은 리스트나 투플 등의 함수와 동일하게 사용된다.

표 ▶ 딕셔너리의 연산

연산	설명
len(d)	딕셔너리(d)의 항목 수 (키-값 쌍) 반환
d[k]	키 k와 연결된 값 반환
d[k] = v	값 v를 키 k와 연결
del d[k]	키 k를 사용하여 항목 삭제
k in d	키 k가있는 딕셔너리(d)에 항목이 있는지 확인

```
Python 3.7.4 Shell
File Edit Shell Debug Options Window Help
>>>
>>> makeDict = dict(Author = 'J. K. Rowling', Book = 'Harry Potter')
>>> makeDict
{'Author': 'J. K. Rowling', 'Book': 'Harry Potter'}
>>>
>>> len(makeDict)
2
>>> makeDict['Book']
'Harry Potter'
>>> makeDict['Genres'] = 'Fantasy Fiction, Drama'
>>> makeDict
{'Author': 'J. K. Rowling', 'Book': 'Harry Potter', 'Genres': 'Fantasy Fiction, Drama'}
>>> del makeDict['Genres']
>>> makeDict
{'Author': 'J. K. Rowling', 'Book': 'Harry Potter'}
>>> 'Genres' in makeDict
False
>>>
Ln: 1344 Col: 4
```

딕셔너리 함수

다른 자료형과 마찬가지로 딕셔너리에도 다음과 같은 함수들을 사용할 수 있다.

표 ▶ 딕셔너리의 함수

메서드	설명
clear( )	딕셔너리의 모든 항목 삭제
copy( )	동일한 키-값 쌍을 가지는 새로운 딕셔너리 반환
fromkeys( )	주어진 키를 사용하여 새로운 딕셔너리 작성
get( )	사전 항목에 액세스
items( )	딕셔너리의 모든 항목을 리스트로 반환
keys( )	딕셔너리에 있는 전체 키 목록 반환
pop( )	해당 키에 대응하는 값을 반환 후 (키, 값) 쌍 삭제
popitem( )	딕셔너리의 마지막 항목을 반환 후 삭제
update( )	딕셔너리의 항목을 다른 딕셔너리로 업데이트
values( )	딕셔너리의 전체 값 목록 반환

▪ clear( ) 함수

clear( ) 함수는 딕셔너리의 모든 항목을 삭제하며, 리스트의 sort( ) 함수처럼 제자리 (in-place) 함수이다. 즉, clear( ) 함수를 실행한 후 아무것도 반환하지 않는다.

clear ( ) 함수

형식 : 딕셔너리이름.clear( )
기능 : 딕셔너리의 모든 항목 삭제
반환 값 : 없음

```
Python 3.7.4 Shell
File Edit Shell Debug Options Window Help
>>>
>>> book_dict = {'Author': 'J. K. Rowling', 'Book': 'Harry Potter'}
>>> book_dict
{'Author': 'J. K. Rowling', 'Book': 'Harry Potter'}
>>>
>>> return_value = book_dict.clear()
>>> book_dict
{}
>>> return_value
>>>
>>> print(return_value)
None
>>>
Ln: 1358 Col: 4
```

■ copy( ) 함수

원본 딕셔너리를 복사하여 동일한 키-값 쌍을 가지는 새로운 딕셔너리를 반환한다. 리스트와 마찬가지로 원본 딕셔너리와 원본 딕셔너리의 일부를 변경한 딕셔너리를 유지하고 싶다면 copy( ) 함수를 사용한다.

copy ( ) 함수

형식 : 딕셔너리이름.copy( )
기능 : 동일한 키-값 쌍을 가지는 새로운 딕셔너리 반환
반환 값 : 딕셔너리

```
Python 3.7.4 Shell
File Edit Shell Debug Options Window Help
>>> dict_1 = {'Author': 'J. K. Rowling', 'Book': 'Harry Potter', 'Genres':'Fantasy Fictio
n, Drama'}
>>> dict_1
{'Author': 'J. K. Rowling', 'Book': 'Harry Potter', 'Genres': 'Fantasy Fiction, Drama'}
>>> dict_2 = dict_1
>>> dict_2
{'Author': 'J. K. Rowling', 'Book': 'Harry Potter', 'Genres': 'Fantasy Fiction, Drama'}
>>> dict_2['Genres'] = 'Young adult fiction'
>>> dict_2
{'Author': 'J. K. Rowling', 'Book': 'Harry Potter', 'Genres': 'Young adult fiction'}
>>> dict_1
{'Author': 'J. K. Rowling', 'Book': 'Harry Potter', 'Genres': 'Young adult fiction'}
>>>
Ln: 1396 Col: 4
```

copy( ) 함수를 사용하면 다음과 같이 원본 딕셔너리를 유지할 수 있다.

```
Python 3.7.4 Shell
File Edit Shell Debug Options Window Help
>>>
>>> dict_1
{'Author': 'J. K. Rowling', 'Book': 'Harry Potter', 'Genres': 'Young adult fiction'}
>>> dict_copy = dict_1.copy( )
>>> dict_copy
{'Author': 'J. K. Rowling', 'Book': 'Harry Potter', 'Genres': 'Young adult fiction'}
>>> dict_copy['Genres'] = 'Fantasy Fiction, Drama'
>>> dict_copy
{'Author': 'J. K. Rowling', 'Book': 'Harry Potter', 'Genres': 'Fantasy Fiction, Drama'}
>>> dict_1
{'Author': 'J. K. Rowling', 'Book': 'Harry Potter', 'Genres': 'Young adult fiction'}
>>>
Ln: 1408 Col: 4
```

❶

보시다시피, 사본의 값을 바꾸어도 원본은 영향을 받지 않는다. 그러나 값에 리스트를 포함하는 경우는 좀 다르다. 예를 들어, 딕셔너리의 값 (value)에 다음과 같이 리스트가 포함되었다고 가정한다.

```
Python 3.7.4 Shell
File Edit Shell Debug Options Window Help
>>> dict_1 = {'Author': 'J. K. Rowling', 'Book': 'Harry Potter', 'Genres': ['Fantasy Fiction, Dram
a', 'Mystery']}
>>> dict_1
{'Author': 'J. K. Rowling', 'Book': 'Harry Potter', 'Genres': ['Fantasy Fiction, Drama', 'Mystery']}
>>> dict_copy = dict_1.copy( )
>>> dict_copy
{'Author': 'J. K. Rowling', 'Book': 'Harry Potter', 'Genres': ['Fantasy Fiction, Drama', 'Mystery']}
>>> dict_copy['Genres'].remove('Mystery')
>>> dict_copy
{'Author': 'J. K. Rowling', 'Book': 'Harry Potter', 'Genres': ['Fantasy Fiction, Drama']}
>>> dict_1
{'Author': 'J. K. Rowling', 'Book': 'Harry Potter', 'Genres': ['Fantasy Fiction, Drama']}
>>> dict_copy['Genres'].append('Mystery')
>>> dict_copy
{'Author': 'J. K. Rowling', 'Book': 'Harry Potter', 'Genres': ['Fantasy Fiction, Drama', 'Mystery']}
>>> dict_1
{'Author': 'J. K. Rowling', 'Book': 'Harry Potter', 'Genres': ['Fantasy Fiction, Drama', 'Mystery']}
>>>
Ln: 1447 Col: 4
```

❷

딕셔너리의 값(value)를 바꾸는 (replace) 것과 변경 (modify)하는 것은 다르다. ❶은 키(Genres)에 대응하는 값 'Young adult fiction'을 'Fantasy Fiction, Drama'로 바꾸는 동작이고, ❷는 키(Genres)에 대응하는 값인 리스트 ['Fantasy Fiction, Drama', 'Mystery']의 두 번째 항목인 'Mystery'를 삭제하는 작업이다. 값 전체가 아닌 일부분만 변경되는 경우 원본 딕셔너리도 똑같이 변경된다.

값의 일부분을 변경하더라도 원본 딕셔너리가 변경되지 않도록 하려면 deepcopy( ) 함수를 사용한다. deepcopy( ) 함수를 사용하려면 copy 모듈을 사용하여야 한다.

```
>>> dict_1
{'Author': 'J. K. Rowling', 'Book': 'Harry Potter', 'Genres': ['Fantasy Fiction, Drama', 'Mystery']}
>>>
>>> from copy import deepcopy
>>> dict_deepCopy = deepcopy(dict_1)
>>> dict_deepCopy['Genres'].remove('Mystery')
>>> dict_deepCopy
{'Author': 'J. K. Rowling', 'Book': 'Harry Potter', 'Genres': ['Fantasy Fiction, Drama']}
>>> dict_1
{'Author': 'J. K. Rowling', 'Book': 'Harry Potter', 'Genres': ['Fantasy Fiction, Drama', 'Mystery']}
>>>
```

■ fromkeys( ) 함수

fromkeys 메소드는 주어진 키를 사용하여 새로운 딕셔너리를 작성하는데, 기본 값은 None이다. 키는 반드시 시퀀스로 작성해야 한다.

fromkeys ( ) 함수

형식 : {}.fromkeys( ) 또는 dict.fromkeys( )
기능 : 주어진 키를 사용하여 새로운 딕셔너리 작성
반환 값 : 딕셔너리

```
>>>
>>> {}.fromkeys( ('name', 'age') )
{'name': None, 'age': None}
>>> {}.fromkeys( ['Author', 'Book'] )      ❶
{'Author': None, 'Book': None}
>>>
>>> {}.fromkeys('name', 'age')             ❷
{'n': 'age', 'a': 'age', 'm': 'age', 'e': 'age'}
>>>
```

❶은 키를 리스트와 투플을 사용하여 새로운 딕셔너리를 생성한 예이다. 반면 ❷와 같이 시퀀스를 사용하지 않는 경우 첫 번째 인수의 각 문자가 키로 사용되고, 두 번째 인수가 각 키의 값이 되는 딕셔너리가 만들어진다.

빈 딕셔너리를 의미하는 { }를 fromkeys( ) 함수 앞에 사용하는 대신 dict를 사용할 수 있다.

```
>>>
>>> {}.fromkeys( [ 'name', 'age' ] )
{'name': None, 'age': None}
>>>
>>> dict.fromkeys( [ 'name', 'age' ] )
{'name': None, 'age': None}
>>>
```

▪ get( ) 함수

get( ) 함수를 사용하여 사전 항목에 액세스할 수 있다. 키를 이용하여 대응하는 값을 반환하는 연산과 동일한 결과를 반환한다.

get ( ) 함수

형식 : 딕셔너리이름.get(키)
기능 : 키에 해당하는 값 반환
반환 값 : 값(value)

```
>>>
>>> dict_1
{'Author': 'J. K. Rowling', 'Book': 'Harry Potter', 'Genres': ['Fantasy Fiction, Drama', '
Mystery']}
>>>
>>> dict_1.get('Author')
'J. K. Rowling'
>>>
```

▪ items( ) 함수

items( ) 함수는 딕셔너리의 모든 항목을 리스트로 반환하는 함수로 각각의 항목은 (키, 값)의 형식으로 표시된다.

items ( ) 함수

형식 : 딕셔너리이름.items( )
기능 : 딕셔너리의 전체 항목 반환
반환 값 : 리스트

```
Python 3.7.4 Shell
File  Edit  Shell  Debug  Options  Window  Help
>>>
>>> dict_1
{'Author': 'J. K. Rowling', 'Book': 'Harry Potter', 'Genres': ['Fantasy Fiction, Drama', '
Mystery']}
>>>
>>> dict_1.items( )
dict_items([('Author', 'J. K. Rowling'), ('Book', 'Harry Potter'), ('Genres', ['Fantasy Ficti
on, Drama', 'Mystery'])])
>>>|
                                                                    Ln: 1532  Col: 4
```

■ keys( ) 함수

keys( ) 함수는 딕셔너리에 있는 키 목록을 리스트로 반환하는 함수이다.

keys ( ) 함수

형식 : 딕셔너리이름.keys( )
기능 : 딕셔너리의 키 목록
반환 값 : 리스트

```
Python 3.7.4 Shell
File  Edit  Shell  Debug  Options  Window  Help
>>>
>>> dict_1
{'Author': 'J. K. Rowling', 'Book': 'Harry Potter', 'Genres': ['Fantasy Fiction, Drama', '
Mystery']}
>>>
>>> dict_1.keys( )
dict_keys(['Author', 'Book', 'Genres'])
>>>
                                                                    Ln: 1548  Col: 4
```

■ pop( ) 함수

pop( ) 함수는 del[키]와 마찬가지로 키에 대응하는 값을 구하고, 딕셔너리에 있는 (키:값) 목록을 딕셔너리에서 제거하는 함수이다.

pop ( ) 함수

형식 : 딕셔너리이름.pop(키)
기능 : 키에 대응하는 딕셔너리의 (키:값) 목록 제거
반환 값 : 키에 대응하는 값(value)

```
Python 3.7.4 Shell
File  Edit  Shell  Debug  Options  Window  Help
>>>
>>> dict_1
{'Author': 'J. K. Rowling', 'Book': 'Harry Potter', 'Genres': ['Fantasy Fiction, Drama', '
Mystery']}
>>>
>>> dict_1.pop('Author')
'J. K. Rowling'
>>> dict_1
{'Book': 'Harry Potter', 'Genres': ['Fantasy Fiction, Drama', 'Mystery']}
>>>
                                                            Ln: 1557  Col: 4
```

■ popitem( ) 함수

popitem( ) 함수는 list.pop과 유사하며, 딕셔너리의 마지막 항목을 반환한 후 해당 항목을 딕셔너리에서 제거한다. 키 목록을 먼저 검색하지 않고 효율적으로 항목을 하나씩 제거하고 처리하려는 경우 유용하다.

popitem ( ) 함수

형식 : 딕셔너리이름.popitem( )
기능 : 딕셔너리의 마지막 항목 제거
반환 값 : 마지막 항목의 (키, 값) 반환

```
Python 3.7.4 Shell
File  Edit  Shell  Debug  Options  Window  Help
>>>
>>> dict_pop = {'Genres': ['Fantasy Fiction, Drama', 'Mystery'], 'Author': 'J. K. Rowli
ng', 'Book': 'Harry Potter'}
>>>
>>> dict_pop.popitem( )
('Book', 'Harry Potter')
>>>
>>> dict_1
{'Author': 'J. K. Rowling', 'Book': 'Harry Potter', 'Genres': ['Fantasy Fiction, Drama', '
Mystery']}
>>>|
                                                                    Ln: 1598  Col: 4
```

■ update( ) 함수

update( ) 함수는 딕셔너리의 특정 항목을 동일한 키를 가진 다른 사전의 항목으로 업데이트한다.

update ( ) 함수

형식 : 딕셔너리이름.update (업데이트할_딕셔너리이름)
기능 : 제공한 키에 해당하는 항목을 업데이트
반환 값 : 없음

```
Python 3.7.4 Shell
File  Edit  Shell  Debug  Options  Window  Help
>>> dict_update = {'Genres': ['Fantasy Fiction, Drama', 'Mystery'], 'Author': 'J. K. Ro
wling', 'Book': 'N/A'}
>>>
>>> update_book = {'Book' : 'Harry Potter'}
>>>
>>> dict_update.update(update_book)
>>>
>>> dict_update
{'Genres': ['Fantasy Fiction, Drama', 'Mystery'], 'Author': 'J. K. Rowling', 'Book': 'Harr
y Potter'}
>>>|
                                                                    Ln: 1622  Col: 4
```

■ values( ) 함수

values( ) 함수는 딕셔너리의 전체 값 목록을 반환하는 함수이다.

values ( ) 함수

형식 : 딕셔너리이름.values ( )
기능 : 딕셔너리의 전체 값 목록을 반환
반환 값 : 리스트

```
Python 3.7.4 Shell
File  Edit  Shell  Debug  Options  Window  Help
>>>
>>> dict_1
{'Genres': ['Fantasy Fiction, Drama', 'Mystery'], 'Author': 'J. K. Rowling', 'Book': 'Harr
y Potter'}
>>>
>>> dict_1.values( )
dict_values([['Fantasy Fiction, Drama', 'Mystery'], 'J. K. Rowling', 'Harry Potter'])
>>>
Ln: 1639  Col: 4
```

3 집합 (Set)

집합 (set)은 순서가 없는 단순 객체의 모음으로, 객체의 존재가 순서나 오브젝트 수보다 중요할 때 사용한다. 집합 (set)을 사용하여 다른 집합의 서브 집합인지, 두 집합의 교집합, 합집합 등의 함수를 사용할 수 있다.

■ 집합 자료형의 특징

집합 자료형은 set 키워드를 사용해 만들 수 있다. set( )의 괄호 안에 리스트를 입력하여 만들거나 다음과 같이 문자열을 입력하여 만들 수도 있다.

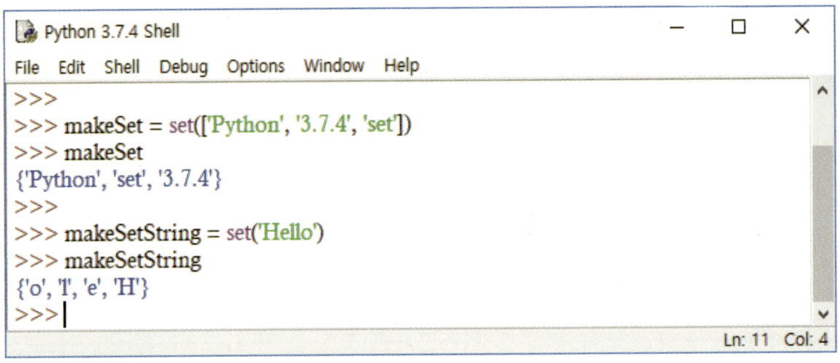

문자열("Hello")을 사용하여 집합 (set) 자료형을 생성하면 생성된 자료형에는 문자('l')가 하나 빠져 있고 순서도 바뀐다. 그 이유는 set에 다음과 같은 2가지 큰 특징이 있기 때문이다.

- 중복을 허용하지 않는다.
- 순서가 없다(Unordered).

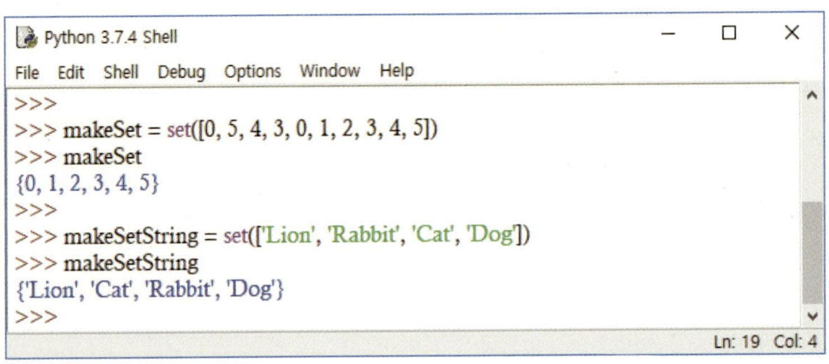

리스트나 투플은 순서가 있기(ordered) 때문에 인덱스를 사용하여 값을 얻을 수 있지만 집합 (set) 자료형은 순서가 없기(unordered) 때문에 인덱스를 사용하여 값을 얻을 수 없다. 만약 집합 (set) 자료형에 저장된 값을 인덱스를 사용하여 접근하려면 다음과 같이 리스트나 투플로 변환한 후 사용해야 한다.

```
>>> makeSetString = set(['Lion', 'Rabbit', 'Cat', 'Dog'])
>>> makeSetString
{'Lion', 'Cat', 'Rabbit', 'Dog'}
>>> makeSetString[0]
Traceback (most recent call last):
  File "<pyshell#12>", line 1, in <module>
    makeSetString[0]
TypeError: 'set' object is not subscriptable
>>>
>>> setToList = list(makeSetString)
>>> setToList
['Lion', 'Cat', 'Rabbit', 'Dog']
>>> setToList[0]
'Lion'
>>>
```

■ 집합 (set)의 함수

서브 집합의 멤버십을 확인하는 것 외에도, 비트 연산과 동일한 연산을 사용하여 교집합, 합집합, 차집합과 같은 다양한 표준 연산을 수행할 수 있다.

표 ▶ 집합 (set) 함수

함수	설명
set( )	리스트 또는 자료형을 집합으로 생성
union( )	두 집합의 합집합 반환
intersection( )	두 집합의 교집합 반환
difference( )	두 집합의 차집합 반환
issubset( )	서브집합인지 확인하여 True/False 반환
issuperset( )	슈퍼집합인지 확인하여 True/False 반환
add( )	집합에 항목 추가
remove( )	집합에서 해당 항목 제거
copy( )	집합을 복사하여 새로운 집합 생성

```
Python 3.7.4 Shell
File  Edit  Shell  Debug  Options  Window  Help
>>> fruits = set(['apple', 'orange', 'apple', 'pear', 'orange', 'banana'])
>>> vegetables = set(['onion', 'potato', 'sweetpotato'])
>>> MyFavorite = set(['apple', 'potato', 'pear', 'sweetpotato'])
>>> fruits.union(vegetables)
{'sweetpotato', 'apple', 'potato', 'onion', 'pear', 'orange', 'banana'}
>>> fruits.intersection(MyFavorite)
{'pear', 'apple'}
>>> fruits.difference(MyFavorite)
{'orange', 'banana'}
>>> intersectWithMy = fruits.intersection(MyFavorite)
>>> intersectWithMy.issubset (fruits)
True
>>> fruits.issuperset (intersectWithMy )
True
>>>
                                                    Ln: 45  Col: 4
```

함수 대신 다음과 같은 집합 연산(operations)을 사용할 수 있다.

연산	파이썬 구문	반환값	설명
Union	A | B	set	A 또는 B의 요소
Intersection	A & B	set	A와 B 모두에 포함된 요소
Difference	A - B	set	A에는 포함되고 B에는 포함되지 않는 요소
Symmetric Difference	A ^ B	set	A 또는 B에만 포함되는 요소
In	x in A	bool	A의 멤버이면 True
Not In	x not in A	bool	A의 멤버가 아닌 경우 True
Equality	A == B	bool	A의 요소와 B의 요소가 정확하게 같으면 True
Subset	A <= B	bool	A의 모든 요소가 B의 일부인 경우 True
Proper Subset	A < B	bool	A가 B의 서브집합이고, B가 A에 포함되지 않는 최소한 하나 이상의 요소를 포함하면 True

```
>>>
>>> A = {1, 2, 5, 7, 8, 9, 12, 15}
>>> B = {2, 5, 6, 9, 11, 12}
>>> A | B
{1, 2, 5, 6, 7, 8, 9, 11, 12, 15}
>>> A & B
{9, 2, 12, 5}
>>> A - B
{8, 1, 15, 7}
>>> 8 in A
True
>>> 6 not in A
True
>>> C = A - B
>>> C <= A
True
>>> D = A | B
>>> D < A
False
>>>
```

요약 　투플(Tuples), 집합(Set) 그리고 딕셔너리(Dictionary)

■ 투플 (tuples)

- 여러 개체를 순서쌍 (x, y, ..)으로 묶어 사용하며, 투플의 값을 변경하지 않은 데이터들을 처리할 때 이용

■ 딕셔너리 (Dictionary)

- 이름으로 각 값을 참조 할 수 있는 매핑형 데이터 구조
- 키 (이름)와 그 키에 대응하는 값 (세부 사항)의 쌍으로 구성
- 형식 :

  딕셔너리_이름 = {key1 : value1, key2 : value2, ... }
- 함수

메서드				
clear	get	pop	fromkeys	keys
copy	items	popitem	values	update

■ 집합 (set)

- 순서가 없는 단순 객체의 모음
- 객체의 존재가 순서나 오브젝트 수보다 중요할 때 사용
- 다른 집합의 서브 집합인지, 두 집합의 교집합, 합집합 등의 함수 사용
- 집합 (set)의 함수

함수		
set	difference	add
union	issubset	remove
intersetion	issuperset	copy

연습문제

1. 리스트와 튜플의 차이점을 설명하라.

2. 다음 투플 A에 원소 9를 추가하여 출력하는 파이썬 프로그램을 작성하라.

   A = (1, 2, 3, 4,5)

3. 다음 투플 B의 4번째 원소와 맨 뒤에서 4번째 원소를 출력하는 프로그램을 작성하라.

   B = (1, 2, 3, 4, 5, 6, 7, 8, 9, 10)

4. 다음 리스트 내에 있는 각 투플의 마지막 원소의 값을 100으로 변경하라.

   lst = [(10, 20, 30), (40, 50, 60), (70, 80, 90)]

5. 다음 리스트에서 빈 투플을 제거한 후 출력하라.

   lst = [( ), (‘’,), (‘a’,’b’), (‘a’,’b’,’c’), ( ), (‘a’,’b’,’c’,’d’)]

6. 다음 딕셔너리 A를 값(value)를 기준으로 오름차순과 내림차순으로 정렬하도록 itemgetter() 함수를 사용하여 프로그램하라.

   dic = {1: 100, 3: 300, 4: 400, 2: 200, 0: 0}

7. 다음 딕셔너리 A에 키 {5: 500}를 추가하고 결과를 출력하라.

   dic = {1: 100, 3: 300, 4: 400, 2: 200, 0: 0}

8. 다음 두 개의 딕셔너리를 머지(merge)하고, 그 결과를 출력하라.

   d1 = {‘a’: 100, ‘b’: 200}
   d2 = {‘x’: 300, ‘y’: 200}

9. 다음 딕셔너리의 값(value) 중 유일한(unique) 값 목록을 집합으로 출력하라.

   dic_list = [{“A”:”001”}, {“A”: “002”}, {“B”: “001”}, {“B”: “005”}, {“C”:”005”}, {“D”:”009”}, {“E”:”007”}]

Chapter 7

클래스 객체 (Class Object)

지금까지 파이썬 (Python)의 기본 내장 자료형 (숫자, 문자열, 리스트, 투플 및 딕셔너리)을 살펴 보았다. 기본 자료형이 제공하는 내장 함수와 표준 라이브러리를 사용하여 다양한 프로그램을 작성할 수 있다. 그러나 복잡한 시스템을 구축하는 경우 데이터와 동작 간의 관계를 보다 상세하게 파악할 수 있도록 대부분의 프로그램은 객체 지향 (Object-oriented) 방식으로 구축된다.

파이썬은 널리 사용되는 스크립팅 언어일 뿐만 아니라 객체 지향 프로그래밍 패러다임을 지원한다. 클래스 (Class)는 데이터를 설명하고 해당 데이터를 조작 할 수 있는 메소드를 제공할 뿐 아니라 데이터 표현에서 구체적인 구현 세부 정보를 분리하여 추상화 (abstraction)를 허용한다.

이 장에서는 새 클래스 객체를 정의하고 메소드 및 속성, 수퍼 클래스 및 상속 등 클래스와 관계된 여러 방법들을 알아보도록 한다.

1 클래스 만들기

파이썬은 객체 지향 프로그래밍 언어이다. 핵심 개념인 객체 (object)는 데이터와 데이터와 함께 동작하는 함수 (메서드)의 두 가지로 구성된다. 클래스는 객체를 위한 템플릿으로 객체의 메소드에 대한 코드를 포함한다.

파이썬에서 클래스는 다음과 같이 def 문을 사용하여 정의한다.

클래스 (class) 생성

형식 : class 클래스이름 :
        속성 및 메서드 정의 :

예를 들어 다음과 같이 myTest 라는 클래스를 정의하도록 한다.

클래스 (MyTest) 생성

```
class MyTest :
        def __init__ (self) :
                self.newMessage = "Wow~~~"
        def msgPrint (self) :
                print("This is a New class")

newObject = MyTest( )   #객체 생성
```

- 클래스를 만들기 위해서는 class 문을 사용하고, 클래스 이름은 일반적으로 대문자로 시작한다. 클래스 이름 다음에 콜론(:)을 붙인다.
- 대부분의 클래스에는 __init__이라는 메서드를 포함한다. 초기화자 (initiator)라고 하며 클래스에서 새로운 객체를 만들 때 자동으로 호출된다. 초기화자는 일반적으로 객체에서 사용할 값들을 초기화하기 위해 사용한다. 위의 예제에서 초기화자는 변수 newMessage를 문자열("Wow~~~")로 초기화한다.
- newObject = myTest()와 같이 객체를 생성할 때 생성자 (constructor)가 자동으로 호출된다. 생성자는 객체를 생성할 때 수행할 기능을 정의하는 특별한 메서드로, 반환 형식을 설정할 수 없으며 메서드 이름을 클래스 이름과 같게 정의한다. 생성된 객체 newObject가 myTest의 인스턴스(Instance)이다. 클래스를 사용하기 위해서는 반드시 인스턴스를 생성해야 한다는 것을 기억해야 한다.
- 클래스 이름을 호출하면 __new__ 함수가 자동으로 호출된다. 예를 들어 MyTest클래스를 다음과 같이 수정한 다음 실행해보자.

__new__함수와 함수 호출

```
class MyTest :
        def __init__ (self) :
                self.newMessage = 'Wow~~~'
                print('2. __init__ 실행')
        def __new__ (self) :
                print('1. __new__ 실행')
        def msgPrint (self) :
                print('This is a New class')

newObject = MyTest( )    #객체 생성
```

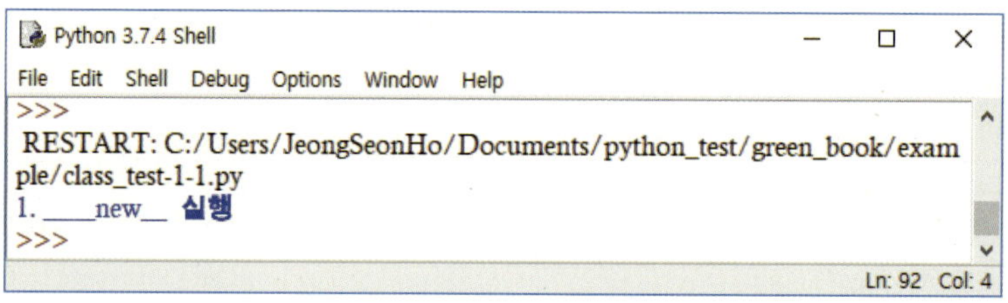

새로운 객체가 생성하면 먼저 __new__ 를 호출하여 클래스 자체를 받아 객체에 할당하고, __new__ 메서드가 __init__메서드를 호출하여 객체에서 사용할 초기값들을 초기화하도록 한다. 그런데 __init__메서드를 호출한 후 print ('2. __init__ 실행')이 실행되지 않은 이유는 무엇일까? 그 이유는 __new__ 메서드 때문이다. __new__ 메서드가 매개변수 'self'를 사용하여 __init__에 인스턴스를 반환해야 __init__이 호출된다. __new__ 메서드가 super( )를 사용하여 인스턴스를 반환하지 않으면 __init__가 실행되지 않는다.

코드를 다음과 같이 수정한 후 실행해보도록 한다.

super ( ) 함수와 인스턴스 반환

```
class MyTest :
        def __init__ (self) :
                self.newMessage = 'Wow~~~'
                print('2. __init__ 실행')
        def __new__ (self) :
                print('1. __new__ 실행')
                return super(MyTest, self).__new__(self)
        def msgPrint (self) :
                print('This is a New class')

newObject = MyTest( )    #객체 생성
```

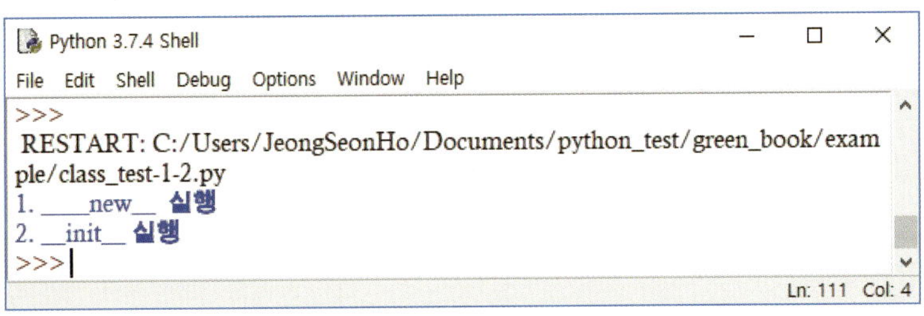

__new__ 메서드는 자동으로 실행되므로 제거해도 된다.

__new__ 제거

```
class MyTest :
        def __init__ (self) :
                self.newMessage = 'Wow~~~'
                print('2. __init__ 실행')
        #def __new__ (self) :
        #       print('1. __new__ 실행')
        #       return super(MyTest, self).__new__(self)
        def msgPrint (self) :
                print('This is a New class')

newObject = MyTest( )    #객체 생성
```

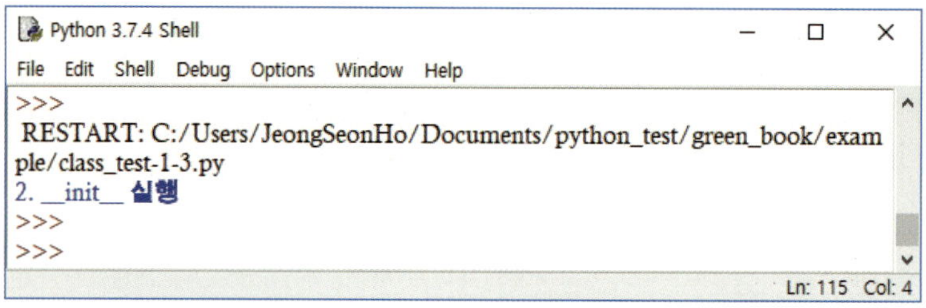

- 일반적으로 파이썬에서 클래스를 만들 때 __init__ 메소드만 오버라이딩하여 객체를 초기화한다.
- 클래스의 모든 메서드는 첫 번째 인수로 self 라는 특수한 인수를 사용한다. self를 사용하는 목적은 클래스의 변수와 메서드를 프로그램의 다른 변수 또는 함수와 구별하기 위함이다.
- 클래스에서 새 객체를 만들려면 생성자에게 전달하는 값과 함께 클래스 이름을 호출 (예, newObject = myTest( ))한다. 생성된 새 객체를 클래스의 인스턴스 (instance)라고 한다.
- 객체의 메서드를 사용하려면 '객체이름.메서드이름 ()'와 같이 도트 연산자를 사용한다. (예, newObject.msgPrint( ))
- 객체의 변수를 사용하려면 '객체이름.변수이름'과 같이 도트 연산자를 사용한다. (예, newObject.newMessage)

파이썬 프로그램을 실행한 후, newMessage 변수와 msgPrint( ) 메서드를 호출하면 다음과 같이 실행 결과를 표시한다.
생성자에는 문자열 이외에 함수 또는 반복문 등 다양한 구문이 가능하다.
예를 들어 문자열에서 단어를 추출하여 표시하는 클래스를 다음과 같이 정의한다.

구두점 제거 후 단어 추출

```
import string

class wordParse:
```

```
    def __init__(self, testStr):# 하이픈(-)을 제외한 모든 구두점 제거 및 공백 기준 단어 추출
        for c in string.punctuation:
            if c == '-' :
                testStr = testStr.replace(c,'-')
            else :
                testStr = testStr.replace(c,'') # 단어의 개수 반환

            self.words = testStr.split( )

    def numberOfWords(self): # 특정 단어로 시작하는 단어와 단어 개수 반환
        return len(self.words)

    def startsWith(self, s):
        resultWords = [ ]
        for w in self.words :
            if w[0] == s :
                resultWords.append(w)
        return resultWords, len(resultWords)

    def numberOfWordLength(self, n): # 단어의 길이  반환
        resultWordLength = [ ]
        for w in self.words :
            if len(w) == n :
                resultWordLength.append(w)
        return resultWordLength, len(resultWordLength)

testStr = 'Python is object-oriented. Creating your own classes.'
resultParse = wordParse(testStr)

print('단어 List : ', resultParse.words)
print('단어 수 : ', resultParse.numberOfWords( ))
print('o로 시작하는 단어와 단어 개수  : ', resultParse.startsWith('o'))
print('글자 수가 2인 단어와 단어 개수 : ', resultParse.numberOfWordLength(2))
```

wordParse 클래스는 생성자와 3개의 메서드로 구성된다. 생성자는 입력 문장에서 하이폰(-)을 제외한 구두점을 제거하고, split 함수를 이용하여 공백을 기준으로 단어를 추출한다. 파

이썬에서는 !, “, #, $, %, &, ‘, (,), *, +, ,, −, ., /, :, ;, 〈, =, 〉, ?, @, [, \,], ^, _, `, {, |, }, ~ 등을 구두점으로 처리한다.

numberOfWords 메서드는 문장에서 추출한 단어의 개수를 반환하고, startsWith 메서드는 특정 문자로 시작하는 단어와 단어 개수를 반환한다. numberOfWordLength 메서드는 단어에 포함된 문자 수를 계산하여 설정한 글자 수를 가진 단어 개수를 반환한다.

위 코드를 실행하면 다음과 같은 결과가 표시된다.

```
Python 3.7.4 Shell
File Edit Shell Debug Options Window Help
>>>
 RESTART: C:\Users\JeongSeonHo\Documents\python_test\green_book\exam
ple\class_test-2.py
단어 List : ['Python', 'is', 'object-oriented', 'Creating', 'your', 'own', 'classes']
단어 수 : 7
o로 시작하는 단어와 단어 개수 : (['object-oriented', 'own'], 2)
글자 수가 2인 단어와 단어 개수 : (['is'], 1)
>>>|
                                                        Ln: 121  Col: 4
```

2 상속 (Inheritance)

파이썬의 클래스는 상속 (inhertance)이라는 개념을 사용하여 다른 클래스를 기반으로 하는 클래스를 만들 수 있다. 상속이란 새로 만드는 클래스가 상속하는 클래스의 모든 변수와 메서드를 가져와 사용할 수 있도록 하는 것을 의미한다. 변수와 메서드를 가지고 있는 클래스를 부모 클래스 (Parent Class) (또는 기본 클래스 (base class), 슈퍼 클래스(Super class))라고 하고, 변수와 메서드를 상속받아 새로 만들어지는 클래스를 자식 클래스(Child class) 또는 서브클래스 (sub class) 라고 한다.

자식 클래스에는 기본 클래스에 없는 추가 변수나 메소드를 정의할 수 있으며 기본 클래스의 일부 메소드를 대체 (override) 할 수도 있다. 기본 클래스와 자식 클래스는 다음과 같이 선언한다.

클래스와 상속

```
형식 :
class 부모클래스:
  ...변수와 메서드...

class 자식클래스(부모클래스) :
  ...변수와 메서드..
```

예를 들어, 다음과 같이 부모 클래스와 부모 클래스를 상속한 자식 클래스를 정의한다.

부모 클래스와 자식 클래스 생성

```
class Parent:
  def __init__(self, a):
    self.a = a
  def parentMethod_1(self):
    print("Parent Class!!")
  def parentMethod_2(self):
    print('a of Parent Class => ', self.a)
```

```
class Child(Parent):
  def __init__(self, a, b):
    self.a = a
    self.b = b
  def childMethod_1(self):
    print("Child Class!!")
  def childMethod_2(self):
    print(self.a + ', ' + self.b)
```

부모 클래스(Parent)는 1개의 변수(a) 와 2개의 메서드(parentMethod_1, parentMethod_2)을 포함하는 클래스이고, 자식 클래스(Child)는 2개의 변수(a, b)와 2개의 메서드(childMethod_1, childMethod_2)를 가지고 부모 클래스로부터 변수(a)와 메서드를 상속받는다. 상속받은 변수 a는 자식 클래스에서 선언된 변수 a로 오버라이드(override)된다.

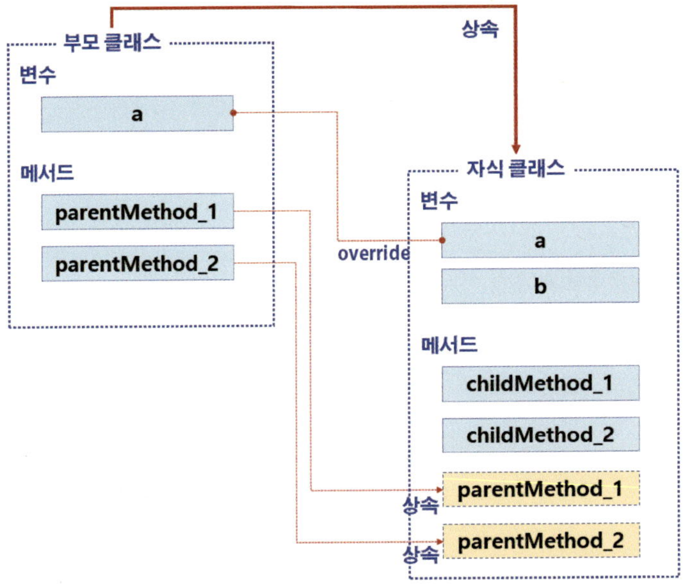

부모 클래스(Parent)와 자식 클래스(Child)의 객체를 각각 다음과 같이 생성한다. 객체를 만들 때 생성자 함수의 매개 변수에 맞게 인수를 설정해야 한다. Child 클래스는 부모 클래스로부터 메서드 (parentMethod_1, parentMethod_2)를 상속받고, 변수 a를 오버라이드(override) 한다.

```
p = Parent( 'Hello' )
c = Child( 'Hi', 'Python!' )
```

이제 각 객체의 변수와 메서드를 출력하도록 다음과 같이 코드를 작성하고 실행하도록 한다.

클래스 상속

```
class Parent:
    def __init__(self, a):
        self.a = a
    def parentMethod_1(self):
```

```
        print("Parent Class!!")
    def parentMethod_2(self):
        print('a of Parent Class => ', self.a)

class Child(Parent):
    def __init__(self, a, b):
        self.a = a
        self.b = b
    def childMethod_1(self):
        print("Child Class!!")
    def childMethod_2(self):
        print(self.a + ', ' + self.b)

print('Parent Class  a  :  ', p.a)          #부모 클래스의 변수
p.parentMethod_1( )                          #부모 클래스의 메서드
p.parentMethod_2( )                          #부모 클래스의 메서드
print( )
print('Child Class  a  :  ', c.a)            #자식 클래스의 변수
print('Child Class  b  :  ', c.b)            #자식 클래스의 변수
c.childMethod_1( )                           #자식 클래스의 메서드
c.parentMethod_1( )                          #부모 클래스에서 상속된 메서드
c.parentMethod_2( )                          #부모 클래스에서 상속된 메서드
c.childMethod_2( )                           #자식 클래스의 메서드
```

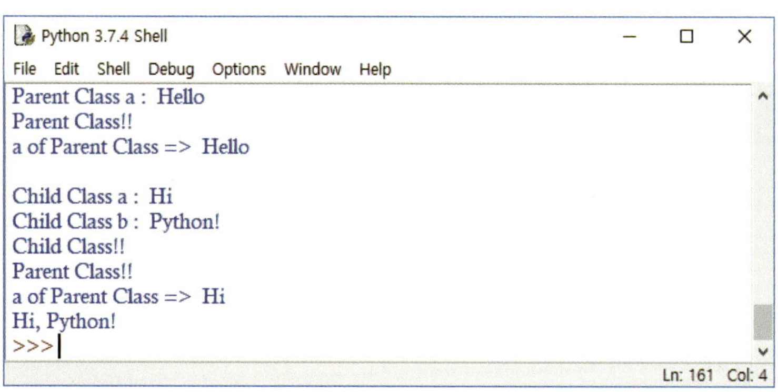

자식 클래스에서 부모 클래스의 생성자를 호출하여 부모 클래스를 초기화시킬 수도 있고, 자식 클래스가 부모의 메소드 중 하나를 추가하여 사용할 수도 있다.

부모 클래스의 생성자 초기화

```
class Parent:
    def __init__(self, a):
        self.a = a
        print('부모 클래스  a : ', a)
    def print_parentVar(self):
        print("Parent Class 의 변수 :  ", end=' ')
        print('self.a  =>  ', self.a)

class Child(Parent):
    def __init__(self, a, b):
        Parent.__init__(self, a)
        self.b = b
    def print_childVar(self):
        Parent.print_parentVar(self)
        print('self.b  =>  ', self.b)
```

객체를 생성하고, 부모 클래스와 자식 클래스의 변수와 메서드를 각각 출력하도록 다음과 같이 코드를 작성하고 실행한다.

```
p = Parent('Hello~')
c = Child('Python!!', 'Child Class')

print(p.a)
print(c.a)
p.print_parentVar( )
c.print_childVar( )
```

```
부모 클래스 a : Hello~
부모 클래스 a : Python!!
Hello~
Python!!
Parent Class 의 변수 : self.a => Hello~
Parent Class 의 변수 : self.a => Python!!
self.b => Child Class
>>>
```

부모 클래스를 초기화하거나 부모 클래스의 메서드를 사용하는 경우 부모 클래스의 이름 대신 내장 함수인 super( )를 사용할 수 있다. super( ) 함수를 인수없이 호출하면 __class__와 self를 인수로 넘겨 호출한 것으로 처리된다. 이 코드는 다음과 같이 작성할 수 있다.

super ( )로 부모 클래스의 생성자 초기화

```
class Parent:
    def __init__(self, a):
        self.a = a
        print('부모 클래스  a : ', a)
    def print_parentVar(self):
        print("Parent Class 의 변수 :  ", end=' ')
        print('self.a  =>  ', self.a)

class Child(Parent):
    def __init__(self, a, b):
        #Parent.__init__(self, a)
        super().__init__(self, a)
        self.b = b
    def print_childVar(self):
        #Parent.print_parentVar(self)
        super().print_parentVar(self)
        print('self.b  =>  ', self.b)
```

파이썬에서도 하나 이상의 클래스로부터 상속하는 다중 상속이 가능하다.

다중 상속 형식

```
class 부모클래스1:
    ...변수 및 메서드...

class 부모클래스2:
    ...변수 및 메서드...

class 자식클래스(부모클래스1, 부모클래스2):
    ...변수 및 메서드...
```

3 변수와 범위

변수 앞에 밑줄을 사용하여 변수의 접근 범위를 제한할 수 있다. 한 개의 밑줄(_)을 사용하는 지, 두 개의 밑줄(__)을 사용하는 지에 따라 다르다.

1) single underscore(_)

변수 이름 앞에 _(밑줄)을 붙일 수 있다. '_변수명'과 같이 사용하면 내부적으로 사용하는 것을 의미한다. 주로 한 모듈 내부에서만 사용하는 private 클래스/함수/변수/메서드를 선언할 때 사용한다. 즉, 같은 모듈안에서는 public처럼 동작하면서 명시적으로 사용하는 것이 가능하지만, 다른 모듈에서 해당 변수에 접근하려고 하면 private처럼 동작한다. 이러한 형식으로 선언하게 되면 from module import * 구문을 사용하는 경우 _로 시작하는 변수들은 모두 임포트에서 무시된다.

Parent 클래스를 다음과 같이 변경한다.

single underscore 사용

```
class Parent:
    def __init__(self, a):
        self._a = a
        print('부모 클래스  a : ', a)
    def print_parentVar(self):
        print("Parent Class 의 변수 :  ", end=' ')
        print('self.a  =>  ', self._a)

class Child(Parent):
    def __init__(self, a, b):
        super().__init__(self, a)
        self.b = b
    def print_childVar(self):
        super().print_parentVar(self)
        print('self.b  =>  ', self.b)
```

객체를 생성하고, Parent 클래스의 변수와 메서드를 실행하면 다음과 같이 표시된다.

```
p = Parent('Hello~')

print(p._a)
p.print_parentVar( )
```

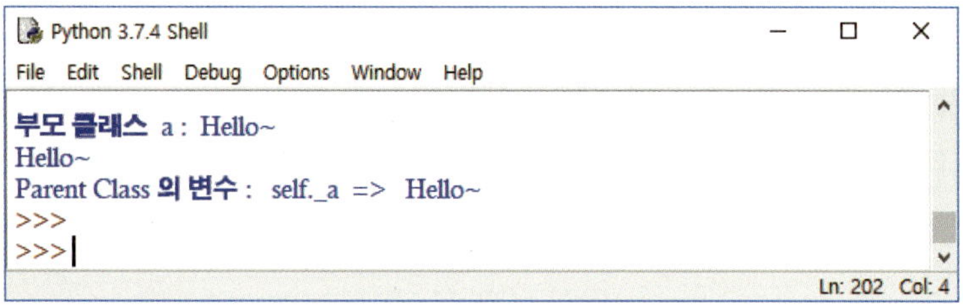

이제 Parent 클래스의 자식 클래스 Child의 객체를 생성하고, 변수와 메서드를 실행해보도록 한다.

```
p = Parent('Hello~')

print(p._a)
p.print_parentVar( )

c = Child('Python!!', 'Child Class')
print(c.a)
c.print_childVar( )
```

변수 a는 Parent 클래스 내부에서만 사용하도록 선언했기 때문에 다음과 같이 오류가 발생한다.

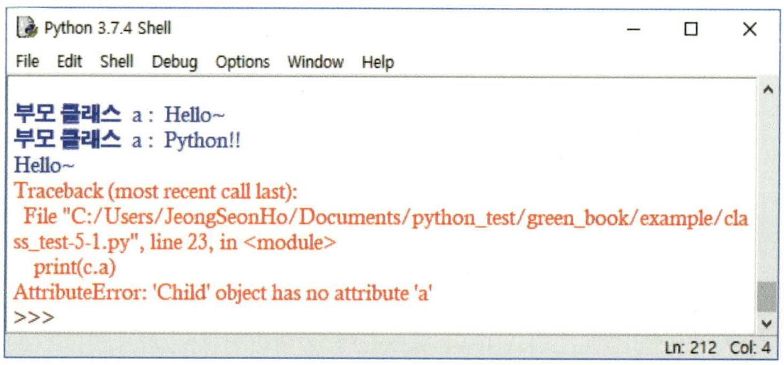

2) double underscore(__)

변수 이름 앞에 두 개의 밑줄을 사용하면 변수에 대한 원천적인 접근을 막을 수 있다. 더블 언더스코어(__)는 클래스 변수나 메서드의 이름을 맹글링하여 클래스들 사이에 변수나 메서드의 충돌을 방지하기 위한 용도로 사용된다. 맹글링 (Mangling)이란, 컴파일러나 인터프리터가 변수/함수명을 그대로 사용하지 않고 일정한 규칙에 의해 변형시키는 것을 의미한다. 파이썬의 맹글링 규칙은 더블 언더스코어로 지정된 속성명 앞에 __ClassName을 결합하여 '__Class+[변수 또는 메서드 이름]'과 같이 사용하는 방식이다. 즉, Parent이라는 클래스에서 testMethod라는 메서드를 선언했다면 이는 __ParenttestMethod로 맹글링 된다.

앞 예제의 Parent 클래스를 다음과 같이 변경한다.

double underscore 사용

```
class Parent:
    def __init__(self, a):
        self.__a = a
        print('부모 클래스  a : ', a)
    def print_parentVar(self):
        print("Parent Class 의 변수 :  ", end=' ')
        print('self.a  =>  ', self.__a)
```

객체를 생성하고, print_parentVar( ) 메서드를 실행하면 다음과 같이 결과가 표시된다.

```
p = Parent('Hello~')

p.print_parentVar( )
```

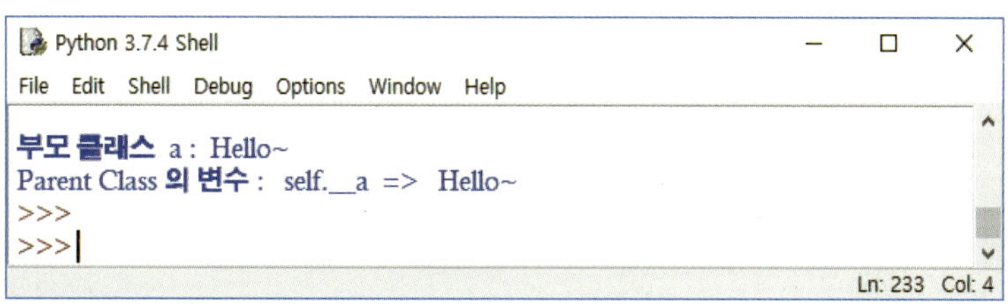

print_parentVar( ) 인스턴스 메서드를 통해서 내부에서는 접근 가능하기 때문에 print 문이 실행되어 결과가 표시된다. 이제 객체 p를 사용하여 변수 __a에 접근하도록 다음과 같이 코드를 작성한다.

```
p = Parent('Hello~')

print(p.__a)
```

```
Python 3.7.4 Shell
File  Edit  Shell  Debug  Options  Window  Help

부모 클래스 a : Hello~
Traceback (most recent call last):
  File "C:\Users\JeongSeonHo\Documents\python_test\green_book\example\class_test-6.py", line 21, in <module>
    p.__a
AttributeError: 'Parent' object has no attribute '__a'
>>>
                                                  Ln: 227  Col: 4
```

앞에서 보는 것처럼 객체 p를 사용하여 변수 __a에 접근하면 오류가 발생한다.

3) 클래스 변수

클래스 변수는 클래스의 인스턴스들끼리 모두 동일한 값을 공유하기 위해 사용한다. 클래스 변수의 선언은 클래스 내부에서 변수명을 사용하여 선언한다. 클래스의 객체를 생성하면 초기화자 __init__가 호출된다고 앞에서 설명했다. 초기화자 __init__에서 'self.변수'에 할당한 변수들은 모두 인스턴스 변수에 해당한다. 클래스의 변수는 '클래스명.클래스변수' 형식으로 사용한다.

클래스 변수와 인스턴스변수 선언

```
class TestClass:
  변수 = 값                    #클래스 변수

  def __init__(self):
    self.변수 = 값             #인스턴스 변수
  ...
```

인스턴스 변수와 클래스 변수를 비교하기 위하여 다음과 같이 코드를 작성하도록 한다.

클래스 변수 사용

```
class TestClass:
    myMessage = 'TestClass의 변수.'

    def __init__(self):
        print('__init__')
```

다음과 같이 2개의 객체를 만들고, myMessage 변수를 출력하도록 코드를 작성한 다음 실행한다.

```
p1 = TestClass( )
p2 = TestClass( )

p1.myMessage
p2.myMessage
TestClass.myMessage
```

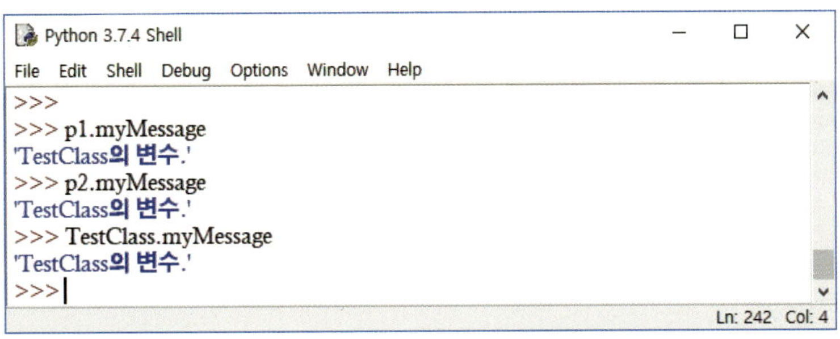

클래스 변수로의 직접 접근인 클래스명.클래스속성 (TestClass.myMessage)과 객체에서의 접근 객체변수명.클래스속성 (p1.myMessage, p2.myMessage) 모두 똑같이 값을 공유한다.

이제 __init__에 클래스 변수와 동일한 속성을 가지도록 다음과 같이 선언한다.

클래스 변수와 인스턴스 변수 사용

```
class TestClass:
    myMessage = 'TestClass의 변수.'

    def __init__(self):
        self.myMessage = "__init__ 의 인스턴스 변수"
```

2개의 객체를 만들고, myMessage 변수를 출력하도록 코드를 작성한 다음 실행한다.

```
p1 = TestClass( )
p2 = TestClass( )

p1.myMessage
p2.myMessage
TestClass.myMessage
```

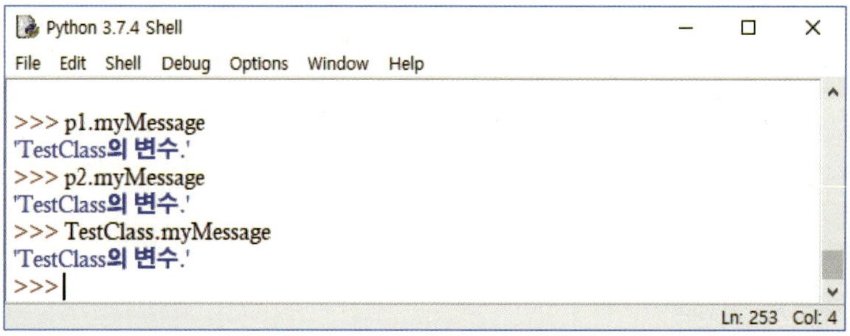

인스턴스와 클래스에 동일한 변수가 있으면 인스턴스 변수가 먼저 실행된다. 클래스 변수도 비공개로 설정할 수 있다. 비공개로 설정하기 위해서는 _(밑줄)을 붙인다.

비공개로 실징된 클래스 변수에 직접 접근하면 다음과 같이 오류가 발생한다.

```
class TestClass:
    _myMessage = 'TestClass의 변수.'
```

```
def __init__(self):
    self.myMessage = "__init__ 의 인스턴스 변수"
```

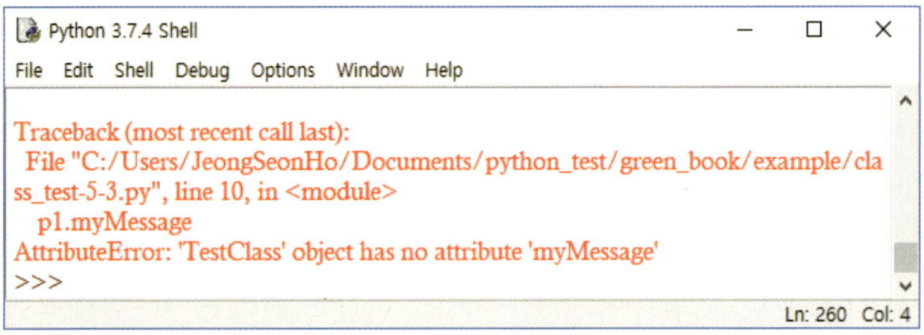

4 정적 메서드

정적 메서드는 클래스에서 직접 접근할 수 있는 메서드로, 파이썬에서는 클래스에서 직접 접근할 수 있는 메서드가 정적 메서드(static method)와 클래스 메서드class method) 두 가지가 있다. 하지만 파이썬에서는 다른 언어와 달리 인스턴스에서도 정적 메서드에 접근이 가능하다.

인스턴스 메서드와 클래스 메서드, 정적 메서드는 사용 방법에 약간 차이가 있다. 인스턴스 메서드는 첫 번째 인자로 객체 자신인 self를 입력하고, 클래스 메서드는 첫 번째 인자로 클래스 (cls)를 입력한다. 그러나 정적 메서드는 특별히 추가되는 인자가 없다.

KindsOfClass 클래스 정의

```
class KindsOfClass:

    # 인스턴스 메서드
    def add_instance_method(self, a, b):
        print(' 인스턴스 메서드 : a + b = ', a + b)

    # 클래스 메서드
```

```
@classmethod
def add_class_method(cls, a, b):
    print(' 클래스 메서드 : a + b = ', a + b)

# 정적 메서드
@staticmethod
def add_static_method(a, b):
    print(' 정적 메서드 : a + b = ', a + b)
```

인스턴스 메서드에 클래스로부터 직접 접근하도록 다음과 같이 실행하면 오류가 발생한다.

```
KindsOfClass.add_instance_method(3,5)
```

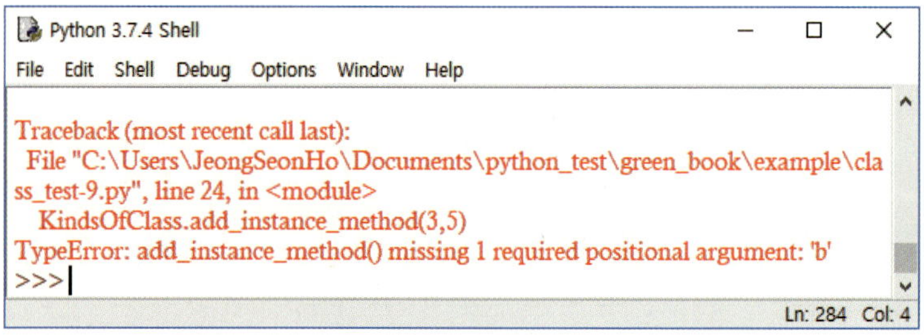

인스턴스 메서드에 직접 접근하려면 첫 번째 매개변수에 다음과 같이 객체를 할당해야 한다.

```
KindsOfClass.add_instance_method(None, 3, 5)
```

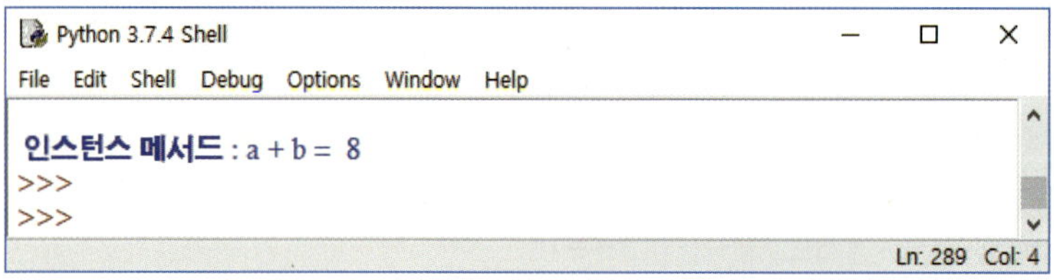

클래스 메서드와 정적 메서드는 클래스에서 직접 접근이 가능하다. 클래스 메서드의 첫 번째 인수는 생략이 가능하다.

```
KindsOfClass.add_class_method(3,5)
KindsOfClass.add_static_method(3,5)
```

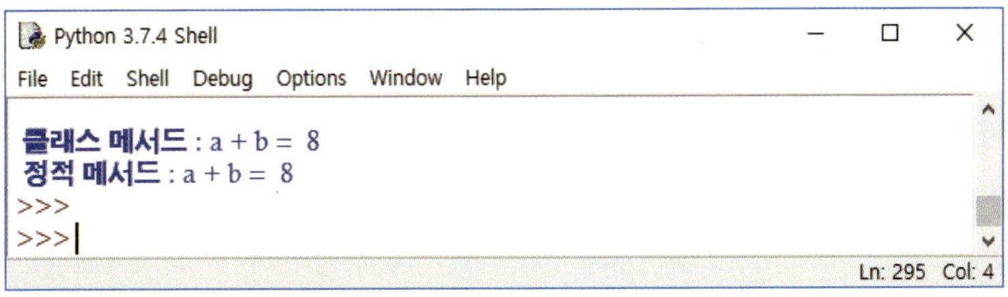

클래스 메서드와 정적 메서드는 상속에서 두드러지게 차이가 난다. MySubMessage 클래스는 MyMessage 클래스로부터 변수와 메서드를 상속받는다.

클래스 메서드와 정적 메서드의 상속

```
class MyMessage:
  defaultMessage = "클래스 메서드와 정적 메스드 "

  def __init__(self):
    self.printMsg = self.defaultMessage + ' 차이는? '

  @classmethod
  def class_myMessage(cls):
    return cls( )

  @staticmethod
  def static_myMessage( ):
    return MyMessage( )

  def printMessage(self):
    print(self.printMsg)
```

```
class MySubMessage(MyMessage):
    defaultMessage = "상속에 있다네~"
```

MySubMessage 클래스의 클래스 메서드(class_myMessage)와 정적 메서드(static_myMessage)를 실행한 결과를 각각의 변수에 저장한 후 printMessage를 사용하여 결과를 출력하면, 정적 메서드는 부모 클래스(MyMessage)의 클래스 속성(defaultMessage 변수) 값을 가져오지만, 클래스 메서드는 cls인자를 활용하여 cls의 클래스 속성(MySubMessage 클래스의 defaultMessage 변수를 가져오는 것을 알 수 있다.

```
c_m = MySubMessage.class_myMessage( )
s_m = MySubMessage.static_myMessage( )

c_m.printMessage( )
s_m.printMessage( )
```

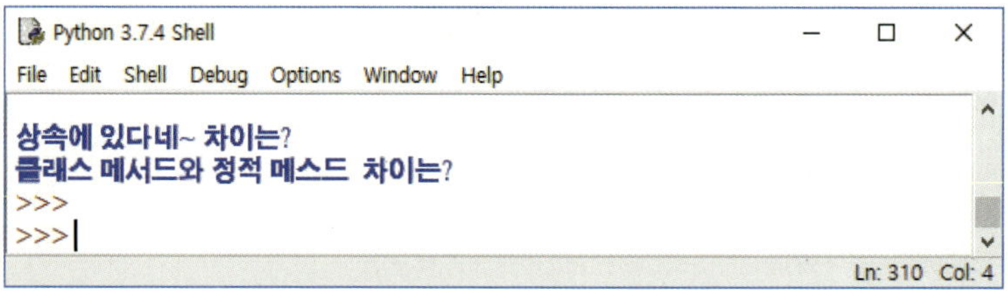

5 추상 클래스 (Abstarct Class)

추상 클래스(abstract class)란 구현되지 않은 추상 메소드(abstract method)를 한 개 이상 가지며, 추상 클래스의 자식 클래스에서 해당 추상 메소드를 반드시 구현하도록 강제하는 클래스이다. 추상 클래스를 상속받은 클래스는 추상 메소드를 구현하지 않아도, import할 때까지 오류는 발생하지 않으나 객체를 생성하면 오류가 발생한다.

추상 클래스는 다음과 같은 형식으로 생성한다. 추상 클래스를 선언할 때 반드시 abc 모듈을 import 해야 한다.

추상클래스 선언

```
from abc import *
class 추상클래스명(metaclass=ABCMeta):

    @abstractmethod
    def 추상메소드(self):
        pass
```

다음과 같이 추상 클래스를 정의하도록 한다. 추상 클래스 AbstractCar는 아직 추상 메서드는 포함하지 않는다. 추상메소드를 작성하지 않았기 때문에 추상 클래스라 할지라도 기본적인 클래스 기능은 동작한다. 상속한 객체도 생성된다.

추상클래스 AbstractCar

```
from abc import *

class AbstractCar(metaclass=ABCMeta):
    name = '자동차명'
    company = '제조회사'
    color = '색상'

    def info_message(self):
        print('Car 클래스의 정보 표시.')

class MyFavorite(AbstractCar):

    def __init__(self, name,company, color):
        self.name = name
        self.company = company
```

```
        self.color = color

    def show_name(self):
        print('자동차  이름은 : ', self.name)
```

다음과 같이 객체를 생성하고 실행 결과를 확인하도록 하자.

```
a = AbstractCar( )
b = MyFavorite('Genesis', 'Hyundai', 'lightgray')

a.info_message( )
b.show_name( )
```

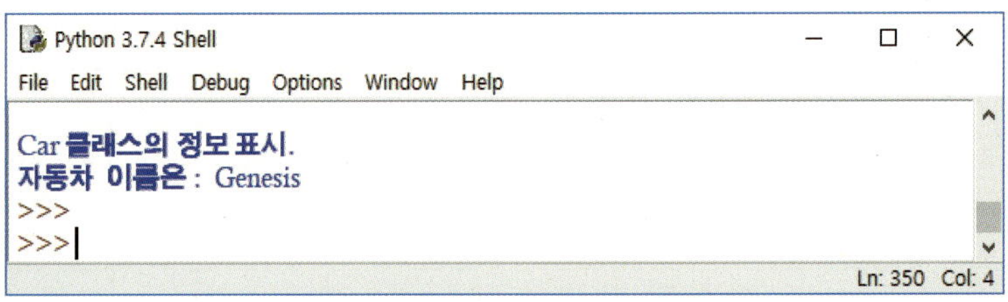

추상 클래스 AbstarctCar에 추상 메서드 show_Model( )을 추가한다.

추상 메서드 show_Model() 추가

```
from abc import *

class AbstractCar(metaclass=ABCMeta):
    name = '자동차명'
    company = '제조회사'
    color = '색상'

    def info_message(self):
        print('Car 클래스의 정보 표시.')
```

```
    @abstractmethod
    def show_Color(self) :
        print('자동차 색상은 ? : ', end=' ')

class MyFavorite(AbstractCar):

    def __init__(self, name,company, color):
        self.name = name
        self.company = company
        self.color = color

    def show_name(self):
        print('자동차  이름은 : ', self.name)
```

이제 추상 클래스를 상속받은 MyFavorite 클래스 객체를 생성하도록 한다.

```
b = MyFavorite('Genesis', 'Hyundai', 'lightgray')
```

추상 메서드를 추가하면 추상 메서드가 자식 클래스인 MyFavorite 클래스에 구현되지 않았기 때문에 오류가 발생한다.

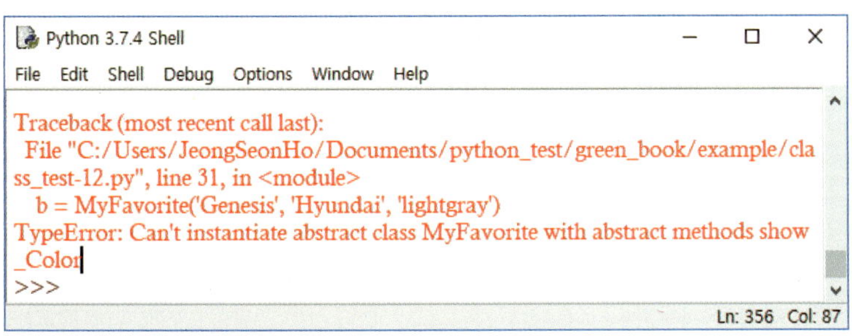

MyFavorite 클래스에 추상 메서드를 다음과 같이 구현하도록 한다.

추상 메서드 show_color() 추가

```
from abc import *

class AbstractCar(metaclass=ABCMeta):
    name = '자동차명'
    company = '제조회사'
    color = '색상'

    def info_message(self):
        print('Car 클래스의 정보 표시.')

    @abstractmethod
    def show_Color(self) :
        print('자동차 색상은 ? : ', end=' ')

class MyFavorite(AbstractCar):

    def __init__(self, name,company, color):
        self.name = name
        self.company = company
        self.color = color

    def show_name(self):
        print('자동차  이름은 : ', self.name)

    def show_Color(self) :
        super( ).show_Color( )
        print(self.color)
```

이제 객체를 생성하고 실행하면 다음과 같이 결과가 표시된다.

```
b = MyFavorite('Genesis', 'Hyundai', 'lightgray')
b.show_Color()
```

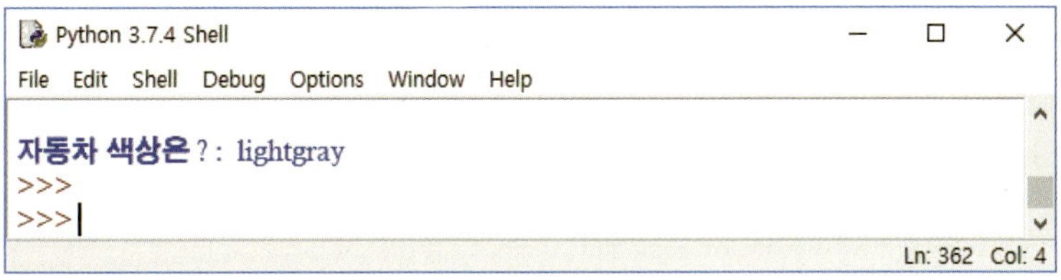

상속받은 클래스(자식 클래스)에 추상 메서드를 추가한 후, 객체를 생성하면 오류가 발생한다.

```
a = AbstractCar( )

b = MyFavorite('Genesis', 'Hyundai', 'lightgray')
b.show_Color( )
```

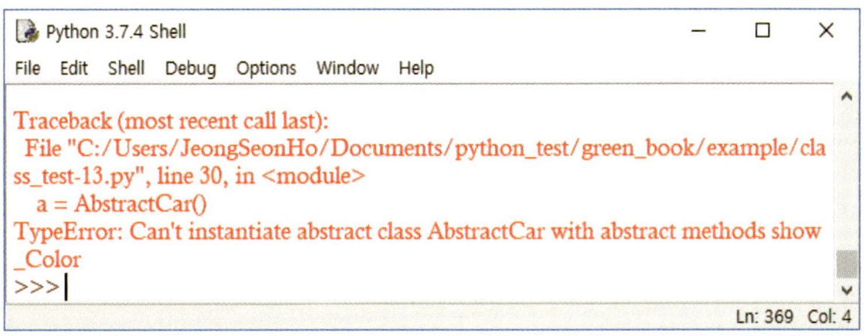

■ 클래스 (Class)

- 데이터와 데이터와 함께 동작하는 함수 (메서드)의 두 가지로 구성
- 형식 :

```
class 클래스이름 :
    속성 및 메서드 정의 :
```

■ 상속 (inhertance)

- 다른 클래스를 기반으로 하는 클래스 생성
- 부모 클래스 (Parent Class) : 변수와 메서드를 가지고 있는 클래스(기본 클래스 (base class), 슈퍼 클래스(Super class))
- 자식 클래스(Child class) : 변수와 메서드를 상속받아 새로 만들어지는 클래스 (서브클래스(sub class))

■ 변수와 범위

- single underscore(_) : 한 모듈 내부에서만 사용하는 private 클래스/함수/변수/메서드를 선언할 때 사용
- double underscore(__) : 클래스 변수나 메서드의 이름을 맹글링하여 클래스들 사이에 변수나 메서드의 충돌을 방지하기 위한 용도로 사용

■ 정적 메서드

- 클래스에서 직접 접근할 수 있는 메서드
- 종류 : staticmethod와 classmethod

■ 추상 클래스(abstract class)

- 구현되지 않은 추상 메소드(abstract method)를 한 개 이상 가지며, 주상 클래스의 사식 클래스에서 해당 추상 메소드를 반드시 구현하도록 강제하는 클래스
  추상 클래스를 상속받은 클래스는 추상 메소드를 구현하지 않아도, import할 때까지 오류는 발생하지 않으나 객체를 생성하면 오류 발생

연습문제

1. 1에서 10까지의 정수를 로마자로 변환하여 출력하도록 클래스를 정의하고, 다음과 같이 결과를 출력하도록 프로그램하라.

결과 :

숫자를 입력 하시오 : 8

VIII

2. 주어진 배열에서 두 원소의 값을 더하여 입력된 값을 만들 수 있는 처음 두 개의 원소를 출력하는 클래스를 정의하고, 결과를 출력하라.

data = (30, 40, 20, 50, 10, 50, 60, 70)

결과 :

입력 값 : 40

data[0] = 30, data[4] = 10

3. 문자열을 입력받는 메서드(get_string)와 입력된 문자열을 대문자로 변환하여 출력하는 메서드(print_string)를 포함하는 클래스를 정의하고, 결과를 출력하라.

결과 :

입력 문자열 : hello

출력 문자열 : HELLO

4. 사각형의 가로와 세로의 길이를 입력으로 받아 면적을 계산하는 메서드를 포함하는 클래스를 정의하고, 결과를 출력하라.

결과 :

가로 : 10

세로 : 20

사각형 면적 : 200

5. 다음과 같이 클래스 A, B, C를 정의하였다. 출력 결과는 무엇인가?

```
class A(object):
  def __init__(self):
          print("클래스 A ")
          super().__init__()
          self.value_A = 0


class B(object):
  def __init__(self):
          print("클래스 B ")
          super().__init__()
          self.value_B = 10

class C(A, B):
  def __init__(self):
          print("클래스 C ")
          super().__init__()
          self.value_C = 20

object_c = C()
```

6. 다음과 같이 클래스 A, B, C를 정의하였다. value_A, value_B, value_C의 값은 각각 무엇인가?

```
class Top(object):
   def __init__(self, **kwargs):
            pass

class A(Top):
   def __init__(self, **kwargs):
            print("클래스 A ")
            super( ).__init__(**kwargs)
            self.value_A = 0

class B(Top):
   def __init__(self, **kwargs):
            print("클래스 B ")
            self.value_B = kwargs['val']
            kwargs.pop('val')
            super( ).__init__(**kwargs)

class C(A, B):
   def __init__(self, **kwargs):
            print("클래스 C ")
            super( ).__init__(**kwargs)
            self.value_C = 20


object_c = C(val=10)
```

쉽고 재미있게 예제로 배우는 **파이썬**과 **파이게임**

PART 3

Pygame으로 게임 만들기

Chapter 8

파이게임 (Pygame) 사용하기

파이게임(Pygame)은 파이썬(Python) 라이브러리 중 하나로 파이썬을 사용하여 게임 프로그램을 개발할 수 있도록 고안된 프레임워크이다. 이 장에서는 파이게임(Pygame)의 구조와 사용법을 자세하게 알아보도록 한다.

[Pygame 로고 : https://www.pygame.org/]

1 Pygame 설치하기

파이게임(Pygame)을 사용하면 파이썬으로 작성하여 SDL (Simple DirectMedia Layer)을 지원하는 운영체제 (Windows, Unix, Mac, BeOS 및 기타)에서 게임이나 멀티미디어 어플리케이션을 실행할 수 있다. SDL은 Linux, Mac OS X 및 Windows를 비롯한 다양한 운영 체제에서 그래픽, 사운드, 키보드 및 기타 입력 장치에 액세스 할 수 있도록 하는 C 프레임워크이다. 파이게임(Pygame)은 게임을 만들기 위한 모듈답게 게임에 필요한 다양한 요소를 지원하며, 게임에 필요한 도형과 사용자가 발생시키는 이벤트, 음악 등을 재생할 수 있도록 지원한다. 이제, 파이게임(Pygame)을 설치해보도록 하자.

1) 파이게임(Pygame) 다운로드하고 설치하기

파이게임(Pygame)을 사용하기 위해서는 파이썬(Python)이 필요하다. 파이썬(Python)은 버전 3.6.1 이상을 사용하도록 한다.
파이게임(Pygame)을 설치하는 가장 좋은 방법은 pip 도구 (파이썬이 패키지를 설치하는 데 사용하는 도구)를 사용하는 것이다. 파이썬 최신 버전에서는 기본적으로 제공되며, 설치 시 --user 옵션을 사용하면 홈 디렉토리에 설치할 수 있다.

파이게임(Pygame) 다운로드하기

① 파이게임(Pygame)을 설치하기 전에 파이썬 (Python) 버전을 먼저 확인하기 위해서 윈도우 키 (■)와 〈R〉 키를 동시에 눌러 [실행] 창을 표시한다.

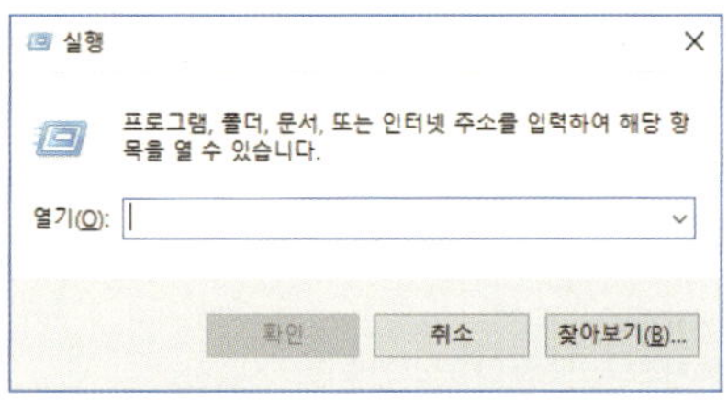

② [실행] 창에 cmd라고 입력한 다음, [확인] 버튼을 누른다.

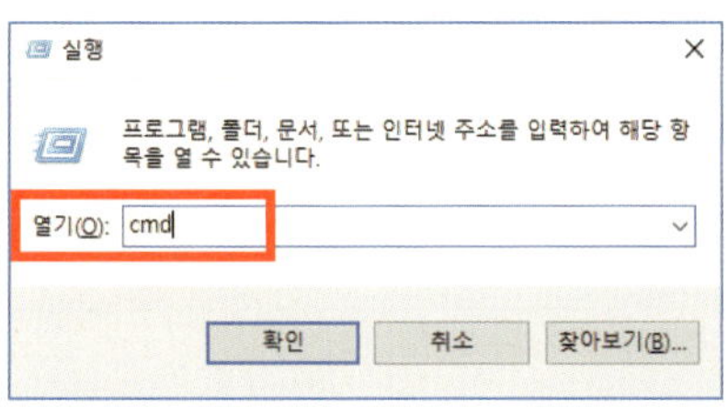

③ 창이 표시되면 'python'을 입력하고, 〈Enter〉 키를 눌러 파이썬 (Python) 버전을 확인한다.

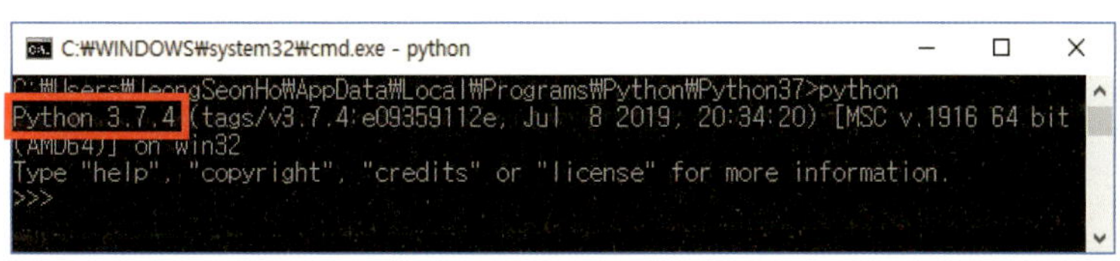

④ https://www.pygame.org/download.shtml에서 사용하는 파이썬 (Python) 버전과 운영체제에 맞는 Pygame을 다운로드한다. 설치된 파이썬 버전과 운영체제에 맞는 파이게임(Pygame)을 다운로드하기 위해서는 다음 주소(https://www.lfd.uci.edu/~gohlke/pythonlibs/)를 클릭하여 이동한다.

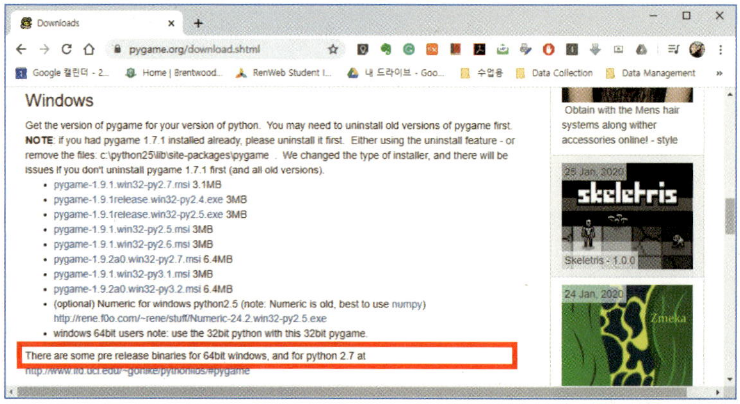

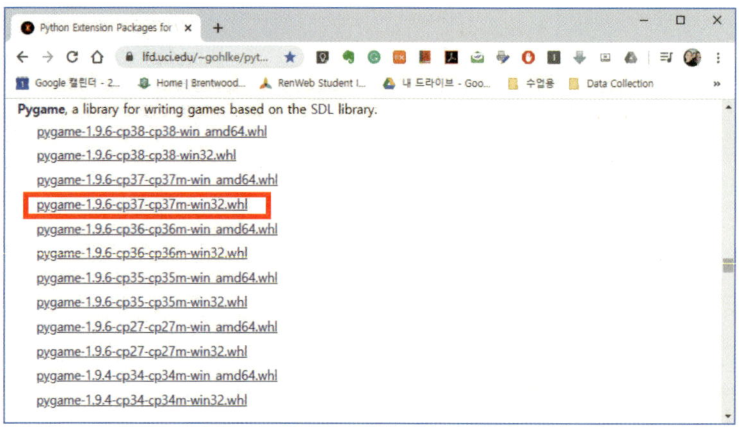

cp옆에 쓰여 있는 숫자는 파이썬의 버전을 의미하고, win32와 win_amd64는 설치된 파이썬이 32 비트용인지 64비트용인지를 의미하므로 설치된 파이썬 정보를 확인하여야 한다.

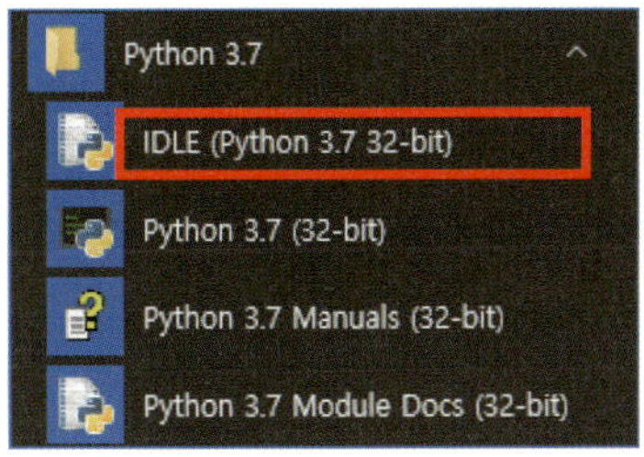

필자는 32 비트용 파이썬 3.7 버전을 사용하므로, pygame-1.9.6-cp37-cp37m-win32.whl 을 다운로드하여야 한다.

⑤ 파이썬 (Python) 폴더의 하위 폴더인 Scripts 폴더로 이동한다. 파이썬 폴더의 위치는 다음 방법으로 확인할 수 있다.

방법 1 : 파이썬 쉘 (Shell) 이용하기

❶ 파이썬 쉘 (Shell)을 실행하고, [File] 〉 [Open] 메뉴를 클릭하여 [열기] 대화상자를 표시한다.

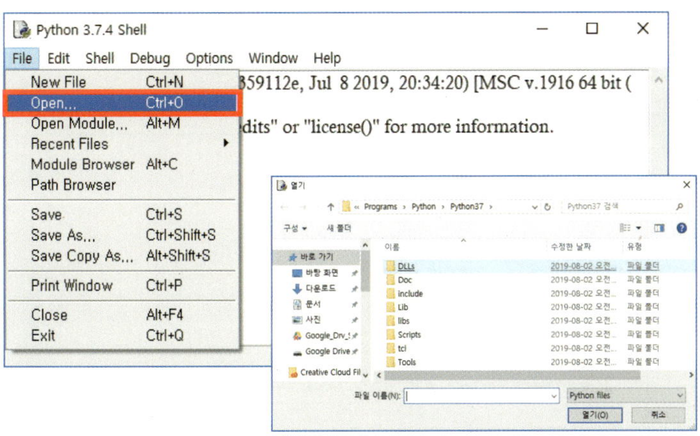

❷ 표시된 주소를 클릭하여 복사한다.

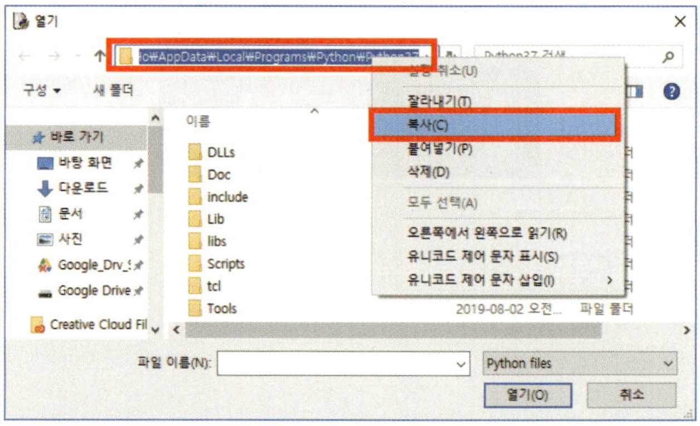

❸ window 탐색기를 열어서 붙여넣기한 다음, 〈Enter〉 키를 누른다.

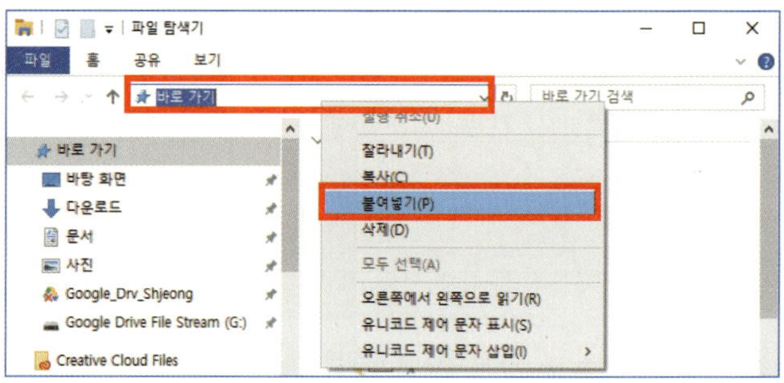

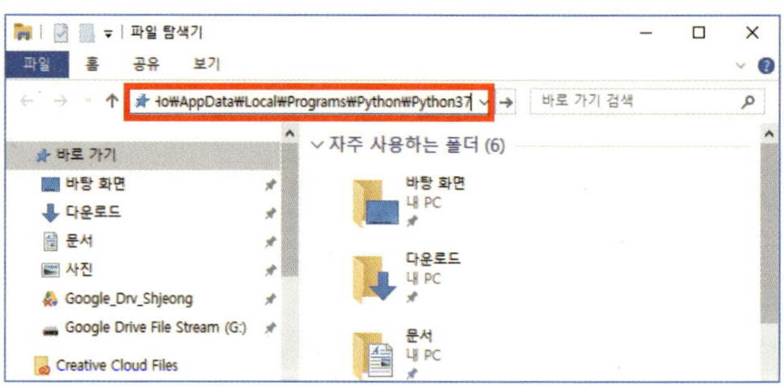

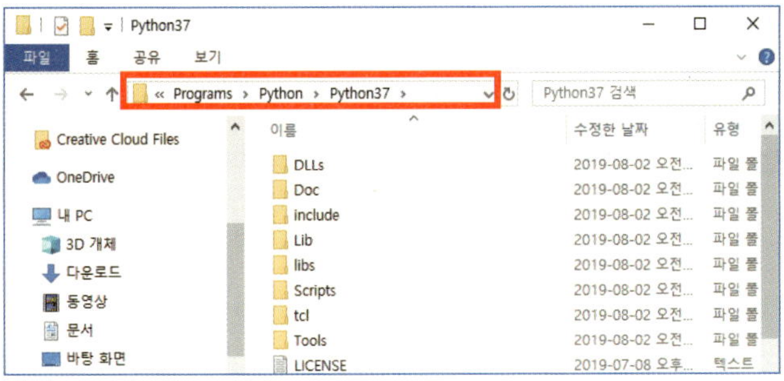

방법 2 : [실행] 창 이용하기

❶ 윈도우 키 (⊞)와 〈R〉 키를 동시에 눌러 [실행] 창을 표시한다.

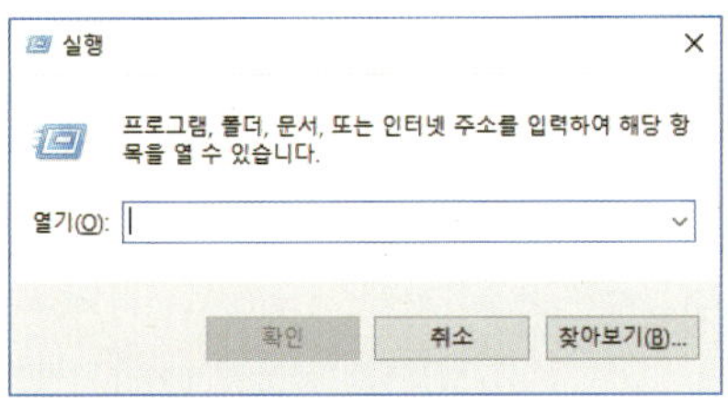

❷ [실행] 창에 appdata라고 입력한 다음, [확인] 버튼을 누른다.

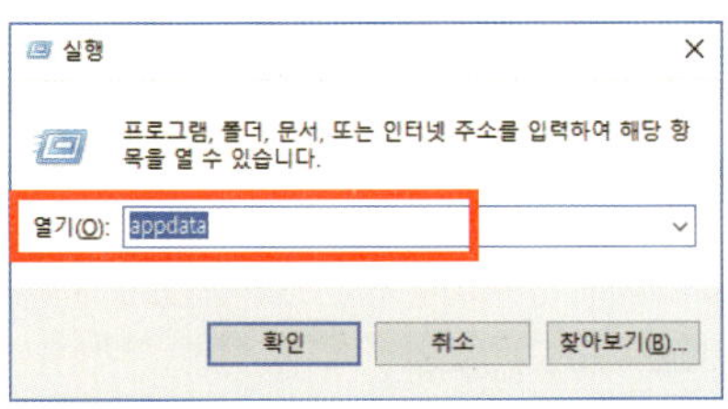

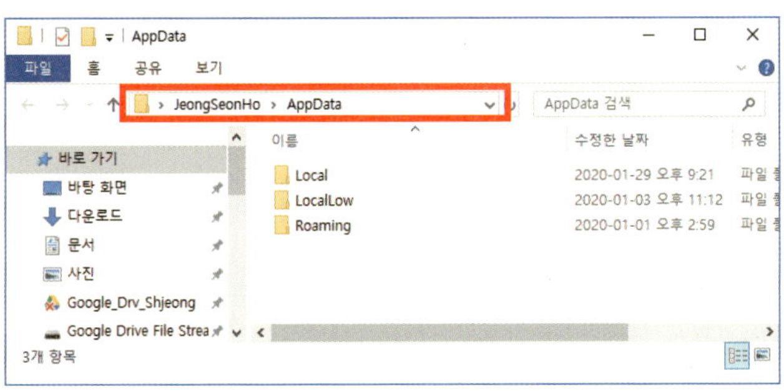

❸ Local 〉 Programs 〉 Python 〉 Python37 〉 Scripts 폴더 순서대로 클릭하여 이동한다.

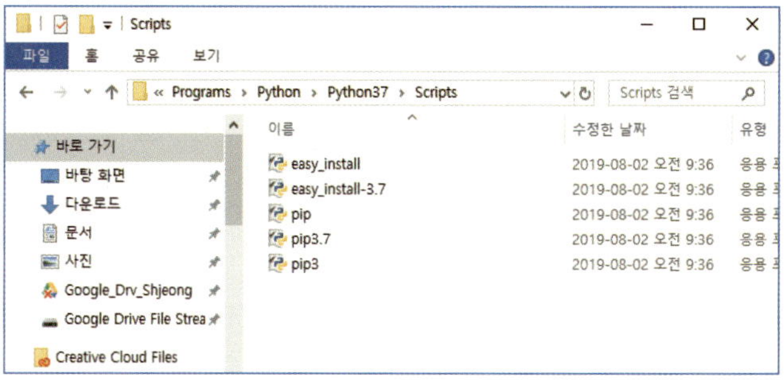

⑥ ④번에서 다운로드한 파일을 Scripts 폴더로 붙여넣기한다.

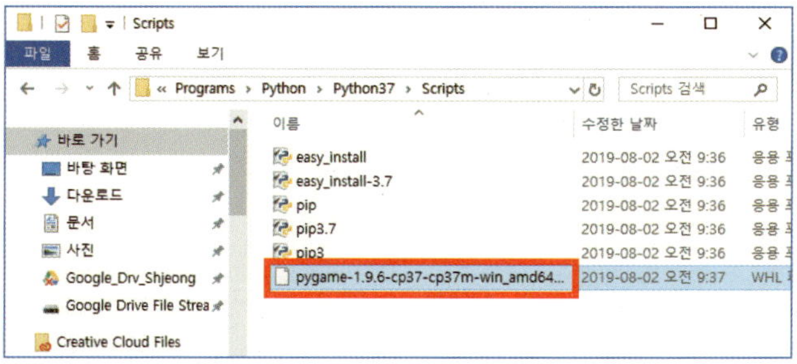

Pygame 설치하기

① 윈도우 키 (⊞)와 〈R〉 키를 동시에 눌러 [실행] 창을 표시한다.

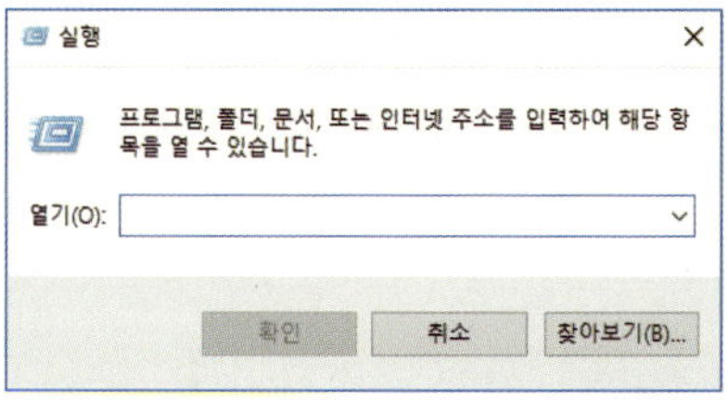

② [실행] 창에 cmd라고 입력한 다음, [확인] 버튼을 누른다.

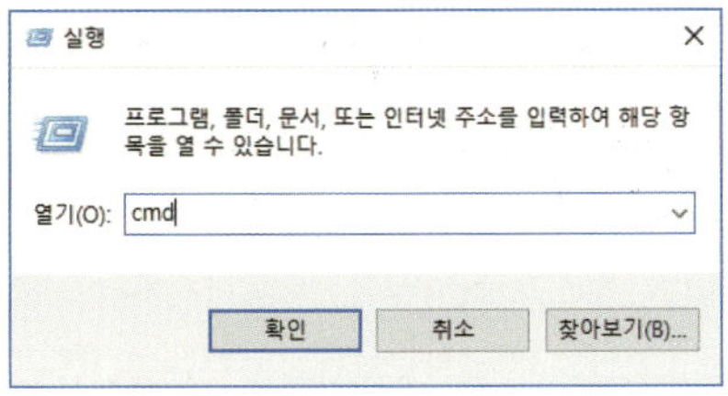

③ 커맨드 창에 cd를 입력하고 Scripts 폴더 주소(C:\Users\Shjeong\AppData\Local\Programs\Python\Python37-32\Scripts)를 복사하여 붙여넣기한다.

```
cd [복사한 Scripts 폴더 주소]
cd C:\Users\Shjeong\AppData\Local\Programs\Python\Python37-32\Scripts
```

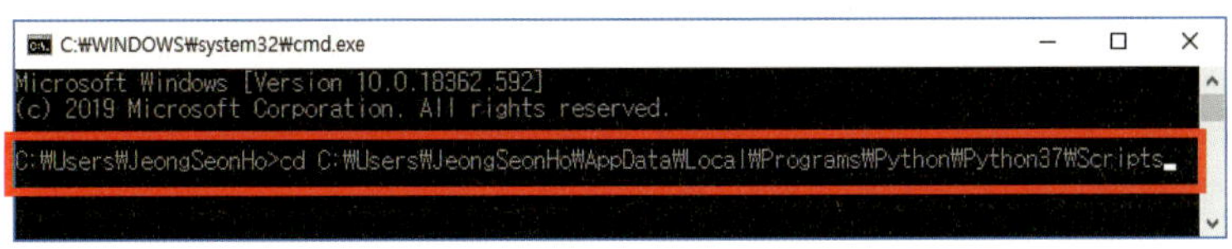

④ pip install pygame을 입력하고, 〈Enter〉 키를 눌러 파이게임(Pygame)을 설치한다.

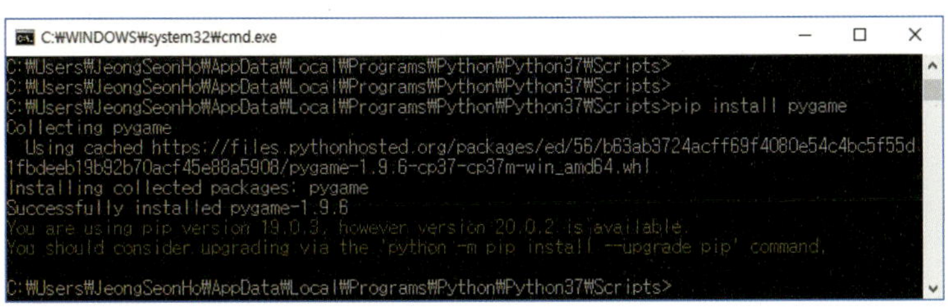

⑤ 파이게임(Pygame)이 정상적으로 설치되었는 지를 확인하기 위해 창에 파이썬(python)이라고 입력하여, 파이썬 쉘을 불러오도록 한다. 프롬프트 >>>가 표시된다. 프롬프트가 정상적으로 표시되지 않으면 cd ..을 입력하여 파이선 폴더로 이동한 후 python 명령을 실행한다.

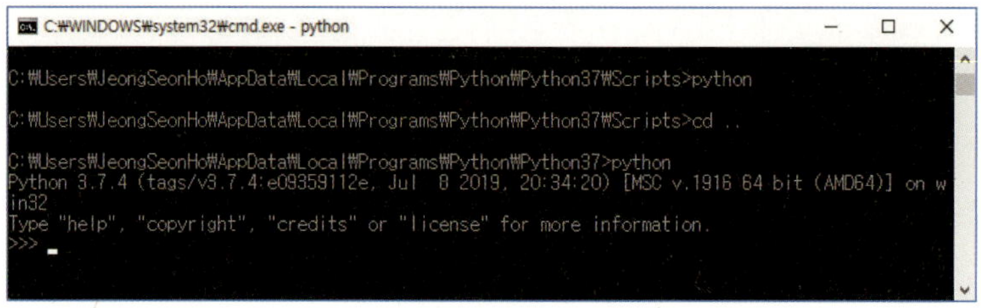

⑥ 프롬프트(〉〉〉) 다음에 import pygame을 입력하고, 〈Enter〉 키를 누른다.

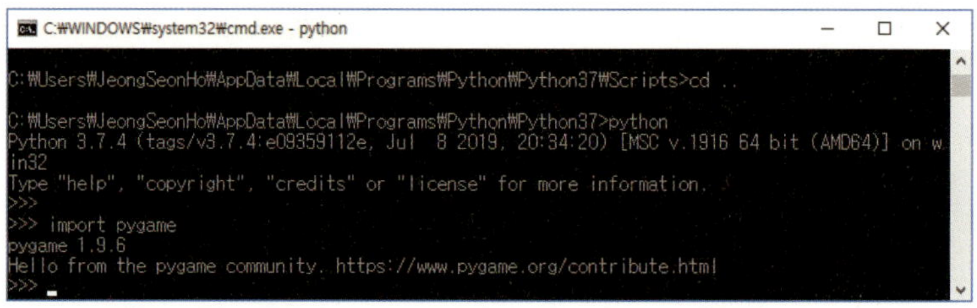

〉〉〉가 다시 표시되면, 파이게임(Pygame)이 제대로 설치되었다는 의미이다.

⑦ 파이선 쉘 (Shell)을 실행하고, import pygame을 실행하여 다음과 같이 표시되는 지 확인한다.

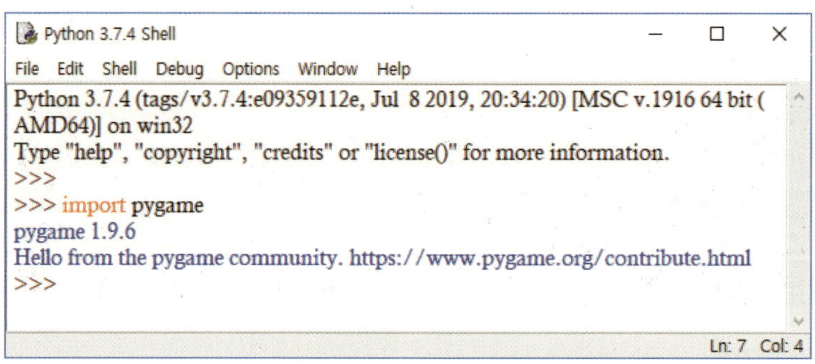

pip 명령어를 사용하여 파이게임(Pygame)을 설치하는 과정에서 오류가 발생한다면 다음과 같은 방법으로 해결하도록 한다.

2) pip 오류 수정하기

pip 명령어를 실행할 때, 다음과 같이 오류 메시지가 표시되는 경우가 있다.

```
Fatal error in launcher: Unable to create process using '"C:\....." "C:\....." install
pygame'
```

이런 경우 다음 2가지 방법을 사용하여 해결할 수 있다.

■ pip 업그레이드하기

첫 번째 방법은 python 명령을 사용하여 pip를 업그레이드 해주면 된다. [명령 프롬프트] 창에서 다음과 같이 입력한다.

```
python -m pip install --upgrade pip
```

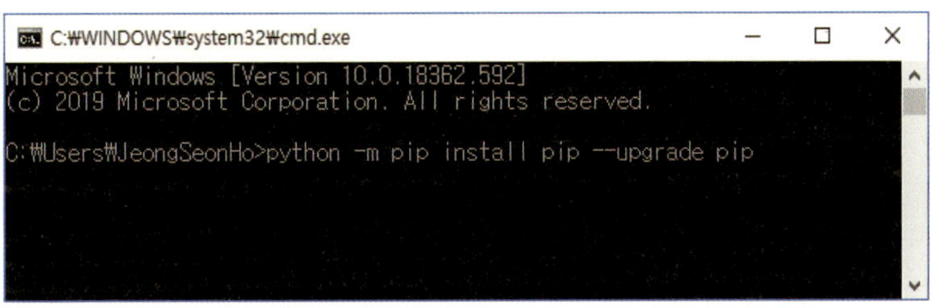

여기서 파이썬(python)의 -m 옵션은 library 모듈을 스크립트의 형태로 실행시키는 것을 의미하며, 이 경우는 pip를 업그레이드 하여 상위 버전으로 설치한다는 의미이다.
이후 pip 명령을 통해 파이게임(Pygame)을 설치해주면 된다.

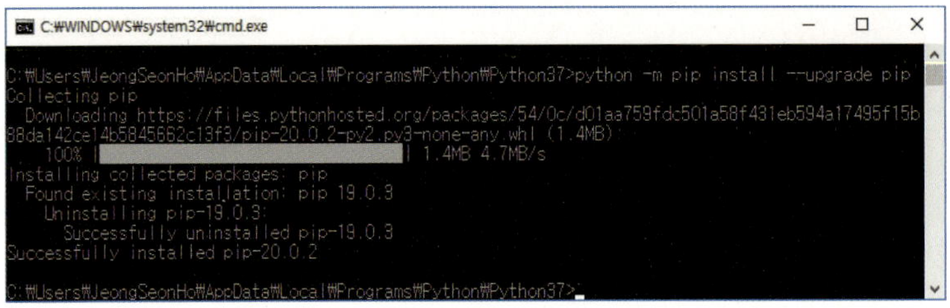

python 명령 이용하기

두 번째 방법은 파이썬(python) 명령의 옵션을 이용하여 pip 설치를 해주는 방법이다. 첫 번째 방법대로 pip를 업그레이드했음에도 불구하고 pip를 이용하여 파이게임(Pygame)이 설치되지 않을 경우 이 방법을 사용한다.

파이썬(python) 옵션을 이용한 모듈 설치 명령은 다음과 같다.

```
python -m pip install -U pygame --user
```

위 명령을 사용하여 pip를 실행시켜 파이게임(Pygame)을 설치하면 된다.

2 파이게임(Pygame) 라이브러리

파이게임 (Pygame) 라이브러리를 사용하여 다음과 같은 작업을 간단하게 수행할 수 있다.

- 그래픽 도형 그리기
- 비트 맵 이미지 표시
- 애니메이션
- 키보드, 마우스 및 게임 패드와 상호 작용
- 소리 재생
- 객체의 충돌 감지 및 충돌 처리

파이게임(Pygame) 라이브러리에는 게임을 만들기 위해 필요한 다양한 개체(Object)를 포함하고 있다. 35개의 전체 모듈 중 일반적으로 사용되는 모듈은 다음과 같다.

표 ▶ 파이게임(Pygame) 라이브러리 개요

모듈	설명
pygame	파이게임 최상위 패키지
camera	카메라 사용과 관련된 모듈
color	색 표현을 위한 모듈
cursors	커서 제어와 관련된 모듈
display	윈도우와 스크린을 제어하기 위한 모듈
draw	도형을 그리기 위한 모듈
event	이벤트 처리와 관련된 모듈
font	트루타입 글꼴 렌더링을 위한 모듈
image	이미지 로드와 저장 등 처리를 위한 모듈
joystick	조이스틱 동작과 관련된 모듈
key	키보드 동작과 관련된 모듈
locals	파이게임에서 사용하는 상수와 관련된 모듈
mouse	마우스 동작과 관련된 모듈
music	오디오 제어와 관련된 모듈
sprite	게임 오브젝트와 관련된 모듈
surface	이미지 표시과 관련된 모듈
time	밀리세컨드 (milliseconds) 단위의 시간 표시 관련 모듈
transform	surface 이동이나 크기를 조절 등의 처리와 관련된 모듈

pygame 모듈

파이게임 패키지는 최상위 패키지로 파이게임을 초기화(init)하거나 종료(quit), 파이게임 버전(version) 반환 등을 수행하는 함수들을 제공한다.

모듈	설명
pygame.init( )	파이게임 모듈 초기화
pygame.quit( )	초기화된 모든 파이게임 모듈의 초기화 해제
pygame.error	파이게임 또는 SDL 작업이 실패하는 경우 발생
pygame.version	파이게임 패키지로 자동으로 import되며, 파이게임의 버전 확인
pygame.encode_string( )	- 개체가 유니코드(unicode)인 경우 인코딩; 바이트(bytes)이면 변경되지 않은 상태로 반환. 그 외에는 None 반환 - 지정하지 않으면 SyntaxError 발생
pygame.get_error( )	SDL이 유지하는 내부 오류 메시지 제공
pygame.get_init( )	파이게임이 초기화되어 있는 경우 True 반환
pygame.get_sdl_byteorder( )	- SDL 라이브러리의 바이트 순서 반환 - 리틀 엔디안 바이트(little endian byte) 순서의 경우 1234를, 빅 엔디안 바이트(big endian byte) 순서의 경우 4321을 반환
pygame.get_sdl_version( )	SDL 라이브러리의 세 가지 버전 번호 반환
pygame.register_quit( )	- pygame.quit( )가 호출되면 등록된 모든 quit 함수 호출 - 파이게임 모듈이 초기화할 때 자동으로 수행
pygame.set_error( )	SDL이 유지하는 내부 오류 메시지 설정

camera 모듈

카메라를 로드하거나 사용 가능한 카메라 목록을 반환하는 함수 등 카메라 사용과 관련된 함수를 포함하다. 현재까지는 리눅스(Linux)와 v4l2 카메라만을 지원한다.

함수	설명
camera.Camera	v4l2 카메라 로드
camera.Camera.get_controls( )	- 설정된 사용자 컨트롤의 값 반환 - 지원하는 경우 : 수평 및 수직 이미지 플립에 대한 현재 설정을 부울(True/False)로, 밝기를 정수로 반환 - 지원하지 않는 경우 : 기본값 (0, 0, 0) 반환
camera.Camera.get_image( )	버퍼에서 이미지를 RGB 표면으로 반환
camera.Camera.get_raw( )	카메라의 이미지를 카메라의 기본 픽셀 형식의 문자열 반환

함수	설명
camera.Camera.get_size( )	카메라에서 캡처중인 이미지의 현재 크기 반환
camera.Camera.query_image( )	- 프레임 지원 가능 여부 확인 - 이미지를 가져올 준비가 되면 true, 그렇지 않으면 false 반환
camera.Camera.set_controls( )	카메라 설정 변경
camera.Camera.start( )	카메라 장치를 열고 초기화한 후 이미지를 버퍼에 기록
camera.Camera.stop( )	녹화를 중지하고 카메라를 초기화하지 않고 정지
camera.colorspace( )	"RGB"에서 "HSV"또는 "YUV"로 변환
camera.list_cameras( )	컴퓨터에 사용 가능한 카메라 이름 문자열 목록 반환

Color 모듈

Color 모듈은 0에서 255까지의 값 범위를 사용하여 RGBA 색상 값을 나타낸다. 기본 산술 연산 (이진 연산 +,−, *, //, % 및 단항 연산 ~)을 사용하여 새 색상을 만들고 HSV 또는 HSL과 같은 다른 색상 공간으로의 변환을 지원하며 단일 색상 채널을 조정할 수 있다.

함수	설명
Color.a	Color의 알파(alpha) 값 반환
Color.r	Color의 r(red) 값 반환
Color.g	Color의 g(green) 값 반환
Color.b	Color의 b(blue) 값 반환
Color.cmy	Color의 CMY 값 설정 또는 반환
Color.correct_gamma( )	Color에 감마(gamma) 값 적용
Color.hsla	Color의 HSLA 값 설정 또는 반환
Color.hsva	Color의 HSVA 값 설정 또는 반환
Color.i1i2i3	Color의 i1i2i3 값 설정 또는 반환
Color.lerp( )	주어진 색상(Color)에 선형 보간(linear interpolation) 적용
Color.normalize( )	Color의 표준화된 RGBA 값 반환
Color.set_length( )	색상 요소 수를 1, 2, 3, 4 중 설정

cursors 모듈

파이게임(Pygame)은 pygame.mouse 내부의 함수로 커서를 제어하며, 흑백 커서만 지원한다. cursors 모듈은 다양한 커서 형식을 로드하고 디코딩하는 기능을 제공한다.

<table>
<tr><th>함수</th><th>설명</th></tr>
<tr><td>pygame.mouse.set_cursor</td><td>모듈에 포함된 여러 표준 커서 중 설정

커서 비트맵
pygame.cursors.arrow
pygame.cursors.diamond
pygame.cursors.broken_x
pygame.cursors.tri_left
pygame.cursors.tri_right</td></tr>
<tr><td>pygame.cursors.compile</td><td>형식화된 문자열 커서 설정

커서 비트맵
pygame.cursors.thickarrow_strings
pygame.cursors.sizer_x_strings
pygame.cursors.sizer_y_strings
pygame.cursors.sizer_xy_strings</td></tr>
</table>

display 모듈

display 모듈은 디스플레이 창(display window)과 스크린(screen)을 제어한다. 파이게임은 창에 포함되어 있거나 전체 화면으로 실행되는 단일 디스플레이 표면(Surface)을 가지고 있다. 디스플레이(display)를 생성하면 일반 표면(Surface)으로 취급되어, 변경된 내용은 화면에 즉시 표시되지 않으므로, 디스플레이(display)를 업데이트하려면 display.flip( ) 또는 display.update( ) 중 하나를 실행해야 한다.

디스플레이(display)는 pygame.display.set_mode( ) 함수를 사용하여 여러 모드 중 하나로 초기화할 수 있으며, 기본 값은 소프트웨어 기반 프레임 버퍼(software driven framebuffer)이다. 파이게임(Pygame)은 하나의 디스플레이만 활성화 할 수 있기 때문에, set_mode( ) 함수로 새로운 디스플레이를 만들면 이전 디스플레이가 닫히게 된다.

디스플레이 모드가 설정되면 파이게임 이벤트 큐에 여러 이벤트가 배치된다. 예를 들어,

pygame.QUIT는 사용자가 프로그램 종료를 요청했을 때 전송되고, 디스플레이가 입력 포커스를 얻거나 잃을 때 pygame.ACTIVEEVENT 이벤트를 수신한다.

함수	설명
display.init( )	- 디스플레이 모듈 초기화 - 디스플레이 모듈은 초기화 될 때까지 아무것도 할 수 없으며, 일반적으로 상위 레벨 pygame.init( )를 호출할 때 자동으로 처리됨
display.quit( )	- 전체 디스플레이 모듈 초기화 해제 - 모든 활성 디스플레이가 닫히며, 프로그램이 종료될 때 자동으로 처리됨
display.set_mode( )	- 디스플레이를 위한 창(window) 또는 스크린(screen) 초기화 즉, 디스플레이 표면(surface) 생성 - 디스플레이의 크기를 설정하지 않으면 (width, height) = (0,0)으로 설정되고, 현재 화면 해상도와 동일한 크기로 생성
display.set_caption( )	디스플레이가 표시되는 창(window)의 제목 설정
display.flip( )	전체 디스플레이의 내용 업데이트
display.update( )	- 전체 영역 대신 화면의 일부만 업데이트 - 인수를 생략하면 pygame.display.flip( )과 같이 전체 Surface 영역 업데이트
display.get_active( )	pygame.display.set_mode( )가 호출되어 화면에 표면(Surface)이 보인 후, 디스플레이 표면이 숨겨지거나 아이콘화되면 False 반환
display.get_caption( )	디스플레이가 표시되는 창(window)의 제목과 icontitle 반환
display.get_driver( )	디스플레이 백엔드(backend) 이름 반환
display.get_init( )	디스플레이 모듈이 초기화된 경우 True 반환
display.get_num_displays( )	가능한 디스플레이 수 반환
display.get_surface( )	- 현재 설정된 디스플레이 표면에 대한 참조 반환 - 디스플레이 모드가 설정되어 있지 않으면 None 반환
display.get_window_size( )	pygame.set_mode( )로 초기화된 창의 크기 반환
display.get_wm_info( )	현재 윈도우 시스템의 정보 반환
display.gl_get_attribute( )	현재 디스플레이의 OpenGL 플래그 값 반환
display.gl_set_attribute( )	현재 디스플레이의 OpenGL 플래그 값 설정
display.iconify( )	디스플레이 표면을 아이콘화
display.Info( )	디스플레이 정보를 가진 객체를 반환

함수	설명
display.list_modes( )	가능한 풀 스크린 모드를 가진 디스플레이 목록 반환
display.mode_ok( )	디스플레이 모드에 최적인 색상 깊이(color depth) 선택
display.set_icon( )	시스템이 디스플레이 창을 표시하기 위해 사용할 런타임 아이콘 설정
display.set_palette( )	8 비트 디스플레이를 위한 비디오 디스플레이 색상 팔레트 변경
display.toggle_fullscreen( )	윈도우 모드와 풀 스크린 모드 사이의 디스플레이 창 교체

test_pygame.py - C:₩Users₩JeongSeonHo₩Documents₩python_test₩green_b...

File Edit Format Run Options Window Help

```
import pygame

pygame.init()

screen = pygame.display.set_mode((500,500))
pygame.display.set_caption("Display Module Test~")

print('pygame.display.get_init() => ', pygame.display.get_init())
print('pygame.display.get_active() => ', pygame.display.get_active())
print('pygame.display.get_caption() => ', pygame.display.get_caption())
print('pygame.display.get_driver() => ', pygame.display.get_driver())
print('pygame.display.get_init() => ', pygame.display.get_init())
print('pygame.display.get_wm_info() => ', pygame.display.get_wm_info())
print('pygame.display.Info() => ', pygame.display.Info())
print('pygame.display.list_modes() => ', pygame.display.list_modes())
```

Ln: 1 Col: 0

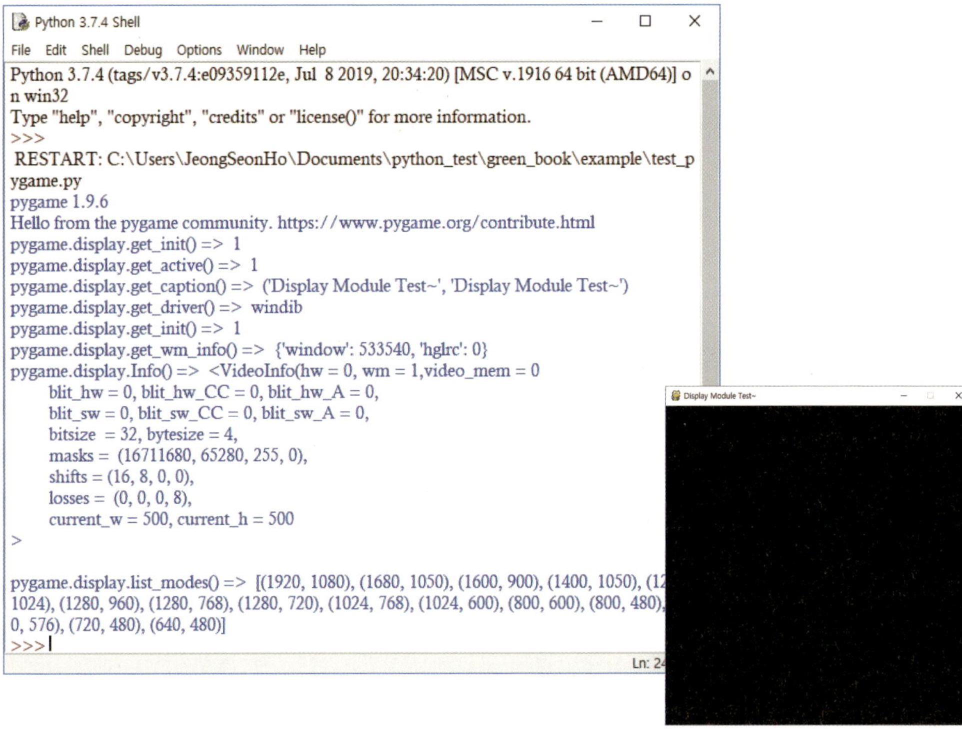

draw 모듈

도형을 그리기 위한 모듈로, 사각형과 원, 선 등의 몇 가지 간단한 모양을 그린 후 표면으로 렌더링한다.

함수	설명
draw.aaline( )	주어진 표면에 안티얼라이어스된 직선 표시
draw.aalines( )	안티얼라이어스된 직선을 연속적으로 표시
draw.arc( )	호 그리기
draw.circle( )	원 그리기
draw.ellipse( )	타원 그리기
draw.line( )	직선 그리기
draw.lines( )	연속적인 직선 그리기
draw.polygon( )	다각형 그리기
draw.rect( )	사각형 그리기

event 모듈

파이게임은 event 모듈을 사용하여 발생하는 모든 이벤트 메시지를 처리하기 위해 사용하는 이벤트 큐를 관리한다. 이벤트 큐에는 보유 할 수 있는 이벤트 수에 대한 상한이 있다 (표준 SDL 1.2의 경우 128개). 큐가 가득 차면 오래된 이벤트가 자동으로 삭제된다. 다음은 특정 속성이 있는 목록 이벤트 유형은 다음과 같다.

함수	설명
event.clear( )	이벤트 유형(eventtype)을 명시하지 않으면 이벤트 큐에 있는 모든 목록 제거, 이벤트 유형(eventtype)을 명시하면 해당 이벤트 또는 이벤트 목록 제거
event.custom_type( )	사용자 정의 이벤트 타입 생성
event.Event( )	주어진 유형(type)과 속성(attribute)으로 새로운 이벤트생성. 속성은 문자열 키가 있는 딕셔너리 인수 또는 키워드 인수 사용
event.EventType	- 이벤트를 나타내는 파이게임 객체 - 사용자 이벤트 인스턴스는 pygame.event.Event( ) 함수 호출로 생성
event.EventType.type	(읽기전용) 이벤트 타입 식별자(identifier)
event.EventType.__dict__	(읽기전용) 이벤트 타입의 속성
event.event_name( )	주어진 이벤트 유형의 이름 (CapWords 스타일)을 나타내는 문자열 반환
event.get( )	- 이벤트 유형(eventtype)을 명시하지 않으면 모든 이벤트 메시지를 가져오고 대기열에서 제거 - 이벤트 유형(eventtype)을 명시하는 경우 명시된 유형 또는 유형 목록의 이벤트 메시지만 이벤트 큐에서 제거
event.get_blocked( )	주어진 이벤트 유형(eventtype)이 큐에서 차단된 경우 True 반환
event.get_grab( )	응용 프로그램에서 입력 이벤트가 발생하면 True 반환
event.peek( )	이벤트 큐에 대기중인 지정된 유형의 이벤트 또는 이벤트 목록이 있는 경우 True 반환
event.poll( )	- 이벤트 큐에서 단일 이벤트 반환, 반환된 이벤트는 큐에서 제거 - 이벤트 큐가 비어 있으면 pygame.NOEVENT 유형의 이벤트가 즉시 반환됨
event.post( )	- 주어진 이벤트를 이벤트 큐의 끝에 배치 - 일반적으로 이벤트 큐에 pygame.USEREVENT 이벤트를 배치하는 데 사용
event.pump( )	- 게임의 각 프레임마다 이벤트 큐 호출(프로그램이 운영 체제와 내부적으로 상호 작용) - 게임에서 다른 이벤트 함수를 사용하지 않는 경우 pygame.event.pump( )를 호출하여 pygame이 내부 작업을 처리 할 수 있도록 함

함수	설명
event.set_allowed( )	주어진 이벤트 유형만 이벤트 큐에 들어감
event.set_blocked( )	- 주어진 이벤트 유형만 이벤트 큐에 들어가지 못하도록 차단 - None이 인수로 전달되면 모든 이벤트 유형이 큐에 배치되는 것이 차단
event.set_grab( )	사용자가 시스템에서 다른 작업을 수행하지 못하도록 잠그기 위해 사용
event.wait( )	- 큐에서 단일 이벤트 반환 - 이벤트 큐가 비어 있는 경우 이벤트가 생성될 때까지 대기 - 이벤트가 반환되면 큐에서 제거

font 모듈

font 모듈을 사용하면 트루타입 글꼴을 새 표면(Surface) 개체로 렌더링할 수 있다. 모듈을 사용하기 전에 pygame.font를 초기화해야한다. 글꼴로 수행되는 대부분의 작업은 실제 Font 객체를 사용하여 수행된다. 파이게임에는 기본 폰트가 내장되어 있으므로, 글꼴 이름으로 None을 전달하면 언제든지 액세스 할 수 있다.

함수	설명
font.Font	- 주어진 파일 이름 또는 파이썬 파일 객체로부터 새로운 폰트 객체 생성. - 파일 이름이 None이면 파이게임 기본 글꼴 로드
font.init( )	font 모듈 초기화
font.quit( )	font 모듈 초기화 해제
font.SysFont( )	시스템 폰트를 사용하여 폰트 객체 생성
font.Font.render( )	- 지정된 텍스트를 렌더링하여 새 표면(Surface) 생성 - 파이게임(pygame)은 기존 표면(Surface)에 직접 텍스트를 그리는 방법을 제공하지 않으므로, Font.render( )를 사용하여 텍스트의 이미지(Surface)를 만든 다음, 이 이미지를 다른 표면(Surface)에 블리팅(blitting)해야 함 - 텍스트는 한 줄만 가능 - 줄 바꿈 문자는 렌더링되지 않고, 널 문자 ('x00')는 TypeError 발생
font.Font.get_ascent( )	폰트의 높이를 픽셀 단위로 반환 (ascent : 글꼴 기준선에서 글꼴 위쪽까지의 픽셀 수)
font.Font.set_bold( )	텍스트를 굵게 렌더링
font.Font.get_bold( )	bold 렌더링 모드가 활성화되면 True 반환

함수	설명
font.Font.get_descent( )	글꼴 기준선에서 글꼴 아래쪽까지의 픽셀 수 반환
font.Font.get_height( )	렌더링 된 텍스트의 높이를 픽셀 단위로 반환
font.Font.set_italic( )	텍스트를 기울임꼴로 렌더링
font.Font.get_italic( )	italic 렌더링 모드가 활성화되면 True 반환
font.Font.get_linesize( )	연속적인 직선 그리기
font.Font.get_underline( )	글꼴이 표시된 문장의 높이(줄 간격)를 픽셀로 반환
font.Font.metrics( )	각 문자에 대한 문자의 최소 X 오프셋, 최대 X 오프셋, 최소 Y 오프셋, 최대 Y 오프셋 및 진행 오프셋 (베어링 플러스 너비)이 포함된 투플 반환
font.Font.set_underline( )	텍스트에 밑줄을 표시하여 렌더링
font.Font.size( )	텍스트를 앤더링하기 위해 필요한 크기 반환
font.get_default_font( )	시스템 글꼴의 파일 이름 반환
font.get_fonts( )	시스템에서 사용 가능한 글꼴 목록 반환
font.get_init( )	font 모듈이 초기화된 경우 True 반환
font.match_font( )	시스템에서 특정 글꼴의 전체 경로 반환

image 모듈

이미지를 표면(Surface) 객체로 로드 및 저장하고, 표면(Surface)를 다른 패키지에서 사용할 수 있는 형식으로 전송하는 기능을 포함한다. image 모듈은 확장 파일 형식만 선택적으로 지원하고, 기본적으로 압축되지 않은 BMP 이미지만 로드할 수 있다.

pygame.image.load( ) 함수는 다음 형식을 지원할 수 있습니다.

형식	형식
JPG	TGA (uncompressed)
PNG	TIF
GIF (non-animated)	LBM (and PBM)
BMP	PBM (and PGM, PPM)
PCX	XPM

이미지를 저장하기 위해서는 다음과 같은 형식만 지원한다.

형식	형식
BMP	PNG
TGA	JPEG

함수	설명
image.frombuffer( )	문자열 버퍼에서 새로운 표면(Surface) 생성
image.fromstring( )	문자열 버퍼에서 새로운 표면(Surface) 생성
image.get_extended( )	확장된 이미지 형식으로 빌드된 경우 True 반환
image.load( )	주어진 파일로부터 이미지 로드
image.save( )	이미지를 디스크에 저장
image.tostring( )	문자열 버퍼에서 이미지 전송

key 모듈

키보드 버튼을 눌렀다 놓으면 이벤트 대기열에 pygame.KEYDOWN 및 pygame.KEYUP 이벤트가 발생하는데, 두 이벤트 모두 키보드의 모든 키를 나타내는 정수형의 키 속성을 포함한다. 키 속성으로 키보드 상수를 사용한다.

함수	설명
key.get_focused( )	디스플레이 창에 키보드 포커스가 있는 경우 True 반환
key.get_mods( )	보유하고 있는 모든 수정자 키의 비트 마스크를 나타내는 단일 정수 반환
key.get_pressed( )	- 키보드의 모든 키 상태를 나타내는 부울 값 목록 반환 - 버튼이 눌린 경우 True 반환
key.get_repeat( )	키를 누르고 있는 경우 설정된 시간동안 pygame.KEYDOWN 이벤트가 반복적으로 발생되지 않도록 함
key.name( )	키보드 버튼 ID 상수에 해당하는 버튼 설명 이름 반환
key.set_mods( )	어떤 수정자 키를 눌렀는지 임시로 설정

함수	설명
key.set_repeat( )	- 키보드 반복이 활성화된 경우 누른 키는 여러 개의 pygame.KEYDOWN 이벤트 생성 - 인수가 전달되지 않으면 키 반복 비활성화
key.set_text_input_rect( )	IME로 입력하는 데 사용되는 사각형 설정

locals 모듈

파이게임에서 사용되는 다양한 상수를 포함하는 모듈이다. 파이게임 전체에 다양한 상수가 정의되어 있으며, 파이게임 상수만을 포함하도록 하기 위해서는 from pygame.locals import * 구문을 사용한다.

mouse 모듈

마우스 장치의 현재 상태를 얻거나, 마우스의 시스템 커서를 변경하는 등의 기능을 제공한다. 디스플레이 모드가 설정되면 이벤트 큐에 마우스 이벤트가 수신된다.

함수	설명
mouse.set_cursor( )	마우스 커서의 이미지 설정
mouse.get_cursor( )	마우스 커서의 이미지 반환
mouse.get_focused( )	파이게임이 마우스 입력 이벤트를 받거나 창이 활성화되거나 포커스를 가지는 경우 True 반환
mouse.set_pos( )	마우스의 위치 설정
mouse.get_pos( )	마우스의 위치 반환
mouse.get_pressed( )	모든 마우스 버튼의 상태를 나타내는 부울 값 목록 반환 (사용하기 전에 pygame.event.get( )을 호출해야 함)
mouse.get_rel( )	마우스가 움직인 거리 반환
mouse.set_visible( )	마우스 커서를 숨기거나 표시
mouse.get_visible( )	마우스 커서의 visibility 상태 값 반환(visible이면 True반환)

mixer.music 모듈

music 모듈은 pygame.mixer와 밀접하게 연결되어 있다. 사운드 믹서에서 음악 재생을 제어하는 경우 사용한다. 음악 재생과 일반 사운드 재생의 차이점은 음악이 스트리밍되고 실제로 한 번에 모두 로드되지 않는다는 것이다. 믹서 시스템은 한 번에 하나의 음악 스트림만 지원한다.

함수	설명
mixer.music.load( )	- 재생을 위한 음악 파일 이름 또는 파일 객체 로드 - 음악 스트림이 이미 재생중인 경우 중지
mixer.music.play( )	로드된 음악 스트림 재생 시작
mixer.music.stop( )	음악 스트림 재생 중지
mixer.music.pause( )	음악 스트림 재생 일시정지
mixer.music.unpause( )	음악 스트림 재생 일시정지 해제
mixer.music.fadeout( )	지정된 시간 (밀리 세컨드 단위) 동안 페이드 아웃된 후 음악 재생 중지
mixer.music.get_busy( )	음악 스트림이 현재 재생 중이면 True 반환
mixer.music.get_endevent( )	- 음악 재생이 끝날 때마다 전송되는 이벤트 유형 반환 - 종료 이벤트가 없으면 함수는 pygame.NOEVENT 반환
mixer.music.set_pos( )	음악 파일에서 재생이 시작될 위치 설정
mixer.music.get_pos( )	음악 파일에서 재생이 시작될 위치 반환
mixer.music.set_volume( )	음악 파일에서 재생 볼륨 설정
mixer.music.get_volume( )	음악 파일에서 재생 볼륨 반환
mixer.music.queue( )	사운드 파일을 로드하고 큐에 삽입
mixer.music.rewind( )	현재 음악의 재생을 처음으로 재설정
mixer.music.unload( )	현재 로드된 음악을 언로드하여 리소스 확보

Rect 모듈

파이게임(Pygame)은 Rect 객체를 사용하여 직사각형 영역을 저장하고 제어한다. Rect는 left, top, width 및 height 값의 조합으로 만들 수 있으며, . Rect는 "rect"라는 속성을 가지고 있거나 Rect 객체인 파이썬(python) 객체에서 만들 수 있다.

Rect 객체에는 Rect를 이동하고 정렬하는 데 사용할 수 있는 속성을 포함한다.

Rect 객체의 속성
x, y top, left, bottom, right topleft, bottomleft, topright, bottomright, midtop, midleft, midbottom, midright center, centerx, centery size, width, height w, h

Rect 객체의 좌표는 모두 정수이며, 다른 사각형과 충돌 여부를 테스트할 수 있는 함수를 제공한다. Rect가 적용되는 영역에는 픽셀의 가장 오른쪽 및 맨 아래 가장자리가 포함되지 않는다. 예를 들어, 하나의 Rect의 아래쪽 테두리가 다른 Rect의 위쪽 테두리인 경우 (즉, rect1.bottom = rect2.top) 화면에서 두 개의 Rect가 정확히 닿지만 겹치지는 않기 때문에 rect1.colliderect (rect2)는 false를 반환하게 된다.

Rect 객체는 다음과 같은 메서드를 포함한다.

함수	설명
Rect.clamp( )	- 인수인 Rect 객체에 완전히 들어가도록 이동한 새 Rect 객체 반환 - 이동해야 하는 사각형이 너무 커서 내부에 들어가지 않으면 인수인 Rect 객체의 내부에 있지만 크기는 변경되지 않음
Rect.clamp_ip( )	Rect.clamp( ) 메서드와 동일하지만 제 자리(in place)에서 실행
Rect.clip( )	- 인수인 Rect 객체에 완전히 들어가도록 잘린 새 Rect 객체 반환 - 두 Rect 객체가 겹치지 않으면 0 크기의 Rect 객체 반환
Rect.collidedict( )	- 딕셔너리를 인수로 가지며, 호출하는 Rect 객체와 교차하는 첫 번째 키(key)와 값(value) 쌍을 딕셔너리에서 반환 - 충돌이 없으면 None 반환 - 인수 use_values가 0 (기본값)이면 dict의 키(key)가 충돌 감지에 사용되며, 그렇지 않으면 dict의 값(value) 사용
Rect.collidedictall( )	- 호출 Rect 객체와 교차하는 모든 키 및 값 쌍의 목록 반환 - 충돌이 없으면 빈 목록이 반환
Rect.collidelist( )	- 사각형이 일련의 사각형과 충돌하는지 테스트하여 첫 번째 충돌 색인 반환 - 충돌이 없으면 인덱스 -1 반환
Rect.collidelistall( )	- Rect와 충돌하는 사각형을 포함하는 모든 인덱스 목록 반환 - 교차하는 사각형이 없으면 빈 목록 반환
Rect.collidepoint( )	- 주어진 점이 사각형 안에 있으면 true를 반환 - 오른쪽 또는 아래쪽 가장자리에 있는 경우 사각형 안에 있는 것으로 간주하지 않음

함수	설명
Rect.colliderect( )	사각형의 일부가 겹치면 (상단 + 하단 또는 왼쪽 + 오른쪽 가장자리 제외) true 반환
Rect.contains( )	인수인 Rect 객체가 호출한 Rect 객체 내부에 완전히 포함되는 경우 true 반환
Rect.copy( )	원본과 위치 및 크기가 같은 새로운 Rect 객체 반환
Rect.fit( )	- 다른 Rect 객체에 맞춰 이동 및 크기가 조정된 새로운 Rect 객체 반환 - 원본 Rect의 종횡비가 유지되므로 새로운 Rect 객체의 폭 또는 높이가 대상보다 작을 수 있음
Rect.inflate( )	- 주어진 오프셋만큼 객체 중심으로부터 크기를 확대 / 축소하여 새로운 Rect 객체 반환 - 음수 값은 사각형을 축소
Rect.inflate_ip( )	Rect.inflate( ) 메서드와 동일하지만 제자리(in place)에 적용
Rect.move( )	지정된 오프셋만큼 이동 한 새로운 Rect 객체 반환
Rect.move_ip( )	Rect.move( ) 메서드와 동일하지만 제자리(in place)에 적용
Rect.normalize( )	크기 값이 음수이면 Rect 객체의 너비 또는 높이를 뒤집어 표시
Rect.union( )	두 Rect 객체의 영역을 완전히 덮는 새로운 Rect 객체 반환
Rect.unionall( )	여러 사각형 영역을 모두 덮는 새로운 Rect 객체 반환
Rect.unionall_ip( )	Rect.unionall( ) 메서드와 동일하지만 제자리(in place)에 적용
Rect.union_ip( )	Rect.union( ) 메서드와 동일하지만 제자리(in place)에 적용

sprite 모듈

sprite 모듈은 게임 내에서 사용되는 몇 가지 간단한 클래스를 포함한다. 기본 Sprite 클래스와 Sprite를 포함하는 하나 이상의 Group 클래스를 포함한다. Sprite 클래스는 게임에서 다양한 유형의 오브젝트에 대한 기본 클래스로 사용되며, 포함된 Sprite를 표면(Surface)에 그릴 수 있다. 또는 이 모듈에는 충돌 기능을 제공하여 교차 경계 사각형을 가진 여러 그룹 내에서 스프라이트를 쉽게 찾을 수 있다.

함수		설명
sprite.Sprite		화면에 표시된 게임 오브젝트의 기본 클래스
	.add( )	하나 이상의 그룹 인스턴스에 스프라이트 추가
	.alive( )	Sprite가 하나 이상의 그룹에 속하는 경우 True 반환
	.groups( )	해당 Sprite를 포함하는 모든 그룹의 목록 반환
	.kill( )	모든 그룹 인스턴스에 스프라이트 제거
	.remove( )	하나 이상의 그룹 인스턴스에 스프라이트 제거

함수	설명
.update( )	- Group.update( )에 의해 주어진 인수와 함께 호출되며, 기본적으로는 아무 것도 수행하지 않음 - Group 클래스에서 동일한 이름으로 메소드를 사용하지 않는 경우 사용할 필요가 없음
sprite.Group	- Sprite 객체의 컨테이너 - 다른 컨테이너를 만들기 위해 상속 가능 - Python 오퍼레이션(is, len, bool, iter) 지원
.add( )	그룹에 스프라이트를 추가
.clear( )	스프라이트 위에 백그라운드(background)를 그려 표시
.copy( )	동일한 스프라이트를 가진 그룹 생성
.draw( )	포함된 Sprite를 표면(Surface)에 그려 표시
.empty( )	그룹에서 모든 스프라이트 제거
.has( )	하나 이상의 주어진 스프라이트들이 그룹에 포함된 경우 True 반환
.remove( )	그룹에서 스프라이트 제거
.sprites( )	그룹에 포함된 스프라이트 목록 반환
.update( )	그룹의 모든 Sprite에서 update( ) 메서드 호출
sprite.DirtySprite	Sprite 클래스의 서브 클래스
sprite.LayeredDirty	- LayeredDirty 그룹은 DirtySprite 객체를 위해 사용 - LayeredUpdates를 서브 클래스로 사용
.change_layer( )	스프라이트의 레이어 교체
.clear( )	백그라운드를 설정하기 위해 사용
.draw( )	통과한 표면에 모든 스프라이트를 순서대로 그림
.get_clip( )	- 그릴 영역을 자름(clip) - 자를 영역을 재설정하려면 None 사용
.repaint_rect( )	주어진 영역을 다시 그림
.set_clip( )	잘라서 그릴 영역 설정
.set_timing_treshold( )	- (기본값) 1000.0/80 - 80은 전체 화면 모드로 전환하려는 fps 임계값
sprite.LayeredUpdates	레이어를 처리하고 OrderedUpdates처럼 스프라이트를 그리는 그룹
.add( )	그룹 또는 하나 이상의 그룹에 스프라이트 추가
.change_layer( )	스프라이트의 레이어 교체
.draw( )	통과한 표면에 모든 스프라이트를 순서대로 그림
.get_bottom_layer( )	제일 아래에 있는 레이어 반환
.get_layer_of_sprite( )	현재 스프라이트가 있는 레이어 반환
.get_sprite( )	그룹 스프라이트에서 해당 인덱스를 가진 스프라이트 반환
.get_sprites_at( )	해당 위치의 모든 스프라이트 목록 반환

함수	설명
.get_sprites_from_layer( )	레이어에서 모든 스프라이트를 추가한 순서대로 반환
.get_top_layer( )	제일 위에 있는 레이어 반환
.get_top_sprite( )	최상위 스프라이트 반환
.layers( )	정의된 (고유한) 레이어 목록을 아래에서 위로 정렬하여 반환
.move_to_back( )	스프라이트를 뒤 레이어로 이동
.move_to_front( )	스프라이트를 앞 레이어로 이동
.remove_sprites_of_layer( )	레이어에서 모든 스프라이트를 제거하고, 리스트로 반환
.sprites( )	스프라이트의 순서화된 목록 반환
.switch_layer( )	레이어 사이에서 스프라이트 교환
sprite.RenderClear	pygame.sprite.Group과 동일
sprite.RenderPlain	pygame.sprite.Group과 동일
sprite.RenderUpdates	pygame.sprite.Group의 파생 클래스
draw( )	Sprite 이미지를 블리팅하고 변경된 영역 추적
sprite.spritecollide( )	그룹에서 다른 스프라이트와 교차하는 스프라이트의 목록 반환
sprite.spritecollideany( )	그룹에서 다른 스프라이트와 교차하는 스프라이트 반환
sprite.collide_circle( )	원을 사용하는 두 스프라이트 사이의 충돌 감지
sprite.collide_circle_ratio( )	비율로 조정된 원을 사용하는 두 스프라이트 사이의 충돌 감지
sprite.groupcollide( )	두 그룹에서 충돌하는 모든 스프라이트 검색
sprite.GroupSingle( )	스프라이트 한 개만을 가지는 그룹 컨테이너
sprite.collide_mask( )	- 마스크가 충돌한 마스크의 첫 번째 위치 반환 - 충돌이 없는 경우 None 반환
sprite.collide_rect( )	사각형인 두 스트라이프 사이의 충돌 감지
sprite.collide_rect_ratio( )	비율로 조정된 원을 사용하는 두 스프라이트 사이의 충돌 감지
sprite.OrderedUpdates( )	스프라이트를 순서대로 그리는 RenderUpdates의 서브 클래스

surface 모듈

파이게임(Pygame) 표면(Surface)은 모든 이미지를 표시하기 위해 사용된다. 표면(Surface)의 해상도 및 픽셀 형식이 고정되어 있으며, 8비트 픽셀이 있는 표면은 색상 팔레트를 사용하여 24비트 색상으로 매핑한다.

pygame.Surface( )를 호출하여 새 이미지 객체를 만들면, 표면이 모두 검정색으로 지워진다. 표면의 크기를 인수로 입력해야하며, 추가 인수를 생략하면 디스플레이 표면(Surface)과 가장 일치하는 형식으로 생성된다.

함수	설명
Surface.blit( )	이 표면에 하나의 소스 표면을 그려 표시
Surface.blits( )	이 표면에 하나 이상의 소스 표면을 그려 표시
Surface.convert( )	이미지의 픽셀 형식 교체하고 표면을 복사하여 새 표면 생성
Surface.convert_alpha( )	알파를 포함하는 이미지의 픽셀 형식 변경
Surface.copy( )	표면을 복사하여 새로운 표면 생성
Surface.fill( )	표면을 설정한 색으로 채워 표시
Surface.get_abs_offset( )	최상위 표면으로부터 하위 표면의 절대 위치 반환
Surface.get_abs_parent( )	하위 표면으로부터 최상위 표면의 절대 위치 반환
Surface.get_alpha( )	표면의 현자 알파값 반환
Surface.get_at( )	- 주어진 픽셀의 RGBA 색상 값의 복사본 반환 - 표면(Surface)에 알파가 없으면 알파 값은 255 (불투명)
Surface.get_at_mapped( )	단일 픽셀에서 매핑된 색상 값 반환
Surface.get_bitsize( )	Surface 픽셀 형식의 비트 심도 반환
Surface.get_bounding_rect( )	최소 알파 값 이상인 표면의 모든 픽셀을 포함하는 가장 작은 사각형 영역 반환
Surface.get_buffer( )	표면(Surface) 픽셀의 버퍼 객체 반환
Surface.get_bytesize( )	표면(Surface) 픽셀의 바이트 반환
Surface.get_clip( )	표면(Surface)의 현재 클리핑 영역 반환
Surface.get_colorkey( )	표면(Surface)의 현재 색상 키 반환
Surface.get_flags( )	표면(Surface)에서 사용된 플래그 반환
Surface.get_height( )	표면(Surface)의 높이 반환
Surface.get_locked( )	현재 표면(Surface)이 잠겨있는 경우 True 반환
Surface.get_locks( )	표면(Surface)의 잠김 목록 반환
Surface.get_losses( )	각 색상에서 제거 최소 유효 비트 수를 매핑된 정수로 반환
Surface.get_offset( )	부모 표면 내부에 있는 하위 표면 오프셋 위치 반환
Surface.get_palette( )	8비트 표면(Surface)에 사용된 색인화된 색상을 나타내는 최대 256 개의 색상 요소 목록 반환
Surface.get_palette_at( )	표면(Suarface) 팔레트에서 단일 인덱스의 빨강, 녹색 및 파랑 색상 값 반환

함수	설명
Surface.get_parent( )	하위 표면의 부모 표면 반환
Surface.get_pitch( )	표면(Suarface)의 각 행을 구분하는 바이트 수 반환
Surface.get_rect( )	표면(Suarface)의 사각형 영역 반환
Surface.get_size( )	표면(Suarface)의 크기 (너비, 높이) 값 반환
Surface.get_width( )	표면(Suarface)의 너비 반환
Surface.scroll( )	표면(Suarface) 이미지를 제자리에 이동
Surface.set_clip( )	표면(Suarface)의 클리핑 영역 설정
Surface.set_palette( )	8비트 표면(Suarface)의 색상 팔레트 설정

time 모듈

시간을 관리하기 위한 모듈로, 단위는 밀리세컨드(1/1000초)로 표시된다.

함수	설명
time.Clock	시간을 추적하는 데 사용하는 새 Clock 객체 생성
time.Clock.get_fps( )	Clock 객체의 프레임레이트(framerate) 계산
time.Clock.get_rawtime( )	이전에 발생한 tick에서 사용된 실제 시간 반환
time.Clock.get_time( )	두 tick사이의 시간 반환
time.Clock.tick( )	프레임 당 한 번씩 호출하며, 이전 호출 이후 경과한 시간을 밀리세컨드로 계산하여 반환
time.delay( )	설정된 밀리세컨드 시간 동안 일시정지
time.get_ticks( )	pygame.init( )가 호출된 이후의 밀리세컨드 반환
time.set_timer( )	주어진 밀리세컨드마다 이벤트 유형이 이벤트 큐에 나타나도록 설정
time.wait( )	주어진 시간(밀리세컨드) 동안 일시 중지

transform 모듈

transform 모듈은 픽셀을 이동하거나 크기를 조정하는 기능을 포함하고, 결과와 함께 새로운 Surface를 반환한다.

함수	설명
transform.average_color( )	Rect로 지정된 Surface 또는 Surface 영역의 평균 색상을 찾아 Color로 반환
transform.chop( )	주어진 사각형 영역을 둘러싼 모든 수직 및 수평 픽셀이 제거된 후 이미지의 일부 추출
transform.flip( )	표면을 수평 또는 수직으로 뒤집기
transform.rotate( )	이미지 회전
transform.rotozoom( )	스케일과 회전 변환 결합
transform.scale( )	표면(Surface)를 새로운 해상도로 크기 조정

3 파이게임(Pygame) 기본 구조 이해하기

파이게임(Pygame)은 파이썬(Python) 패키지에 들어있는 다양한 모듈 모음으로, 모듈 중 일부는 C로 작성되고 일부는 파이썬으로 작성된다. 파이게임(Pygame)을 사용하기 위해서는 import 명령어를 사용하여 파이게임(Pygame) 모듈을 로드(load)하고, 초기화(Initialize)하는 과정이 필요하다.

파이게임(Pygame) 모듈을 초기화한 후 게임 관련 요소들을 출력하기 위한 창(window)를 열고, 사용자와의 상호작용과 관련된 코드를 작성한다.

❶ pygame 모듈 import

❷ pygame 라이브러리 초기화

❸ 디스플레이 초기화

❹ 메인 루프 작성

[pygame의 기본 구조]

❶ 가져오기 (import)

먼저 다음과 같이 import 명령어를 사용하여 파이게임(Pygame) 패키지를 가져와야한다. 다음 코드는 사용 가능한 모든 파이게임 (Pygame) 모듈을 가져온다.

```
import pygame
```

❷ 초기화 (Initialize)

파이게임(Pygame)으로 작업하기 전에 먼저 init( ) 함수를 사용하여 파이 게임을 초기화한다.

```
pygame.init( )
```

init( ) 함수는 모든 파이게임 (Pygame) 모듈을 초기화한다. init( ) 함수를 사용하여 파이게임(Pygame)의 모듈별로 초기화할 수도 있다. 예를 들어 글꼴(Font) 모듈을 초기화하는 경우 다음과 같은 코드를 사용한다.

```
pygame.font.init( )
```

❸ 창 (window) 생성하기

set_mode( ) 함수를 사용하여 생성할 창의 크기를 정의하고 창을 설정한다. set_mode( ) 함수는 pygame.display 모듈에 포함된 함수로 스크린 또는 창을 초기화하기 위해 사용한다.
예를 들어 가로와 세로가 각각 500, 500 픽셀인 창을 생성하려면 다음과 같이 코드를 작성한다.

```
pygame.display.set_mode (size=(500,500))
```

다음과 같이 파이썬 코드를 작성한 후, 실행하면 가로와 세로가 각각 500, 500 픽셀인 창이 생성된다.

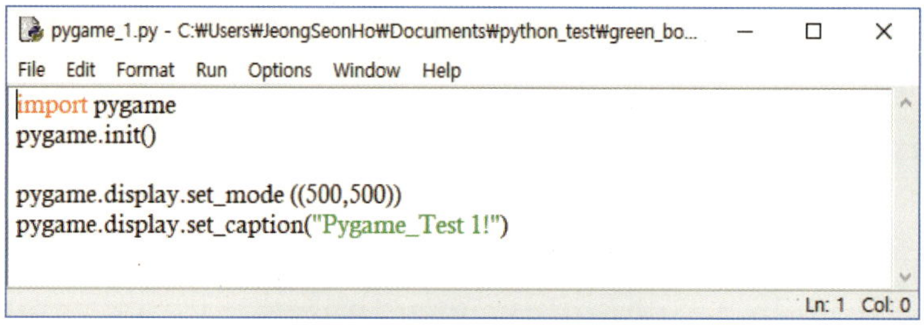

set_mode 함수

형식 : pygame.display.set_mode(size=(width, height), flags=0, depth=0, display=0)

기능 : 스크린 또는 윈도우를 초기화하기 위해 사용

인수 : size - 창의 너비와 높이를 나타내는 숫자쌍 또는 변수

예) set_mode((500,500)) 또는 set_mode (size=(500,500))

flags - (옵션)표시 유형 제어,

파이프 문자(|)를 사용하여 여러 유형 결합 가능.

0 또는 인수를 생략하면 기본값으로 사용

옵션	설명
pygame.FULLSCREEN	전체화면으로 표시
pygame.DOUBLEBUF	- 더블 버퍼 모드를 사용. - HWSURFACE 또는 OPENGL에 사용
pygame.HWSURFACE	하드웨어 가속, FULLSCREEN 모드만 가능
pygame.OPENGL	OpenGL 사용 가능한 디스플레이 초기화
pygame.RESIZABLE	창 크기 조절 가능
pygame.NOFRAME	테두리와 컨트롤 없는 창 생성
pygame.SCALED	화면 크기와 그래픽에 따라 해상도 상이

depth - (옵션)색상에 사용할 비트 수
display - (옵션)display index가 0이면 기본 디스플레이 사용

set_caption 함수

형식 : set_caption(title, icontitle=None)
기능 : 창의 캡션 설정
인수 : title - 창의 제목으로 표시되는 문자열
예) pygame.display.set_caption("Pygame_Test 1!")

❹ 파이게임 (Pygame)의 메인 게임 루프 작성하기

파이게임(Pygame)의 메인 게임 루프는 파이게임 (Pygame) 이벤트를 처리하는 부분과 게임 상태를 업데이트하는 부분, 게임의 상태를 화면에 그려주는 부분 등의 세 부분으로 구성된다.

[메인 게임 루프]

메인 루프는 While 문으로 다음과 같은 형식으로 작성한다.

메인 게임 루프 구조

```
while True:
    for event in pygame.event.get( ):
        # 이벤트를 처리하는 부분
          키보드, 마우스 등의 이벤트 처리 코드
        ...
        # 게임 상태를 업데이트하는 부분
          마우스 클릭/키보드 누름 등의 이벤트 또는 시간 경과에 따른 처리 코드
        ...
        # 게임 화면에 그려주는 부분
          화면 그리기/지우기/업데이트하는 코드
        ...
```

게임 상태는 대개 마우스 클릭이나 키보드 누름과 같은 이벤트 또는 경과된 시간에 따라 업데이트되므로, 게임 루프는 지속적으로 발생한 모든 새 이벤트에 대해 확인하고 처리하는 코드를 포함한다.

따라서 메인 게임 루프 내부 (While 문)에는 pygame.event.get( ) 함수를 호출하여 어떤 이벤트가 생성되었는지를 보여주는 코드가 포함된다. 생성된 이벤트에 따라 게임 상태를 업데이트하는 코드가 포함하며, 이를 일반적으로 이벤트 처리 (event handling)라고 한다.

사용자가 키보드 키를 누르거나 마우스를 움직이는 것과 같은 작업을 수행 할 때마다 이를 이벤트 (event)로 기록하기 위해 pygame.event.Event 객체가 만들어진다. pygame.event.get( ) 함수를 호출하면 발생한 이벤트 목록인 pygame.event.Event 객체 목록이 반환된다.

반환된 객체 목록에는 마지막으로 pygame.event.get( ) 함수가 호출된 이후 발생한 이벤트들이 포함된다.

pygame.event.get ( ) 함수

형식 : pygame.event.get (eventtype=None)
pygame.event.get (eventtype=None, pump=True)
기능 : 발생한 이벤트(event) 객체 목록을 가지는 이벤트 큐(Queue) 반환

이벤트가 발생하지 않는 경우, 빈 리스트 반환
특정 이벤트 형식을 지정하는 경우 해당 이벤트 목록만 반환
반환된 목록은 이벤트 객체 목록에서 제거

예를 들어 배경색이 파랑이고, 가로와 세로의 길이가 500 픽셀인 창을 생성한 후, 창의 오른쪽 상단에 있는 〈닫기〉 버튼을 클릭(QUIT 이벤트)하면 창이 닫히도록 하려면 다음과 같이 코드를 작성한다.

QUIT 이벤트 처리

```
import pygame
import sys

# screen 이라는 이름의 변수를 사용하여 새로운 창 개체 생성
screen = pygame.display.set_mode((400, 400))
pygame.display.set_caption('배경색을 파랑으로~!')

# screen 이라는 이름을 가진 창의 배경색을 파랑으로 설정
screen.fill( (0, 0, 255) )
# 생성된 창에 설정된 값 표기 => 창 업데이트
pygame.display.flip( )
running = True

while True:
    for event in pygame.event.get( ):
        if event.type == pygame.QUIT:
            pygame.quit( )
            sys.exit( )
```

새로운 창을 생성한 다음, 창의 상태를 업데이트하기 위해 전역변수를 사용하여 생성된 창을 선언한다. 창을 초기화하거나 상태를 업데이트 하는 등의 작업은 이 변수를 사용하여 적용된다.

```
screen = pygame.display.set_mode((400, 400))
```

fill 함수

형식 : surface_이름.fill(color, rect=None, special_flags=0)

기능 : 표면을 설정된 단색으로 채움

인수 : color - RGB 시퀀스, RGBA 시퀀스 또는 매핑된 색상 인덱스 가능

rect - 채우기를 특정 영역으로 제한,
rect 인수가 생략되면 Surface 전체가 채워짐

special_flags - BLEND_RGBA_ADD, BLEND_RGBA_SUB, BLEND_RGBA_MULT, BLEND_RGBA_MIN, BLEND_RGBA_MAX BLEND_RGB_ADD, BLEND_RGB_SUB, BLEND_RGB_MULT, BLEND_RGB_MIN, BLEND_RGB_MAX 가능

flip 함수

형식 : pygame.display.flip( )

기능 : 전체 디스플레이 내용 업데이트

quit 함수

형식 : pygame.quit( )

기능 : 모든 파이게임 모듈 초기화 해제

요약

■ **파이게임**

- 파이썬으로 SDL (Simple DirectMedia Layer)을 지원하는 운영체제 (Windows, Unix, Mac, BeOS 및 기타)에서 게임이나 멀티미디어 어플리케이션을 실행할 수 있도록 지원하는 라이브러리
- 35개의 모듈 포함
- 파이게임(Pygame) 주요 라이브러리

모듈	설명
pygame	파이게임 최상위 패키지
camera	카메라 사용과 관련된 모듈
color	색 표현을 위한 모듈
cursors	커서 제어와 관련된 모듈
display	윈도우와 스크린을 제어하기 위한 모듈
draw	도형을 그리기 위한 모듈
event	이벤트 처리와 관련된 모듈
font	트루타입 글꼴 렌더링을 위한 모듈
image	이미지 로드와 저장 등 처리를 위한 모듈
joystick	조이스틱 동작과 관련된 모듈
key	키보드 동작과 관련된 모듈
locals	파이게임에서 사용하는 상수와 관련된 모듈
mouse	마우스 동작과 관련된 모듈
music	오디오 제어와 관련된 모듈
sprite	게임 오브젝트와 관련된 모듈
surface	이미지 표시과 관련된 모듈
time	밀리세컨드 (milliseconds) 단위의 시간 표시 관련 모듈
transform	surface 이동이나 크기를 조절 등의 처리와 관련된 모듈

■ **파이게임(Pygame) 기본 구조**

- 가져오기 (import) : import 명령어를 사용하여 파이게임(Pygame) 패키지 포함
- 초기화 (Initialize) : 파이게임(Pygame)으로 작업하기 전에 먼저 init() 함수를 사용하여 파이 게임 초기화
- 창 (window) 생성 : set_mode( ) 함수를 사용하여 생성할 창의 크기를 정의하고 창을 설정
- 파이게임 (Pygame)의 메인 게임 루프 작성 : 파이게임 (Pygame) 이벤트를 처리하는 부분과 게임 상태를 업데이트하는 부분, 게임의 상태를 화면에 그려주는 부분 등의 세 부분으로 구성

연습문제

1. 파이게임의 기본 구조에 대해 설명하라.

2. pygame 모듈의 기능과 포함된 함수에 대해 설명하라.

3. draw 모듈의 기능과 포함된 함수에 대해 설명하라.

4. set_mode 함수를 사용하여 600X400인 창을 생성하는 코드를 작성하라.

5. 파이 게임의 메인 게임 루프에 대해 설명하라.

6. 가로와 세로가 각각 700, 500 픽셀이고, 배경색이 흰색인 창을 만드는 코드를 작성하라.

7. 6번에서 만든 창의 닫기 버튼을 클릭했을 때 창이 닫히도록 프로그램 코드를 추가하라.

Chapter 9

게임을 위한 그래픽 요소 이해하기

파이게임 (Pygame)을 사용하여 게임을 만들기 위하여 그래픽과 관련된 내용을 간단하게 이해할 필요가 있다. 이 장에서는 다음과 같은 내용을 알아보도록 한다.

- 컴퓨터가 x, y 좌표를 처리하는 좌표계 사용하는 방법
- 색상을 지정하는 방법
- 게임 개체를 그리기 위해 빈 창을 여는 방법
- 선, 직사각형, 타원 및 호 등의 도형을 그리는 방법

1 좌표계 (Computer Coordinate Systems) 이해하기

대부분의 사용자들에게 익숙한 좌표계는 아래 그림과 같은 직교 좌표계 (데카르트좌표계, 카티지언좌표계)이다. 그러나 컴퓨터는 비슷하지만 다소 다른 좌표계를 사용한다.

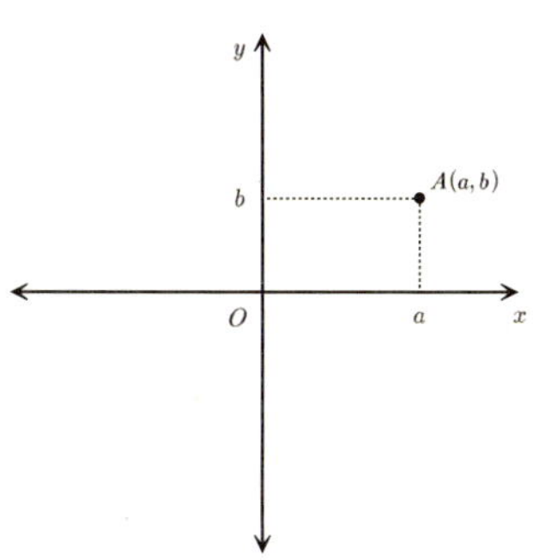

[직교좌표계]

컴퓨터에서 사용하는 좌표계에서 x 좌표는 직교 좌표계와 동일하게 작동하지만, y 좌표는 반대이다. 컴퓨터 화면의 상단에 y=0 좌표가 있어 y 값이 증가감에 따라 y 좌표 위치는 화면 아래로 이동한다.
아래 그림과 같이 화면에는 오른쪽 아래 사분면이 표시되며 음의 좌표로 항목을 그리는 것은 가능하지만 화면 밖으로 그려지게 된다.

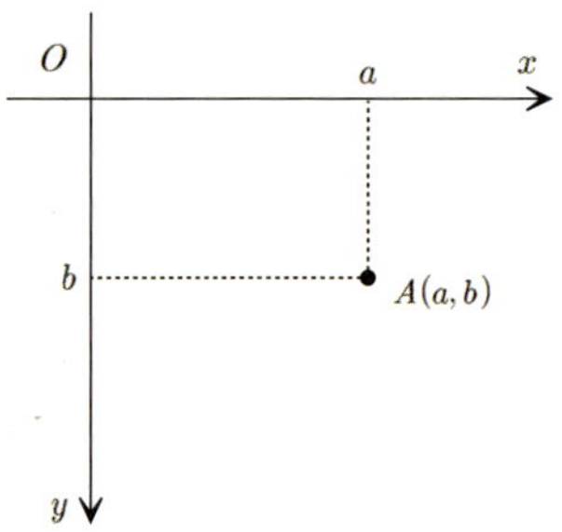

[화면 좌표계]

2 윈도우와 스크린

파이게임 (Pygame)에는 다양한 디스플레이 옵션이 있다. 생성하는 디스플레이 유형은 개발하는 게임에 따라 다르지만, 일반적으로 고정된 해상도 (디스플레이 크기)를 사용한다.

1) 창 생성하기 (Open a Window)

게임을 개발하기 위해서는 게임에 포함된 개체들을 그려주기 위한 창을 생성하여야 한다.
창 생성은 display 모듈이 제공하는 set_mode( ) 함수를 사용한다.
예를 들어 너비가 700 픽셀이고 높이가 500 픽셀인 창은 다음과 같은 코드를 사용한다.

```
pygame.display.set_mode( (700, 500) )
또는
pygame.display.set_mode( size = (700, 500) )
```

위 코드는 다음과 같이 변수를 사용하여 작성할 수 있다.

```
size = (700, 500)
screen = pygame.display.set_mode(size)
```

set_mode 함수를 사용하여 창을 생성한 후 생성된 창의 배경 색상 설정 등 상태를 업데이트 하기 위해서는 위 코드처럼 변수를 사용하여 선언해야 한다. set_mode 함수는 두 번째 인수인 flags 옵션으로 창의 표시 유형을 제어할 수 있다.

표 ▶ flags 옵션

옵션	설명
pygame.FULLSCREEN	전체화면으로 표시
pygame.DOUBLEBUF	- 더블 버퍼 모드 사용 - HWSURFACE 또는 OPENGL에 사용
pygame.HWSURFACE	하드웨어 가속, FULLSCREEN 모드만 가능
pygame.OPENGL	OpenGL 사용 가능한 디스플레이 초기화
pygame.RESIZABLE	창 크기 조절 가능
pygame.NOFRAME	테두리와 컨트롤 없는 창 생성
pygame.SCALED	화면 크기와 그래픽에 따라 해상도 상이

제목 표시줄에 창의 제목이 표시되도록 설정하려면 다음 코드처럼 set_caption( ) 함수를 사용한다.

```
pygame.display.set_caption("파이게임 (Pygame)으로 게임 만들기")
```

전체화면으로 표시하기

set_mode 함수의 첫 번째 매개 변수에 생성하려는 창의 크기를 지정하여 모니터의 크기보다 작은 창을 만들 수 있다. 대부분의 게임이 전체 화면으로 표시되고, 일반적으로 테두리와 제목 표시줄이 표시되지 않으며, 파이게임 (Pygame) 스크립트가 다른 창과 협력할 필요가 없으므로 전체화면 모드가 더 빠르게 동작한다. 전체 화면으로 창을 표시하기 위해서는 set_mode 함수의 flags 인수 값을 pygame.FULLSCREEN으로 설정한다.

```
screen = pygame.display.set_mode((700, 500), pygame.FULLSCREEN)
```

다음과 같이 전체 코드를 입력한 후 실행하면 모니터 전체에 창이 표시된다.

전체화면표시

```
import pygame
import sys

screen = pygame.display.set_mode((700, 500), pygame.FULLSCREEN)
pygame.display.set_caption('배경색을 파랑으로~!')
screen.fill( (0, 0, 255))
pygame.display.flip( )

while True:   # <닫기> 버튼을 눌러 창 닫기
    for event in pygame.event.get( ):
        if event.type == pygame.QUIT:
            pygame.quit( )
            sys.exit( )
```

flags 인수 값을 pygame.FULLSCREEN으로 설정하면 디스플레이의 너비와 높이가 변경되고 한 번에 표시 할 수 있는 색상 수가 달라질 수 있다. 사용자가 설정한 디스플레이의 크기가 지원되지 않는다면, 파이게임(Pygame)은 설정 크기보다 큰 다음 크기를 선택하고 디스플레이를 중앙에 표시한다. 이 경우 디스플레이 상단과 하단에 검은 색 테두리가 생길 수 있다. 이러한 검은 색 테두리가 표시되지 않도록 하려면 표준 해상도 (640, 480), (800, 600) 또는 (1024, 768) 중 하나를 선택하는 것이 좋다.

디스플레이가 지원하는 해상도를 정확히 보려면 pygame.display.list_modes( ) 함수를 사용하여 지원되는 해상도 목록을 확인할 수 있다.

파이썬 쉘(Shell)에서 다음과 같이 코드를 입력한다.

지원가능 해상도 확인

```
>>> import pygame
>>> pygame.init( )
(6, 0)
>>> pygame.display.list_modes( )
[(1920, 1080), (1680, 1050), (1600, 900), (1440, 900), (1400, 1050), (1366, 768),
(1360, 768), (1280, 1024), (1280, 960), (1280, 800), (1280, 768), (1280, 720), (1280,
600), (1152, 864), (1024, 768), (800, 600), (640, 480), (640, 400), (512, 384), (400,
300), (320, 240), (320, 200)]
>>>
```

■ 창 크기 조정 가능한 창 생성하기

창의 모서리를 클릭하고 마우스로 드래그하여 파이게임(Pygame) 창 크기를 조정할 수 있도록 하려면 set_mode 함수를 호출할 때 flags 인수의 값을 pygame.RESIZABLE로 설정하면 된다.

창 크기 조절

```
import pygame
import sys

SCREEN_SIZE = (640, 480)
screen = pygame.display.set_mode(SCREEN_SIZE, pygame.RESIZABLE)
pygame.display.set_caption('창 크기 조절하기~!')
screen.fill( (0, 0, 255))
pygame.display.flip( )

while True:
    for event in pygame.event.get( ):
        if event.type == pygame.QUIT:
            pygame.quit( )
            sys.exit( )
```

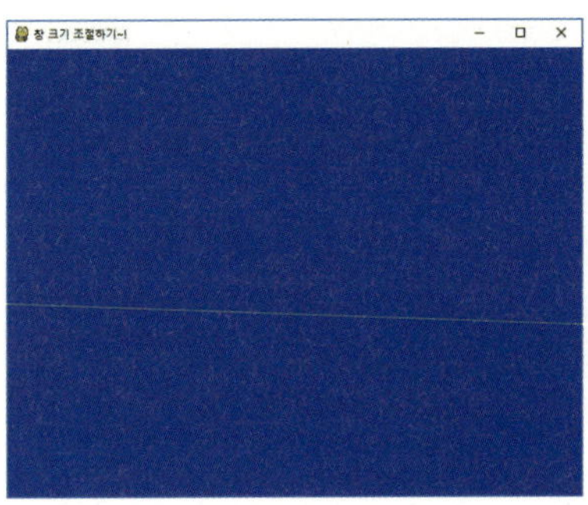

[크기 조절 전]

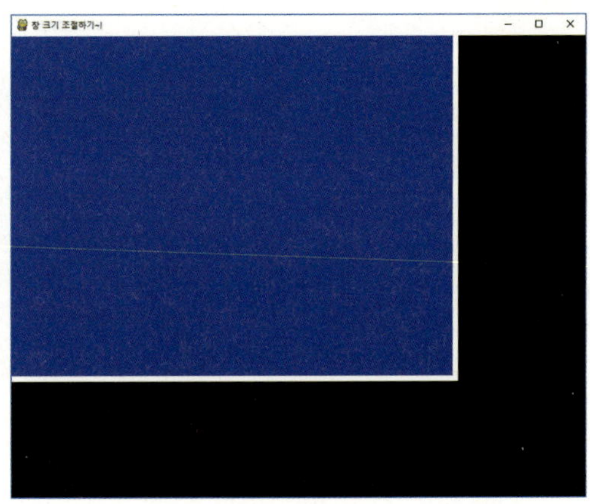

[크기 조절 후]

위 결과처럼 창의 크기는 변경되지만, 변경된 윈도우의 너비와 높이를 포함하여 디스플레이를 다시 그리지 않았기 때문에 앞의 그림처럼 검은 테두리가 표시된다. 창 크기가 변경된 후 화면을 다시 그리도록 하려면 VIDEORESIZE 이벤트를 처리하여 윈도우 크기를 변경했는지 여부를 코드에 알려준 다음, pygame.display.set_mode를 다시 호출하여 디스플레이를 변경된 크기로 설정하도록 한다.

다음 코드는 VIDEORESIZE 이벤트에 응답하는 코드이다.

창 크기 조절 -1

```
import pygame
import sys

SCREEN_SIZE = (640, 480)
screen = pygame.display.set_mode(SCREEN_SIZE, pygame.RESIZABLE)
pygame.display.set_caption('창 크기 조절하기~!')
screen.fill( (0, 0, 255))
pygame.display.flip( )

while True:
    for event in pygame.event.get( ):
        if event.type == pygame.QUIT:
            pygame.quit( )
            sys.exit( )
        if event.type == pygame.VIDEORESIZE:
            SCREEN_SIZE_AFTER = event.size
            screen = pygame.display.set_mode(SCREEN_SIZE_AFTER,
                                               pygame.RESIZABLE)
            pygame.display.set_caption("창 크기 : " + str(SCREEN_SIZE) + " => "
                                         +str(SCREEN_SIZE_AFTER))

            screen.fill( (0, 0, 255))
            pygame.display.update( )
```

[크기 조절 전]

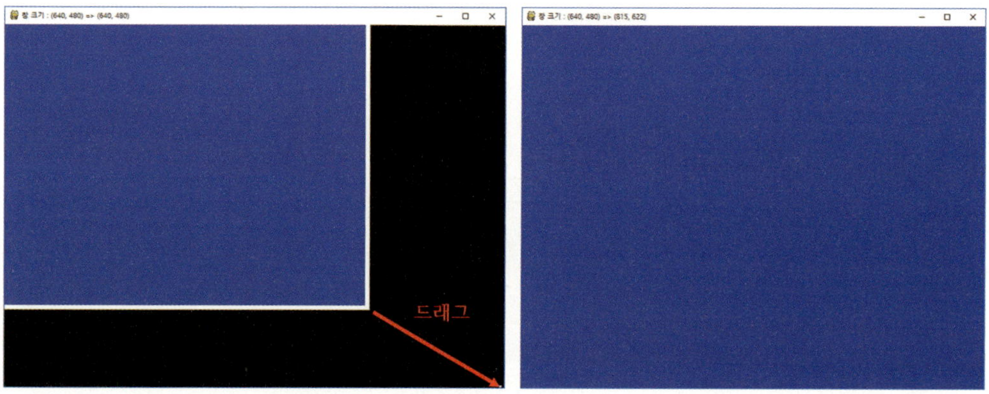

[크기 조절 후]

이 스크립트를 실행하면 배경 색이 표시된 간단한 파이 게임 창이 표시된다. 창의 모서리를 마우스로 드래그하면 VIDEORESIZE 이벤트가 발생하고, 두 번째 if 문에서 set_mode 함수가 실행되어 새로운 화면을 생성한다.

■ 테두리없는 창 표시하기

일반적으로 파이게임 (Pygame) 창을 만들면 제목 표시줄과 테두리가 있는 기본 창이 표시된다. 그러나 제목 표시줄과 테두리가 없는 창을 만들어 창을 이동하거나 크기 조정, 〈닫기〉 버튼을 눌러 창을 닫을 수 없도록 할 수 있다. 테두리가 없는 창을 만들려면 set_mode 함수를 호출할 때 flags 인수의 값을 NOFRAME으로 설정한다.

프레임없는 창 표시

```
import pygame
import sys

SCREEN_SIZE = (640, 480)
screen = pygame.display.set_mode(SCREEN_SIZE, pygame.NOFRAME)
pygame.display.set_caption('No Frame~!')
screen.fill( (0, 0, 255))
pygame.display.flip( )
```

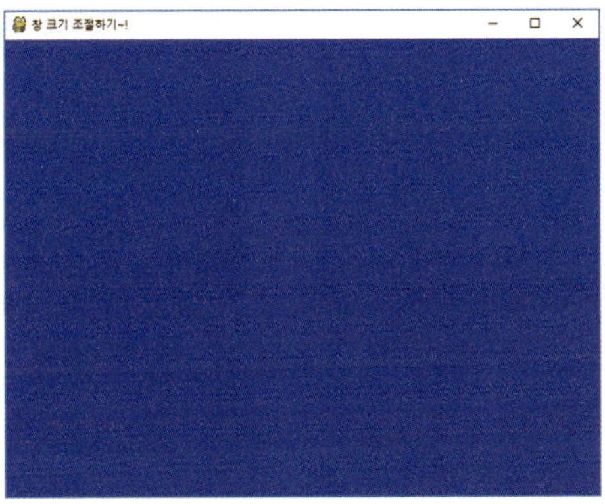

[flags = RESIZABLE]

[flags = NOFRAME]

2) 표면 (Surface) 이해하기

파이게임(Pygame)에서 가장 중요한 요소는 표면(Surface)이다. 표면 (Surface)은 빈 슬레이트로 선, 이미지, 색상 등을 배치하는 공간이며, 표면의 수나 크기는 원하는 만큼 지정할 수 있다. set_mode( ) 함수를 사용하여 창을 설정하면 표면(Surface) 객체가 생성된다.

set_mode 함수

```
pygame.display.set mode( )
```

이미지가 있는 표면을 만들려면 image.load( ) 함수를 사용하고, 텍스트가 포함된 표면을 만들려면 font.render( ) 함수를 사용한다. Surface( ) 함수를 사용하여 빈 표면을 만들 수도 있다.

이미지를 로드하거나 텍스트를 랜더링하는 것만으로 실제로 화면에 이미지가 나타나지는 않는다. 이미지가 표시되도록 하기 위해서는 pygame.display.update( ) 명령을 실행하여야 한다. update( ) 함수는 창이나 전체화면 또는 화면의 특정 영역을 업데이트하여 이미지를 화면에 표시하도록 하는 함수이다. 이중 버퍼링된 하드웨어 가속을 사용할 때 사용되는 명령인 pygame.display.flip( )을 사용해도 된다.

빈 표면 (Surface) 만들기

빈 표면을 생성하려면 필요한 차원(크기)을 포함하는 pygame.Surface( ) 함수를 사용한다. 예를 들어 다음과 같이 코드를 작성하면 256x256 픽셀의 빈 표면이 생성된다.

```
blank_surface = pygame.Surface((256, 256))
```

다른 인수가 없으면 디스플레이와 동일한 수의 색상을 가진 표면이 만들어진다. 이는 이미지의 색상 수와 같을 때 이미지를 복사하는 것이 더 빠르기 때문이다.

표면 (Surface)은 모든 이미지를 나타내는 데 사용되며, 고정된 해상도와 픽셀 포맷을 가지고 있다. pygame.Surface( ) 함수를 사용하면 새 이미지 객체를 만들고, 표면은 검정색 배경으로 채운다. 표면을 만들기 위해 필수적인 인수는 표면의 크기 (width, height)이며, 추가적인 인수가 없으면 화면 표면과 가장 일치하는 형식으로 생성된다.

pygame.Surface 함수

형식 : pygame.Surface((width, height), flags=0, depth=0, masks=None)
pygame.Surface((width, height), flags=0, Surface)

인수 : width, height – 표면의 너비와 높이
flags – (선택) 표면의 비트 마스크 (값 : HWSURFACE / SRCALPHA)

depth - (선택) 비트 심도, 표면의 최대 색상 수 정의
masks - (선택) redmask, greenmask, bluemask, alphamask 중 사용

flags 인수의 옵션으로 다음 인수 중 하나 또는 둘 모두로 설정할 수 있다.

- HWSURFACE – 하드웨어 표면 생성
- SRCALPHA – 알파 정보가 있는 표면 생성. 스프라이트 및 글꼴과 같이 가장자리가 불규칙한 이미지의 경우 표면의 일부를 투명하게 하는 경우 사용. 이 옵션을 사용하는 경우 depth 인수의 값을 32로 설정

다음 예제는 Surface( ) 함수를 사용하여 빈 표면을 만들고, 표면의 크기를 display 표면의 80% 크기로 만든 예제이다.

빈 표면 만들기

```
import pygame

pygame.init( )

screen_width = 640
screen_height = 480

WHITE= (255, 255, 255)
BLACK = (0, 0, 0)

screen = pygame.display.set_mode( (screen_width, screen_height ))

done = True

while done :

    for event in pygame.event.get( ) :
        if event.type == pygame.QUIT :
```

```
        done = False

    blankSurface = pygame.Surface ((int(screen_width*0.8), int(screen_height*0.8)))
    blankSurface.fill(WHITE)

    screen.blit(blankSurface, (int(screen_width*0.1), int(screen_height*0.1)))

    pygame.display.update( )

pygame.display.quit( )
```

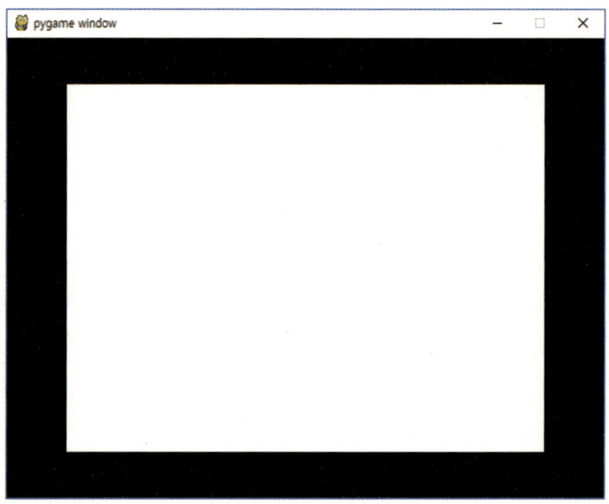

[실행 결과]

3) 서브표면(Subsurface) 사용하기

서브표면(subsurface)은 다른 표면(Surface) 내부의 표면을 의미한다. 서브표면을 만들기 위해서는 표면(Surface) 객체의 Subsurface 메서드를 호출해야 한다. 이 메서드는 상위 표면을 덮는 부분을 정의하는 사각형을 생성하고, 상위 표면과 같은 색 형식을 가진 새로운 표면(Surface) 객체를 반환한다.

다음은 두 개의 서브표면을 만들어 표시한다.

서브 표면 만들기

```
import pygame
from pygame.locals import *
from sys import exit

SCREEN_WIDTH = 600
SCREEN_HEIGHT = 400

pygame.init( )

screen = pygame.display.set_mode([SCREEN_WIDTH, SCREEN_HEIGHT])
pygame.display.set_caption('Subsurface_Test')

done = True

while done :

    for event in pygame.event.get( ) :
        if event.type == pygame.QUIT :
            done = False

    red_rect = pygame.Rect(50,50,200,150)          # Rect 함수 : 사각형 그리는 함수
    blue_rect = pygame.Rect(150,150,200,150)

    red_surface = screen.subsurface(red_rect)
    blue_surface = screen.subsurface(blue_rect)

    red_surface.fill((255, 0, 0))
    blue_surface.fill((0, 255, 0))

    red_surface = red_surface .copy( )
    blue_surface = blue_surface .copy( )

    screen.blit(red_surface, red_rect)
    screen.blit(blue_surface, blue_rect)
```

```
    pygame.display.update( )

pygame.display.quit( )
```

위 코드를 실행하면 red_surface와 blue_surface 두 개의 서브표면이 생성되고 다음과 같이 결과가 표시된다.

서브표면에 다른 서브표면이 포함되도록 할 수도 있다. 위 코드를 다음과 같이 변경한 후 실행하면 다음과 같이 표시된다.

서브 표면의 하위 표면 만들기

```
• • •

red_rect = pygame.Rect(50,50,400,300)
blue_rect = pygame.Rect(50,50,100,100)

red_surface = screen.subsurface(red_rect)
blue_surface = red_surface.subsurface(blue_rect)

red_surface.fill((255, 0, 0))
blue_surface.fill((0, 255, 0))
```

```
    red_surface = red_surface .copy( )
    blue_surface = blue_surface .copy( )

    screen.blit(red_surface, red_rect)
    screen.blit(red_surface, blue_rect)

    pygame.display.update( )

pygame.display.quit( )
```

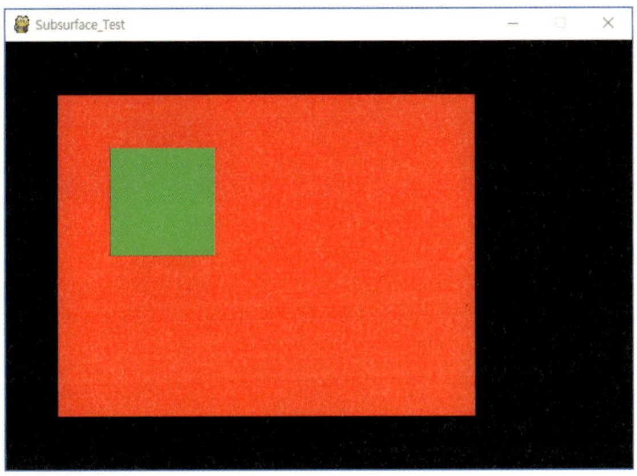

4) 표면 잠그기 (Locking Surfaces)

표면 위에 이미지나 텍스트 등을 그리려면 먼저 표면을 잠가야 한다. 표면이 잠겨지면 파이게임은 표면을 완벽하게 제어할 수 있으며 컴퓨터의 다른 프로세스는 잠금 해제될 때까지 사용할 수 없다. 잠금 및 잠금 해제는 표면에 그릴 때마다 자동으로 발생하지만, 잠금과 잠금 해제를 빈번하게 수행하는 경우 비효율적일 수 있다.

그러나 모든 표면을 잠글 필요는 없다. 일반적으로 사용하는 하드웨어 표면(HESURFACE)은 잠가야하지만, 소프트웨어 표면(SWSURFACE)은 그렇지 않다. 파이게임은 mustlock 메서드를 사용하여 표면이 잠금(lock)을 요청하는 경우 True를 반환하여 잠금 또는 잠금 해제를 수행하기 전에 mustlock 메서드의 반환 값을 확인할 수 있지만, 표면을 잠그는 데는 아무런 문제가 없다.

lock 함수와 unlock 함수를 사용하여 표면을 잠그거나 해제할 수 있다. 다음 두 개의 예제는 표면의 단일 픽셀에 색상을 설정하는 함수 set_at( )를 사용하여 그리는 예제이다. 첫 번째 코드는 lock( )과 unlock( ) 함수를 사용하지 않은 예제이고, 두 번째 코드는 표면을 잠그고, set_at 함수를 30번 호출한 후 잠금 해제하도록 하는 예제이다. 두 번째 코드는 픽셀을 그리기 전에 lock( ) 함수를 호출하고, 모든 픽셀이 그려진 후 unlock( ) 함수를 호출하기 때문에 루프가 더 빨리 실행되도록 한다.

픽셀 그리기

```
import pygame
from pygame.locals import *
from sys import exit
from random import randint

pygame.init( )
screen = pygame.display.set_mode((640, 480), 0, 32)

clock = pygame.time.Clock( )

done=True
while done:
    clock.tick(10)
    for event in pygame.event.get( ):
        if event.type == QUIT:
            done = False

    pixel_col = (randint(0, 255), randint(0, 255), randint(0, 255))

    for i in range(30):
        pixel_pos = (randint(0, 639), randint(0, 479))
        screen.set_at(pixel_pos, pixel_col)
    pygame.display.update( )
pygame.display.quit( )
```

픽셀 그리기(lock/unlock)

```
import pygame
from pygame.locals import *
from sys import exit
from random import randint

pygame.init( )
screen = pygame.display.set_mode((640, 480), 0, 32)

clock = pygame.time.Clock( )

done=True
while done:
    for event in pygame.event.get( ):
        if event.type == QUIT:
            done = False

    pixel_col = (randint(0, 255), randint(0, 255), randint(0, 255))

    screen.lock( )
    for i in range(30):
        pixel_pos = (randint(0, 639), randint(0, 479))
        screen.set_at(pixel_pos, pixel_col)
    screen.unlock( )
    pygame.display.update( )

    clock.tick(10)

pygame.display.quit( )
```

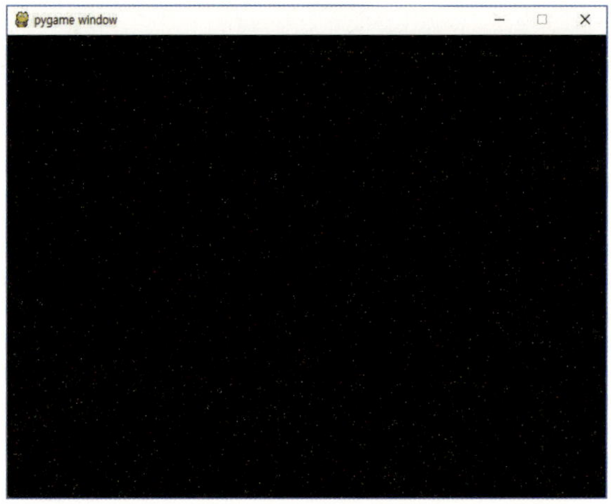

5) 블리팅(Blitting)

블리팅(Blitting)이란 하나의 표면에서 다른 표면으로 이미지 데이터를 복사하는 것을 의미한다. 파이게임에서 배경이나 글꼴, 캐릭터 등을 화면에 그리기 위해서 블리팅을 해야 한다. 표면을 블리팅(Blitting)하려면 대상 표면 오브젝트 (예, 디스플레이)에서 blit 메서드를 호출하고, 블리팅할 소스 표면과 위치를 지정한다. Rect 개체를 사용하여 표면의 일부만 블릿할 수도 있다.

blit 메서드는 다음과 같은 방법으로 사용한다.

blit 함수

형식 : 표면개체.blit(source, dest, area=None, special_flags=0)

인수 : source - 표면에 블리팅할 소스
dest - source가 그려질 위치(왼쪽 상단 좌표)
area - (선택) source의 일부분을 그리는 경우 위치 및 크기
special_flags - (선택) BLEND_RGBA_ADD, BLEND_RGBA_SUB,
BLEND_RGBA_MULT, BLEND_RGBA_MIN,
BLEND_RGBA_MAX BLEND_RGB_ADD,
BLEND_RGB_SUB, BLEND_RGB_MULT,
BLEND_RGB_MIN, BLEND_RGB_MAX 중 사용

6) 프레임 (Frame) 처리하기

프레임 속도 (frame rate) 또는 재생 빈도 (refresh rate)는 프로그램이 초당 그릴 수 있는 이미지 수로 FPS 또는 초당 프레임 수로 측정된다. (컴퓨터 모니터에서 FPS의 일반적인 이름은 헤르쯔 (hertz)이며 대부분 모니터의 프레임 속도는 60 헤르츠 또는 초당 60 프레임이다.) 게임의 프레임 속도가 낮으면 게임이 고르지 않거나 불규칙하게 보일 수 있다.

pygame.time.Clock 객체는 프로그램이 특정 최대 FPS에서 실행되는지 확인하기 위해 사용한다. Clock 객체는 게임 루프가 반복될 때마다 잠시 멈춤으로써 게임 프로그램이 너무 빨리 실행되지 않도록 한다. 게임 프로그램은 컴퓨터가 실행할 수있는 최대한 빨리 실행되므로 게임 루프에서 Clock 객체의 tick( ) 메서드를 호출하여 실행되는 컴퓨터의 속도에 관계없이 동일한 속도로 게임이 실행되도록 할 수 있다.

```
FPS = 30 # 초당 프레임수
Clock_fps = pygame.time.Clock( )
```

Clock 객체의 tick( ) 메소드는 pygame.display.update( )를 호출한 후 게임 루프 끝 부분에서 호출되어야한다. 게임 루프의 일시 정지 길이는 게임 루프의 이전 반복 끝에 수행된 tick( )에 대한 이전 호출 이후 경과 한 시간을 기준으로 계산된다.

프레임 처리하기

```
import pygame
pygame.init( )

FPS = 30 # 초당 프레임수
Clock_fps = pygame.time.Clock( )

SCREEN_SIZE = (640, 480)
WHITE = (255, 255, 255)
BLUE = (0, 0, 255)
```

```
screen = pygame.display.set_mode(SCREEN_SIZE, pygame.RESIZABLE)
pygame.display.set_caption('사용자와 상호작용~!')
screen.fill( BLUE)
pygame.display.flip( )

done = False

while not done:
    for event in pygame.event.get( ):     # 사용자 이벤트 반환
        if event.type == pygame.QUIT:    # 〈닫기〉 버튼을 클릭하면
            done = True   # 루프를 빠져나가도록 done 변수값을 True로 설정

screen.fill(WHITE)

#디스플레이 업데이트
pygame.display.update( )

Clock_fps.tick(FPS)
```

FPS 상수 값을 낮게 설정하면 프로그램이 느리게 실행되고, 값을 더 높은 값으로 설정하면 프로그램이 더 빨리 실행된다.

7) 화면 지우기

처음 만들어진 창은 검정 배경으로 표시된다. 그리기 명령을 실행하기 전에 화면을 지우면 사용자에게 빈 화면을 표시할 수 있다. 화면을 지우기 위해서는 배경색과 동일한 색상으로 fill( ) 함수를 실행한다.

다음 코드는 흰색 배경의 창에 있는 내용을 지우는 코드이다. 변수 WHITE는 다음과 같이 RGB 값 목록으로 정의한다

```
# 화면을 흰색 배경으로 지움
WHITE = (255, 255, 255)
SCREEN_SIZE = (640, 480)
```

```
screen = pygame.display.set_mode(SCREEN_SIZE)
screen.fill(WHITE)

pygame.display.flip( )
```

8) 빈 창 만들기

다음 프로그램은 지금까지 설명한 내용들을 모두 포함하는 코드이다. 이 코드는 파이게임(Pygame) 프로그램의 기본 템플릿으로 사용할 수 있다. 다음 코드는 검정색 배경의 빈 창을 열고, 화면을 흰색(WHITE)로 지운 다음, 사용자가 〈닫기〉 버튼을 누르면 창을 닫는 코드이다.

빈 창 만들기/닫기 코드

```
import pygame

# 색 정의
WHITE = (255, 255, 255)

pygame.init( )

# 창 크기 설정
size = (700, 500)
screen = pygame.display.set_mode(size)
pygame.display.set_caption("파이게임 (Pygame) 기본 코드~")

# 〈닫기〉 버튼을 클릭할 때까지 반복 수행
done = False

# 화면을 업데이트 주기 설정
clock = pygame.time.Clock( )

# -------- 메인 게임 루프 -----------
while not done:
        # 이벤트 처리
```

```
        for event in pygame.event.get( ):
                if event.type == pygame.QUIT:
                        done = True

        # 화면을 흰색으로
        screen.fill(WHITE)

        # 화면 그리기 (이 코드가 없으면 배경이 흰색으로 그려지지 않으므로 주의 !!)
        pygame.display.flip( )

        # 초당 60 프레임
        clock.tick(60)

# 창 닫기
pygame.quit( )
```

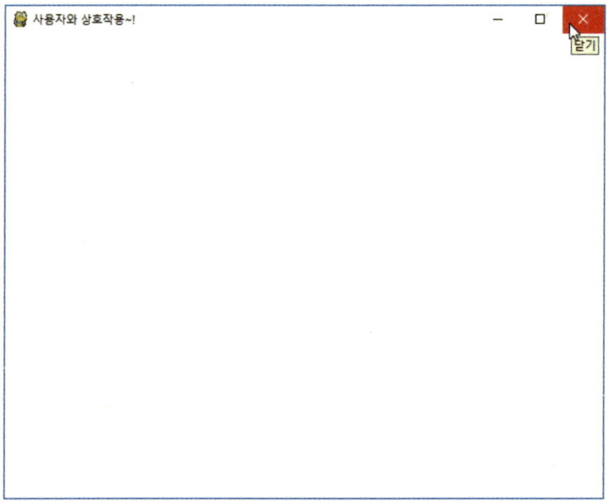

[스크립트 실행 후]

9) 상수 (Constant)와 locals 모듈

사용자의 특정 동작에 대해 지정된 작업을 수행하는 것처럼 사용자와 창과의 상호작용이 이루어지도록 하기 위해서는 다음과 같이 이벤트 (Event)를 처리하는 코드가 포함된다.

```
while not done:
        # 이벤트 처리
```

```
for event in pygame.event.get( ):
        if event.type == pygame.QUIT:
                done = True
```

파이게임 (Pygame)은 이벤트 큐 (Queue)를 통해 모든 이벤트 메시지를 처리한다. 이벤트 큐 (Queue)에는 최대 128개의 이벤트를 보유할 수 있다 (표준 SDL 1.2의 경우). 이벤트 큐 (Queue)에는 이벤트의 유형을 나타내는 이벤트 객체를 포함하며, 이벤트 객체는 type이라는 멤버 변수를 사용하여 이벤트의 타입을 표시한다. 파이게임 (Pygame)의 이벤트 타입은 다음과 같다.

표 ▶ 이벤트 타입

이벤트 타입	설명
QUIT	〈닫기〉 버튼 클릭
ACTIVEEVENT	파이게임 (Pygame)이 활성화되거나 숨겨짐
KEYDOWN	키보드 키가 눌렸을 때
KEYUP	키보드 키가 해제되었을 때
MOUSEMOTION	마우스가 움직였을 때
MOUSEBUTTONUP	마우스 버튼을 해제되었을 때
MOUSEBUTTONDOWN	마우스 버튼이 눌렀을 때
JOYAXISMOTION	조이스틱이나 패드가 움직였을 떄
JOYBALLMOTION	조이볼이 움직였을 떄
JOYHATMOTION	조이스틱 햇이 움직였을 떄
JOYBUTTONUP	조이스틱이나 패드가 해제되었을 떄
JOYBUTTONDOWN	조이스틱이나 패드가 눌렸을 떄
VIDEORESIZE	창의 크기가 변경되었을 때
VIDEOEXPOSE	창의 일부 또는 전체가 EXPOSE 되었을 때
USEREVENT	사용자 이벤트가 발생했을 때

이벤트 타입은 pygame.locals 모듈에 상수로 정의되어 있다. 이벤트 타입을 나타내는 파이게임 (Pygame) 상수를 사용하기 위해서는 다음 코드를 포함시켜야 한다.

```
from pygame.locals import *
```

locals 모듈을 사용하지 않은 경우 이벤트 타입을 표시하기 위해서는 다음과 같이 코드를 작성해야 한다.

```
Done =  False
while not Done:
   for event in pygame.event.get( ):  # 사용자 이벤트 반환
      if event.type == pygame.QUIT:   # <닫기> 버튼을 클릭하면
         Done = True   # 루프를 빠져나가도록 done 변수값을 True로 설정
```

local 모듈을 사용하는 경우 다음과 같이 코드를 작성할 수 있다.

```
from pygame.locals import *
Done =  False
while not Done:
   for event in pygame.event.get( ):  # 사용자 이벤트 반환
      if event.type == QUIT:   # <닫기> 버튼을 클릭하면
         Done = True   # 루프를 빠져나가도록 done 변수값을 True로 설정
```

3 파이게임 (Pygame)과 도형

이 장에서는 앞 장에서 만든 창에 도형을 그리는 방법을 알아보도록 한다. 선이나 원과 같은 다양한 모양을 화면에 그리기위해서는 pygame.draw 모듈의 함수를 사용한다.

pygame.draw 모듈에는 다음과 같은 함수들이 포함되어 있다.

표 ▶ pygame.draw 모듈의 함수

함수	설명
rect	사각형 그리기
polygon	다각형 그리기
circle	원 그리기
ellipse	타원 그리기
arc	호 그리기
line	선 그리기
lines	여러 개의 선을 이어그리기
aaline	부드러운 선 그리기
aalines	부드러운 선을 이어그리기

1) 사각형 그리기

pygame.draw.rect( ) 함수는 표면 위에 사각형을 그리는 함수로 다음과 같은 인수를 가진다.

pygame.draw.rect 함수

형식 : pygame.draw.rect(Surface, color, Rect, Width=0)
인수 : Surface – pygame을 실행할 때 화면을 선언한 변수 값
color – (R, G, B)의 형태의 사각형의 색상
Rect – 사각형의 시작 위치와 크기, [x축, y축, 가로, 세로]
Width – (선택) 사각형의 선의 두께, 기본 값 : 0
width = 0, (기본) 사각형 채우기
width 〉 0, Width 두께의 테두리만 표시
width 〈 0, 아무 것도 그리지 않음

예를들어 다음 코드는 기준점이 (50, 50)이고, 가로의 길이가 100, 세로의 길이가 100이고, 3 픽셀 두께의 BLUE 색상 모서리를 가진 사각형을 그린다.

```
pygame.draw.rect(screen, BLUE, [50, 50, 100, 100], 3)
```

너비 (Width) 인수 값을 0으로 설정하면 직사각형이 단색으로 채워지고, 0보다 작은 값을 입력하면 아무 것도 그려지지 않는다.

```
# 사각형 그리기
pygame.draw.rect(screen, BLUE, [50, 50, 100, 100], -3)
pygame.draw.rect(screen, RED, [200, 50, 100, 100] )
pygame.draw.rect(screen, BLUE, [350, 50, 100, 100] , 0)
pygame.draw.rect(screen, RED, [500, 50, 100, 100] , 3)
```

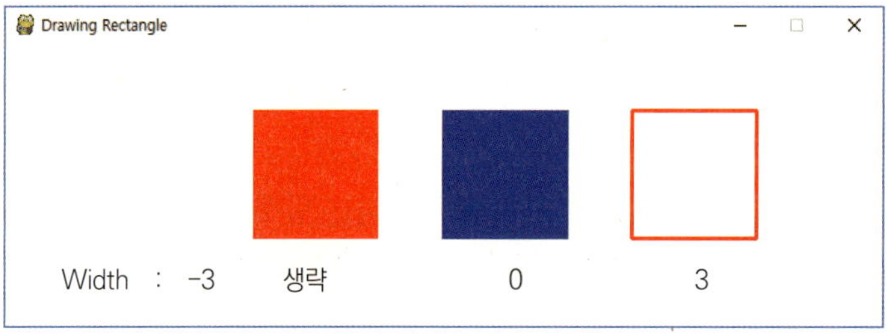

▬ 사각형 (Rectangle) 그리기

pygame.draw.rect( ) 함수를 사용하여 사각형을 그리는 방법은 다음 두 가지 중 하나를 사용할 수 있다.

<u>**첫 번째 방법**</u> : 튜플(tuple) 형식으로 사각형의 위치와 크기의 4개 값 입력

❶ x 좌표 : 사각형의 왼쪽 끝 점의 x 좌표

❷ y 좌표 : 사각형의 왼쪽 끝 점의 y 좌표

❸ 크기 (width) : 사각형의 너비

❹ 높이 (height) : 사각형의 높이

```
pygame.draw.rect(screen, BLUE, [50, 50, 100, 100], 3)
```

두 번째 방법 : pygame.Rect 모듈 사용

pygame.Rect 모듈은 사각형 영역의 좌표를 저장하고 관리하는 파이게임 (Pygame) 객체이다. Rect는 왼쪽, 위쪽, 너비 및 높이 값의 조합으로 만들 수 있으며, Rect 파이썬 객체 또는 rect 라는 이름의 속성을 가지고 생성 될 수 있다. Rect의 위치나 크기를 변경하는 Rect 함수는 Rect의 새 복사본을 반환하지만, 원래 Rect는 수정되지 않는다.

pygame.Rect 모듈

형식 : Rect(left, top, width, height)
Rect((left, top), (width, height))
Rect(object)

속성 : Rect를 이동하고 정렬하는 데 사용
x, y, top, left, bottom, right, topleft, bottomleft, topright, bottomright, midtop, midleft, midbottom, midright, center, centerx, centery, size, width, height, w, h

메서드 : 사각형 좌표를 관리하는 함수
메서드 중 None을 반환하지만(실제 사각형을 반환하지는 않음) 원래 Rect에는 영향을 주는 대체 "현재 위치(in place)" 함수가 있으며, 함수 뒤에 접미사 _ip를 붙여 표시

함수	설명
pygame.Rect.copy	사각형 복사
pygame.Rect.move	사각형 이동
pygame.Rect.move_ip	사각형 이동(in place)
pygame.Rect.inflate	사각형의 크기를 늘리거나 줄임
pygame.Rect.inflate_ip	사각형의 크기를 늘리거나 줄임(in place)
pygame.Rect.clamp	사각형을 다른 사각형의 내부로 이동
pygame.Rect.clamp_ip	사각형을 다른 사각형의 내부로 이동(in place)
pygame.Rect.clip	다른 사각형의 크기에 맞춰 잘라낸 사각형 반환
pygame.Rect.union	두 개의 사각형을 하나로 조인
pygame.Rect.union_ip	두 개의 사각형을 하나로 조인(in place)
pygame.Rect.unionall	여러 개의 사각형을 조인
pygame.Rect.unionall_ip	여러 개의 사각형을 조인(in place)
pygame.Rect.fit	다른 사각형에 맞춰 크기 조절 및 이동
pygame.Rect.normalize	음수 크기 수정
pygame.Rect.contains	사각형이 다른 사각형 안에 있는 지 확인(True/False)
pygame.Rect.collidepoint	한 점이 사각형 내부에 위치하는 지 확인(True/False)

pygame.Rect.colliderect	두 개의 사각형이 겹쳐(overlap)있는 지 확인(True/False). Rect와 충돌하는 사각형이 없으며 -1 반환
pygame.Rect.collidelist	Rect와 충돌하는 사각형이 포함된 리스트의 첫 번째 인덱스 반환. 교차하는 직사각형이 없으면 빈 목록 반환
pygame.Rect.collidelistall	Rect와 충돌하는 사각형이 포함된 리스트의 모든 인덱스 반환. 교차하는 직사각형이 없으면 빈 목록 반환
pygame.Rect.collidedict	- Rect와 충돌하는 첫 번째 사전 값의 키와 값 반환. 충돌이 없으면 None 반환. - Rect 객체는 사전의 키로 사용할 수 없고, 값으로만 사용 가능.
pygame.Rect.collidedictall	Rect와 충돌하는 모든 사전 값의 키와 값 반환. 충돌이 없으면 None 반환.

아래 사각형을 그리는 코드는 Rect 객체를 사용하는 경우 다음과 같이 사용할 수 있다.

```
pygame.draw.rect(screen, BLUE, [50, 50, 100, 100], 3)
```

```
pygame.draw.rect(screen, BLUE, Rect(50, 50, 100, 100), 3)
pygame.draw.rect(screen, BLUE, Rect( (50, 50), (100, 100) ), 3)
```

pygame.draw.rect 함수로 사각형 그리기

```
import pygame
pygame.init( )

# RGB 형식으로 색 설정
BLUE  = ( 0, 0, 255)
RED = ( 255, 0, 0)
WHITE  = ( 255, 255, 255)

# 화면 크기 설정
size = [500, 300]
screen = pygame.display.set_mode(size)

pygame.display.set_caption(" 사각형 그리기 ")

# <닫기> 버튼을 클릭할 때까지 반복하는 루프
done = False
```

```
clock = pygame.time.Clock( )

while not done:

    # 1초에 10번 루프 반복
    clock.tick(10)

    for event in pygame.event.get( ):
        if event.type == pygame.QUIT: # 〈닫기〉 버튼 클릭
            done=True # 루프를 빠져나갈 수 있도록 변수 설정

    # 흰색으로 배경 그리기
    screen.fill(WHITE)

    # 사각형 그리기 - 채워지지 않은 사각형
    pygame.draw.rect(screen, BLUE, [50, 50, 100, 100], 3)
    # 사각형 그리기 - 채워진 사각형
    pygame.draw.rect(screen, RED, [200, 50, 100, 100] )

    pygame.display.flip( )

pygame.quit( )
```

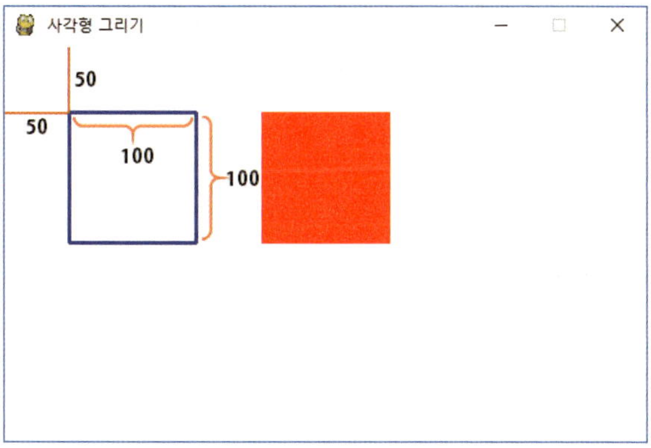

[실행 결과]

이제 1초에 한 번씩 사각형의 색상이 랜덤하게 변하는 스크립트를 작성해보도록 한다. 1초

에 한 번씩 색상이 변하도록 하기 위해서는 tick( ) 함수를 사용하여 화면의 업데이트 주기를 1로 설정해 주어야 한다.

사각형의 색상이 랜덤하게 변하도록 하려면 randint( ) 함수를 사용한다. randint( ) 함수는 파이썬의 random 모듈에서 제공하므로 사용 전에 해당 모듈을 삽입해야한다.

```
from random import *
```

random 모듈

기능 : 난수를 생성하기 위해 사용

주요 함수 :

함수	설명
random	0.0 이상 1.0 미만의 실수(float) 반환
randint	정수(int) 반환
randrange	배수 반환
choice	리스트 같은 시퀀스 자료형을 인자로 받아 임의의 값 반환
sample	시퀀스 자료형을 인자로 받아 임의의 값(난수)을 필요한 개수만큼 리스트(list)로 반환
shuffle	시퀀스 자료형의 변수 값을 임의의 순서대로(랜덤으로) 섞어줌
uniform	2개의 숫자 사이의 랜덤 실수 반환

1초에 한 번씩 사각형 색 바꾸기

```
import pygame
from pygame.locals import *

from random import *

pygame.init( )

WHITE = (255, 255, 255)
WIDTH = 680
HEIGHT = 480
```

```
screen = pygame.display.set_mode((WIDTH, HEIGHT), 0, 32)

done = True
clock = pygame.time.Clock( )

while done:
    for event in pygame.event.get( ):
        if event.type == QUIT:
        done = False

    for count in range(30):
        random_color = (randint(0,255), randint(0,255), randint(0,255))
        pygame.draw.rect(screen, random_color, [50, 50, WIDTH-100,
                        HEIGHT-100])

    clock.tick(1)

    pygame.display.update( )

pygame.display.quit( )
```

사각형 복사/이동하기

```
import pygame
from pygame.locals import *

pygame.init( )

WHITE = (255, 255, 255)
BLUE = (0, 0, 255)

WIDTH = 680
HEIGHT = 480

screen = pygame.display.set_mode((WIDTH, HEIGHT), 0, 32)
pygame.display.set_caption("RECT 객체 복사/이동")

#크기가 100인 사각형
rect_1 = pygame.draw.rect(screen, BLUE, [50, 50, 100, 100])

done = True
clock = pygame.time.Clock( )

while done:
        for event in pygame.event.get( ):
                if event.type == QUIT:
                    done = False

        screen.fill (WHITE)

        # 사각형 rect_1을 rect로 복사
        rect = Rect.copy(rect_1)

        rect.x = 300          # 사각형 rect의 시작 x 좌표 설정
        rect.width = 200    # 사각형 rect의 너비 설정
        rect.height = 200   # 사각형 rect의 높이 설정
```

```
        clock.tick(1)

        pygame.display.update(rect_1)
        pygame.display.update(rect )

pygame.display.quit( )
```

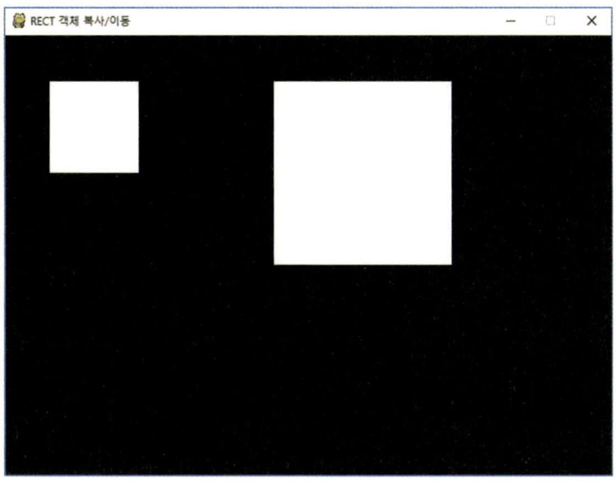

[실행 결과]

2) 원 (Circle) 그리기

pygame.draw.circle( ) 함수는 중심점과 반지름을 인수로 받아 원을 그린다. 선의 너비가 0이거나 생략되면 원은 선으로 그려지고, 그렇지 않으면 단색 원이 그려진다.

pygame.draw.circle 함수

형식 : pygame.draw.rect(Surface, Color, Pos, Radius, Width=0)
       pygame.draw.rect(Surface, Color, Pos, Radius)
인수 : Surface - pygame을 실행할 때 화면을 선언한 변수 값
       Color - (R, G, B)의 형태의 원의 색상
       Pos - 원을 그릴 위치(중심)를 지정해주는 x, y 좌표 값
       Radius - 원의 반지름의 길이
       Width - 원의 선 두께, 기본 값 : 0

```
width = 0, (기본) 원 채우기
width 〉 0, Width 두께의 테두리 표시
width 〈 0, 오류
```

예를들어 다음 코드는 중심점이 (200, 200)이고, 반지름의 길이가 100, BLUE 색상의 원을 그린다.

```
pygame.draw.circle (screen, BLUE, (200, 200), 100, 0)
pygame.draw.circle (screen, RED, (500, 200), 100, 3)
```

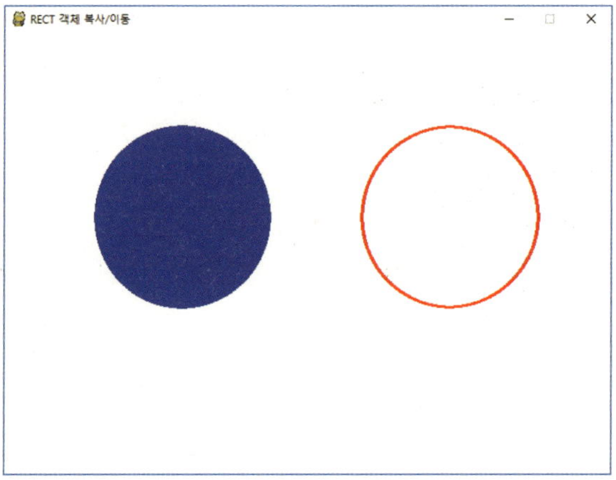

다음 코드는 임의로 색과 크기로 원을 화면에 무작위로 그리는 예제이다.

랜덤하게 원 그리기

```
import pygame
from pygame.locals import *
from sys import exit
from random import *

pygame.init( )
```

```
Width = 640
Height = 480
Radius = 200
WHITE = (255, 255, 255)

screen = pygame.display.set_mode((640, 480), 0)
clock = pygame.time.Clock( )
screen.fill(WHITE)

while True:
    for event in pygame.event.get( ):
        if event.type == QUIT:
            exit( )

    clock.tick (2)

    random_color = (randint(0,255), randint(0,255), randint(0,255))
    random_pos = (randint(0, Width-1), randint(0, Height-1))
    random_radius = randint(1, Radius)

    pygame.draw.circle(screen, random_color, random_pos, random_radius)

    pygame.display.update( )

pygame.display.quit( )
```

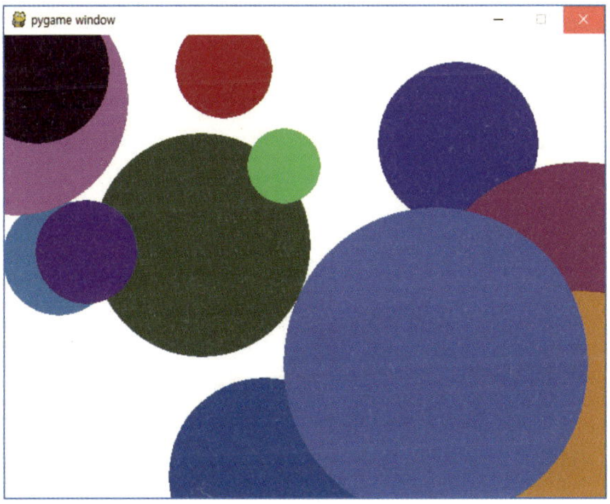

[실행 결과]

3) 타원 (Ellipse) 그리기

pygame.draw.ellipse( )함수는 직사각형 안에 원을 그리는 함수로, 색상 외에도 타원이 들어갈 수 있는 Rect 스타일의 객체를 사용한다.

pygame.draw.ellipse 함수

형식 : pygame.draw.ellipse(Surface, Color, Rect, Width=0)
　　　pygame.draw.rect(Surface, Color, Rec)

인수 : Surface - pygame을 실행할 때 화면을 선언한 변수 값
　　　Color - (R, G, B)의 형태의 원의 색상
　　　Rect - 타원을 그릴 위치와 크기 설정, [x축, y축, 가로, 세로] 형식
　　　Width - 타원의 선 두께, 기본 값 : 0
　　　　　width = 0, (기본) 원 채우기
　　　　　width 〉 0, Width 두께의 테두리 표시
　　　　　width 〈 0, 오류

예를들어 다음 코드는 시작 위치가 (50, 50)이고, 사각형의 크기가 300, 150인 타원을 그린다. 시작점이 타원의 중심을 의미하지 않는다는 것에 주의해야한다.

```
pygame.draw.ellipse(screen, BLUE, Rect((50, 50), (300, 150)), 3)
pygame.draw.ellipse(screen, BLUE, Rect((50, 250), (300, 150)))
```

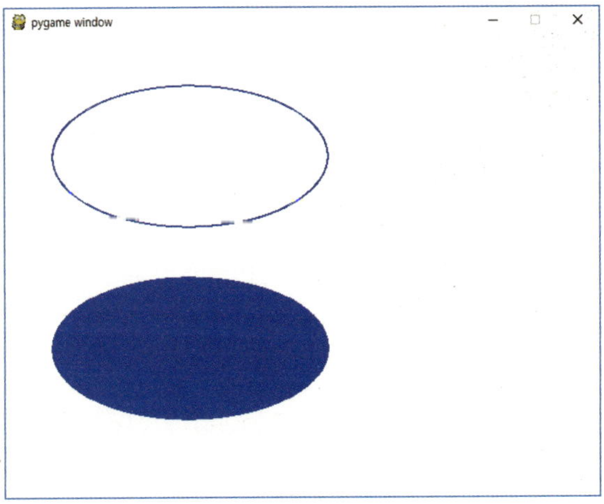

다음 코드는 마우스의 왼쪽 버튼을 클릭하면 클릭한 위치까지 자동적으로 타원을 그려주는 예제이다.

마우스 이벤트로 타원 그리기

```
import pygame
from pygame.locals import *
from sys import exit

from random import *

pygame.init()

LEFT = 1  # 왼쪽 버튼
WIDTH = 640
HEIGHT = 480

screen = pygame.display.set_mode((WIDTH, HEIGHT), 0, 32)

while True:
    for event in pygame.event.get():
        if event.type == QUIT:
            exit()
        if event.type == MOUSEBUTTONDOWN and event.button == LEFT:
            ellipse_width, ellipse_height = pygame.mouse.get_pos()

            screen.fill((255,255,255))

            random_color = (randint(0,255), randint(0,255), randint(0,255))
            pygame.draw.ellipse(screen, random_color, (0, 0, ellipse_width,
                                 ellipse_height))

            pygame.display.update()

pygame.display.quit()
```

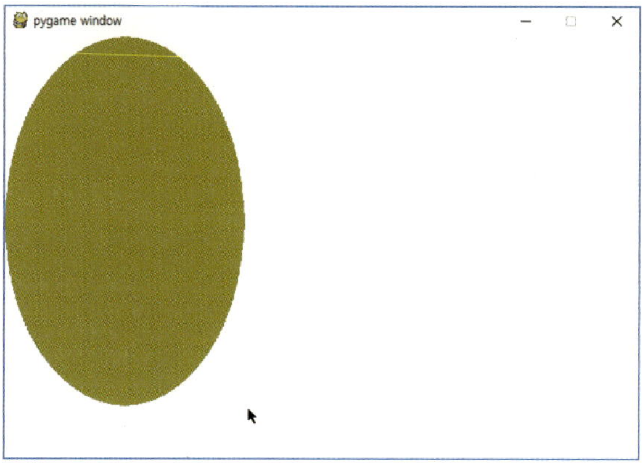

4) 호 (Arc) 그리기

pygame.draw.arc( ) 함수는 모서리만 있는 타원의 단면을 그린다. 호는 채우기 옵션은 없다. 타원 함수와 마찬가지로 Rect 객체를 사용한다 (전체 타원을 포함하는 경우). 라디안으로 두 개의 각도가 필요하다. 첫 번째 각도는 호가 드로잉을 시작하는 곳이고, 두 번째 각도는 멈추어야 하는 곳이다. width 인수의 기본 값은 1이다.

pygame.draw.arc 함수

형식 : pygame.draw.arc(surface, Color, Rect, start_angle, stop_angle)
pygame.draw.arc(surface, color, rect, start_angle, stop_angle, width=1)

인수 : Surface – pygame을 실행할 때 화면을 선언한 변수 값
Color – (R, G, B)의 형태의 원의 색상
Rect – 호를 그릴 위치와 크기 설정, [x축, y축, 가로, 세로] 형식
start_angle – 원을 그릴 시작 위치
stop_angle – 원을 그릴 끝 위치
Width – 타원의 선 두께, 기본 값 : 0
width = 0, (기본) 원 채우기
width 〉 0, Width 누께의 네두리 표시
width 〈 0, 오류

예를들어 다음 코드는 시작 위치가 0이고, 끝 위치가 pi/2, 왼쪽 끝점이 (75, 75) 사각형의 크기가 300, 150인 호를 그린다.

```
pygame.draw.arc(screen, BLACK,[75, 75, 150, 150], 0, pi/2, 2)
pygame.draw.arc(screen, GREEN,[75, 75, 150, 150], pi/2, pi, 4)
```

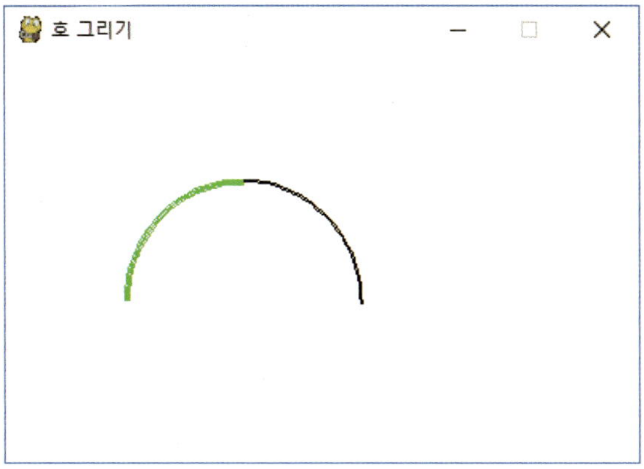

호 그리기

```
import pygame
from math import pi

pygame.init()

# 색상 정의
BLACK = (  0,   0,   0)
WHITE = (255, 255, 255)
RED   = (255,   0,   0)
GREEN = (  0, 255,   0)
BLUE  = (  0,   0, 255)

# 화면 크기
size   = [400, 300]
screen = pygame.display.set_mode(size)

pygame.display.set_caption("호 그리기")

# 메인 루프
```

```
done = False
clock = pygame.time.Clock( )

while not done:

    clock.tick(10)

    for event in pygame.event.get( ):
        if event.type == pygame.QUIT:
            done=True # 루프를 탈출하기 위한 변수값 설정

    # 배경 지우기
    screen.fill(WHITE)

    # 호 그리기
    # pi : 3.141592653589793
    pygame.draw.arc(screen, BLACK,[75, 75, 150, 150], 0, pi/2, 2)
    pygame.draw.arc(screen, GREEN,[75, 75, 150, 150], pi/2, pi, 4)
    pygame.draw.arc(screen, BLUE, [75, 75, 150, 150], pi,3*pi/2, 6)
    pygame.draw.arc(screen, RED,  [75, 75, 150, 150], 3*pi/2, 2*pi, 8)

    pygame.display.flip( )

pygame.quit( )
```

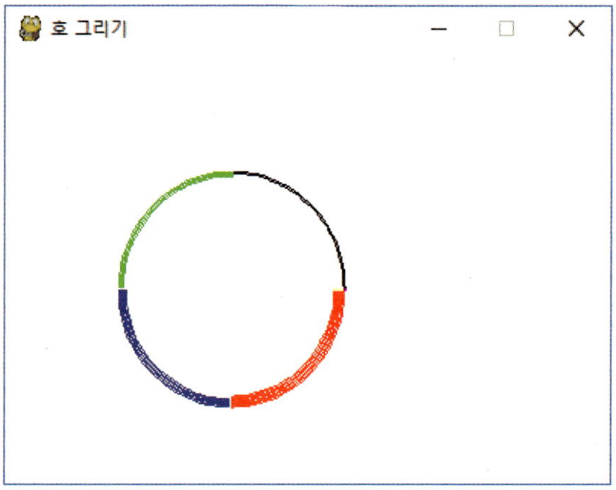

[실행 결과]

다음 코드는 반원 모양의 호를 반복적으로 그리는 예제이다.

반원 호 반복 그리기

```
import pygame
from math import pi
from random import *

pygame.init( )

# 색 설정
WHITE = (255, 255, 255)

# 화면 설정
size   = [400, 300]
screen = pygame.display.set_mode(size)

pygame.display.set_caption("호 그리기")

# 메인 루프
done = False
clock = pygame.time.Clock( )

while not done:

    clock.tick(2)

    for event in pygame.event.get( ):
        if event.type == pygame.QUIT:
            done=True # 루프 탈출 변수 설정

    screen.fill(WHITE)

    # 타원 그리기
    # pi = 3.141592653589793, math 모듈 Import !!
```

```
    for cord_x in range (0, 360, 100) :
        pygame.draw.arc(screen, (randint(0,255), randint(0,255),
                                randint(0,255)),[cord_x, 30, 50, 50], 0, pi/2, 4)
        pygame.draw.arc(screen, (randint(0,255), randint(0,255),
                                randint(0,255)),[cord_x, 30, 50, 50], pi/2, pi, 4)
        pygame.draw.arc(screen, (randint(0,255), randint(0,255), randint(0,255)),
                                [cord_x+50, 30, 50, 50], pi,3*pi/2, 4)
        pygame.draw.arc(screen, (randint(0,255), randint(0,255), randint(0,255)),
                                [cord_x+50, 30, 50, 50], 3*pi/2, 2*pi, 4)

    pygame.display.flip( )

pygame.quit( )
```

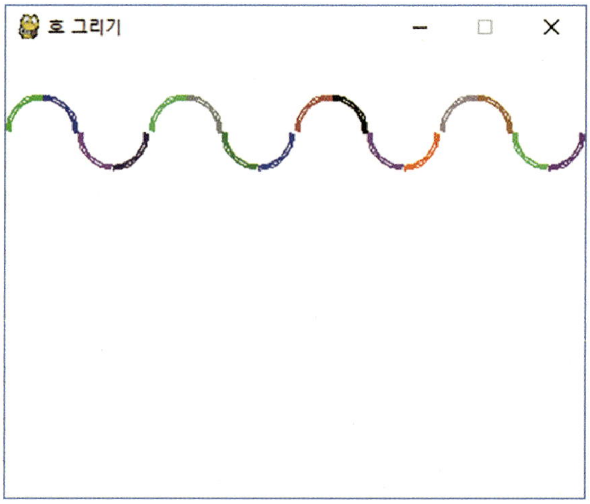

5) 다각형 (Polygon) 그리기

pygame.draw.polygon( ) 함수는 삼각형에서부터 그 이상의 면을 가진 도형을 그리는 함수이다. pygame.draw.polygon( ) 함수는 정점 목록을 받아 그 사이에 모양을 그린다. pygame.draw.rect( )와 마찬가지로 width 값을 사용한다. width를 생략하거나 0으로 설정하면 다각형이 채워지고, 1 이상의 값을 설정하면 모서리만 그려진다.

pygame.draw.polygon 함수

형식 : pygame.draw.polygon(surface, color, points)
pygame.draw.polygon(surface, color, points, width=0)

인수 : Surface – pygame을 실행할 때 화면을 선언한 변수 값
Color – (R, G, B)의 형태의 원의 색상
points – 도형을 그릴 점 목록, [(x축, y축), (x축, y축), (x축, y축)..] 형식
Width – 타원의 선 두께, 기본 값 : 0
width = 0, (기본) 원 채우기
width 〉 0, Width 두께의 테두리 표시,
테두리는 도형의 바깥쪽으로 그려짐
width 〈 0, nothing

예를 들어 다음 코드는 테두리가 5 픽셀인 삼각형과 검은 색으로 채워진 삼각형을 표시한다.

```
pygame.draw.polygon(screen, BLACK, [[100, 50], [50, 125], [150, 125]], 5)
pygame.draw.polygon(screen, BLACK, [[250, 50], [200, 125], [300, 125]])
```

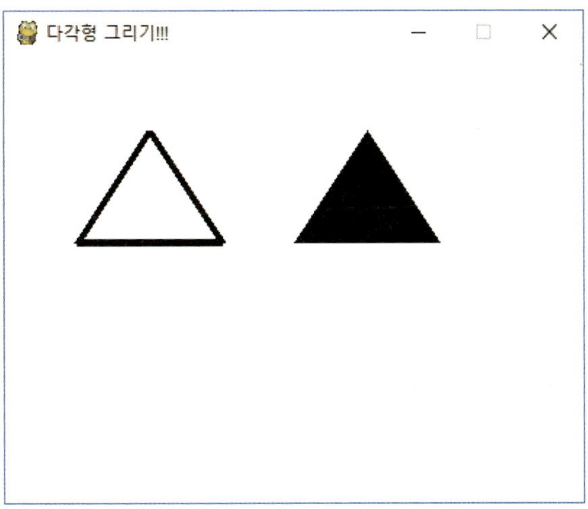

전체 코드는 다음과 같다.

삼각형 그리기

```
import pygame

pygame.init( )

# 색 설정
BLACK = ( 0,  0,  0)
WHITE = (255, 255, 255)

# 화면 설정
size  = [400, 300]
screen = pygame.display.set_mode(size)

pygame.display.set_caption("다각형 그리기!!!")

# 메인 루프
done = False
clock = pygame.time.Clock( )

while not done:

    clock.tick(10)

    for event in pygame.event.get( ):
        if event.type == pygame.QUIT:      # <닫기> 버튼을 클릭하면
            done=True                      # 루프 탈출을 위한 변수 설정

    screen.fill(WHITE)

    # 삼각형 그리기
    pygame.draw.polygon(screen, BLACK, [[100, 50], [50, 125], [150, 125]], 5)
    pygame.draw.polygon(screen, BLACK, [[250, 50], [200, 125], [300, 125]])

    pygame.display.flip( )
```

```
pygame.quit( )
```

마우스 클릭할 때마다 클릭한 점의 위치를 목록으로 만들고 클릭한 위치의 좌표 값을 코드를 기준으로 다각형을 그릴 수 있다. 마우스로 클릭한 점의 위치를 목록으로 만들기 위해서는 다음과 같이 작성하여야 한다.

```
points_list = []

if event.type == MOUSEBUTTONDOWN:
        points_list.append(event.pos)
```

추가된 점의 개수가 3개 이상이면 다각형을 그리도록 하기 위해서 다음과 같이 코드를 작성한다.

```
random_FillColor = (randint(0,255), randint(0,255), randint(0,255))

if len(points_list) >= 3:
        pygame.draw.polygon(screen, random_FillColor, points_list)
```

위 코드를 사용하여 다각형을 그리면 아래 그림과 같이 표시된다. 도형은 최소한 3개의 점을 클릭해야 표시된다.

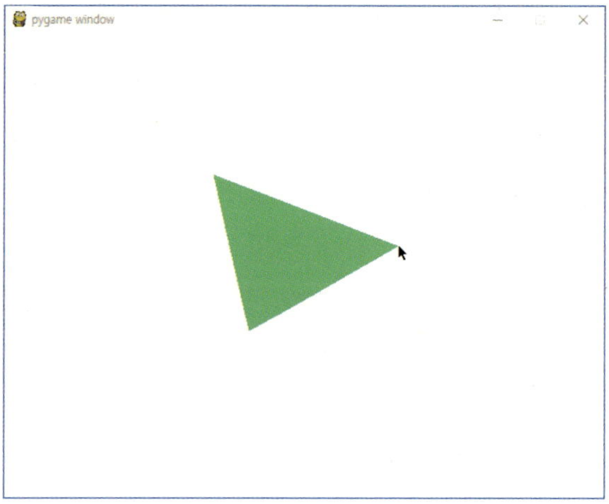

점의 위치를 표시하려면 원을 그리는 circle 함수를 사용하여 다음과 같이 코드를 추가한다.

```
for point in points_list:
    pygame.draw.circle(screen, (0,0,0), point, 3)
```

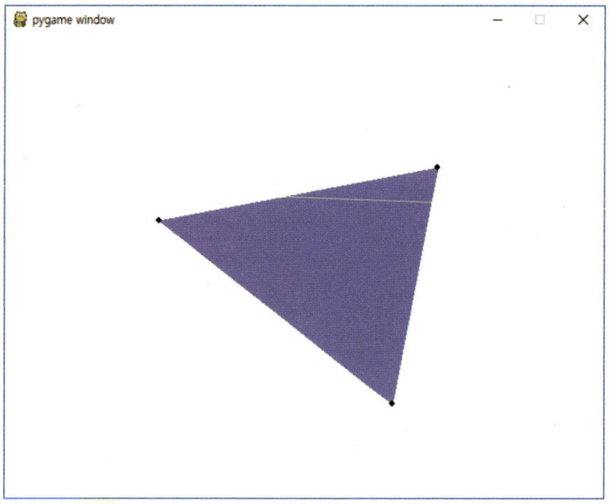

전체 코드는 다음과 같다.

다각형 그리기

```
import pygame

from pygame.locals import *
from sys import exit
from random import *

pygame.init( )
screen = pygame.display.set_mode((640, 480), 0, 32)
pygame.display.set_caption("마우스로 클릭하여 다각형 그리기~")
screen.fill((255,255,255))

#클릭한 점의 좌표 목록 저장
points_list = []

done = True
clock = pygame.time.Clock( )

while done:
   clock.tick(1)

   for event in pygame.event.get( ):

      if event.type == QUIT:
         done = False

      # 마우스를 클릭하면 점의 좌표를 points_list에 저장
      if event.type == MOUSEBUTTONDOWN:
         points_list.append(event.pos)

      #다각형의 채우기 색상은 랜덤하게
      random_FillColor = (randint(0,255), randint(0,255), randint(0,255))

      # 마우스로 클릭한 점을 검정색 원으로 표시
      for point in points_list:
```

```
        pygame.draw.circle(screen, (0,0,0), point, 3)

    # 점의 좌표 개수가 3개 이상이면 다각형을 그림
    if len(points_list) >= 3:
        pygame.draw.polygon(screen, random_FillColor, points_list)

    pygame.display.update( )

pygame.display.quit( )
```

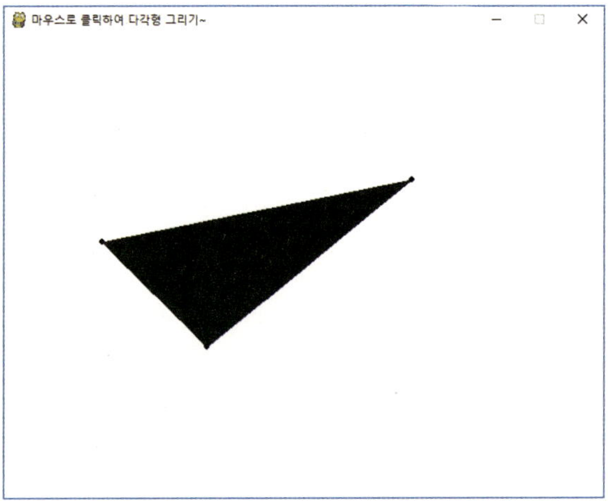

6) 선 (Line) 그리기

pygame.draw.line( ) 함수를 이용하여 두 점 사이에 선을 그릴 수 있다. 선의 시작점과 끝점의 두 점이 필요하며, width 인수를 사용할 수 있다.

pygame.draw.line 함수

형식 : pygame.draw.line(Surface, Color, Start_pos, End_pos, Width=1)
pygame.draw.line(Surface, Color, Start_pos, End_pos)

인수 : Surface - pygame을 실행할 때 화면을 선언한 변수 값
Color - (R, G, B)의 형태의 원의 색상

```
Start_pos - 선이 시작하는 점의 위치 (튜플 또는 리스트)
End_pos - 선이 끝나는 점의 위치 (튜플 또는 리스트)
Width - 선 두께, 기본 값 : 1
    width 〉= 1, Width 두께의 테두리 표시,
          홀수 : 가운데부터 양쪽으로 커짐
          짝수 : 기울기가 〈1 (수평 방향에 가까운)인 선은
                 원래 선 아래 (y 방향)로 1 픽셀 더 커짐
               기울기 〉= 1인 선은 x 방향으로 선의 오른쪽
                 두께가 1 픽셀 더 커짐
    width 〈 1 , nothing
```

예를 들어 다음 코드는 선의 두께 (width)의 값이 모두 홀수이며, width = 29인 선은 width = 1인 선을 중심으로 양쪽으로 넓어진다.

```
pygame.draw.line(screen, GREEN, [0, 0], [200,100], 29)
pygame.draw.line(screen, BLUE, [0, 0], [200,100], 1)
```

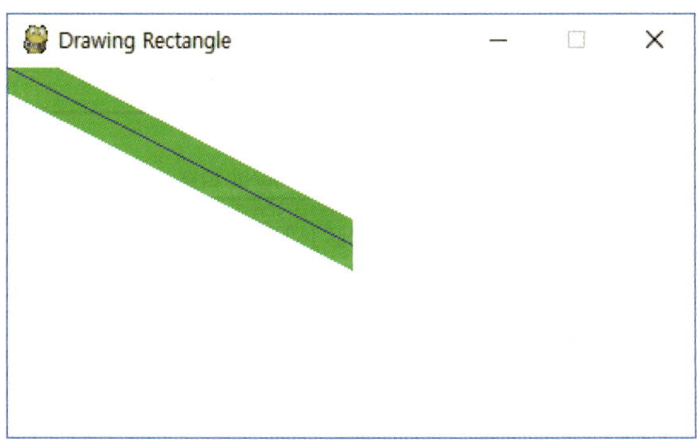

선의 두께 (width)의 값이 짝수인 경우, 기울이가 〈 1인(수평 방향으로 가까운) 선은 아래쪽이 1 픽셀 더 두껍고, 기울이가 〉 1인(수직 방향으로 가까운) 선은 오른쪽이 1 픽셀 더 두껍게 그려진다.

```
pygame.draw.line(screen, GREEN, [0, 0], [200,100], 30)
pygame.draw.line(screen, BLUE, [0, 0], [200,100], 29)
```

```
pygame.draw.line(screen, GREEN, [200, 0], [300,200], 30)
pygame.draw.line(screen, BLUE, [200, 0], [300,200], 29)
```

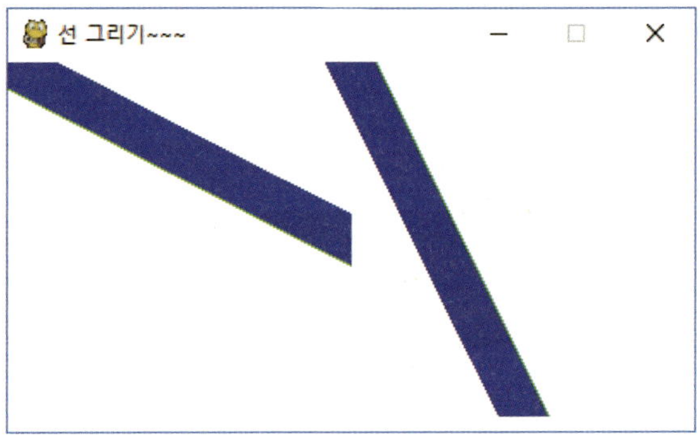

전체 코드는 다음과 같다.

선 그리기

```
import pygame

pygame.init( )

# 색 설정
BLACK = (  0,   0,   0)
WHITE = (255, 255, 255)
BLUE  = (  0,   0, 255)
GREEN = (  0, 255,   0)

# 화면 설정
size   = [600, 300]
screen = pygame.display.set_mode(size)

pygame.display.set_caption("선 그리기~~~")

# 메인 루프
done = False
```

```
clock = pygame.time.Clock( )

while not done:

    clock.tick(10)

    screen.fill(WHITE)

    for event in pygame.event.get( ):
        if event.type == pygame.QUIT: # <닫기> 버튼을 클릭하면
            done=True # 루프 탈출을 위해 변수 값 설정

    # width 값이 홀수인 경우
    pygame.draw.line(screen, GREEN, [0, 50], [200,150], 29)
    pygame.draw.line(screen, BLUE, [0, 50], [200,150], 1)

    # width 값이 짝수인 경우
    pygame.draw.line(screen, GREEN, [200, 50], [400,150], 30)
    pygame.draw.line(screen, BLUE, [200, 50], [400,150], 29)

    pygame.draw.line(screen, GREEN, [400, 50], [500,250], 30)
    pygame.draw.line(screen, BLUE, [400, 50], [500,250], 29)

    pygame.display.flip( )

pygame.quit( )
```

다음 예제는 마우스를 클릭한 2개의 점을 사용하여 2픽셀의 파랑색 선을 그리는 예제이다.

클릭하여 하나 이상의 선 그리기 함수

```
import pygame
from pygame.locals import *
from sys import exit
from random import *

pygame.init( )

BLACK = ( 0, 0, 0 )
BLUE = ( 0, 0, 255)

screen = pygame.display.set_mode((640, 480), 0, 32)
pygame.display.set_caption("마우스로 클릭하여 선 그리기")
screen.fill((255, 255, 255))

clock = pygame.time.Clock( )

line_points= []

done = True
while done:

    for event in pygame.event.get( ):
        if event.type == QUIT:
            done = False
        if event.type == MOUSEBUTTONDOWN:
            line_points.append(event.pos)

        for point in line_points :
            pygame.draw.circle(screen, BLACK, point, 5)

        if len(line_points) > 0 and  (len(line_points)  % 2 == 0) :
```

```
        pygame.draw.line(screen, BLUE, line_points[len(line_points)-2],
                                        line_points[len(line_points)-1], 2)

    pygame.display.update()
    clock.tick(30)

pygame.display.quit()
```

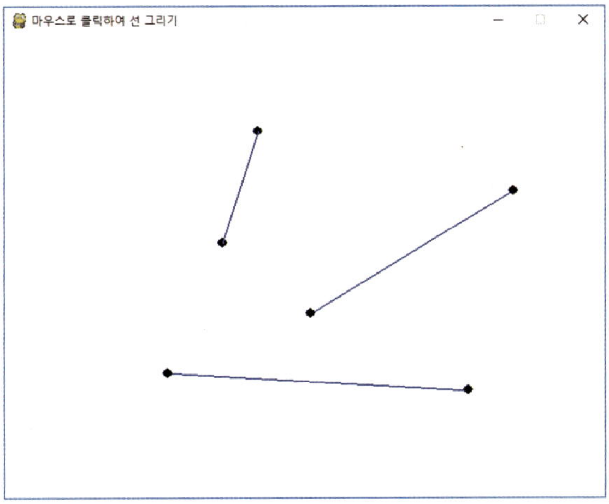

[실행 결과]

7) 여러 개의 선 (lines) 그리기

pygame.draw.lines( ) 함수는 두 점을 연결한 하나의 선을 그린다. 하나 이상의 직선을 연속적으로 그리기 위해서는 pygame.draw.lines( ) 함수를 사용한다.

pygame.draw.lines 함수

형식 : pygame.draw.lines(Surface, Color, Closed, Points)
pygame.draw.lines(Surface, Color, Closed, Points, Width=1)

인수 : Surface - pygame을 실행할 때 화면을 선언한 변수 값
Color - (R, G, B)의 형태의 원의 색상
Closed - True로 설정하면 첫 번째 점과 마지막 점을 연결하는 선을 추가하여 닫힌 도형으로 표시]

```
Points - 연속적인 선을 그릴 점의 위치 목록
Width - 선 두께, 기본 값 : 1
    width 〉= 1, Width 두께의 테두리 표시,
            홀수 : 가운데부터 양쪽으로 커짐
            짝수 : 기울기가 〈1 (수평 방향에 가까운)인 선은
                  원래 선 아래 (y 방향)로 1 픽셀 더 커짐
                기울기 〉 = 1인 선은 x 방향으로 선의 오른쪽
                  두께가 1 픽셀 더 커짐
    width 〈 1 , nothing
```

에를 들어 다음 코드는 4개의 점을 연결한 4 픽셀 두께의 파랑색 선을 표시한다. Closed 인수가 False로 설정되어 있으므로 열린 도형으로 표시된다.

```
pygame.draw.lines(screen, BLUE, False, [[0, 150], [100, 50], [300, 200], [420, 30]],5)
```

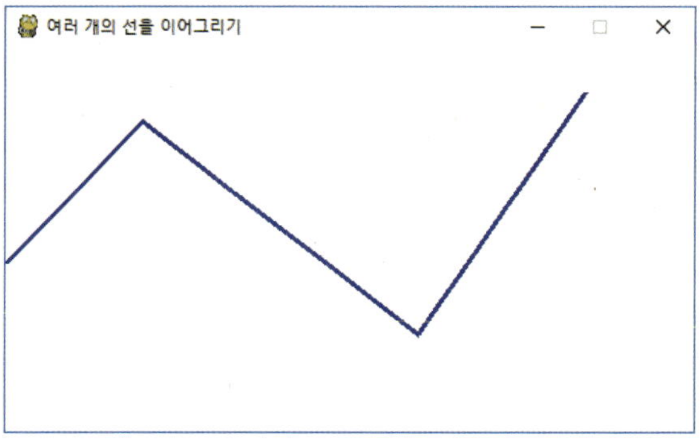

Closed 인수를 True로 설정하면 첫 번째 점과 마지막 점을 연결하는 선이 추가되어 닫힌 도형으로 표시된다.

```
pygame.draw.lines(screen, BLUE, True, [[0, 150], [100, 50], [300, 200], [420, 30]], 5)
```

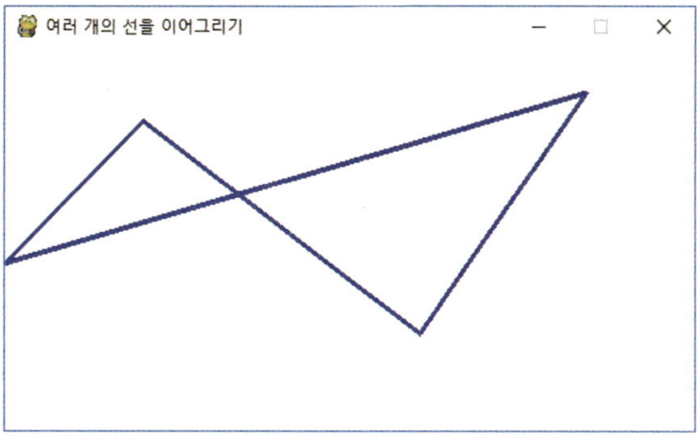

pygame.draw.lines( ) 함수를 사용하여 여러 개의 점을 연결하는 선을 그릴 수도 있다.

다음 예제는 마우스로 클릭하는 점들을 목록으로 만들어 연결된 선을 그리는 예제이다. 3개 이상의 점을 클릭하면 pygame.draw.lines( ) 함수를 사용하여 연결된 선을 그리도록 코드를 작성하도록 한다.

pygame.draw.lines 함수

```
import pygame
from pygame.locals import *

pygame.init( )

# 색 설정
BLACK = (  0,   0,   0)
WHITE = (255, 255, 255)
BLUE  = (  0,   0, 255)

lines_points = []

# 화면 설정
size   = [500, 300]
screen = pygame.display.set_mode(size)

pygame.display.set_caption("여러 개의 선을 이어그리기 ")
```

```
# 메인 루프
done = False
clock = pygame.time.Clock( )

while not done:

    clock.tick(10)

    for event in pygame.event.get( ):
      if event.type == pygame.QUIT:        # <닫기> 버튼을 클릭하면
        done=True           # 루프 탈출을 위한 변수 값 설정

      if event.type == MOUSEBUTTONDOWN :       # 마우스를 클릭하면
        lines_points.append (event.pos)              # 점 목록 추가

    screen.fill(WHITE)

    for point in lines_points :                   # 점 표시하기
      pygame.draw.circle(screen, BLACK, point, 5)

    if  len(lines_points) >= 2 :                   # 선 그리기
      pygame.draw.lines(screen, BLUE, False, lines_points, 4)

    pygame.display.flip( )

pygame.quit( )
```

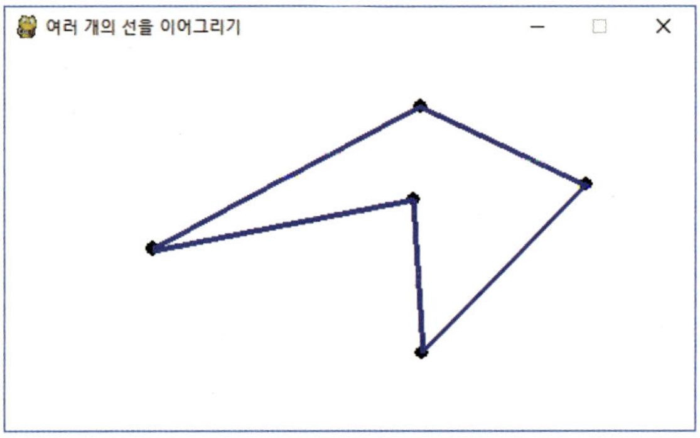

8) 부드러운 곡선 (aaline) 그리기

pygame.draw.line( ) 함수를 사용하여 선을 그리면 계단현상(aliasing, 앨리어싱)이 나타난다. 파이게임(Pygame)은 pygame.draw.line( ) 함수에 의해 그려진 선보다 훨씬 부드럽게 나타나는 앤티엘리어싱(antialiasing)된 선을 그리는 pygame.draw.aaline( ) 함수를 제공한다. pygame.draw.aaline( ) 함수는 pygame.draw.line( ) 함수와 동일한 매개 변수를 갖지만 훨씬 더 부드러운 선을 그린다.

pygame.draw.aaline 함수

형식 : pygame.draw.aaline(Surface, Color, Start_pos, End_pos)
pygame.draw.aaline(Surface, Color, Start_pos, End_pos, Blend=1)

인수 : Surface - pygame을 실행할 때 화면을 선언한 변수 값
Color - (R, G, B)의 형태의 원의 색상
Start_pos - 선이 그려지는 첫 번째 점의 위치
End_pos - 선이 그려지는 마지막 점의 위치
Blend - Anti-Aliasing(부드러움) 설정 여부, True/False (또는 1/0)로 입력
0이 아니면 (기본 값) 선은 표면의 기존 픽셀 음영과 혼합
0이면 선을 덮어씀

예를 들어 다음 코드는 2개의 점을 연결한 부드러운 파랑색 선을 표시한다. 두 번째 선은 Blend 인수의 값이 False 또는 0으로 설정되어 있으므로 표면(Scrren)의 색과 혼합되어 좀 더 어둡게 그려진다.

```
pygame.draw.aaline(screen, BLUE, [0, 0], [250, 80], True)
pygame.draw.aaline(screen, RED, [0, 0], [250, 80], 0)
```

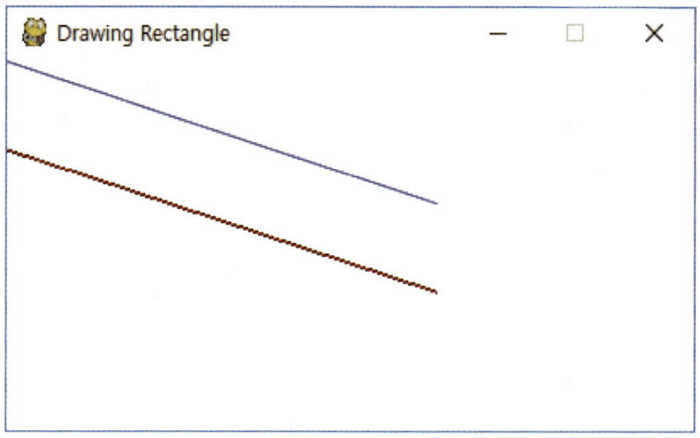

9) 여러 개의 부드러운 곡선 (aalines) 그리기

pygame.draw.aalines( ) 함수는 pygame.draw.lines( ) 함수와 비슷한 매개 변수를 갖지만 훨씬 더 부드러운 선을 그린다.

pygame.draw.aalines 함수

형식 : pygame.draw.aalines(Surface, Color, Closed, Points)
       pygame.draw.aalines(Surface, Color, Closed, Points, Blend=1)

인수 : Surface - pygame을 실행할 때 화면을 선언한 변수 값
       Color - (R, G, B)의 형태의 원의 색상
       Closed - True / False
              True : 첫 번째 점과 마지막 점의 연결 선을 추가하여 닫힌 도형으로 표시
       Points - 연속적인 선을 그릴 점의 위치 목록
       Blend - Anti-Aliasing(부드러움) 설정 여부, True/False (또는 1/0)로 입력
              0이 아니면 (기본 값) 선은 표면의 기존 픽셀 음영과 혼합
              0이면 선을 덮어씀

예를 들어 다음 코드는 2개의 점을 연결한 부드러운 파랑색 선을 표시한다. 두 번째 선은 Blend 인수의 값이 False 또는 0으로 설정되어 있으므로 표면(Screen)의 색과 혼합되어 좀 더 어둡게 그려진다.

```
pygame.draw.aalines(screen, RED, False, [[0, 150], [100, 50], [300, 200], [420, 30]],
                    True)
```

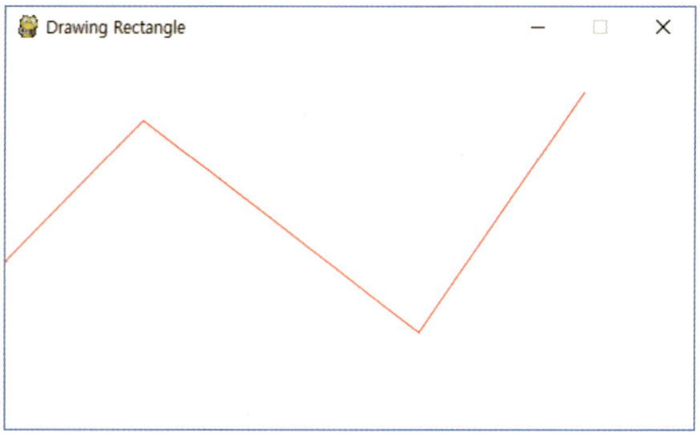

4 파이게임 (Pygame)과 텍스트

화면에 텍스트를 그리기 위해서는 Font 모듈을 사용한다. Font 모듈은 대부분 고품질의 부드러운 텍스트를 렌더링하는 데 사용되는 트루 타입 글꼴 (TTF)을 사용하여 화면에 렌더링 할 수 있다.

Font 모듈을 사용하기 전에 글꼴 로드 및 렌더링을 위해 먼저 pygame.font.Font( )를 사용하여 Font 객체를 생성해야 한다. 컴퓨터에 설치한 글꼴 중 하나를 사용하여 Font 객체를 생성하려면 pygame.font.SysFont( )를 사용한다.

표 ▶ Font 모듈의 함수

함수	설명
pygame.font.init	Font 모듈 초기화
pygame.font.quit	Font 모듈 초기화 해제
pygame.font.get_init	Font 모듈이 초기화된 경우 True 반환
pygame.font.get_default_font	기본 글꼴의 파일명 반환
pygame.font.get_fonts	사능한 모든 글꼴 반환
pygame.font.match_font	특정 글꼴 찾기
pygame.font.SysFont	시스템 글꼴을 사용하여 Font 개체 생성
pygame.font.Font	폰트 파일에서 새 Font 개체 생성

표 ▶ pygame.font.Font 함수

함수	설명
pygame.font.Font.render	화면에 텍스트 그리기
pygame.font.Font.size	텍스트를 렌더링하는데 필요한 크기
pygame.font.Font.set_underline	텍스트에 밑줄 표시 여부 설정
pygame.font.Font.get_underline	텍스트에 밑줄이 표시되는 지 여부 반환(True/False)
pygame.font.Font.set_bold	텍스트를 굵게 표시할 것인지 설정
pygame.font.Font.get_bold	텍스트가 굵게 표시되는 지 여부 반환(True/False)
pygame.font.Font.set_italic	텍스트를 기울임꼴로 표시할 것인지 설정
pygame.font.Font.get_italic	텍스트가 기울임꼴로 표시되는 지 여부 반환(True/False)
pygame.font.Font.get_linesize	텍스트의 줄 간격의 크기 반환
pygame.font.Font.get_height	글꼴 높이 반환
pygame.font.Font.get_ascent	글꼴 크기 늘림
pygame.font.Font.get_descent	글꼴 크기 줄임

1) 텍스트 표시하기

파이게임 (Pygame) 화면에 텍스트를 표시하려면 다음과 같이 7 단계로 처리한다.

단계 1 : display.set_mode( ) 메소드를 사용하여 화면 객체 생성

```
screen = pygame.display.set_mode((640, 480))
```

단계 2 : font.Font( ) 메소드를 사용하여 Font 객체 생성

```
DisplayFont = pygame.font.SysFont("Cambria", 72)
```

단계 3 : render( ) 메소드를 사용하여 텍스트가 그려지는 표면 (surface) 객체 생성

```
DispText = DisplayFont.render("Display Text~", True, (0, 0, 255) ) #글꼴색 - 파랑
```

단계 4 : pygame.Surface 객체의 get_rect( ) 메소드를 사용하여 텍스트 표면(surface) 객체에 대한 직사각형 (Rectangular) 객체 생성

```
DispTextRect = DispText.get_rect( )
```

단계 5 : pygame.Rect 객체의 center 속성 값을 설정하여 사각형(Rectangular) 객체의 위치 설정

```
# screen_Width : 창의 너비, screen_Height : 창의 높이
DispTextRect.center = (screen_Width // 2, screen_Height // 2)
```

단계 6 : pygame.Surface 객체의 blit( ) 메서드를 사용하여 텍스트 표면(surface) 객체를 표시(display) 객체에 복사

```
# screen_Width : 640, screen_Height : 480
# DispText.get_width( ) : 450, DispText.get_height( ) : 86
# screen_Width //2 - DispText.get_width( ) // 2 = 640//2 - 480 // 2 =320 - 240
=80
# screen_Height // 3 - DispText.get_height( ) // 2 = 480 // 3 - 86 // 2 = 160 - 43 =
117
# DispText를 표시하는 위치 (80, 117)로 설정

screen.blit(DispText, (screen_Width //2 - DispText.get_width( ) // 2,
                       screen_Height // 3 - DispText.get_height( ) // 2))
```

단계 7 : pygame의 display.update( ) 메소드를 사용하여 파이 게임 창에 디스플레이 표면 오브젝트 표시

```
pygame.display.update( )
```

pygame.font.Font.render 함수

기능 : 렌더링된 텍스트를 표시하기 위한 새 표면(Surface) 생성
형식 : pygame.font.Font.render(Text, Antialias, Color)
pygame.font.Font.render(Text, Antialias, Color, Background = None)
인수 : Text - 표시할 한 줄 텍스트(줄바꿈 문자는 렌더링 되지 않음)
Antialias - 앤티앨리어싱 여부 설정(True/False)
Color - (R, G, B)의 형태의 글꼴 색상
Background - 텍스트가 표시되는 표면 (Surface)의 배경 색 설정

전체 코드는 다음과 같다.

텍스트 표시

```
import pygame

pygame.init( )

# 화면 설정
screen_Width = 640
screen_Height = 480
screen = pygame.display.set_mode((screen_Width, screen_Height))
pygame.display.set_caption("텍스트를 표시하자~")

GREEN = ( 0, 255, 0 )

clock = pygame.time.Clock( )
done = False

# Font 객체 생성
DisplayFont  = pygame.font.SysFont("Cambria", 72)

# 텍스트가 그려지는 표면 (surface) 객체 생성
DispText = DisplayFont.render("Display Text~", True, (0, 128, 0), GREEN)
```

```
# 텍스트 표면(surface) 객체에 대한 직사각형 (Rectangular) 객체 생성
DispTextRect = DispText.get_rect( )

# 사각형(Rectangular) 객체의 위치 설정
DispTextRect.center = (screen_Width // 2, screen_Height // 2)

while not done:
    for event in pygame.event.get( ):
        if event.type == pygame.QUIT:
            done = True

    screen.fill((255, 255, 255))
    screen.blit(DispText, (screen_Width //2 - DispText.get_width( ) // 2,
                screen_Height // 3 - DispText.get_height( ) // 2))

    pygame.display.update( )
    clock.tick(60)

pygame.display.quit( )
```

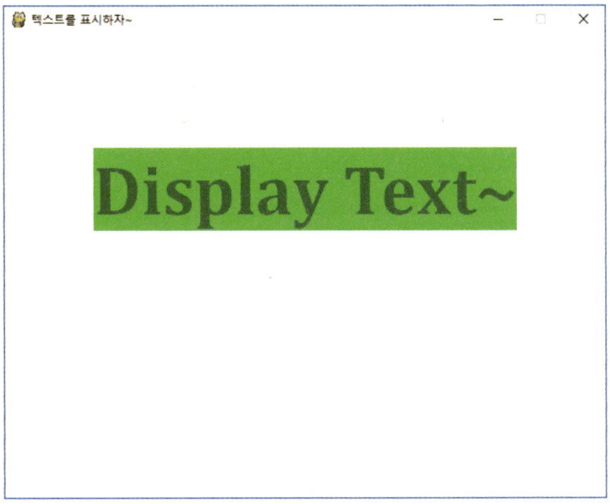

5 이벤트 (Events) 이해하기

파이게임 (Pygame)에서 제공하는 이벤트 (Event) 모듈을 사용하여 마우스, 키보드, 조이스틱, 디스플레이 등에 대한 상태 정보에 대해 필요한 정보를 전달하거나 대응할 수 있도록 코드를 작성할 수 있다.

1) pygame.Event 목록

pygame에서 제공하는 Event 목록은 다음과 같다.

표 ▶ Event 목록

이벤트 이름	설명
pygame.QUIT	창 닫기 버튼 클릭 시 발생하거나, 커맨드 창에서 Ctrl + C를 입력하면 발생함
pygame.ACTIVEEVENT	화면 활성화 이벤트로, 화면(GUI)에 마우스가 들어가거나 나가면 발생. 또는 화면이 활성화 상태이면 발생
pygame.KEYDOWN	키보드를 누를 때 발생
pygame.KEYUP	키보드를 누른 후 뗄 때 발생
pygame.MOUSEMOTION	마우스가 움직일 때 발생
pygame.MOUSEBUTTONUP	마우스 버튼을 누른 후 뗄 때 발생
pygame.MOUSEBUTTONDOWN	마우스 버튼을 눌렀을 때 발생
pygame.JOYAXISMOTION	조이스틱 축이 변경되면 발생
pygame.JOYBALLMOTION	조이스틱 볼이 움직이면(회전하면) 발생
pygame.JOYHATMOTION	조이스틱 hat이 바뀌면 발생
pygame.JOYBUTTONUP	조이스틱 버튼을 눌렀을 때 발생
pygame.JOYBUTTONDOWN	조이스틱 버튼을 누른 후 뗄 때 발생
pygame.VIDEORESIZE	디스플레이가 pygame.RESIZABLE 플래그로 설정되면, 사용자가 창 크기를 조전하기 위해 발생
pygame.VIDEOEXPOSE	화면의 일부를 다시 그려야 하는 경우 화면에 식섭 그리는 하드웨이 디스플레이가 발생시킴
pygame.USEREVENT	사용자가 임의로 설정하는 이벤트

파이게임 (Pygame)은 이벤트 큐 (Queue)을 사용하여 발생한 모든 이벤트를 처리한다. 이벤트 큐에는 최대 128개의 이벤트 목록을 포함할 수 있으며, 발생한 순서대로 이벤트를 저장한다. event 모듈에서 이벤트 큐와 관련된 함수들을 제공한다.

표 ▶ event 모듈 함수

함수	설명
pump	파이게임 (Pygame) 이벤트 핸들러를 내부적으로 처리
get	이벤트 큐에서 이벤트 가져 오기
poll	이벤트 큐에서 하나의 이벤트 가져 오기
wait	이벤트 큐에서 하나의 이벤트 대기
peek	주어진 타입의 이벤트가 이벤트 큐에서 대기중인 이벤트인 경우 True 반환
clear	이벤트 큐의 모든 이벤트 목록 제거
event_name	이벤트 ID에서 문자열 이름 가져 오기
set_blocked	이벤트 큐에서 허용되는 이벤트 관리(특정 이벤트 타입이 대기열에 저장되지 않도록 함)
set_allowed	이벤트 큐에 허용되는 이벤트 목록 관리
get_blocked	이벤트 큐에 허용되지 않는 이벤트 여부(허용되지 않는 이벤트 타입인 경우 True 반환)
set_grab	다른 응용 프로그램과 입력 장치의 공유 제어
get_grab	입력 장치의 공유 여부(공유되어 있는 경우 True 반환)
post	큐에 새로운 이벤트 추가
custom_type	사용자 이벤트 타입 생성
Event	새 이벤트 객체 생성
EventType	이벤트를 나타내는 파이게임 객체

사용자에 의해 키를 누르거나 마우스를 움직이는 것과 같은 이벤트가 발생하면 이를 처리하는 코드가 필요하며, 프로그램에서 이벤트를 처리하는 부분을 작성해야 한다. 이벤트를 처리하는 프로그램의 일부를 이벤트 핸들러 (event handler)라고 한다.

그러나 발생하는 모든 이벤트를 처리할 수는 없다. 예를 들어 마우스를 움직이면 수백 개의 이벤트가 발생하게 되므로 중요한 이벤트(예, 마우스 클릭 등)에 대해서만 처리하도록 코드를 작성해야 한다.

이전 예제에서 다음과 같이 pygame.event.get( ) 함수를 호출하여 모든 이벤트를 검색하고, 이벤트 큐에서 제거하는 코드를 사용하였다.

```
for event in pygame.event.get( ):
    if event.type == pygame.QUIT:
        done = True
```

이 방법 외에 다른 방법으로 이벤트 큐를 사용할 수 있다.

pygame.event.wait( ) 함수를 호출하면 파이게임 (Pygame)은 이벤트가 발생할 때까지 이벤트 반환을 기다리도록 할 수 있다. 게임에서는 이 기능이 자주 사용되지는 않지만, 미디어 플레이어와 같은 응용 프로그램에 유용하게 사용할 수 있다.

또 다른 방법으로 pygame.event.poll( ) 함수를 사용하면 이벤트 큐에 하나의 이벤트가 대기 중인 경우 이벤트를 반환하고, 큐에 이벤트가 없으면 NOEVENT 유형의 더미 이벤트를 반환한다. 이벤트 큐의 크기가 제한되어 있고, 대기열이 오버플로루되면 이벤트가 손실될 수 있으므로, 사용 시 불필요한 빌드를 허용하지 않는 것이 중요하다.

파이게임 (Pygame)이 내부적으로 이벤트를 처리할 수 있도록 이벤트 처리 함수 중 적어도 하나를 정기적으로 호출해야한다. 이벤트 처리 함수를 사용하지 않으면 이벤트 루프 대신 pygame.event.pump( )를 호출 할 수 있다.

이벤트 객체에는 공통적으로 이벤트의 유형을 나타내는 type이라는 멤버변수를 가지고 있으며, 이 값에 따라 이벤트 처리 방법을 결정할 수 있다. 파이게임 (Pygame)에는 이벤트 유형을 상수로 정의하고 있다. 이 상수를 사용하기 위해서는 다음 코드를 사용해야 한다.

```
from pygame.locals import *
```

2) pygame.QUIT 이벤트

pygame.QUIT 이벤트는 게임 종료 버튼(창 닫기 버튼)을 클릭하면 발생하는 이벤트이다. QUIT 이벤트는 속성을 가지지 않는다.

사용자가 창의 〈닫기〉 버튼을 클릭한 경우, 창을 닫거나 게임 루프를 빠져나가는 코드를 함께 사용한다.

예제 1 :

```
while True :
    for event in pygame.event.get( ):
        if event.type == pygame.QUIT:
            exit( )
```

예제 2 :

```
done = True

while done :
    for event in pygame.event.get( ):
        if event.type == pygame.QUIT:
            done = False
```

locals 모듈을 포함하면, 다음과 같이 상수를 사용하여 간단하게 작성할 수 있다.

```
from pygame.locals import *

done = True

while done :
    for event in pygame.event.get( ):
        if event.type == QUIT:
            done = False
```

3) pygame.ACTIVEEVENT 이벤트

pygame.ACTIVEEVENT은 게임 화면에 마우스가 있는지 없는지에 따라 발생하는 이벤트로, gain과 state 속성을 포함한다.

다음과 같이 ACTIVEEVENT 이벤트의 속성 값(gain과 state)을 화면에 출력하여 확인해 보도록 한다.

pygame.ACTIVEEVENT 이벤트

```
import pygame

pygame.init( )

# 색 설정
BLACK = (  0,   0,   0)
WHITE = (255, 255, 255)
BLUE  = (  0,   0, 255)
RED   = (255,   0,   0)

# 화면 설정
size   = [680, 300]
screen = pygame.display.set_mode(size)
font = pygame.font.SysFont("Cambria", 25)

pygame.display.set_caption("ACTIVEEVENT 이벤트 확인하기")

# 메인 루프
done  = False
activeFlag = True
clock = pygame.time.Clock( )

while not done:

    clock.tick(10)

    # 이벤트 처리 루프
    for event in pygame.event.get( ):
        if event.type == pygame.ACTIVEEVENT: # 마우스의 위치 확인
            activeFlag ^= True
            eventMessage = str(event)
```

```
        elif event.type == pygame.QUIT:
            done  = True               # <닫기> 버튼 클릭하면

    screen.fill(WHITE)

    # 화면에 텍스트 출력
    if activeFlag == True:   # 마우스가 화면 위에 있으면
        textSurface = font.render(eventMessage, True, BLUE, None)
        textRect = textSurface.get_rect( )
        textRect.topleft = (50, 50)

        screen.blit(textSurface, textRect)

    # 마우스가 화면 밖에 있으면
    else:
        textSurface = font.render('Mouse is outside!!', True, RED, None)
        textRect  = textSurface.get_rect( )
        textRect.topleft = (50, 50)

        screen.blit(textSurface, textRect)

    pygame.display.flip( )

pygame.quit( )
```

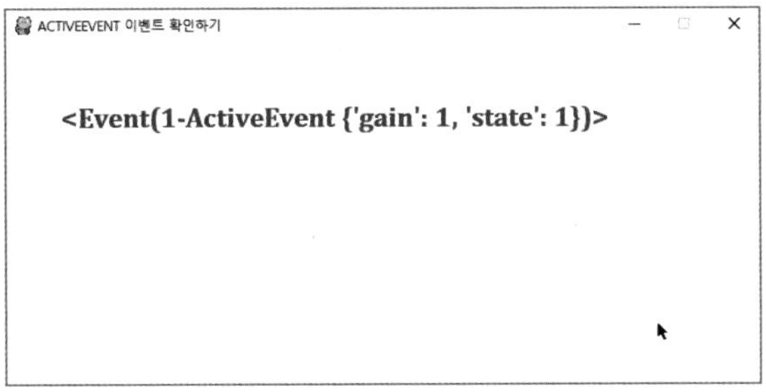

[마우스가 화면 위에 있는 경우]

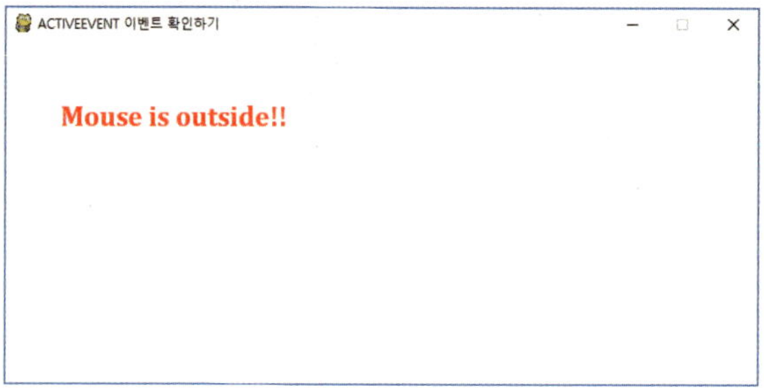

[마우스가 화면 위 밖에 있는 경우]

4) pygame.MOUSEMOTION 이벤트

pygame.MOUSEMOTION 이벤트는 게임 화면에서 마우스가 움직이면 발생하는 이벤트이다.

MOUSEMOTION 이벤트에는 다음 세 가지 값이 포함된다.

- buttons : 마우스 버튼에 해당하는 세 개의 숫자로 구성된 투플. 버튼을 누르면 값이 1로 설정되고 누르지 않으면 값은 0으로 설정된다. 한 번에 여러 개의 버튼을 누를 수도 있다.
  (0, 0, 0) – 버튼을 누르지 않은 경우 또는 가운데 버튼 클릭
  (1, 0, 0) – 왼쪽 버튼을 클릭한 경우
  (0, 0, 1) – 오른쪽 버튼을 클릭한 경우
- pos : 이벤트가 생성되었을 때 마우스 위치
- rel : 마지막 마우스 모션 이벤트 (마우스 mickies라고도 함) 이후 마우스가 이동한 거리

pygame.MOUSEMOTION 이벤트

```
import pygame

pygame.init( )

# 색 설정
WHITE = (255, 255, 255)
BLUE  = ( 0,   0, 255)
RED   = (255,   0,   0)
```

```
# 화면 설정
size   = [1200, 300]
screen = pygame.display.set_mode(size)
font = pygame.font.SysFont("Verdana", 20)

pygame.display.set_caption("MOUSEMOTION 이벤트 처리하기")

# 메인 게임 루프
done  = False
motionFlag  = False
clock = pygame.time.Clock( )

while not done:

    clock.tick(10)

    # 이벤트 루프
    for event in pygame.event.get( ):
        if event.type == pygame.MOUSEMOTION:  # 마우스를 움직이면
            motionFlag  = True
            eventMessage = str(event)
        elif event.type == pygame.QUIT:              # <닫기> 버튼을 클릭하면
            done = True

    screen.fill(WHITE)

    # 마우스가 움직였을 때
    if motionFlag  == True:
        textSurface = font.render('Moving!!' + eventMessage, True, RED, None)
        textRect = textSurface.get_rect( )
        textRect.topleft = (50, 50)

        screen.blit(textSurface, textRect)

        motionFlag  = False
```

```
        # 마우스가 움직이지 않을 때
        elif motionFlag == False:
            textSurface = font.render('Mouse is stopped!!', True, BLUE, None)
            textRect = textSurface.get_rect( )
            textRect.topleft = (50, 50)

            screen.blit(textSurface, textRect)

        pygame.display.flip( )

pygame.quit( )
```

마우스의 움직임에 대해 처리하는 코드를 보면 다음과 같이 작성되어 있다.

```
# 마우스가 움직였을 때
if motionFlag  == True:
   textSurface = font.render('Moving!!' + eventMessage, True, RED, None)
   textRect = textSurface.get_rect( )
   textRect.topleft = (50, 50)

   screen.blit(textSurface, textRect)

   motionFlag  = False

# 마우스가 움직이지 않을 때
elif motionFlag  == False:
   textSurface = font.render('Mouse is stopped!!', True, BLUE, None)
   textRect = textSurface.get_rect( )
   textRect.topleft = (50, 50)

   screen.blit(textSurface, textRect)
```

다음 예제를 먼저 살펴보도록 하자.

중복되는 코드를 함수 DispText( )를 정의하여 다음과 같이 수정한 후 실행해보자.

```
def dispText(dispMessage, txtColor='BLACK', start_pos=(50, 50)):
   textSurface = font.render(dispMessage, True, pygame.Color(txtColor), None)
   textRect = textSurface.get_rect( )
   textRect.topleft = start_pos

   screen.blit(textSurface, textRect)


   # 마우스가 움직였을 때
   if motionFlag  == True:
      dispText ('Moving !! : ' + eventMessage, 'RED')
```

```
    motionFlag  = False

  # 마우스가 움직이지 않을 때
  elif motionFlag  == False:
    dispText ('Moving', 'BLUE')
```

텍스트 출력을 위한 함수를 사용하는 전체 코드는 다음과 같다.

pygame.MOUSEMOTION 이벤트 - 함수 이용

```
import pygame

pygame.init( )

# 색 설정
WHITE = (255, 255, 255)
BLUE  = ( 0,  0, 255)
RED   = (255,  0,  0)

# 화면 설정
size   = [1200, 300]
screen = pygame.display.set_mode(size)
font = pygame.font.SysFont("Verdana", 20)

pygame.display.set_caption("MOUSEMOTION 이벤트 처리하기")

done  = False
motionFlag  = False
clock = pygame.time.Clock( )

# 텍스트 출력 함수
def dispText(dispMessage, txtColor='BLACK', start_pos=(50, 50)):
  textSurface = font.render(dispMessage, True, pygame.Color(txtColor), None)
  textRect = textSurface.get_rect( )
  textRect.topleft = start_pos
```

```
    screen.blit(textSurface, textRect)

# 메인 게임 루프
while not done:

    clock.tick(10)

    # 이벤트 루프
    for event in pygame.event.get( ):
        if event.type == pygame.MOUSEMOTION:  # 마우스를 움직이면
            motionFlag = True
            eventMessage = str(event)
        elif event.type == pygame.QUIT:            # 〈닫기〉 버튼을 클릭하면
            done = True

    screen.fill(WHITE)

    # 마우스가 움직였을 때
    if motionFlag == True:
        dispText ('Moving !! : ' + eventMessage, 'RED')

        motionFlag = False

    # 마우스가 움직이지 않을 때
    elif motionFlag == False:
        dispText ('Mouse is Stopped!!!', 'BLUE')

    pygame.display.flip( )

pygame.quit( )
```

5) pygame.MOUSEBUTTONDOWN, pygame.MOUSEBUTTONUP 이벤트

MOUSEMOTION 이벤트 외에도 마우스는 MOUSEBUTTONDOWN 및 MOUSEBUTTONUP 이벤트를 생성한다. 마우스를 클릭하면 MOUSEBUTTONDOWN 이벤트가 먼저 발생하고, 버튼에서 손가락을 떼면 MOUSEBUTTONDUP 이벤트가 순서대로 발생한다. 마우스를 클릭하는 경우처럼 대부분은 두 이벤트 중 하나만 사용하지만, 마우스를 누르고 있는 동작을 제어하기 위해서는 MOUSEBUTTONDOWN 이벤트를 MOUSEBUTTONDUP 이벤트가 발생할 때까지 발생하도록 한다. 두 유형의 마우스 버튼 이벤트에는 다음과 같은 두 값이 포함된다.

- button : 누른 단추의 번호
  1 – 왼쪽 마우스 버튼이 눌려졌음을 의미
  2 – 가운데 버튼이 눌려졌음 의미
  3 – 오른쪽 버튼이 눌렸음 의미
  4 – 가운데 버튼을 위로 밀었음 의미
  5 – 가운데 버튼을 아래로 밀었음 의미
- pos : 이벤트가 생성되었을 때 마우스 위치

MOUSEBUTTONDOWN / MOUSEBUTTONUP 이벤트

```
import pygame

pygame.init( )

# 색 설정
BLACK = (  0,   0,   0)
WHITE = (255, 255, 255)
BLUE  = (  0,   0, 255)
RED   = (255,   0,   0)

# 화면 설정
size   = [1000, 300]
```

```
screen = pygame.display.set_mode(size)
font = pygame.font.SysFont("Verdana", 20)

pygame.display.set_caption("MOUSEBUTTONDOWN/MOUSEBUTTONUP 이벤트
처리하기")

# 메인 게임 루프
done  = False
buttonFlag  = None
clock = pygame.time.Clock( )

# 텍스츠 출력 함수
def dispText(dispMessage, txtColor='BLACK', start_pos=(50, 50)):
   textSurface = font.render(dispMessage, True, pygame.Color(txtColor), None)
   textRect = textSurface.get_rect( )
   textRect.topleft = start_pos

   screen.blit(textSurface, textRect)

while not done:

   clock.tick(10)

   # 이벤트 루프
   for event in pygame.event.get( ):
      if event.type == pygame.MOUSEBUTTONDOWN:   # 버튼을 눌렀을 때
         buttonFlag = True
         eventMessage =  str(event)
      elif event.type == pygame.MOUSEBUTTONUP:      # 버튼을 해제했을 때
         buttonFlag = False
         eventMessage =  str(event)
      elif event.type == pygame.QUIT:                        # 〈닫기〉를 클릭하면.
         done = True


   screen.fill(WHITE)
```

```
    # 버튼을 누른 경우
    if buttonFlag == True:
        dispText('Mouse Button Down !! : ', 'RED')
        dispText('      =〉 ' + eventMessage, 'RED', (50, 70))

    # 버튼을 해제한 경우
    elif buttonFlag == False:
        dispText('Mouse Button UP !!', 'BLUE')
        dispText('      =〉 ' + eventMessage, 'BLUE', (50, 70))

    # 버튼을 누르지 않은 경우
    else:
        dispText('Please press any button~.')

    pygame.display.flip( )

pygame.quit( )
```

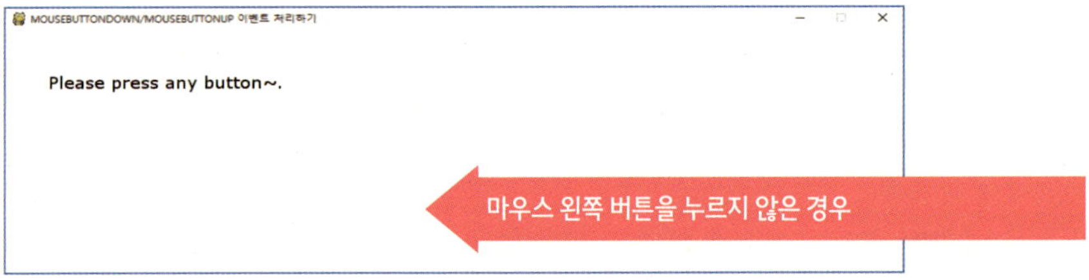

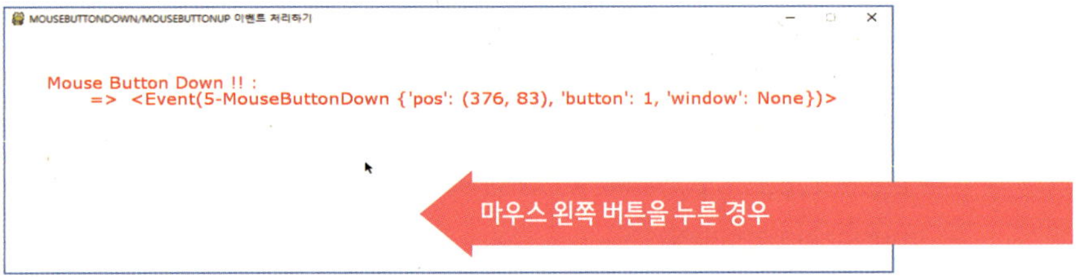

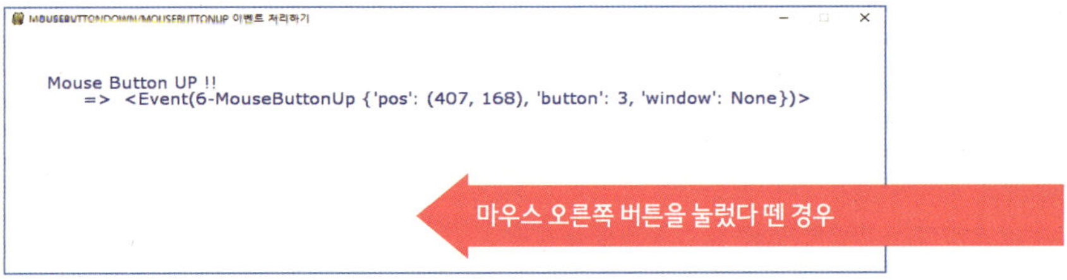

6) pygame.KEYDOWN, pygame.KEYUP 이벤트

키보드와 조이스틱은 비슷한 DOWN과 UP 이벤트를 가지고 있다. KEYDOWN은 키를 누를 때 발행되고 KEYUP은 키가 해제될 때 발행된다.

키보드의 각 키는 다음과 같은 상수로 정의되어 있다.

표 ▶ 키보드 키 상수

상수	키	상수	키
pygame.K_BACKSPACE	backspace	pygame.K_a	a
pygame.K_CLEAR	clear	pygame.K_b	b
pygame.K_RETURN	return	pygame.K_c	c
pygame.K_PAUSE	pause	pygame.K_d	d
pygame.K_ESCAPE	escape	pygame.K_e	e
pygame.K_SPACE	space	pygame.K_f	f
pygame.K_DELETE	delete	pygame.K_g	g
pygame.K_KP0	keypad 0	pygame.K_h	h
pygame.K_KP1	keypad 1	pygame.K_i	i
pygame.K_KP2	keypad 2	pygame.K_j	j
pygame.K_KP3	keypad 3	pygame.K_k	k
pygame.K_KP4	keypad 4	pygame.K_l	l
pygame.K_KP5	keypad 5	pygame.K_m	m
pygame.K_KP6	keypad 6	pygame.K_n	n
pygame.K_KP7	keypad 7	pygame.K_o	o
pygame.K_KP8	keypad 8	pygame.K_p	p
pygame.K_KP9	keypad 9	pygame.K_q	q
pygame.K_UP	up arrow	pygame.K_r	r
pygame.K_DOWN	down arrow	pygame.K_s	s
pygame.K_RIGHT	right arrow	pygame.K_t	t
pygame.K_LEFT	left arrow	pygame.K_u	u
pygame.K_INSERT	insert	pygame.K_v	v
pygame.K_HOME	home	pygame.K_w	w
pygame.K_END	end	pygame.K_x	x
		pygame.K_y	y
		pygame.K_z	z

다음 예제는 KEYUP 및 KEYDOWN 이벤트를 사용하여 키를 눌렀는 지 해제했는 지 어떤 키를 눌렀는 지에 대한 내용을 화면에 출력하는 코드이다.

KEYUP 및 KEYDOWN 이벤트 사용하기

```
import pygame

pygame.init( )

# 색 설정
BLACK = (  0,   0,   0)
WHITE = (255, 255, 255)
BLUE  = (  0,   0, 255)
RED   = (255,   0,   0)

# 화면 설정
size   = [1200, 300]
screen = pygame.display.set_mode(size)
font = pygame.font.SysFont("Verdana", 20)

pygame.display.set_caption("KEYDOWN/KEYUP 이벤트 처리하기 ~")

# 메인 게임 루프
done  = False
keyFlag  = None
clock = pygame.time.Clock( )

# 텍스트 출력 함수
def dispText(dispMessage, txtColor='BLACK', start_pos=(50, 50)):
    textSurface = font.render(dispMessage, True, pygame.Color(txtColor), None)
    textRect = textSurface.get_rect( )
    textRect.topleft = start_pos

    screen.blit(textSurface, textRect)
```

```
while not done:

    clock.tick(10)

    # 이벤트 루프
    for event in pygame.event.get( ):
        if event.type == pygame.KEYDOWN:          # 키를 누르면
            # 전체 키보드의 키 상태 값 반환
            pressed = pygame.key.get_pressed( )
            # 눌린 키들의 목록 저장
            Keys = [pygame.key.name(keyName) for keyName,pressedKeyValue in
                    enumerate(pressed) if pressedKeyValue]
            eventMessage = str(event)
            keyFlag = True
        elif event.type == pygame.KEYUP:           # 키를 해제하면
            keyFlag = False
        elif event.type == pygame.QUIT:            # <닫기> 버튼을 클릭하면
            done = True

    screen.fill(WHITE)

    # 키를 누르면
    if keyFlag == True:
        dispText('Key Down!!  ' , 'RED')
        # 첫 번째 키만 반환
        dispText('Pressed Key : ' + Keys[0], 'RED', (50, 90))
        dispText('eventMessage : ' + eventMessage, 'RED', (50, 130))

    # 키를 해제하면
    elif keyFlag == False:
        dispText('Key Up!!', 'BLUE')

    # 아무것도 하지 않은 경우
    else:
        dispText('Please press any key.')

    pygame.display.flip( )
```

```
pygame.quit()
```

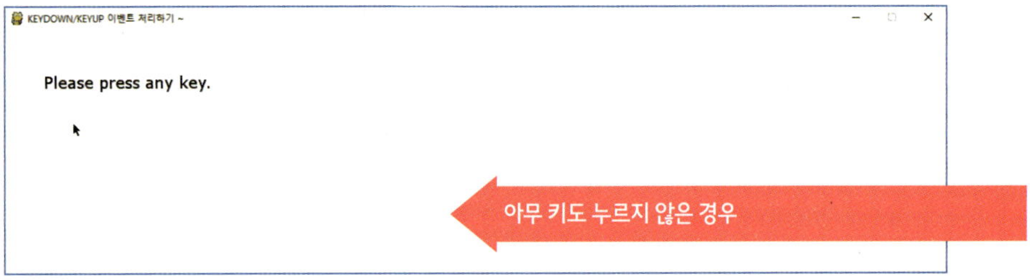
KEYDOWN/KEYUP 이벤트 처리하기 ~
Please press any key.
아무 키도 누르지 않은 경우

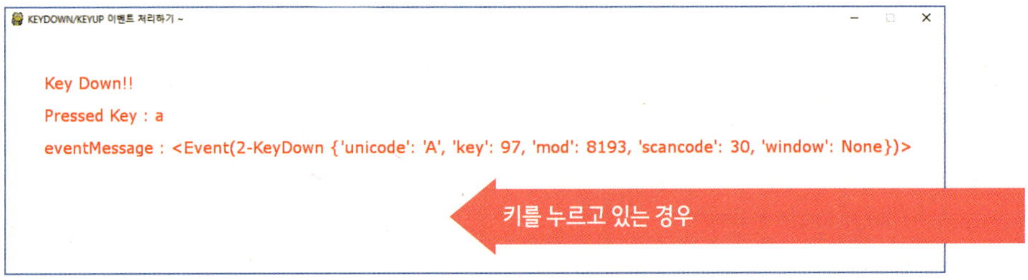
KEYDOWN/KEYUP 이벤트 처리하기 ~
Key Down!!
Pressed Key : a
eventMessage : <Event(2-KeyDown {'unicode': 'A', 'key': 97, 'mod': 8193, 'scancode': 30, 'window': None})>
키를 누르고 있는 경우

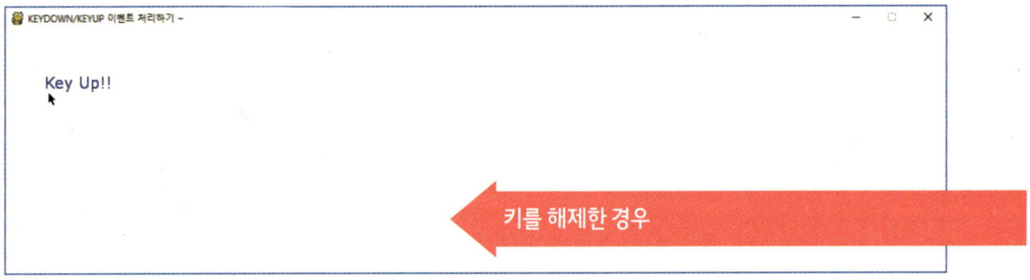
KEYDOWN/KEYUP 이벤트 처리하기 ~
Key Up!!
키를 해제한 경우

요약

■ **파이게임 창 생성**

- 게임에 포함된 개체들을 그려주기 위한 창 생성
- display 모듈이 제공하는 set_mode( ) 함수 사용
- set_mode 함수의 flags 옵션을 사용하여 창의 표시 유형 제어

옵션	
pygame.FULLSCREEN	pygame.RESIZABLE
pygame.DOUBLEBUF	pygame.NOFRAME
pygame.HWSURFACE	pygame.SCALED
pygame.OPENGL	

- set_caption( ) 함수 : 제목 표시줄에 창의 제목 표시
- 표면 (Surface) : 선, 이미지, 색상 등을 배치하는 빈 공간으로, set_mode( ) 함수를 사용하여 창을 설정하면 표면(Surface) 객체 생성

■ **블리팅(Blitting)**

- 하나의 표면에서 다른 표면으로 이미지 데이터를 복사하는 것을 의미
- 파이게임에서 배경이나 글꼴, 이미지 등을 화면에 그리기 위해서 blit 메서드를 호출하고, 블리팅할 소스 표면과 위치 지정
- 형식 : 표면개체.blit(source, dest, area=None, special_flags=0)

■ **프레임 (Frame) 처리**

- 프로그램이 초당 그릴 수 있는 이미지 수로 FPS 또는 초당 프레임 수로 측정
- 최대 FPS에서 실행되는지 확인하기 위해 pygame.time.Clock 객체 사용

■ **화면 지우기**

- 처음 만들어진 창은 검정 배경으로 표시되므로, 그리기 명령을 실행하기 전에 fill 함수를 사용하여 배경색과 동일한 색상으로 빈 화면 표시

■ pygame.draw 모듈

- 선이나 원과 같은 다양한 모양을 화면에 그리기위해 사용

함수	설명	함수	설명
rect	사각형 그리기	line	선 그리기
polygon	다각형 그리기	lines	여러 개의 선을 이어그리기
circle	원 그리기	aaline	부드러운 선 그리기
ellipse	타원 그리기	aalines	부드러운 선을 이어그리기
arc	호 그리기		

■ Font 모듈

- 글꼴 로드 및 렌더링을 위해 pygame.font.Font( )를 사용하여 Font 객체 생성

■ 이벤트 (Event) 모듈

- 마우스, 키보드, 조이스틱, 디스플레이 등에 대한 상태 정보에 대해 필요한 정보를 전달/처리하기 위해 사용
- 이벤트 큐 (Queue)을 사용하여 발생한 모든 이벤트 처리

연습문제

1. flip( ) 함수와 fill( ) 함수에 대해 설명하라.

2. 메인게임루프에 다음과 같이 선을 그리는 코드를 추가하였다. 코드 실행 결과는 무엇인가?

```
y_offset = 0

while y_offset < 450:
    pygame.draw.line(screen,RED,[0,10+y_offset],
                     [500,110+y_offset],5)
    y_offset = y_offset + 30
```

3. 메인게임루프에 다음과 같이 선을 그리는 코드를 추가하였다. 코드 실행 결과는 무엇인가?

```
for x_offset in range(30, 600, 50):
    pygame.draw.line(screen,RED,[x_offset,100],[x_offset-20,80],4)
    pygame.draw.line(screen,BLUE,[x_offset,80],[x_offset-20,100],4)
```

4. 마우스로 클릭하여 육각형을 그리는 코드를 작성하라.

5. 640 x 480 크기의 창을 만들고, 창의 가운데에 자신의 이름이 출력되도록 프로그램하라.

6. pygame.quit( )의 기능에 대해 설명하라.

7. 반지름이 50 픽셀인 타원을 그리고, 방향키를 이용하여 움직이도록 프로그램하라.

Chapter 10

색 (Color)과 이미지 (Image)

원이나 직각사각형과 같이 draw 모듈 함수들을 사용하는 단순한 모양이외에 비트맵 이미지나 지금까지의 단순한 색상 이외의 색을 다룰 수 있다. 이 장에서는 게임에 필요한 색상과 이미지를 다루는 방법을 알아보도록 한다.

1 색 (Color)

파이게임 (Pygame)에서 색 (Color)은 Color 클래스를 사용하여 색상 객체를 생성한다. Color 클래스는 0 ~ 255까지의 값 범위를 사용하는 RGBA 색상 값을 나타내며, 이진 연산 (+, −, *, //, %) 및 단항 연산 등의 기본 산술 연산을 통해 새로운 색상을 만들 수 있다. 또한 HSV 또는 HSL과 같은 다른 색상으로의 변환을 지원하고 단일 색상 채널을 조정할 수 있다.

Color 모듈

형식 : Color(r, g, b)
Color(r, g, b, a=255)
Color(color_value)

인수 : r - 0 ~ 255 사이의 정수
g - 0 ~ 255 사이의 정수
b - 0 ~ 255 사이의 정수
a - (옵션) 알파값(투명도), 0 ~ 255 사이의 정수, 기본값 : 255 (불투명)

color_value - Color 객체 / 색상 이름 / 정수형 색상값 /
색상 투플, (int, int, int, [int]) 형식 /
리스트, (int, int, int, [int]) 형식

색상 이름은 colordict 모듈에서 제공하는 660 여개의 이름 중 사용할 수 있다. 색상 이름과 색상 값(Color value)은 https://github.com/pygame/pygame/blob/master/src_py/colordict.py에서 확인하도록 한다.

파이게임 (Pygame)에서 색상은 빨강(r), 녹색(g) 및 파랑(b) 순서로 구성된 3개의 정수로 구성된 집합으로 색상을 생성한다. 각 구성 요소의 값은 0 ~ 255 범위의 정수값으로, 설정된 구성 요소를 사용하여 다음과 같이 색상을 생성한다.

표 ▶ 색상 테이블

Color	Red	Green	Blue	Tuple
Black	0	0	0	(0,0,0)
Blue	0	0	255	(0,0,255)
Green	0	255	0	(0,255,0)
Cyan	0	255	255	(0,255,255)
Red	255	0	0	(255,0,0)
Magenta	255	0	255	(255,0,255)
Yellow	255	255	0	(255,255,0)
Gold	255	215	0	(255, 215, 0)
Darkseagreen	143	188	143	(143, 188, 143)
Brown	165	42	42	(165, 42, 42)
Gray	190	190	190	(190, 190, 190)
Lavender	230	230	255	(230, 230, 250)
White	255	255	255	(255,255,255)

다음 예제는 빨강(r), 녹색(g) 및 파랑(b) 슬라이더를 생성하고 슬라이더의 버튼을 움직여

색상을 생성하고 표시하는 예제이다. 화면은 다음과 같이 구성한다.

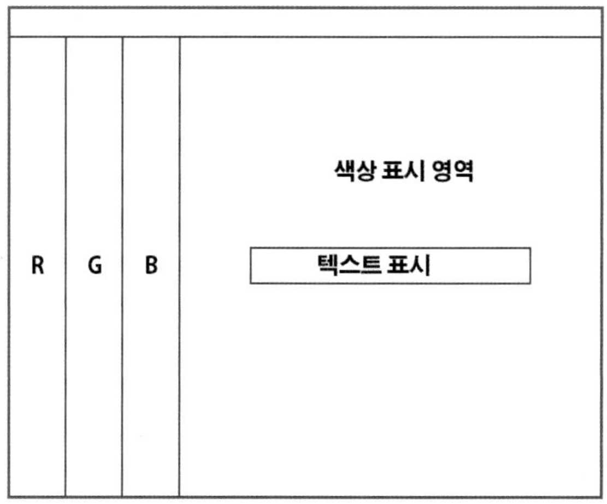

하나의 표면을 생성하고 그 위에 그리는 예제들과 달리 빨강(R), 녹색(G) 및 파랑(B)의 색상을 표시하기 위한 표면을 다음과 같이 각각 생성한다.

```
# screen_height : 화면 크기, slider_width : R,G,B 색상 슬라이더의 너비

    red_slider_surface = pygame.surface.Surface((slider_width, screen_height))
    green_slider_surface = pygame.surface.Surface((slider_width, screen_height))
    blue_slider_surface = pygame.surface.Surface((slider_width, screen_height))
```

R, G, B 각 슬라이더에 그라데이션 색상이 표시되도록 다음과 같이 색을 설정한다. 창의 높이를 설정하는 변수 screen_width 범위 내에서 0에서 255까지의 색상 값이 적용되어 표시되도록 하기 위해서 다음과 같이 코드를 작성한다.

```
# screen_width가 640이므로 0~655까지 반복해서 색상 설정
for slider_y in range(screen_width):
    sliderColor = int((slider_y/639.0)*255.0)
    red = (sliderColor, 0, 0)
    green = (0, sliderColor, 0)
    blue = (0, 0, sliderColor)
```

위 코드를 실행하면 red, green, blue 각 변수에 다음과 같은 색상 값들이 저장되어 슬라이더에 색이 그라데이션 모양으로 표시된다.

표 ▶ slider_y, red, green, blue 변수 값

slider_y	red	green	blue
0	(0, 0, 0)	(0, 0, 0)	(0, 0, 0)
1	(0, 0, 0)	(0, 0, 0)	(0, 0, 0)
2	(0, 0, 0)	(0, 0, 0)	(0, 0, 0)
3	(1, 0, 0)	(0, 1, 0)	(0, 0, 1)
4	(1, 0, 0)	(0, 1, 0)	(0, 0, 1)
5	(1, 0, 0)	(0, 1, 0)	(0, 0, 1)
6	(2, 0, 0)	(0, 2, 0)	(0, 0, 2)
7	(2, 0, 0)	(0, 2, 0)	(0, 0, 2)
8	(3, 0, 0)	(0, 3, 0)	(0, 0, 3)
9	(3, 0, 0)	(0, 3, 0)	(0, 0, 3)
10	(3, 0, 0)	(0, 3, 0)	(0, 0, 3)
⋮	⋮	⋮	⋮
630	(251, 0, 0)	(0, 251, 0)	(0, 0, 251)
631	(251, 0, 0)	(0, 251, 0)	(0, 0, 251)
632	(252, 0, 0)	(0, 252, 0)	(0, 0, 252)
633	(252, 0, 0)	(0, 252, 0)	(0, 0, 252)
634	(253, 0, 0)	(0, 253, 0)	(0, 0, 253)
635	(253, 0, 0)	(0, 253, 0)	(0, 0, 253)
636	(253, 0, 0)	(0, 253, 0)	(0, 0, 253)
637	(254, 0, 0)	(0, 254, 0)	(0, 0, 254)
638	(254, 0, 0)	(0, 254, 0)	(0, 0, 254)
639	(255, 0, 0)	(0, 255, 0)	(0, 0, 255)

이제 각 색상 값들이 3개의 슬라이더 각각에 표시되도록 사각형 영역을 만들도록 한다.

```
# 사각형의 위치와 크기를 가지는 객체 생성
slider_rect = Rect(0, slider_y, slider_width, screen_height)

# 설정된 사각형 영역에 색상 표시하기
pygame.draw.rect(red_slider_surface, red, slider_rect)
pygame.draw.rect(green_slider_surface, green, slider_rect)
pygame.draw.rect(blue_slider_surface, blue, slider_rect)
```

3개의 슬라이더에 슬라이더의 높이만큼 색상이 그려지도록 반복해야 하므로 다음과 같이 작성되어야 한다. 각 슬라이더 표면을 return 문을 사용하여 반환하여야 한다.

```
# screen_width가 640이므로 0~655까지 반복해서 색상 설정
for slider_y in range(screen_width):
        sliderColor = int((slider_y/639.0)*255.0)
        red = (sliderColor, 0, 0)
        green = (0, sliderColor, 0)
        blue = (0, 0, sliderColor)

        # 설정된 사각형 영역에 색상 표시하기
        slider_rect = Rect(0, slider_y, slider_width, screen_height)

        # 설정된 사각형 영역에 색상 표시하기
        pygame.draw.rect(red_slider_surface, red, slider_rect)
        pygame.draw.rect(green_slider_surface, green, slider_rect)
        pygame.draw.rect(blue_slider_surface, blue, slider_rect)
return red_slider_surface , green_slider_surface , blue_slider_surface
```

for 문이 실행되면 각 생상 슬라이더는 다음 그림과 같이 표시된다.

[색상 슬라이더]

이제 다음과 같이 코드를 작성하여 색상 슬라이더위에 슬라이더 위로 움직이는 슬라이더 버튼을 만들어 주도록 한다. 슬라이더 버튼의 색상은 GRAY로 설정한다. 다음 코드를 실행하면 슬라이더 중간에 너비가 60, 높이가 10인 슬라이더 버튼이 표시된다.

```
GRAY = ( 190, 190, 190 )
color = (127, 127, 127)

# color[colorSlider]의 값을 각각 127로 설정
# int((color[colorSlider]/255.)*479) = 238
for colorSlider in range(3):
        slideButton_rect = Rect( (60* colorSlider), int((color[colorSlider]/255.)*479),
                                          60, 10)
        pygame.draw.rect(screen, GRAY, slideButton_rect)
```

이제, 슬라이더에서 마우스를 클릭한 위치로 슬라이더 버튼이 이동하도록 하는 코드를 다음과 같이 작성한다. pygame.mouse.get_pressed( ) 함수는 마우스 버튼의 상태 값을 반환하는 함수로, (버튼1, 버튼2, 버튼3)의 투플 값을 반환한다. 왼쪽 버튼을 의미하는 버튼1의 상태 값만을 읽어 1이면 if 문을 수행한다.

```
# pygame.mouse.get_pressed( )[0]은 반환되는 투플 (버튼1, 버튼2, 버튼3)의 값 중 첫 번째
# 요소 값을 읽어옴
# 왼쪽 버튼의 상태값이 1이면,
if pygame.mouse.get_pressed( )[0]:
    for colorSlider in range(3):

        #각 슬라이더의 너비가 60이므로
        if x > colorSlider*60 and x < (colorSlider+1)*60:

            # 클릭한 위치의 y 좌표 값이 0~255 사이 값으로 표시되도록
            color[colorSlider] = int((y/479.)*255.)
```

[슬라이더 버튼 이동 전]

[슬라이더 버튼 이동 후]

이제 생성된 색상을 표시할 표면과 색상 값을 텍스트로 표시할 코드를 다음과 같이 작성한다.

```
# color 변수에 설정된 색상으로 사각형 그리기
pygame.draw.rect(screen, tuple(color), (180, 0, 460, 480))
```

```
# 텍스트 출력 함수
def dispText(dispMessage, txtColor='BLACK', start_pos=(50, 50)):
   textSurface = font.render(dispMessage, True, pygame.Color(txtColor), BLACK)
   textRect = textSurface.get_rect( )
   textRect.topleft = start_pos

   screen.blit(textSurface, textRect)

# 출력할 텍스트와 위치, 색상 설정
dispText('Color : ' + str(tuple(color)), 'RED', (300, 220))
```

지금까지 설명한 전체 코드는 다음과 같다.

색상 조절 슬러이더 만들기

```
import pygame
from pygame.locals import *
from sys import exit

pygame.init( )

screen_width = 640
screen_height = 480

BLACK = ( 0, 0, 0 )
WHITE = ( 255, 255, 255 )
GRAY = ( 190, 190, 190 )
screen = pygame.display.set_mode((screen_width , screen_height ), 0, 32)
font = pygame.font.SysFont("Verdana", 20)

# 색상 슬라이더를 표시할 표면과 색상 표시 사각형 만들기
def create_sliders(slider_width):
        red_slider_surface = pygame.surface.Surface((slider_width, screen_height))
        green_slider_surface = pygame.surface.Surface((slider_width, screen_height))
        blue_slider_surface = pygame.surface.Surface((slider_width, screen_height))

        # screen_width가 640이므로 0~655까지 반복해서 색상 설정
        for slider_y in range(screen_width):
                sliderColor = int((slider_y/639.0)*255.0)
                red = (sliderColor, 0, 0)
                green = (0, sliderColor, 0)
                blue = (0, 0, sliderColor)
                #print(slider_y, red, green, blue)

                # 설정된 사각형 영역에 색상 표시하기
                slider_rect = Rect(0, slider_y, slider_width, screen_height)

                # 설정된 사각형 영역에 색상 표시하기
                pygame.draw.rect(red_slider_surface, red, slider_rect)
```

```
                pygame.draw.rect(green_slider_surface, green, slider_rect)
                pygame.draw.rect(blue_slider_surface, blue, slider_rect)
        return red_slider_surface , green_slider_surface , blue_slider_surface

# 텍스트 출력 함수
def dispText(dispMessage, txtColor='BLACK', start_pos=(50, 50)):
    textSurface = font.render(dispMessage, True, pygame.Color(txtColor), BLACK)
    textRect = textSurface.get_rect( )
    textRect.topleft = start_pos

    screen.blit(textSurface, textRect)

red_slider, green_slider, blue_slider = create_sliders(60)

color = [127, 127, 127]

done = True
while done:
        for event in pygame.event.get( ):
                if event.type == QUIT:
                        done = False

        screen.fill((0, 0, 0))

        # 화면에 슬라이더 그리기
        screen.blit(red_slider, (0, 00))
        screen.blit(green_slider, (60, 00))
        screen.blit(blue_slider, (120, 00))

        x, y = pygame.mouse.get_pos( )

        # pygame.mouse.get_pressed( )[0]은 반환되는 투플
        # (버튼1, 버튼2, 버튼3)의 값 중 첫 번째 요소 값을 읽어옴
        # 왼쪽 버튼의 상태값이 1이면,
        if pygame.mouse.get_pressed( )[0]:
                for colorSlider in range(3):
                        # 각 슬라이더의 너비가 60이므로
```

```
                if x > colorSlider*60 and x < (colorSlider+1)*60:
                    # 클릭한 위치의 y 좌표 값이
                    # 0~255 사이 값으로 표시되도록
                    color[colorSlider] = int((y/479.)*255.)
            pygame.display.set_caption("Color (R, G, B) : " + str(tuple(color)))

        # 슬라이더 버튼 만들기
        for colorSlider in range(3):
            slideButton_rect = Rect( (60* colorSlider),
            int((color[colorSlider]/255.)*479), 60, 10)
            pygame.draw.rect(screen, GRAY, slideButton_rect)

        # color 변수에 설정된 색상으로 사각형 그리기
        pygame.draw.rect(screen, tuple(color), (180, 0, 460, 480))
        dispText('Color : ' + str(tuple(color)), 'RED', (300, 220))

        pygame.display.update( )

    pygame.display.quit( )
```

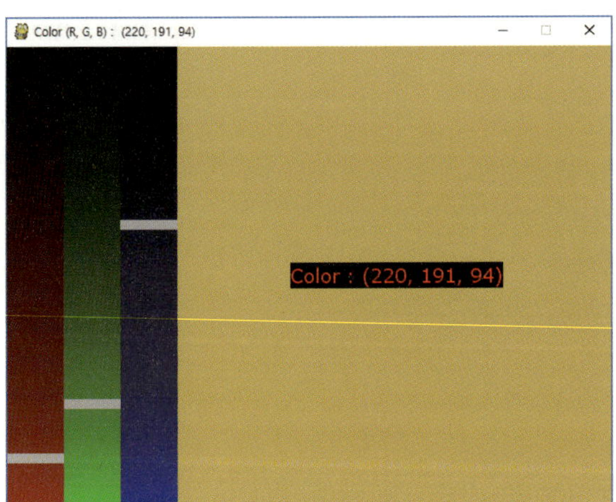

[실행 결과]

2 이미지 (Image) 사용하기

이미지는 대부분의 게임에서 필수적인 요소이며, 배경, 텍스트, 플레이어 캐릭터 등을 표시하기 위해 사용한다. 파이게임 (Pygame)에서 이미지를 사용하기 위해서 Image 모듈을 제공한다.

이미지 모듈에는 이미지를 로드하고 저장하는 기능과 표면을 다른 패키지에서 사용할 수 있는 형식으로 전송하는 기능 등이 있다.

표 ▶ Image 모듈 함수

함수	설명
pygame.image.load	파일에서 이미지를 로드
pygame.image.save	디스크에 이미지 저장
pygame.image.get_extended	확장된 이미지 형식을 로드 가능한 지 여부(True/False)
pygame.image.tostring	이미지를 문자열 버퍼(string buffer)로 전송
pygame.image.fromstring	문자열 버퍼(string buffer)로부터 새 표면(Surface) 생성
pygame.image.frombuffer	문자열 버퍼(string buffer)의 데이터를 공유하는 새 표면(Surface) 생성

Image 클래스는 없고, 이미지는 Surface 객체로 로드된다. Surface 클래스를 사용하여 선을 그리거나 픽셀 설정, 영역 캡처 등의 조작이 가능하다. Image 모듈은 확장된 파일 형식만 선택적으로 지원한다. 기본적으로 압축되지 않은 BMP 이미지만 로드할 수 있다.

pygame.image.load( ) 함수는 다음 형식을 지원한다.

- JPG
- PNG
- GIF (non-animated)
- BMP
- PCX
- TGA (uncompressed)

- TIF
- LBM (and PBM)

1) 이미지 가져오기

파이게임 (Pygame)에 이미지를 로드하려면 로드하려는 이미지의 파일 이름을 가지는 pygame.image.load( ) 함수를 사용한다. pygame.image.load( ) 함수는 이미지의 컨테이너인 표면(Surface) 객체를 반환한다.

pygame.image.load 함수

형식 : load(filename)
　　　load(fileobj, namehint="")
인수 : filename - 이미지 파일명

다음 예제는 이미지 (dooley.gif) 파일을 로드하여 display 표면에 표시하는 예제이다. 아래 예제에서는 이미지의 경계가 보이도록 하기 위해 screen 표면을 검정색(BLACK)으로 채우도록 하였다.

이미지 표시하기

```
import pygame

pygame.init( )

screen_width = 640
screen_height = 480

WHITE= (255, 255, 255)
BLACK = (0, 0, 0)

screen = pygame.display.set_mode( (screen_width, screen_height ))
```

```
butterflyImg = pygame.image.load("dooley.gif")

done = True

while done :
    for event in pygame.event.get( ) :
        if event.type == pygame.QUIT :
            done = False

    screen.fill (BLACK)

    screen.blit(butterflyImg, (50, 50))

    pygame.display.update( )

pygame.display.quit( )
```

[실행 결과]

2) 이미지의 형식 변경하기

표면 (Surface) 객체는 사용하는 이미지 유형에 관계없이 convert( ) 함수를 사용하여 모든 이미지를 동일한 형식으로 변환한다. convert( ) 함수를 인수없이 사용하면 display 표면의 형식으로 변환되어 동일한 필셀 형식을 가진 표면이 생성된다. 대부분의 이미지가 디스플레이에 복사되기 때문에 소스와 대상이 형식이 같은 경우 표면을 복사하는 것이 가장 빠르다.

pygame.Surface.convert 함수

형식 : convert(Surface=None)
convert(depth, flags=0)
convert(masks, flags=0)
인수 : flags - (옵션) 표면의 비트 마스크 (값 : HWSURFACE, SRCALPHA)
depth - (옵션) 비트 심도, 표면의 최대 색상 수 정의
masks - (옵션) redmask, greenmask, bluemask, alphamask 중 사용

pygame.image.load( ) 함수를 호출 할 때 convert( ) 함수를 사용하여 이미지가 디스플레이에서 가장 빠른 형식이 되도록하는 것이 좋다. 단, 이미지에 알파 채널이 있는 경우는 예외이다. 이미지에 알파 채널이 있는 경우 convert_alpha( ) 함수를 사용하도록 한다.
convert_alpha( ) 함수는 표면을 빠른 형식으로 변환하지만 이미지의 모든 알파 정보는 보존하는 함수이다.

```
butterflyImage = pygame.image.load(butterfly_filename).convert( )
butterflyImage = pygame.image.load(butterfly_filename).convert_alpha( )
```

다음 예제는 알파 채널을 포함하는 이미지를 convert( ) 함수를 사용한 경우와 convert_alpha ( ) 함수를 사용했을 때 실행 결과이다.

convert( ) 함수와 convert_alpha( ) 함수

```
import pygame

pygame.init( )

screen_width = 920
```

```
screen_height = 350

WHITE= (255, 255, 255)
BLACK = (0, 0, 0)

screen = pygame.display.set_mode( (screen_width, screen_height ))

dooleyImg_1 = pygame.image.load("dooley.gif")
dooleyImg_2 = pygame.image.load("dooley.gif").convert( )
dooleyImg_3 = pygame.image.load("dooley.gif").convert_alpha( )


done = True

while done :

  for event in pygame.event.get( ) :
    if event.type == pygame.QUIT :
      done = False

  screen.fill (WHITE)

  screen.blit(dooleyImg_1, (10, 10))
  screen.blit(dooleyImg_2, (300, 10))
  screen.blit(dooleyImg_3, (590, 10))

  pygame.display.update( )

pygame.display.quit( )
```

요약

■ 색 (Color)

- Color 클래스를 사용하여 색상 객체 생성
- 0 ~ 255까지의 값 범위를 사용하는 RGBA 색상 값 표시
- 형식 : Color(r, g, b)
  Color(r, g, b, a=255)
  Color(color_value)

■ 이미지 (Image)

- Image 모듈 사용
- 이미지를 로드 및 저장, 표면을 다른 패키지에서 사용할 수 있는 형식으로 전송하는 등의 기능 제공

함수	
pygame.image.load	pygame.image.tostring
pygame.image.save	pygame.image.fromstring
pygame.image.get_extended	pygame.image.frombuffer

- pygame.image.load( ) 함수 : JPG, PNG, GIF, BMP, PCX, TGA, TIF 등 지원
- convert ( ) 함수 : display 표면의 형식으로 변환되어 동일한 픽셀 형식을 가진 표면 생성
- convert_alpha ( ) 함수 : 이미지의 모든 알파 정보는 보존하고 표면 변환

연습문제

1. pygame.image.load ( ) 함수가 지원하는 파일 형식을 기술하라.

2. 640X480 창을 표시하고, 이미지(image01.png)를 로드하여 화면의 중앙에 표시하라.

3. convert() 함수와 convert_alpha() 함수의 차이를 설명하라.

4. Image 모듈에 포함된 다음 함수에 대해 설명하라.

- pygame.image.load
- pygame.image.save

Chapter 11 움직임 만들기

게임은 표시된 개체들이 다양한 방식으로 움직임을 만들어낸다. 이 장에서는 게임 화면에서 객체를 이동하는 방법과 다른 환경에서도 해당 움직임이 일관되게 유지되도록 하는 방법을 설명하도록 한다.

1 직선의 움직임 만들기

이미지 객체가 직선 방향으로 움직이도록 표현하기 위해서는 각 프레임을 일정한 크기만큼씩 이동하도록 코드를 작성하면 된다. 가로로 이동하려면 x 좌표에 일정 크기 값을 더하고, 세로로 이동하려면 y 좌표에 일정 크기 값을 더해 직선 방향의 움직을 표현할 수 있다.

1) 수평/수직 방향의 이동

수평 방향으로의 이동과 수직 방향으로의 이동은 이미지 개체의 x 좌표를 사용하는 지, y 좌표 값을 사용하는 지의 차이가 있으므로, 이 장에서는 수평 방향만 알아보도록 한다.
다음 예제는 사각형 이미지를 왼쪽에서 오른쪽으로 이동하고, 사각형 이미지의 왼쪽 모서리가 화면의 오른쪽 가장자리를 지나갈 때 x좌표 값을 다시 0으로 설정하여 반복적인 움직임이 표시되도록 하는 코드이다.

사각형 이미지 이동하기

```
import pygame
from pygame.locals import *
from sys import exit

pygame.init( )

screen_width = 640
screen_height = 480
screen = pygame.display.set_mode((screen_width, screen_height), 0, 32)

recImg_filename = 'rect.png'

recImg = pygame.image.load(recImg_filename).convert( )

# 사각형 이미지(recImg)의 시작 x 좌표
recImg_x = 0.
BLACK = (0,0,0)

clock = pygame.time.Clock( )

done = True

while done:
    for event in pygame.event.get( ):
        if event.type == QUIT:
            done = False

    screen.fill(BLACK)
    screen.blit(recImg, (recImg_x, 50))

    recImg_x += 10.

    # 사각형 이미지가 화면 오른쪽 밖으로 사라지면 왼쪽에서 다시 시작되도록
    if recImg_x > 640.0:
```

```
        recImg_x -= 640.0

    clock.tick(30)

    pygame.display.update( )

pygame.display.quit( )
```

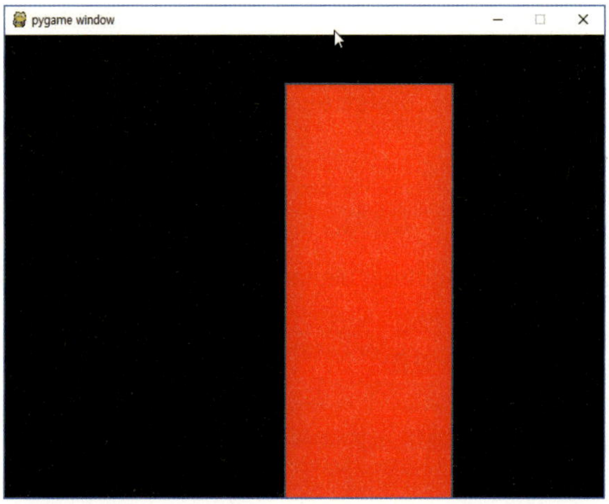

위 코드는 사각형 이미지가 왼쪽에서 오른쪽으로 움직이는 예제로, 이미지가 매우 단순하기 때문에 부드럽게 이동하는 것처럼 보이나 게임 화면에 표시된 객체가 얼마나 많은 지와 시스템 환경에 따라서 움직임이 더 빠르게 혹은 더 늘리게 보여질 수도 있다.

이러한 문제를 해결하기 위해서는 움직임을 시간 기반으로 설정해야 한다. 앞의 예제에서처럼 시간을 추적하는 데 사용할 수 있는 pygame.time 모듈의 Clock 객체를 사용하여 시계 객체를 생성한다.

```
clock - pygame.time.Clock( )
```

시계 객체가 생성되면 프레임당 한 번씩 멤버함수인 tick( ) 함수를 호출하고, tick( ) 함수는 이전 호출 이후에 경과된 시간을 밀리세컨드 (milliseconds, 1/1000초) 단위로 반환한다. tick( ) 함수는 하나의 인수를 가질 수 있으며, 이 인수는 초당 실행할 프레임을 설정한다.

```
# 초당 30 프레임 실행
clock.tick(30)
```

이 함수가 중요한 이유는 게임에서 화면에 표시된 개체가 움직이는 속도와 관계가 있기 때문이다. 게임이 실행되는 환경에 관계없이 개체가 일정한 속도로 움직이도록 하려면 시간에 기반하여 개체가 이동하도록 설정해야 한다.

예를 들어 게임 화면의 너비가 640 픽셀이고, 사각형 이미지가 1초에 200 픽셀을 이동하도록 한다고 가정하면, 화면의 왼쪽 끝에서 오른쪽 끝까지 이동하는 데 걸리는 시간은 3.2초(640/200 = 3.2)가 걸린다.

1초에 30 프레임을 실행했을 때, 각 프레임 사이에 경과한 시간을 print 함수를 사용하여 출력하면 다음과 같이 약 34 밀리세컨드이다.

```
print("호출횟수 : %5d     , 경과 시간 : %.5f" %(n, clock.tick(30)))
```

```
pygame 1.9.6
Hello from the pygame community. https://www.pygame.org/contribute.html
호출횟수 :    1    , 경과 시간 : 34.00000
호출횟수 :    2    , 경과 시간 : 34.00000
호출횟수 :    3    , 경과 시간 : 34.00000
호출횟수 :    4    , 경과 시간 : 34.00000
호출횟수 :    5    , 경과 시간 : 34.00000
```

경과 시간이 표시되는 단위가 밀리세컨드이므로 초 단위로 변환하기 위하여 1000.0으로 나누어 주도록 한다.

```
print("호출횟수 : %5d     , 경과 시간 : %.5f" %(n, clock.tick(30)/1000.0))
```

```
pygame 1.9.6
Hello from the pygame community. https://www.pygame.org/contribute.html
호출횟수 :    1    , 경과 시간 : 0.03400
호출횟수 :    2    , 경과 시간 : 0.03400
호출횟수 :    3    , 경과 시간 : 0.03400
호출횟수 :    4    , 경과 시간 : 0.03400
호출횟수 :    5    , 경과 시간 : 0.03300
```

이제 1초에 200 픽셀을 이동하기 위해 (clock.tick(30)/1000.0) * 200을 계산하면 각 프레임 경과 시간 동안 이동 거리를 구할 수 있다.

```
print("호출횟수 : %5d     , 경과 시간 : %.5f" %(n, clock.tick(30)/1000.0))
```

```
pygame 1.9.6
Hello from the pygame community. https://www.pygame.org/contribute.html
호출횟수 :    1    , 경과 시간 : 0.03400    , 이동거리 :  6.6000000000000005
호출횟수 :    2    , 경과 시간 : 0.03400    , 이동거리 :  6.6000000000000005
호출횟수 :    3    , 경과 시간 : 0.03300    , 이동거리 :  6.800000000000001
호출횟수 :    4    , 경과 시간 : 0.03400    , 이동거리 :  6.6000000000000005
호출횟수 :    5    , 경과 시간 : 0.03400    , 이동거리 :  6.800000000000001
```

```
print("호출횟수 : %5d     , 경과 시간 : %.5f     , 이동거리 : " %(n, clock.tick(30)/1000.0)
, ((clock.tick(30)/1000.0)*200))
```

clock.tick(30)/1000.0)*200의 값이 이전 프레임에서 다음 프레임까지의 각 프레임 간 이미지 개체가 이동하는 거리이므로 이 값만큼 더해주도록 한다.

```
        moveSpeed = 200

        passedTime = clock.tick(30)
        passedTime_sec = passedTime / 1000.0

        movedDistance = passedTime_sec * moveSpeed
        recImg_x += movedDistance
```

수정된 전체 코드는 다음과 같다.

사각형 이동하기-2

```
import pygame
from pygame.locals import *
from sys import exit
```

```
pygame.init()

recImg_filename = 'rect.png'

screen_width = 640
screen_height = 480

screen = pygame.display.set_mode((screen_width, screen_height), 0, 32)

recImg = pygame.image.load(recImg_filename).convert()

# 사각형 이미지 시작 위치
recImg_x = 0.
BLACK = (0,0,0)

clock = pygame.time.Clock()

# 1초 동안 사각형 이미지 이동 거리 200
moveSpeed = 200
done = True

while done:

    for event in pygame.event.get():
        if event.type == QUIT:
            done = False

    screen.fill(BLACK)
    screen.blit(recImg, (recImg_x, 50))

    # 이전 프레임에서 다음 프레임까지의 경과 시간을 초로 변환
    passedTime = clock.tick(30)
    passedTime_sec = passedTime / 1000.0

    # 프레임간 이동거리
    movedDistance = passedTime_sec * moveSpeed
```

```
        # 이미지의 이동 위치
        recImg_x += movedDistance


        # 이미지의 왼쪽 모서리가 화면의 오른쪽 모서리를 지나면 x좌표 값을 0으로 설정
        if recImg_x > 640.:
            recImg_x -= 640.

        pygame.display.update()

    pygame.display.quit()
```

코드를 실행하여 결과를 확인해보도록 한다.

2) 대각선 방향으로 움직이기

게임에서 개체는 어느 방향으로도 움직일 수 있어야한다. 각 프레임의 x 좌표와 y 좌표를 모두 조정하면 된다. 다음 예제는 사각형 이미지가 대각선 방향으로 이동하는 예제로, 화면의 모서리에 닿으면 방향을 바꾸어 이동하는 예제이다.

x 좌표와 y 좌표를 모두 이동해야 하므로 1초 동안 이동하는 픽셀 크기, 각 프레임 사이의 이동 거리 등도 x 좌표와 y 좌표 각각 설정해야 한다.

```
moveSpeed_x, moveSpeed_y = 150.0, 150.0

passedTime = clock.tick(30)
passedTime_sec = passedTime / 1000.0

moveDistance_x = moveSpeed_x * passedTime_sec
moveDistance_y = moveSpeed_y * passedTime_sec

square_x += moveDistance_x
square_y += moveDistance_y
```

가장 중요한 부분은 화면의 모서리 부분에 이미지가 닿았을 때 방향을 변경하도록 이동거리의 값을 음수로 바꾸어 주어야 한다.

```
if square_x > screen_width - squareImage.get_width( ):
        moveSpeed_x = -moveSpeed_x
        square_x = screen_width - squareImage.get_width( )
elif square_x < 0:
        moveSpeed_x = -moveSpeed_x
        square_x = 0.

if square_y > screen_height - squareImage.get_height( ):
        moveSpeed_y = -moveSpeed_y
        y = screen_height- squareImage.get_height( )
elif square_y < 0:
        moveSpeed_y = -moveSpeed_y
        square_y = 0
```

전체 코드와 실행 결과는 다음과 같다.

바운스하는 사각형 그리기

```
squareImage_name = 'square.png'

import pygame
from pygame.locals import *
from sys import exit

pygame.init( )

screen_width = 640
screen_height = 480

screen = pygame.display.set_mode((screen_width, screen_height), 0, 32)
```

```
squareImage = pygame.image.load(squareImage_name).convert_alpha( )

clock = pygame.time.Clock( )

square_x, square_y = 0.0, 0.0
moveSpeed_x,  moveSpeed_y = 150.0, 150.0

done = True

while done:
    for event in pygame.event.get( ):
        if event.type == QUIT:
            done = False

    screen.blit(squareImage, (square_x, square_y))

    passedTime = clock.tick(30)
    passedTime_sec = passedTime / 1000.0

    # 각 프레임간 이동거리는 4.52, 5.78
    moveDistance_x = moveSpeed_x * passedTime_sec
    moveDistance_y = moveSpeed_y * passedTime_sec

    square_x += moveDistance_x
    square_y += moveDistance_y

    # 화면의 모서리에 닿으면 방향 전환
    if square_x > screen_width - squareImage.get_width( ):
        moveSpeed_x = -moveSpeed_x
        square_x = screen_width - squareImage.get_width( )
    elif square_x < 0:
        moveSpeed_x = -moveSpeed_x
        square_x = 0.

    if square_y > screen_height - squareImage.get_height( ):
        moveSpeed_y = -moveSpeed_y
        y = screen_height- squareImage.get_height( )
```

```
        elif square_y < 0:
            moveSpeed_y = -moveSpeed_y
            square_y = 0

    pygame.display.update()

pygame.display.quit()
```

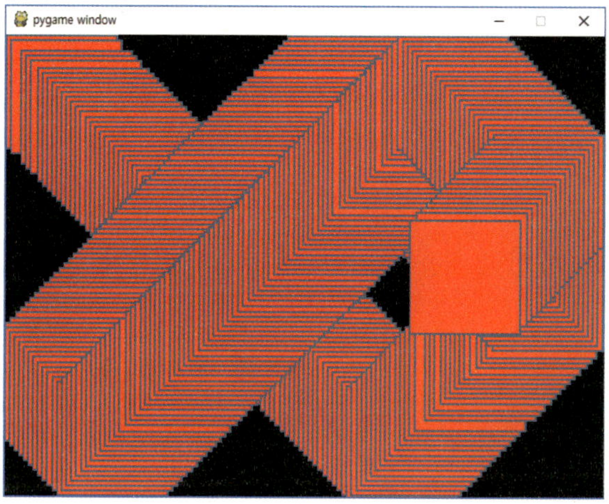

앞에 설명한 예제처럼 이미지 개체가 이동하는 위치가 정해져 있지 않은 경우는 프레임 사이의 이동거리를 x와 y 좌표에 반영하는 것으로 표현할 수 있다. 그러나 실제 게임에서는 이미지 개체가 이동하는 위지가 정해지기 때문에 이 방법을 사용하기가 좀 어려울 수 있다. 이런 경우 벡터를 사용하면 된다.

2 벡터 움직임 표현하기

개체가 대각선 방향의 움직임을 가지도록 하기 위해 두 개의 값, 즉 개체의 x 좌표 이동거리와 y 좌표 이동거리를 사용하였다. 이미지 개체의 최종 이동 위치가 정해져 있다면 이 두 개의 좌표 값을 사용하여 벡터 (vector) 값을 얻을 수 있다.

1) 벡터 (vector)와 단위 벡터 (unit vector)

두 점으로부터 벡터 (vector)를 계산하려면 첫 번째 점에서 두 번째 점의 값을 빼면 된다. 예를 들어 점 A (30, 20)에서 점 B (45, 40)까지 이동해야하는 경우 이동거리는 점 B에서 점 A를 뺀 값, 즉, (45, 40) − (30, 20) = (15, 20)가 된다. 즉 점 A에서 점 B로 이동하려면 x 방향으로 15, y 방향으로 20 만큼 이동해야 한다는 것을 의미한다.

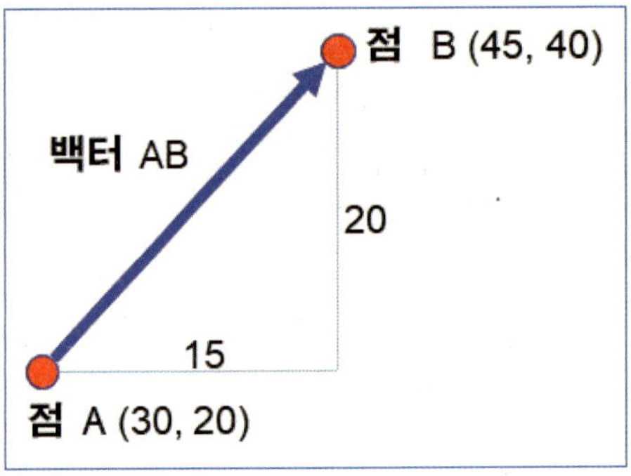

[벡터 AB]

벡터의 크기를 계산하려면 각 요소를 제곱한 다음 더한 결과의 제곱근을 취해야 한다. 따라서 벡터의 크기 (20, 15)는 20 × 20 + 15 × 15 = 625의 제곱근인 25가 된다.

벡터는 실제로 크기와 방향을 가지고 있다. 위 그림에서 보는 것처럼 벡터 AB를 사용하여 이동 거리(크기)와 방향(어디로 향하는 지)를 알 수 있다. 벡터의 크기를 벡터로 나누면 벡터에서 크기 정보를 제거할 수 있다. 이를 벡터 정규화 (normalizing)라고하며, 크기 정보가 제거된 벡터를 단위 벡터 (unit vector)라고 한다. 단위 벡터는 길이가 1이다.

위 그림의 단위 벡터는 벡터 (20, 15)를 크기 (25)로 나눈 것이 된다.

20 / 25 = 0.8

15 / 25 = 0.6 이므로

단위 벡터는 (0.8, 0.6)이 된다.

2) 벡터 클래스 (Vector Class)

파이게임 (Pygame)에서 벡터를 사용하기 위해서 게임 개발자가 만든 벡터 클래스를 다운로드 (https://code.google.com/archive/p/gameobjects/downloads) 받아 사용하도록 한다.

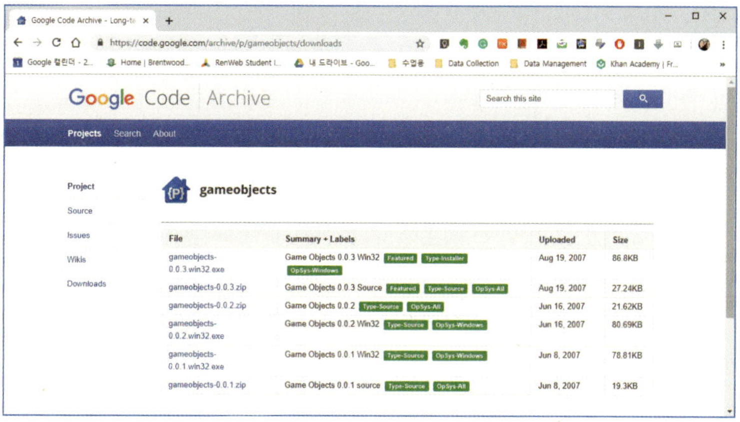

벡터 클래스 (Vector2)를 사용하여 방향키를 누르면 초당 200 픽셀씩 개체가 이동하도록 벡터를 사용하여 구현한다. 벡터를 사용하기 위해 벡터 클래스를 다음과 같이 추가해야한다.

```
# 벡터 모듈의 이름 : vector2D.py, 벡터 클래스 : Vector2
from vector2D import Vector2
```

프레임 사이의 경과 시간은 초 단위로 변경하기 위해 다음 코드를 한다.

```
passedTime = clock.tick(30)
passedTime_sec = passedTime / 1000.0
```

프레임 사이의 이동 거리는 프레임 사이의 경과 시간에 초당 이동하는 픽셀을 곱해야한다.

```
moveSpeed = 200
moveDistance = moveSpeed * passedTime_sec
```

이동 거리 (moveDistance)만큼 개체 (squareImage)가 이동하도록 개체의 현재 위치(squareImage_pos)에 이동 거리 (moveDistance)를 더해주어야 한다.

```
squareImage_pos += moveDistance
```

이제 방향키를 눌러 개체의 방향을 바꿀 수 있도록 다음과 같이 코드를 작성한다.

```
key_direction = Vector2(0, 0)

if pressedKeys[K_LEFT]:
    key_direction.x = -1
elif pressedKeys[K_RIGHT]:
    key_direction.x = +1

if pressedKeys[K_UP]:
    key_direction.y = -1
elif pressedKeys[K_DOWN]:
    key_direction.y = +1
```

이제 벡터의 크기를 벡터로 나누어 벡터에서 크기 정보를 제거하는 벡터 정규화 (normalizing)를 통하여 크기 정보가 제거된 벡터를 단위 벡터 (unit vector)를 생성한다.
단위 벡터를 생성하는 메소드는 벡터 클래스 (Vector2)에 정의되어 있다.

```
def normalise(self):
    """Normalises this vector."""
    v = self._v
    x, y = v
    l = sqrt(x*x +y*y)
    try:
        v[0] /= l
```

```
      v[1] /= l
    except ZeroDivisionError:
      v[0] = 0.
      v[1] = 0.
    return self

normalize = normalise
```

단위 벡터를 생성하기 위하여 다음과 같은 코드를 추가한다.

```
key_direction.normalize( )
```

이제 개체의 이동 위치는 방향키에 따라 왼쪽과 오른쪽, 위쪽과 아래쪽으로 이동해야 하므로 개체의 위치 (squareImage_pos)를 계산하는 수식을 다음과 같이 수정한다.

```
squareImage_pos += moveDistance * key_direction
```

전체 코드는 다음과 같다.

벡터를 사용하여 방향키로 개체 이동하기

```
import pygame
from pygame.locals import *
from sys import exit
from vector2D import Vector2
pygame.init( )

screen_width = 640
screen_height = 480

squareImage_filename = 'square.png'

screen = pygame.display.set_mode((screen_width, screen_height), 0, 32)
```

```
squareImage = pygame.image.load(squareImage_filename).convert_alpha( )
squareImage_pos = Vector2(200, 150)

clock = pygame.time.Clock( )

moveSpeed = 200.0

done = True

while done:
    clock.tick(30)

    for event in pygame.event.get( ):
        if event.type == QUIT:
            done = False

    pressedKeys = pygame.key.get_pressed( )

    key_direction = Vector2(0, 0)

    if pressedKeys[K_LEFT]:
        key_direction.x = -1
    elif pressedKeys[K_RIGHT]:
        key_direction.x = +1
    if pressedKeys[K_UP]:
        key_direction.y = -1
    elif pressedKeys[K_DOWN]:
        key_direction.y = +1

    key_direction.normalize( )

    screen.blit(squareImage, squareImage_pos)

    passedTime = clock.tick(30)
    passedTime_sec = passedTime / 1000.0

    moveDistance = passedTime_sec * moveSpeed
```

```
    squareImage_pos += key_direction * moveDistance

    pygame.display.update( )

pygame.display.quit( )
```

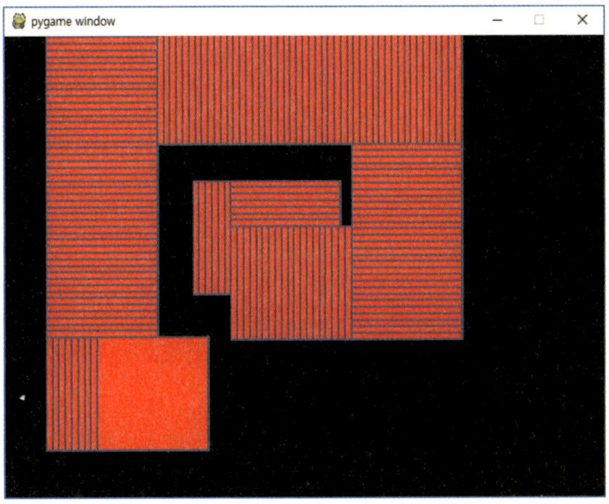

3) 벡터를 사용하여 움직임 생성하기

이제 벡터를 사용하여 개체를 대각선 방향으로 이동하는 방법을 알아보도록 한다. 게임 화면의 현재 위치에서 목표 위치로 일정한 속도로 움직이도록 하려면 다음과 같은 단계로 작업해야 한다.

❶ 현재 위치에서 최종 위치까지 벡터를 만든다.

❷ 벡터를 정규화하여 단위 벡터를 만든다.

❸ 프레임 사이의 이동 거리를 계산한다.

❹ 이전 프레임 이후에 x와 y 좌표 값에 이동 거리를 더해준다.

다음 예제는 현재 위치에서 마우스 클릭한 위치로 초당 200 픽셀씩 개체가 이동하는 벡터를 사용하여 구현한다. 벡터를 사용하기 위해 벡터 클래스 (Vector2)를 추가해야한다.

현재 위치에서 마우스를 클릭한 위치까지의 벡터 (이동거리)와 단위벡터를 구하기 위해 다음과 같이 코드를 작성한다. unitVector 변수도 벡터로 선언해 주어야 한다.

```
unitVector = Vector2( )

for event in pygame.event.get( ):
    if event.type == MOUSEBUTTONDOWN:
        moving_pos_x = event.pos[0] - squareImage.get_width( )/2.0
        moving_pos_y = event.pos[1] - squareImage.get_height( )/2.0
        moving_pos = (moving_pos_x, moving_pos_y)

        unitVector = Vector2.from_points(squareImage_pos, moving_pos)
        unitVector.normalize( )
```

이동 거리를 계산하는 아래의 식은 *를 사용하여 다음과 같이 사용할 수 있다. 인수 앞에 있는 *는 함수를 호출 시 인수 앞에 사용하면 투플 (tuple) 또는 리스트 (list)로 확장된다. 즉 Vector2 (* event.pos)는 Vector2 (event.pos [0], event.pos [1])와 동일한 의미로 사용된다.

```
moving_pos_x = event.pos[0] - squareImage.get_width( )/2.0
moving_pos_y = event.pos[1] - squareImage.get_height( )/2.0
moving_pos = (moving_pos_x, moving_pos_y)
```

```
moving_pos = Vector2(*event.pos) - Vector2(*squareImage.get_size( ))/2.0
```

전체 코드는 다음과 같다. 마우스를 클릭하면 클릭한 위치로 개체가 움직이게 된다.

클릭한 위치까지 이동하기

```
import pygame
from pygame.locals import *
from vector2D import Vector2

pygame.init( )

screen_width = 640
screen_height = 480

squareImage_filename = 'square.png'

screen = pygame.display.set_mode((screen_width, screen_height), 0, 32)
squareImage = pygame.image.load(squareImage_filename).convert_alpha( )
squareImage_pos = Vector2(100.0, 100.0)

clock = pygame.time.Clock( )

moveSpeed = 200.0
unitVector = Vector2( )

done = True

while done:
    clock.tick(30)

    for event in pygame.event.get( ):
        if event.type == QUIT:
            done = False
        if event.type == MOUSEBUTTONDOWN:
            #moving_pos = Vector2(*event.pos) - Vector2(*squareImage.get_size( ))/2.0
            moving_pos_x = event.pos[0] - squareImage.get_width( )
            moving_pos_y = event.pos[1] - squareImage.get_height( )
            moving_pos = (moving_pos_x, moving_pos_y)
            unitVector = Vector2.from_points(squareImage_pos, moving_pos)
```

```
        unitVector.normalize( )

    screen.blit(squareImage, squareImage_pos)

    passedTime = clock.tick(30)
    passedTime_sec = passedTime / 1000.0

    moveDistance = passedTime_sec * moveSpeed

    squareImage_pos += unitVector * moveDistance

    pygame.display.update( )

pygame.display.quit( )
```

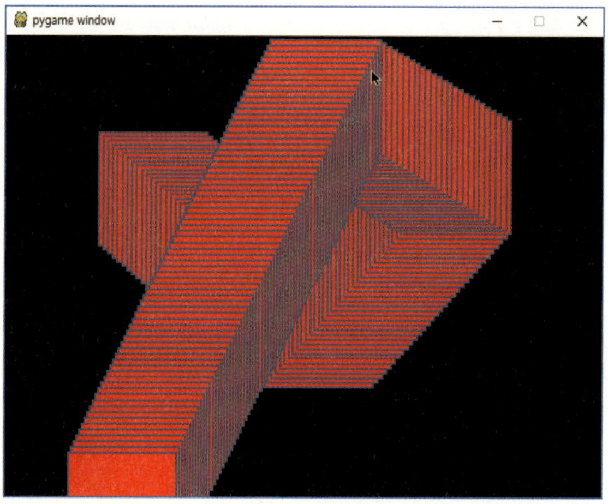

벡터에 2.0을 곱하면 크기가 두 배가 되고, 2.0으로 나눌 경우 (또는 0.5를 곱하면) 크기가 반으로 줄어든다. 벡터에 0보다 큰 수를 곱하면 같은 방향을 가리키는 벡터가 되지만, 0보다 작은 수를 곱하면 결과 벡터가 뒤집혀 반대 방향을 향하게 된다.

3 컨트롤러와 마우스 움직임 이해하기

플레이어가 게임과 상호 작용할 수 있는 방법은 다양한다. 이 장에서는 상호작용에 사용되는 다양한 입력 장치에 대해 알아보도록 한다. 일반적으로 게임과의 상호작용을 위해서 키보드와 마우스가 가장 많이 사용되지만 이 외에도 게임용을 설계된 조이스틱과 조이패드을 사용하기도 한다.

1) 키보드 컨트롤하기

일반적으로 사용하는 키보드는 쿼티 (QWERTY) 키보드로, 모양과 크기가 약간 다를 수 있지만 키보드에서 키는 거의 동일한 위치에 있다. 키보드 키를 눌렀다가 놓으면 pygame.KEYDOWN 및 pygame.KEYUP 이벤트가 발생하고 이벤트 큐에 저장된다. 두 이벤트 모두 키보드의 모든 키를 나타내는 정수 ID인 키 (key) 속성을 가진다. pygame.key 모듈을 사용하여 키보드의 모든 키를 감지 할 수 있다.

표 ▶ pygame.key 모듈 함수

함수	설명
pygame.key.get_focused	게임 창이 포커스를 받고, 키 이벤트를 받을 수 있는 경우 True 반환
pygame.key.get_pressed	전체 키에 대한 상태 반환
pygame.key.get_mods	Shift, Alt 및 Ctrl 키가 눌리면 단일 정수값(비트마스크) 반환
pygame.key.set_mods	Shift, Alt 및 Ctrl 키가 눌렸을 때 사용할 단일정수값(비트마스크) 설정
pygame.key.set_repeat	키 반복 설정
pygame.key.get_repeat	키 반복 설정 여부 반환
pygame.key.name	키 상수의 이름 (설명 문자) 반환

pygame.key 모듈이 가지는 함수를 자세히 살펴보도록 한다.

- key.get_focused( ) 함수 – 파이게임 창의 제목 표시 줄을 클릭하여 창 포커스가 있을 때만 키 이벤트를 받을 수 있다. 창에 포커스가 있고 키 이벤트를 받을 수 있으면 True를 반

환하고, 그렇지 않으면 False를 반환한다.

- key.get_pressed( ) 함수 – 전체 키에 대한 상태 값을 부울 값 목록으로 반환한다. 해당 키가 눌리면 True로 설정된다.
- key.get_mods( ) 함수 – 수정자 키 (Shift, Alt 및 Ctrl 키)가 눌려있는 지에 대한 상태 를 나타내는 단일 값을 반환한다. 수정자 키가 눌러졌는지 확인하려면 수정자의 KMOD_ 상수와 비트 AND 연산자 (&)를 사용한다. 예를 들어 왼쪽 〈Shift〉 키가 눌러졌는지 확인하려면 pygame.key.get_mods( ) & KMOD_LSHIFT와 같이 사용한다.

수정자 키 상수	설명	수정자 키 상수	설명
K_RSHIFT	right shift	K_LCTRL	left control
K_LSHIFT	left shift	K_RALT	right alt
K_RCTRL	right control	K_LALT	left alt

- pygame.key.set_mods( ) 함수 – 수정자키를 설정하기 위해 사용하며, KMOD_ 상수와 비트 OR 연산자 (|)를 결합하여 사용한다. 예를 들어, 왼쪽 〈Shift〉와 〈Alt〉 키를 설정하려면 pygame.key.set_mods (KMOD_LSHIFT | KMOD_LALT)와 같이 사용한다.
- pygame.key.set_repeat( ) 함수 – 키를 누르고 있으면 키를 반복하여 입력할 수 있다. set_repeat( ) 함수를 사용하여 반복적으로 KEY_DOWN 이벤트를 요청하여 반복된 문자를 표시하도록 할 수 있다. set_repeat( ) 함수는 키가 반복되기 전에 초기 지연 값을, 반복 키 사이에 지연 값을 입력으로 가지며, 두 값 모두 밀리세컨드 (1/1,000 초) 단위로 표시된다. 매개 변수없이 set_repeat를 호출하면 키 반복을 비활성화 할 수 있다.
- pygame.key.name( ) 함수 – 이 함수는 KEY_ 상수를 취하여 해당 값에 대한 설명 문자열을 반환한다. 코드 실행 중에는 키 상수의 값만 볼 수 있고 이름은 볼 수 없기 때문에 디버깅에 유용하게 사용된다. 예를 들어, 값이 97인 키에 대한 KEY_DOWN 이벤트가 발생하면 key.name을 사용하여 키 이름 (a)을 인쇄할 수 있다.

키 (key) 감지하기

파이게임 (Pygame)에서 키가 눌렸는 지를 알아내는 방법은 2가지가 있다. 첫 번째 방법은 키를 누를 때 발행되는 KEYDOWN 이벤트와 키가 해제될 때 발행되는 KEYUP 이벤트를 처리하는 것이다. 두 번째 방법은 pygame.key.get_pressed( ) 함수를 사용하여 키가 눌려졌는지 여부를 감지할 수 있다.

KEYDOWN 이벤트와 KEYUP 이벤트는 키를 눌렀다 놓은 경우에도 항상 키보드 이벤트를 가져 오기 때문에 텍스트를 입력하는 데 적합하다.

표 ▶ 키와 키 상수

키 상수	ASCII 코드	설명	키 상수	ASCII 코드	설명
K_BACKSPACE	\b	backspace	K_x	x	x
K_TAB	\t	tab	K_y	y	y
K_CLEAR		clear	K_z	z	z
K_RETURN	\r	return	K_DELETE		delete
K_PAUSE		pause	K_KP0		keypad 0
K_ESCAPE	^[	escape	K_KP1		keypad 1
K_SPACE		space	K_KP2		keypad 2
K_EXCLAIM	!	exclaim	K_KP3		keypad 3
K_QUOTEDBL	"	quotedbl	K_KP4		keypad 4
K_HASH	#	hash	K_KP5		keypad 5
K_DOLLAR	$	dollar	K_KP6		keypad 6
K_AMPERSAND	&	ampersand	K_KP7		keypad 7
K_QUOTE		quote	K_KP8		keypad 8
K_LEFTPAREN	(	left parenthesis	K_KP9		keypad 9
K_RIGHTPAREN	)	right parenthesis	K_KP_PERIOD	.	keypad period
K_ASTERISK	*	asterisk	K_KP_DIVIDE	/	keypad divide
K_PLUS	+	plus sign	K_KP_MULTIPLY	*	keypad multiply
K_COMMA	,	comma	K_KP_MINUS	-	keypad minus

키 상수	ASCII 코드	설명	키 상수	ASCII 코드	설명
K_MINUS	-	minus sign	K_KP_PLUS	+	keypad plus
K_PERIOD	.	period	K_KP_ENTER	\r	keypad enter
K_SLASH	/	forward slash	K_KP_EQUALS =		keypad equals
K_0	0	0	K_UP		up arrow
K_1	1	1	K_DOWN		down arrow
K_2	2	2	K_RIGHT		right arrow
K_3	3	3	K_LEFT		left arrow
K_4	4	4	K_INSERT		insert
K_5	5	5	K_HOME		home
K_6	6	6	K_END		end
K_7	7	7	K_PAGEUP		page up
K_8	8	8	K_PAGEDOWN		page down
K_9	9	9	K_F1		F1
K_COLON	:	colon	K_F2		F2
K_SEMICOLON	;	semicolon	K_F3		F3
K_LESS	〈	less-than sign	K_F4		F4
K_EQUALS	=	equals sign	K_F5		F5
K_GREATER	〉	greater-than sign	K_F6		F6
K_QUESTION	?	question mark	K_F7		F7
K_AT	@	at	K_F8		F8
K_LEFTBRACKET	[	left bracket	K_F9		F9
K_BACKSLASH	\	backslash	K_F10		F10
K_RIGHTBRACKET	]	right bracket	K_F11		F11
K_CARET	^	caret	K_F12		F12
K_UNDERSCORE	_	underscore	K_F13		F13
K_BACKQUOTE	`	grave	K_F14		F14
K_a	a	a	K_F15		F15
K_b	b	b	K_NUMLOCK		numlock
K_c	c	c	K_CAPSLOCK		capslock

키 상수	ASCII 코드	설명	키 상수	ASCII 코드	설명
K_d	d	d	K_SCROLLOCK		scrollock
K_e	e	e	K_RSHIFT		right shift
K_f	f	f	K_LSHIFT		left shift
K_g	g	g	K_RCTRL		right control
K_h	h	h	K_LCTRL		left control
K_i	i	i	K_RALT		right alt
K_j	j	j	K_LALT		left alt
K_k	k	k	K_RMETA		right meta
K_l	l	l	K_LMETA		left meta
K_m	m	m	K_LSUPER		left Windows key
K_n	n	n	K_RSUPER		right Windows key
K_o	o	o	K_MODE		mode shift
K_p	p	p	K_HELP		help
K_q	q	q	K_PRINT		print screen
K_r	r	r	K_SYSREQ		sysrq
K_s	s	s	K_BREAK		break
K_t	t	t	K_MENU		menu
K_u	u	u	K_POWER		power
K_v	v	v	K_EURO		Euro
K_w	w	w			

pygame.key.get_pressed( ) 함수를 사용하여 키가 눌려 졌는지 여부를 감지 할 수 있다. pygame.key.get_pressed( ) 함수는 True 또는 False 값을 반환한다.

다음 예제는 get_pressed( ) 함수를 사용하여 눌려진 키를 탐지하고, 그 키의 이름을 화면에 표시한다. pygame.key.get_pressed( ) 함수는 다음과 같이 전체 키에 대한 상태값을 반환하므로, 전체 상태값 중 True 값만을 찾아 화면에 출력하도록 코드를 작성한다.

```
pygame 1.9.6
Hello from the pygame community. https://www.pygame.org/contribute.html
(0, 0, 0, 0, 0, 0, 0, 0, 0, 0, 0, 0, 0, 0, 0, 0, 0, 0, 0, 0, 0, 0, 0, 0, 0, 0, 0, 0, 0, 0, 0, 0, 0, 0, 0, 0, 0, 0, 0, 0, 0, 0
, 0, 0, 0, 0, 0, 0, 0, 0, 0, 0, 0, 0, 0, 0, 0, 0, 0, 0, 0, 0, 0, 0, 0, 0, 0, 0, 0, 0, 0, 0, 0, 0, 0, 0, 0, 0, 0, 0, 0, 0, 0,
0, 0, 0, 0, 0, 0, 0, 0, 0, 0, 0, 0, 0, 0, 0, 0, 0, 0, 0, 0, 0, 0, 0, 0, 0, 0, 0, 0, 0, 0, 0, 0, 0, 0, 0, 0, 0, 0, 0, 0, 0, 0,
0, 0, 0, 0, 0, 0, 0, 0, 0, 0, 0, 0, 0, 0, 0, 0, 0, 0, 0, 0, 0, 0, 0, 0, 0, 0, 0, 0, 0, 0, 0, 0, 0, 0, 0, 0, 0, 0, 0, 0, 0, 0,
0, 0, 0, 0, 0, 0, 0, 0, 0, 0, 0, 0, 0, 0, 0, 0, 0, 0, 0, 0, 0, 0, 0, 0, 0, 0, 0, 0, 0, 0, 0, 0, 0, 0, 0, 0, 0, 0, 0, 0, 0, 0,
0, 0, 0, 0, 0, 0, 0, 0, 0, 0, 0, 0, 0, 0, 0, 0, 0, 0, 0, 0, 0, 0, 0, 0, 0, 0, 0, 0, 0, 0, 0, 0, 0, 0, 0, 0, 0, 0, 0, 0, 0, 0,
0, 0, 0, 0, 0, 0, 0, 0, 0, 0, 0, 0, 0, 0, 0, 0, 0, 0, 0, 0, 0, 0, 0, 0, 0, 0, 0, 0, 0, 0, 0, 0, 0, 0, 0, 0, 0, 0, 0, 0, 0, 0,
0, 0, 0, 0, 0, 0, 0, 0, 0, 0, 0, 0, 0, 0, 0, 0, 0, 0, 0, 0, 0, 0, 0, 0, 0, 0, 0, 0, 0, 0)
(0, 0, 0, 0, 0, 0, 0, 0, 0, 0, 0, 0, 0, 0, 0, 0, 0, 0, 0, 0, 0, 0, 0, 0, 0, 0, 0, 0, 0, 0, 0, 0, 0, 0, 0, 0, 0, 0, 0, 0, 0, 0
, 0, 0, 0, 0, 0, 0, 0, 0, 0, 0, 0, 0, 0, 0, 0, 0, 0, 0, 0, 0, 0, 0, 0, 0, 0, 0, 0, 0, 0, 0, 0, 0, 0, 0, 0, 0, 0, 0, 0, 0, 0,
0, 0, 0, 0, 0, 0, 0, 0, 0, 0, 0, 0, 0, 0, 1, 0, 0, 0, 0, 0, 0, 0, 0, 0, 0, 0, 0, 0, 0, 0, 0, 0, 0, 0, 0, 0, 0, 0, 0, 0, 0, 0,
0, 0, 0, 0, 0, 0, 0, 0, 0, 0, 0, 0, 0, 0, 0, 0, 0, 0, 0, 0, 0, 0, 0, 0, 0, 0, 0, 0, 0, 0, 0, 0, 0, 0, 0, 0, 0, 0, 0, 0, 0, 0,
0, 0, 0, 0, 0, 0, 0, 0, 0, 0, 0, 0, 0, 0, 0, 0, 0, 0, 0, 0, 0, 0, 0, 0, 0, 0, 0, 0, 0, 0, 0, 0, 0, 0, 0, 0, 0, 0, 0, 0, 0, 0,
0, 0, 0, 0, 0, 0, 0, 0, 0, 0, 0, 0, 0, 0, 0, 0, 0, 0, 0, 0, 0, 0, 0, 0, 0, 0, 0, 0, 0, 0, 0, 0, 0, 0, 0, 0, 0, 0, 0, 0, 0, 0,
0, 0, 0, 0, 0, 0, 0, 0, 0, 0, 0, 0, 0, 0, 0, 0, 0, 0, 0, 0, 0, 0, 0, 0, 0, 0, 0, 0, 0, 0, 0, 0, 0, 0, 0, 0, 0, 0, 0, 0, 0, 0,
0, 0, 0, 0, 0, 0, 0, 0, 0, 0, 0, 0, 0, 0, 0, 0, 0, 0, 0, 0, 0, 0, 0, 0, 0, 0, 0, 0, 0, 0)
```

[pygame.key.get_pressed( ) 함수 실행 결과]

(위: 키를 누르지 않은 경우, 아래: a 키를 누른 경우)

```
pressedKeys = pygame.key.get_pressed( )
# 눌린 키 문자를 저장할 변수
pressedKey_text = []

# 전체 키 상태값을 하나씩 읽어
for key_identifier, pressedState in enumerate(pressedKeys):
    # 상태 값이 True 또는 1이면
    if pressedState:
        # key_constant에 해당하는 문자 반환
        pressedKey_name = pygame.key.name(key_identifier)
        dispMessage = "Pressed Key :  " + pressedKey_name
        textSurface = font.render (dispMessage, True,  BLUE, None)
        screen.blit(textSurface, (100, 100))
```

위 코드는 pygame.key.get_pressed( ) 함수를 이용하여 누른 키의 상태 값을 불리언 값의 목록으로 가져온 후, for 루프에서 각 값을 반복한다. pygame.key.get_pressed( ) 함수는 키 상수(key constant)를 인덱스로 사용한다. for 루프는 열거형(enumerate)을 호출하여 눌린 키에 대하여 반복적으로 실행한다. 열거형은 튜플의 인덱스(첫 번째 값은 0, 두 번째 값은 1 등)를 반환하는 함수로, pressedState 변수값이 True이면 if 문 블록을 실행한다.

pygame.key.name( ) 함수는 키 상수(key constant)를 가져와 키 설명이 포함 된 문자열을 반환한다.

코드를 실행하면, 하나의 키를 누른 경우 다음과 같이 표시된다.

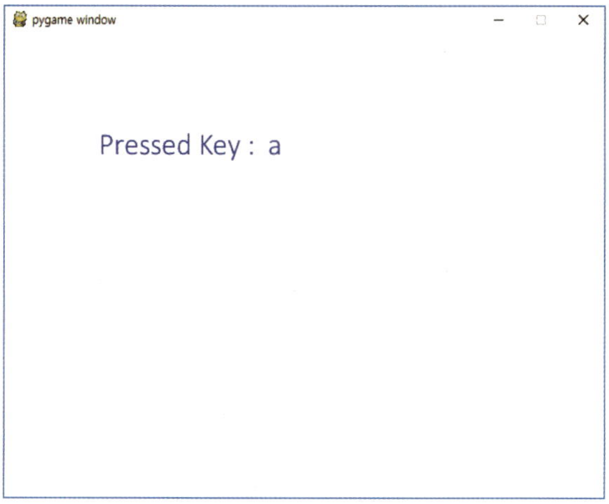

그러나 하나 이상의 키를 동시에 누르면 다음과 같이 표시되면 문자가 겹쳐서 나타난다.

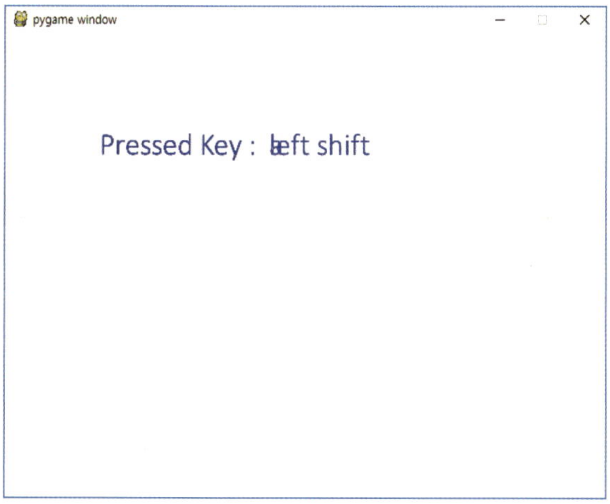

누른 키들이 눌린 순서대로 화면에 출력될 수 있도록 하기 위해, 표지되는 글자의 높이만큼 줄 간격을 더해주도록 한다. 사용하는 글꼴의 줄 간격은 get_linesize( ) 함수를 사용한다.

```
# 줄 간격의 크기 설정
lineSpace = font.get_linesize( )
```

```
pressedKeys = pygame.key.get_pressed( )
# 눌린 키 문자를 저장할 변수
pressedKey_text = []
textRect_y = 100

# 전체 키 상태값을 하나씩 읽어
for key_identifier, pressedState in enumerate(pressedKeys):
    # 상태 값이 True 또는 1이면
    if pressedState:
        # key_constant에 해당하는 문자 반환
        pressedKey_name = pygame.key.name(key_identifier)
        dispMessage = "Pressed Key :  " + pressedKey_name
        textSurface = font.render (dispMessage, True,  BLUE, None)

        screen.blit(textSurface, (100, textRect_y ))
        textRect_y += lineSpace
```

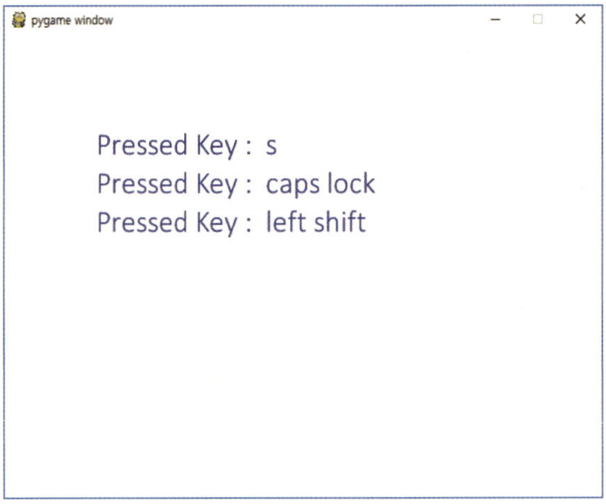

전체 코드는 다음과 같다.

눌린 코드 출력하기

```
import pygame
```

```
from pygame.locals import *

screen_width = 640
screen_height = 480

pygame.init( )
screen = pygame.display.set_mode((screen_width, screen_height), 0, 32)

BLUE = (0, 0, 255)
font = pygame.font.SysFont("Calibri", 32);

# 줄 간격의 크기 설정
lineSpace = font.get_linesize( )

clock = pygame.time.Clock( )
done = True

while done:
    clock.tick(30)

    for event in pygame.event.get( ):
        if event.type == QUIT:
            done = False

    screen.fill((255, 255, 255))

    # 눌린 키 문자를 저장할 변수
    pressedKey_text = []

    # 전체 키 상태 값 저장
    pressedKeys = pygame.key.get_pressed( )

    # 텍스트 출력 위치
    textRect_y = 100

    # 전체 키 상태값을 하나씩 읽어
    for key_identifier, pressedState in enumerate(pressedKeys):
```

```
            # 상태 값이 True 또는 1이면
            if pressedState :
                pressedKey_name = pygame.key.name(key_identifier)
                dispMessage = "Pressed Key : " + pressedKey_name
                textSurface = font.render (dispMessage, True, BLUE, None)

                screen.blit(textSurface, (100, textRect_y ))

                textRect_y += lineSpace

        pygame.display.update( )

pygame.display.quit( )
```

다른 키와 달리 numlock 키와 Caps Lock 키, Scroll Lock 키는 키보드의 상태를 전환하는 특수키이기 때문에 눌려진 상태로 표시되고, 다시 누르면 해제된다.

■ 방향키를 사용하여 대각선 움직임 표현하기

방향키를 사용하여 화면에서 개체를 이동할 수 있도록 앞 장 예제에서 다음과 같이 코드를 작성하였다.

```
key_direction = Vector2(0, 0)

if pressedKeys[K_LEFT]:
    key_direction.x = -1
elif pressedKeys[K_RIGHT]:
    key_direction.x = +1

if pressedKeys[K_UP]:
    key_direction.y = -1
elif pressedKeys[K_DOWN]:
    key_direction.y = +1
```

모든 키를 개체의 이동에 사용할 수 있지만, 게임에서 가장 많이 사용하는 키는 W, A, S 및 D 키이다. 문자 키를 사용하여 방향을 전환하도록 하려면 방향키 대신 문자키를 이동하려는 방향을 가리키는 벡터 (heading vector)를 만들면 된다.

방향키의 기본 방향 벡터는 다음과 같다.

표 ▶ 기본 방향 벡터

Direction	Vector
Left	(-1.0, 0.0)
Right	(1.0, 0.0)
Up	(0.0, -1.0)
Down	(0.0, 1.0)

이 벡터는 수평과 수직 방향으로만 이동하기 때문에 대각선 방향으로 이동하기 위해서는 게임에서 일반적으로 사용하는 것처럼 2개의 키를 동시에 누르도록 해야 한다. 예를 들어 위쪽과 왼쪽 화살표 키를 누르면 개체가 화면의 왼쪽 상단을 향해 대각선으로 이동하도록 하려면, 두 개의 벡터를 더하면 된다. 왼쪽 (－1.0, 0.0)과 위쪽 (0.0, －1.0)을 더하면 (−1.0, −1.0)이 된다.

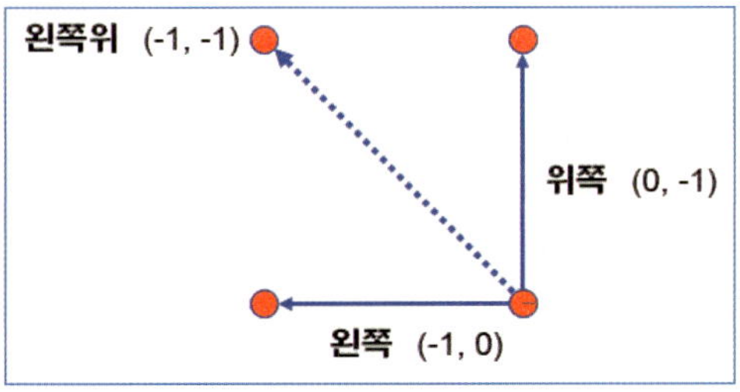

[대각선 벡터 크기]

그러나 위 그림에서 보는 것처럼 벡터의 크기가 왼쪽과 위쪽보다 더 길기 때문에 이 벡터를 단위 벡터로 사용하면 대각선 방향으로 더 빠르게 움직이게 된다.

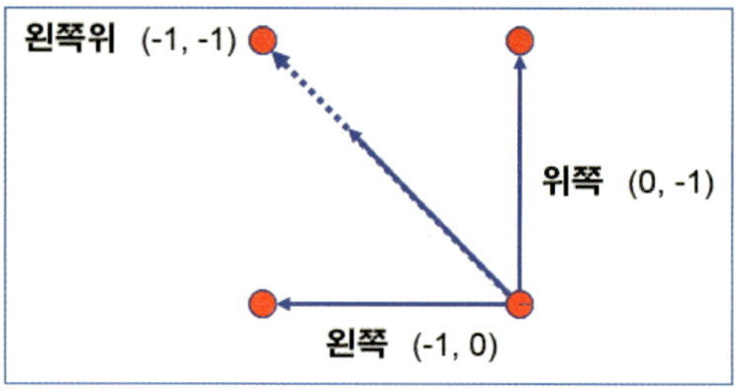

[기본 방향 벡터의 크기와 대각선 벡터 크기]

피타고라스 정리를 적용해보면 $\sqrt{2}$ = 1.414이므로 단위 벡터의 길이와 동일하게 크기를 가지기 위해서는 1/1.414 = 0.707, 단위 벡터의 크기를 (0.707, 0.707)로 설정해야한다.

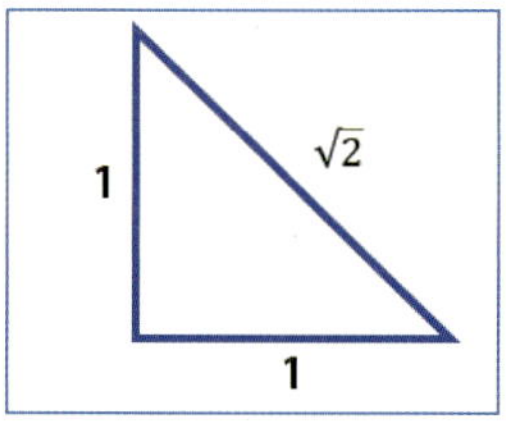

각 대각선 방향의 단위 벡터는 다음과 같이 설정한다.

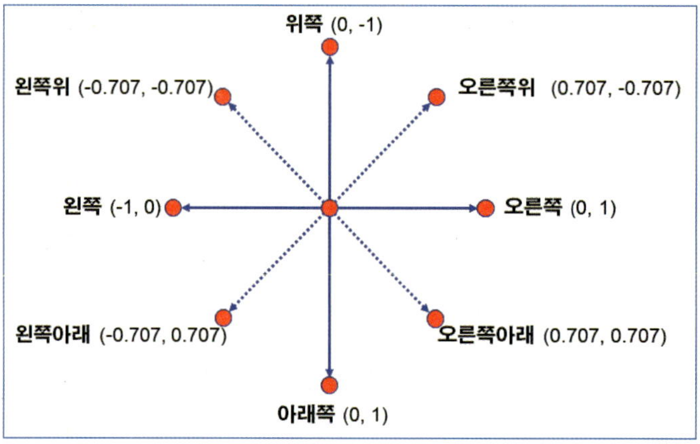

[대각선 단위 벡터]

대각선 방향의 단위 벡터는 벡터 정규화를 위한 Vector2 클래스의 normalize 메소드에 구현되어 있으므로 호출하여 사용하면 된다. 앞에서 작성했던 방향키를 사용했던 예제를 실행한 후 두 개의 키를 동시에 누르면 대각선 방향의 움직임을 표현할 수 있다.

방향키를 사용하여 움직이기

```
import pygame
from pygame.locals import *
from sys import exit
from vector2D import Vector2
pygame.init( )

screen_width = 640
screen_height = 480

squareImage_filename = 'square.png'

screen = pygame.display.set_mode((screen_width, screen_height), 0, 32)
squareImage = pygame.image.load(squareImage_filename).convert_alpha( )
squareImage_pos = Vector2(200, 150)

clock = pygame.time.Clock( )

moveSpeed = 200.0

done = True

while done:
    clock.tick(30)

    for event in pygame.event.get( ):
        if event.type == QUIT:
            done = False

    pressedKeys = pygame.key.get_pressed( )

    key_direction = Vector2(0, 0)
```

```
    if pressedKeys[K_LEFT]:
        key_direction.x = -1
    elif pressedKeys[K_RIGHT]:
        key_direction.x = +1

    if pressedKeys[K_UP]:
        key_direction.y = -1
    elif pressedKeys[K_DOWN]:
        key_direction.y = +1

    key_direction.normalize( )

    screen.blit(squareImage, squareImage_pos)

    passedTime = clock.tick(30)
    passedTime_sec = passedTime / 1000.0

    moveDistance = passedTime_sec * moveSpeed

    squareImage_pos += key_direction * moveDistance

    pygame.display.update( )

pygame.display.quit( )
```

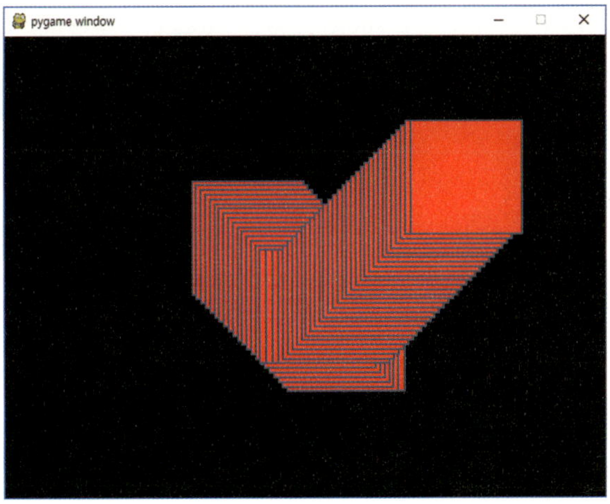

▬ 개체 회전하기

게임 개체를 방향키를 이용하여 수평/수직, 대각선 방향으로 이동하도록 코드를 작성한 것과 마찬가지로, 개체를 회전하도록 할 수 있다. 이동과 회전을 같은 키를 사용할 수 없으므로 〈 키와 〉키를 사용하도록 하였다.

개체의 회전은 시계 방향의 회전과 시계 반대 방향으로의 회전이 있으므로, 시계 방향의 회전은 PERIOD (.) 키를, 시계 반대 방향으로의 회전은 COMMA (,) 키를 사용하도록 한다. 회전은 1초에 360도 회전하도록 하기 위해 다음과 같이 회전에 사용할 변수를 설정한다.

```
squareImage_rotateDegree = 0.0
squareImage_rotation_speed = 360.0  # 1초에 360도 회전
```

이제 시계 방향의 회전은 PERIOD (.) 키를, 시계 반대 방향으로의 회전은 COMMA (,) 키를 사용하도록 다음과 같이 코드를 추가한다.

```
if pressed_keys[K_PERIOD]:
        rotation_direction = -1.0
elif pressed_keys[K_COMMA]:
        rotation_direction = +1.0
```

개체가 주어진 각도만큼 회전하도록 tranform 모듈의 rotate( ) 함수를 사용한다. rotate( ) 함수는 시계방향으로의 회전을 수행하며, 다음과 같은 형식으로 사용하고, 표면 (Surface)을 반환한다.

pygame.transform.rotate 함수

형식 : rotate(Surface, angle)

rotate( ) 함수가 표면을 반환하므로, 반환된 표면의 개체를 다시 표시할 수 있도록 코드를 작성해야한다. 회전된 개체는 회전 대상 개체가 그려진 표면 위에 지정한 회전각만큼 회전하여 다시 그려야 하므로 다음과 같이 작성한다.

```
squareImage = pygame.image.load("square.png").convert( )

rotated_squareImage = pygame.transform.rotate(squareImage,
                          squareImage_rotateDegree)
```

회전된 개체 (rotated_squareImage)가 원본 개체 (squareImage)의 위치에 그려지도록 하기 위해 회전된 개체의 표시 위치를 설정해야 한다. 다음 그림에 보는 것처럼 회전된 개체의 크기는 원본 개체보다 크게 그려지고, 그려지는 크기도 회전하는 각도에 따라 다르다.

[원본 개체와 회전된 개체]

회전된 개체 (rotated_squareImage)는 화면 (screen)의 왼쪽상단 (0,0)의 위치에 그려지므로 원래 위치에서 회전된 모양으로 표시되도록 하려면 사각형의 왼쪽 상단 점의 좌표를 A에서 B로 이동해야 한다.

B점의 좌표는 x 좌표는 (A점.x – ((rotated_squareImage_width – squareImage_width) /2), y 좌표는 (A점.y – ((rotatated_squareImage_height – squareImage_height) /2)로 설정된다.

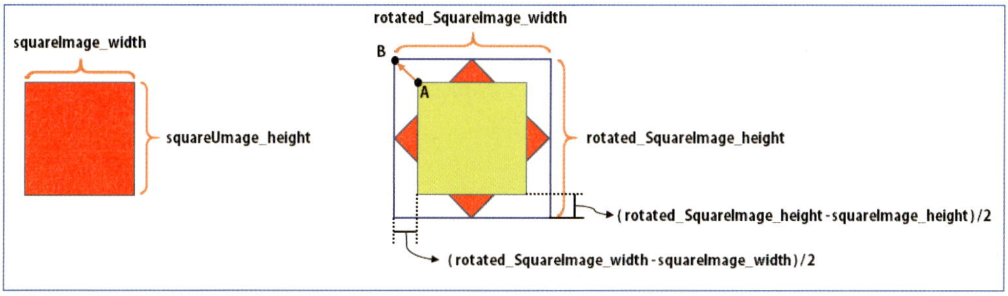


```
# 회전된 사각형의 너비와 높이
rotated_squareImage_pos = rotated_squareImage.get_rect( )
rotated_squareImage_width = rotated_squareImage_pos[2]
rotated_squareImage_height = rotated_squareImage_pos[3]

# 회전된 사각형의 위치
rotated_squareImage_x = squareImage_pos.x – (( rotated_squareImage_width –
                        squareImage_width ) / 2)
rotated_squareImage_y = squareImage_pos.y – (( rotated_squareImage_height –
                        squareImage_height ) / 2)

rotated_squareImage_pos = Vector2(rotated_squareImage_x,
                          rotated_squareImage_y)

screen.blit(rotated_squareImage, rotated_squareImage_pos)
```

PERIOD (.) 키와 COMMA (,) 키를 누르면 사각형 개체가 시계방향 또는 반시계 방향으로 회전하고, LEFT/RIGHT, UP/DOWN 키를 누르면 회전된 사각형 개체가 상하좌우로 이동하도록 다음과 같이 방향을 제어하는 단위벡터를 생성한다.

```
rotation_direction = 0.
movement_direction = Vector2(0, 0)

if pressed_keys[K_PERIOD]:
        rotation_direction = -1.0
elif pressed_keys[K_COMMA]:
        rotation_direction = +1.0

if pressed_keys[K_UP]:
        movement_direction.y = -1
elif pressed_keys[K_DOWN]:
        movement_direction.y = +1

if pressed_keys[K_LEFT]:
        movement_direction.x = -1
elif pressed_keys[K_RIGHT]:
        movement_direction.x = +1

movement_direction.normalize( )
```

이제 두 프레임 사이에 회전 각도와 이동 거리만큼 개체가 회전하고, 위치가 이동하도록 코드를 추가하도록 한다.

```
passedTime = clock.tick(30)
passedTime_sec = passedTime / 1000.0
rotationAngle = squareImage_rotation_speed * passedTime_sec
movingDistance = squareImage_speed * passedTime_sec

squareImage_rotateDegree += rotation_direction * rotationAngle

squareImage_pos+= movement_direction * movingDistance
```

전체 코드는 다음과 같다.

개체 회전과 이동

```
squareImage_image_filename = 'square.png'

import pygame
from pygame.locals import *
from sys import exit
from vector2D import Vector2
from math import *

pygame.init( )

screen = pygame.display.set_mode((640, 480), 0, 32)

squareImage = pygame.image.load(squareImage_image_filename).convert_alpha( )

clock = pygame.time.Clock( )

squareImage_pos = Vector2(200, 150)
squareImage_speed = 200.0
squareImage_rotateDegree = 0.0
squareImage_rotation_speed = 360.0    # 1초에 360도 회전

done = True

while done:
        for event in pygame.event.get( ):
                if event.type == QUIT:
                        done = False

        pressed_keys = pygame.key.get_pressed( )

        rotation_direction = 0.
        #movement_direction = 0.
```

```
movement_direction = Vector2(0, 0)

if pressed_keys[K_PERIOD]:
        rotation_direction = -1.0
elif pressed_keys[K_COMMA]:
        rotation_direction = +1.0

if pressed_keys[K_UP]:
        movement_direction.y = -1
elif pressed_keys[K_DOWN]:
        movement_direction.y = +1

if pressed_keys[K_LEFT]:
        movement_direction.x = -1
elif pressed_keys[K_RIGHT]:
        movement_direction.x = +1

movement_direction.normalize( )

# 사각형 개체의 너비와 높이
squareImage_width, squareImage_height = squareImage.get_size( )

# 사각형 개체 회전
rotated_squareImage = pygame.transform.rotate(squareImage,
                                squareImage_rotateDegree)

# 회전된 사각형의 너비와 높이
rotated_squareImage_pos = rotated_squareImage.get_rect( )
rotated_squareImage_width = rotated_squareImage_pos[2]
rotated_squareImage_height = rotated_squareImage_pos[3]

# 회전된 사각형의 위치
rotated_squareImage_x = squareImage_pos.x - (( rotated_squareImage_width
                        - squareImage_width ) / 2)
rotated_squareImage_y = squareImage_pos.y - (( rotated_squareImage_height
                        - squareImage_height ) / 2)
rotated_squareImage_pos = Vector2(rotated_squareImage_x,
                          rotated_squareImage_y)
```

```
        screen.blit(rotated_squareImage, rotated_squareImage_pos)

        passedTime = clock.tick(30)
        passedTime_sec = passedTime / 1000.0
        rotationAngle = squareImage_rotation_speed * passedTime_sec
        movingDistance = squareImage_speed * passedTime_sec

        squareImage_rotateDegree += rotation_direction * rotationAngle

        squareImage_pos+= movement_direction * movingDistance

        pygame.display.update( )

pygame.display.quit( )
```

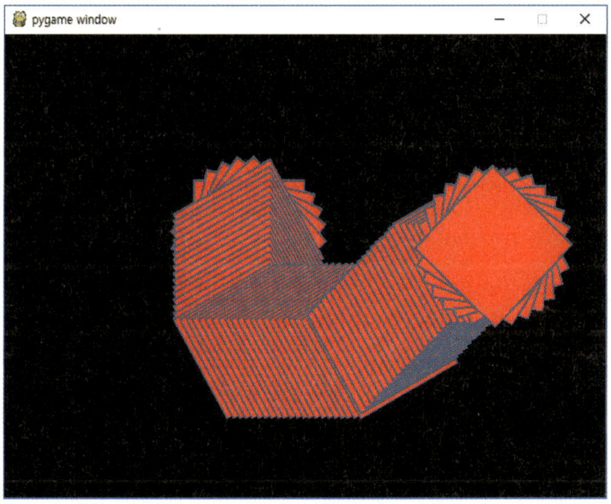

2) 마우스 컨트롤하기

마우스를 사용하여 게임에 빠르게 액세스하거나 게임 컨트롤에 활용할 수 있다. 화면에서 마우스가 움직이는 것을 컨트롤 하는 것은 아주 간단하다. MOUSEMOTION 이벤트를 이용하여 마우스의 좌표를 가져오거나 pygame.mouse.get_pos( ) 함수를 사용하여 직접 마우스 포인터를 가져와 사용한다.

MOUSEMOTION 이벤트에서 마우스 좌표를 가져오거나 pygame.mouse.get_pos( ) 함수에서 마우스 포인터를 가져와야 마우스 커서를 표시하거나 마우스 동작을 사용하여 게임을 제어 할 수 있다. 그러나 좌표가 화면의 가장자리로 제한되기 때문에 마우스가 화면을 벗어나면 회전 등을 제한할 수 없다. 이러한 문제를 해결하기 위하여 마우스의 상대적인 움직임 즉, 이전 프레임 이후 마우스가 얼마나 움직였는지를 의미하는 mouse mickeys를 사용한다. mouse 모듈은 다음과 같이 8개의 함수를 포함한다.

표 ▶ pygame.mouse 모듈의 함수

함수	설명
pygame.mouse.get_pressed	마우스 버튼의 상태 반환
pygame.mouse.get_pos	마우스 커서의 위치 반환
pygame.mouse.get_rel	상대적 마우스 움직임 (또는 mickeys)를 튜플로 반환.
pygame.mouse.set_pos	마우스 커서 위치 설정
pygame.mouse.set_visible	마우스 커서를 보이거나 감추기
pygame.mouse.get_focused	파이게임 창이 마우스 입력 수신이 가능하면 True 반환
pygame.mouse.set_cursor	시스템 마우스 커서 이미지 설정
pygame.mouse.get_cursor	시스템 커서 이미지 반환

pygame.mouse 함수들을 좀 더 자세히 살펴보도록 한다.

- pygame.mouse.get_pressed( ) – 왼쪽, 가운데 및 오른쪽 마우스 버튼의 상태를 나타내는 3개의 부울 값으로 구성된 튜플을 반환한다. pygame.mouse.get_pressed( ) 함수는 pygame.event.get( ) 함수를 먼저 호출해야한 후 호출해야 한다.

pygame.mouse.get_pressed 함수

형식 : pygame.mouse.get_pressed( )
반환 값 : (button1, button2, button3)

- pygame.mouse.get_pos( ) – 마우스 커서의 좌표를 반환한다. 반환되는 위치는 display의 왼

쪽 상단 모서리의 상대적인 위치이다. 커서 위치는 항상 화면 안쪽으로 제한된다.

pygame.mouse.get_pos 함수

형식 : pygame.mouse.get_pos( )
반환 값 : (x, y)

- pygame.mouse.get_rel( ) – 이전 호출된 이후의 마우스의 마우스 움직임 (또는 mickeys)을 튜플로 반환한다. 커서 위치는 항상 화면 안쪽으로 제한된다.

pygame.mouse.get_rel 함수

형식 : pygame.mouse.get_rel( )
반환 값 : (x, y)

- pygame.mouse.set_pos( ) – 마우스 위치를 설정한다. 좌표를 튜플 또는 x 및 y에 대한 목록으로 사용합니다. 마우스 커서가 보이면 (visibale) 설정한 새로운 좌표로 점프한다. 마우스를 움직이면 새로운 pygame.MOUSEMOTION 이벤트가 생성된다.

pygame.mouse.set_pos 함수

형식 : pygame.mouse.set_pos([x, y])
반환 값 : None

- pygame.mouse.set_visible( ) – 마우스 커서를 보이게 하거나 보이지 않도록 설정한다. bool 인수의 값이 True이면 마우스 커서가 표시되고, 커서의 이전 표시 상태를 반환한다.

pygame.mouse.set_visible 함수

형식 : pygame.mouse.set_visible(bool_value)

반환 값 : bool_value

• pygame.mouse.get_focused – 파이 게임 창이 마우스 입력을 수신하면 True를 반환한다. 파이 게임이 실행중인 창에서만 마우스 입력 이벤트를 순실할 수 있다.

pygame.mouse.get_focused 함수

형식 : pygame.mouse.get_focused( )
반환 값 : bool_value

• pygame.mouse.set_cursor( ) – 시스템 마우스 커서를 설정한다. 마우스 커서가 보이면 지정된 비트 마스크 배열을 사용하여 흑백 비트맵으로 표시된다. 이미지를 마우스 좌표에 블리팅 (bliting)하면 더 나은 결과를 얻을 수 있기 때문에 거의 사용하지는 않는다.

pygame.mouse.set_cursor 함수

형식 : pygame.mouse.set_cursor(size, hotspot, xormasks, andmasks)
반환 값 : None
인수 : size : 이미지의 크기 (너비, 높이)
hotspot : 커서 핫스팟 위치
xormasks : 커서 xor 또는 데이터 마스크가 들어있는 바이트 시퀀스
andmasks : 커서 비트 마스크 데이터를 포함하는 바이트 시퀀스

• pyGame.mouse.get_cursor – 시스템 마우스 커서 이미지 정보를 반환한다.

pygame.mouse.get_cursor 함수

형식 : pygame.mouse.get_cursor( )
반환 값 : (size, hotspot, xormasks, andmasks)

다음 예제는 키를 사용한 게임 개체의 회전 예제에 마우스를 이용한 회전 기능을 추가한 예

제이다. 마우스를 왼쪽이나 오른쪽으로 움직이면 게임 개체 (사각형 이미지)가 회전하는 예제이다.
일단 마우스의 모양이 보이도록 설정한다.

```
pygame.mouse.set_visible(True)
```

마우스를 움직이면 이전 프레임과의 상대적인 위치에 대한 마우스의 정보를 가져오도록 pygame.mouse.get_rel( ) 함수를 호출해야 한다.

```
pygame.mouse.get_rel( )
```

pygame.mouse.get_rel( ) 함수가 상대적인 이동거리에 대한 x좌표와 y좌표를 튜플 형식의 (x 좌표, y좌표)로 반환된다. 회전은 시계 방향 또는 시계반대 방향으로 회전하도록 하므로 x 좌표만을 사용하여 회전하도록 rotation_direction 변수의 값에 할당한다.

```
rotation_direction = pygame.mouse.get_rel( )[0]
```

pygame.mouse.get_rel( ) 함수의 x 좌표 값을 그대로 사용하면 개체가 너무 빠르게 회전하므로 조금 천천히 회전하도록 다음과 같이 속도를 줄여 계산식을 완성한다.

```
rotation_direction = pygame.mouse.get_rel( ) / 10.0
```

미우스의 움직임이 게임 화면 내에서만 움직이도록 하려면 다음과 같이 pygame.event.set_grab( ) 함수를 사용하여 다음과 같이 설정한다.

```
pygame.event.set_grab ( True )
```

pygame.event.set_grab( ) 함수의 인수를 True로 설정하면 마우스 커서가 게임 화면 안으로 제한되므로 전체 화면으로 사용하는 것이 좋다. 일단 게임에서 빠져나가도록 Escape 키를 누르면 다음과 같은 코드를 추가한다.

```
for event in pygame.event.get( ):
    if event.type == QUIT:
        done = False
    if event.type == KEYDOWN :
        if event.key == K_ESCAPE :
            done = False
```

전체 코드는 다음과 같다.

마우스로 회전시키기

```
squareImage_image_filename = 'square.png'

import pygame
from pygame.locals import *
from sys import exit
from vector2D import Vector2
from math import *

pygame.init( )

screen = pygame.display.set_mode((640, 480), 0, 32)

squareImage = pygame.image.load(squareImage_image_filename).convert_alpha( )

clock = pygame.time.Clock( )

pygame.mouse.set_visible ( True )
pygame.event.set_grab (True )

squareImage_pos = Vector2(200, 150)
squareImage_speed = 200.0
```

```
squareImage_rotateDegree = 0.0
squareImage_rotation_speed = 360.0    # 초당 회전 각도

done = True

while done:
    for event in pygame.event.get( ):
        if event.type == QUIT:
            done = False
        if event.type == KEYDOWN :
            if event.key == K_ESCAPE :
                done = False

    pressed_keys = pygame.key.get_pressed( )

    rotation_direction = 0.
    movement_direction = Vector2(0, 0)

    # 이전 프레임 이후의 마우스의 상대적인 이동거리를 회전각으로 설정
    rotation_direction  = pygame.mouse.get_rel( )[0] / 10.0

    if pressed_keys[K_PERIOD]:
        rotation_direction = -1.0
    elif pressed_keys[K_COMMA]:
        rotation_direction = +1.0

    if pressed_keys[K_UP]:
        movement_direction.y = -1
    elif pressed_keys[K_DOWN]:
        movement_direction.y = +1

    if pressed_keys[K_LEFT]:
        movement_direction.x = -1
    elif pressed_keys[K_RIGHT]:
        movement_direction.x = +1

    movement_direction.normalize( )
```

```
    # 사각형 개체의 너비와 높이
    squareImage_width, squareImage_height = squareImage.get_size( )

    # 사각형 개체 회전
    rotated_squareImage = pygame.transform.rotate(squareImage,
squareImage_rotateDegree)

    # 회전된 사각형의 너비와 높이
    rotated_squareImage_pos = rotated_squareImage.get_rect( )
    rotated_squareImage_width = rotated_squareImage_pos[2]
    rotated_squareImage_height = rotated_squareImage_pos[3]

    # 회전된 사각형의 위치
    rotated_squareImage_x = squareImage_pos.x - (( rotated_squareImage_width -
                                squareImage_width ) / 2)
    rotated_squareImage_y = squareImage_pos.y - (( rotated_squareImage_height -
                                squareImage_height ) / 2)
    rotated_squareImage_pos = Vector2(rotated_squareImage_x,
                                  rotated_squareImage_y)

    screen.blit(rotated_squareImage, rotated_squareImage_pos)

    passedTime = clock.tick(30)
    passedTime_sec = passedTime / 1000.0
    rotationAngle = squareImage_rotation_speed * passedTime_sec
    movingDistance = squareImage_speed * passedTime_sec

    squareImage_rotateDegree += rotation_direction * rotationAngle

    squareImage_pos+= movement_direction * movingDistance

    pygame.display.update( )

pygame.display.quit( )
```

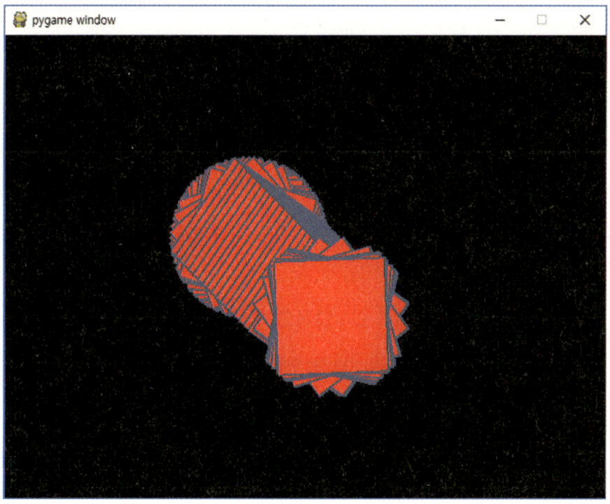
pygame window

요약

■ **이미지 객체의 직선 방향 움직임**

- 각 프레임을 일정한 크기만큼씩 이동하도록 코드 작성
- 가로 이동 : x 좌표에 일정 크기 값 증가, 세로 이동 : y 좌표에 일정 크기 값 증가

■ **움직임을 시간 기반으로 설정하기 위해 pygame.time 모듈의 Clock 객체 사용**

- 프레임당 한 번씩 멤버함수인 tick( ) 함수 호출
- tick( ) 함수 : 이전 호출 이후에 경과된 시간을 밀리세컨드 (milliseconds, 1/1000초) 단위로 반환

■ **대각선 방향의 움직임 표현하기**

- 각 프레임의 x 좌표와 y 좌표를 1초 동안 이동하는 픽셀 크기, 각 프레임 사이의 이동 거리 등도 x 좌표와 y 좌표 설정

■ **벡터 (vector)와 단위 벡터 (unit vector)**

- 단위 벡터 (unit vector) : 크기 정보가 제거된 길이가 1인 백터

■ **벡터를 사용하여 움직임 생성하기**

- 현재 위치에서 최종 위치까지 벡터 생성
- 벡터를 정규화하여 단위 벡터 생성
- 프레임 사이의 이동 거리 계산
- 이전 프레임 이후에 x와 y 좌표 값에 이동 거리를 더해 크기 계산

■ **키보드 컨트롤**

- pygame.key 모듈을 사용하여 키보드의 모든 키 감지 가능

함수	
pygame.key.get_focused	pygame.key.set_repeat
pygame.key.get_pressed	pygame.key.get_repeat
pygame.key.get_mods	pygame.key.name
pygame.key.set_mods	

■ **마우스 컨트롤**

- pygame.mouse 모듈을 사용하여 마우스 포인터를 가져와야 마우스 커서를 표시하거나 마우스 동작을 사용하여 게임 제어

함수	
pygame.mouse.get_pressed	pygame.mouse.set_visible
pygame.mouse.get_pos	pygame.mouse.get_focused
pygame.mouse.get_rel	pygame.mouse.set_cursor
pygame.mouse.set_pos	pygame.mouse.get_cursor

연습문제

1. 직사각형이 애니메이션되는 프로그램에서 rect_x가 양수이고 rect_y가 음수이면 직사각형이 이동하는 방향은?

2. 다음 프로그램을 실행한 결과는 무엇인가?

```
import pygame

BLACK = ( 0, 0, 0)
WHITE = ( 255, 255, 255)

pygame.init()

size = [700, 500]
screen = pygame.display.set_mode(size)

done = False

clock = pygame.time.Clock()
```

```
# -------- Main game Loop -----------
while not done:
    for event in pygame.event.get():
        if event.type == pygame.QUIT:
            done = True

    screen.fill(BLACK)

    pygame.draw.rect(screen, WHITE, [50, 50, 50, 50])

    clock.tick(20)

pygame.quit()
```

3. 2번의 코드를 사각형이 화면에 표시되도록 수정하라.

4. 다음 프로그램을 실행한 결과는 무엇인가?

```
import pygame

BLACK = ( 0, 0, 0)
WHITE = ( 255, 255, 255)

pygame.init()

size = [700, 500]
screen = pygame.display.set_mode(size)

done = False

clock = pygame.time.Clock()

rect_change_x = 5
```

```
rect_change_y = 5

# -------- Main game Loop -----------
while not done:
    for event in pygame.event.get():
        if event.type == pygame.QUIT:
            done=True

    rect_x = 50
    rect_y = 50

    rect_x += rect_change_x
    rect_y += rect_change_y

    if rect_y > 450 or rect_y < 0:
        rect_change_y = rect_change_y * -1

    if rect_x > 650 or rect_x < 0:
        rect_change_x = rect_change_x * -1

    screen.fill(BLACK)

    pygame.draw.rect(screen, WHITE, [rect_x, rect_y, 50, 50])

    clock.tick(20)

    pygame.display.flip()

pygame.quit ()
```

5. 4번의 사각형이 오른쪽 아래 대각선 방향으로 이동하도록 프로그램을 수정하라.

Chapter 12

소리 (Sound) 삽입하기

사운드 (sound)는 모든 게임의 필수 구성 요소이다. 파이게임 (Pygame)은 게임을 만들기 위한 모듈답게 게임에 필요한 여러 가지 요소를 지원한다. 게임에 필요한 음악 및 효과음을 재생할 수 있도록 pygame.mixer 모듈과 pygame.mixer.music 모듈을 사용한다. 이 장에서는 사운드 효과와 음악을 게임에 추가 할 수 있는 파이게임 (Pygame) 모듈을 살펴보고, 사운드를 만들고 편집하는 방법에 대해서도 알아보도록 한다.

1 pygame.mixer 모듈

pygame.mixer 모듈은 Sound 객체를 로드하고 재생을 제어하기 위한 클래스를 포함하고 있다. 믹서 (mixer) 모듈은 SDL_mixer에 따르므로 pygame.mixerpygame 모듈을 사용하기 전에 사용 가능한 상태인 지, 초기화되었는 지를 확인해야 한다.

믹서 (mixer) 모듈에는 사운드를 재생할 수 있는 채널 수가 제한되어 있다. 일반적으로 파이게임 (Pygame)에서 오디오 재생을 시작하고 사용 가능한 채널을 자동으로 선택한다. 기본값은 8개 동시 채널이지만 채널 수에 대해 보다 정밀하게 제어할 수도 있다.

믹서 (mixer)에는 음악 재생을 위한 특별한 스트리밍 채널이 있으며, 스트리밍된 오디오 모듈을 제어하기 위한 pygame.mixer.musicpygame 모듈을 통해 액세스된다.

믹서 (mixer) 모듈은 다른 파이 게임 모듈처럼 초기화해야한다. pygame.mixer.init( ) 함수는 재생 속도와 샘플 크기를 제어하기 위해 여러 선택적 인수를 사용할 수 있다. 파이게임

(Pygame)이 적절한 값으로 기본 설정하지만, 오디오 리소스의 값과 일치하도록 믹서를 초기화해야한다.

표 ▶ pygame.mixer 모듈 함수

함수	설명
pygame.mixer.init	믹서 (mixer) 모듈 초기화
pygame.mixer.pre_init	믹서 (mixer) 초기화 인수 설정
pygame.mixer.quit	믹서 초기화 해제
pygame.mixer.get_init	믹서가 초기화되어있 지 확인
pygame.mixer.stop	모든 사운드 채널 재생 중지
pygame.mixer.pause	모든 사운드 채널 재생 일시 중지
pygame.mixer.unpause	모든 사운드 채널 재생 일시 중지 해제 (재생 시작)
pygame.mixer.fadeout	소리 재생 중지 전에 모든 소리의 볼륨을 페이드 아웃
pygame.mixer.set_num_channels	총 재생 채널 수 설정
pygame.mixer.get_num_channels	총 재생 채널 수 반환
pygame.mixer.set_reserved	자동으로 사용되는 채널 예약
pygame.mixer.find_channel	사용하지 않는 채널 찾기
pygame.mixer.get_busy	소리가 섞여 있는지 테스트하여 섞인 경우 True 반환
pygame.mixer.Sound	파일 또는 버퍼 객체에서 새 Sound 객체 만들기
pygame.mixer.Channel	재생을 제어하기 위한 Channel 객체 생성

pygame.mixer 모듈 함수들을 좀 더 자세히 살펴보도록 한다.

- pygame.mixer.init( ) – 사운드 로드 및 재생을 위해 믹서 모듈을 초기화한다. 특정 오디오 믹싱을 제공하기 위해 기본 인수를 재정의 (override) 할 수 있다. 인수가 0으로 설정된 경우 기본값이 사용된다.

pygame.mixer.init 함수

형식 : init(frequency=22050, size=-16, channels=2, buffer=4096,
devicename=None,
allowedchanges=AUDIO_ALLOW_FREQUENCY_CHANGE |
AUDIO_ALLOW_CHANNELS_CHANGE)

반환 값 : None

인수 : size : 각 오디오 샘플에 대해 사용되는 비트 수.
size 〈 0 - 부호있는 샘플 값 사용
size 〉 0 - 서명되지 않은 오디오 샘플 사용 의미
유효하지 않은 값 - 예외 발생
channels : 모노 또는 스테레오를 사용할지 여부 지정
1 - 모노, 2 - 스테레오
buffer : 사운드 믹서로 사용되는 내부 샘플의 수 제어, 기본 값 사용
버퍼 크기는 2의 거듭 제곱으로 올림
allowedchanges : 0을 사용하면 런타임시 하드웨어가 지원하는 샘플로 변환
값 : 다음 값들을 OR로 사용
AUDIO_ALLOW_FREQUENCY_CHANGE,
AUDIO_ALLOW_FORMAT_CHANGE,
AUDIO_ALLOW_CHANNELS_CHANGE,
AUDIO_ALLOW_ANY_CHANGE

일부 플랫폼에서는 디스플레이 모듈이 초기화된 후 사운드 모듈을 로드하고 재생하기 위해 pygame.mixer 모듈이 필요하다. 대부분 pygame.init( ) 함수에 의해 자동으로 처리하지만, 이 경우 mixer.init( ) 함수로 인수를 전달할 수 없다. pygame.mixer.pre_init( ) 함수를 사용하면 init( )이 사용되기 전에 적절한 기본값을 설정할 수 있다.

- pygame.mixer.pre_init( ) – 믹서 (mixer) 초기화 인수를 설정하는 함수로, 실제 pygame.mixer.init( )가 호출될 때 사용된 기본값을 변경하기 위해 사용한다.

pygame.mixer.pre_init 함수

형식 : pre_init(frequency=44100, size=-16, channels=2, buffer=512,
　　　　　devicename=None)

반환 값 : None

인수 : size : 각 오디오 샘플에 대해 사용되는 비트 수.
　　　size 〈 0 - 부호있는 샘플 값 사용
　　　size 〉 0 - 서명되지 않은 오디오 샘플 사용 의미
　　　유효하지 않은 값 - 예외 발생

channels : 모노 또는 스테레오를 사용할지 여부 지정
　　　1 - 모노, 2 - 스테레오

buffer : 사운드 믹서로 사용되는 내부 샘플의 수 제어, 기본 값 사용
　　　버퍼 크기는 2의 거듭 제곱으로 올림

- pygame.mixer.quit( ) – 믹서 (mixer) 초기화 인수를 설정하는 함수로, 실제 pygame.mixer.init( )가 호출될 때 사용된 기본값을 변경하기 위해 사용한다.

pygame.mixer.quit 함수

형식 : quit( )

반환 값 : None

- pygame.mixer.get_init( ) – 믹서가 초기화되면 사용 중인 재생 인수를 반환한다. 믹서가 초기화되어 있지 않은 경우, None를 돌려줍니다.

pygame.mixer.get_init 함수

형식 : get_init( )

반환 값 : (frequency, format, channels)

- pygame.mixer.stop( ) – 모든 사운드 채널의 재생을 정지시킨다.

pygame.mixer.stop 함수

형식 : stop( )
반환 값 : None

- pygame.mixer.pause( ) – 모든 사운드 채널의 재생을 일시 정지시킨다.

pygame.mixer.pause 함수

형식 : pause( )
반환 값 : None

- pygame.mixer.unpause( ) – 모든 사운드 채널의 재생을 일시 정지를 해제시키고 다시 재생하도록 한다.

pygame.mixer.unpause 함수

형식 : unpause( )
반환 값 : None

- pygame.mixer.fadeout( ) – 주어진 시간 (밀리 세컨드, 1/1000초) 동안 모든 활성화된 채널의 볼륨이 페이드 아웃되고 사운드가 음소거되면 재생이 중지된다.

pygame.mixer.fadeout 함수

형식 : fadeout(time)
반환 값 : None

• pygame.mixer.set_num_channels( ) – 믹서 (mixer)에 사용할 수 있는 채널 수를 설정하며, 기본값은 8이다. 채널 수를 늘리거나 줄일 수 있으며, 값이 감소하면 제거된 채널에서 재생되는 사운드가 중지된다.

pygame.mixer.set_num_channels 함수

형식 : set_num_channels( )
반환 값 : None

• pygame.mixer.get_num_channels( ) – 현재 활성화되어 있는 재생 채널 수를 반환한다.

pygame.mixer.get_num_channels 함수

형식 : get_num_channels( )
반환 값 : count

• pygame.mixer.set_reserved( ) – 사운드 재생을 위해 자동으로 선택되지 않는 채널을 예약할 수 있다. 예약된 채널에서 현재 재생중인 사운드는 중단되지 않는다.

pygame.mixer.set_reserved 함수

형식 : set_reserved(count)
반환 값 : None

• pygame.mixer.find_channel( ) – 비활성 채널 객체를 찾아 반환하며, 비활성 채널이 없는 경우 None을 반환한다. 비활성 채널이 없고 force 인수가 True이면 실행중인 사운드 중에서 가장 긴 채널을 찾아서 반환한다. 믹서 (mixer)가 pygame.mixer.set_reserved( ) 함수를 사용하여 채널을 예약하고 있는 경우, 그 채널은 반환하지 않는다.

pygame.mixer.find_channel 함수

형식 : find_channel(force=False)
반환 값 : channel

• pygame.mixer.get_busy( ) – 믹서가 채널을 믹싱하고있는 경우 True를 반환하고, 믹서가 유휴 상태이면 False를 반환한다.

pygame.mixer.get_busy 함수

형식 : get_busy( )
반환 값 : boolean

• pygame.mixer.sound( ) – 파일이나 버퍼로부터 새로운 사운드 객체를 생성한다.

pygame.mixer.sound 함수

형식 : Sound(filename)
Sound(file=filename)
Sound(buffer)
Sound(buffer=buffer)
Sound(object)
Sound(file=object)
Sound(array=object)
반환 값 : sound

사운드를 재생과 관련된 다음과 같은 함수를 사용할 수 있다.

표 ▶ sound 함수

함수	설명
pygame.mixer.Sound.play	사용 가능한 채널에서 소리 재생 시작
pygame.mixer.Sound.stop	재생 중지
pygame.mixer.Sound.fadeout	페이드 아웃 후 재생 중지
pygame.mixer.Sound.set_volume	볼륨 설정
pygame.mixer.Sound.get_volume	볼륨 값 반환
pygame.mixer.Sound.get_num_channels	소리 재생 횟수 반환
pygame.mixer.Sound.get_length	소리 길이 반환
pygame.mixer.Sound.get_raw	소리 샘플의 바이트 테스트 결과 반환

- pygame.mixer.channel( ) – 현재 채널 중 지정된 채널 1개를 Channel 객체로 반환한다. Channel 객체를 사용하여 사운드 재생을 미세하게 제어할 수 있다. 채널은 한 번에 하나의 사운드만 재생할 수 있다.

pygame.mixer.channel 함수

형식 : channel(channel_id)
반환 값 : channel
인수 : channel_id – 0에서 pygame.mixer.get_num_channels( ) 값까지의 값

표 ▶ channel 함수

channel 함수	설명
pygame.mixer.Channel.play	특정 채널의 사운드 재생
pygame.mixer.Channel.stop	채널에서 재생 중지
pygame.mixer.Channel.pause	채널에서 사운드 재생 일시 정지
pygame.mixer.Channel.unpause	채널에서 사운드 재생 일시 정지 해제
pygame.mixer.Channel.fadeout	채널을 페이드 아웃 후 재생중지
pygame.mixer.Channel.set_volume	재생 중인 채널의 볼륨 설정

channel 함수	설명
pygame.mixer.Channel.get_volume	재생중인 채널의 볼륨 반환
pygame.mixer.Channel.get_busy	채널이 활성화되어 있는 지 체크
pygame.mixer.Channel.get_sound	현재 재생중인 사운드 반환
pygame.mixer.Channel.queue	현재 사운드 다음에 재생할 사운드 객체를 큐에 보관
pygame.mixer.Channel.get_queue	큐에서 사운드를 반환
pygame.mixer.Channel.set_endevent	재생이 멈출 때 채널이 이벤트를 보내도록설정
pygame.mixer.Channel.get_endevent	재생이 멈출 때 채널이 보낸 이벤트 반환

2 pygame.mixer.music 모듈

music 모듈은 사운드 로드 및 재생을 위한 pygame.mixer 모듈과 밀접하게 연결되어 있다. music 모듈은 사운드 믹서 (mixer)에서 음악 재생을 제어하기 위해 사용한다.

music 모듈의 재생 (playback)이 Sound 모듈에서의 재생 (playback)과 다른 점은 실제로 음악이 한 번에 로드되지 않고 스트리밍된다는 것이다. 믹서 (mixer) 시스템은 한 번에 하나의 music 스트림만 지원한다.

표 ▶ music 모듈 함수

함수	설명
pygame.mixer.music.load	재생할 음악 파일 로드
pygame.mixer.music.unload	현재 로드된 음악을 언로드
pygame.mixer.music.play	음악 스트림 재생 시작
pygame.mixer.music.rewind	음악 재시작
pygame.mixer.music.stop	음악 재생 중지
pygame.mixer.music.pause	음악 재생 일시 정지

함수	설명
pygame.mixer.music.unpause	음악 재생 일시 정지 해제
pygame.mixer.music.fadeout	페이드 아웃 한 후 음악 재생 중지
pygame.mixer.music.set_volume	음악 볼륨 설정
pygame.mixer.music.get_volume	볼륨 값 반환
pygame.mixer.music.get_busy	음악 스트림이 재생중인 지 여부 확인
pygame.mixer.music.set_pos	플레이 할 위치 설정
pygame.mixer.music.get_pos	음악 재생 시간 가져 오기
pygame.mixer.music.queue	현재의 음악 파일을 큐에 삽입
pygame.mixer.music.set_endevent	재생이 멈추면 이벤트 설정
pygame.mixer.music.get_endevent	재생이 멈춘 후 이벤트 반환

- pygame.mixer.music.load( ) – 음악 파일 이름 또는 파일 객체가 로드되고 재생 준비가된다. 음악 스트림이 이미 재생 중이면 중지되어, 음악 재생이 시작되지 않는다.

pygame.mixer.music.load 함수

형식 : music.load(file_name or object)
반환 값 : None
인수 : file_name or object - 재생할 음악 파일 이름 또는 객체

- pygame.mixer.music.unload( ) – 현재 로드된 음악을 언로드하여 리소스를 해제

pygame.mixer.music.unload 함수

형식 : music.unload( )
반환 값 : None
인수 : file_name or object - 재생할 음악 파일 이름 또는 객체

• pygame.mixer.music.play( ) – 로드된 음악 스트림이 재생된다. 음악이 이미 재생 중이면 다시 시작된다.

pygame.mixer.music.play 함수

형식 : music.play(loops=0, start=0.0)
반환 값 : None
인수 : loops - 처음 재생 된 후 샘플이 반복될 횟수, 기본값 0
(값이 3이면 처음 재생된 다음 3번 반복하므로 총 4번 재생됨)
0 : 한 번만 재생
-1 : 재생 무한 반복
start - 음악에서 노래가 시작되는 위치 (음악 형식에 따라 다름)

• pygame.mixer.music.reswind( ) – 현재 음악의 재생을 처음부터 다시 설정한다.
pygame.mixer.music.stop( ) – 현재 음악의 재생을 중지한다.
pygame.mixer.music.pause( ) – 현재 음악의 재생을 일시정지한다.
pygame.mixer.music.unpause( ) – 현재 음악의 재생의 일시정지를 해제한다.

pygame.mixer.music.rewind/ pygame.mixer.music.stop pygame.mixer.music.pause /pygame.mixer.music.unpause 함수

형식 : music.rewind( )
music.stop( )
music.pause( )
music.unpause( )
반환 값 : None

• pygame.mixer.music.fadeout( ) – 지정된 시간 (밀리 초 단위로 측정) 동안 페이드 아웃되어 음악 재생을 중지한다.

pygame.mixer.music.fadeout 함수

형식 : music.fadeout(time)
반환 값 : None

• pygame.mixer.music.set_volumn( ) – 음악 재생 볼륨을 설정한다. 인수 (value)는 0.0과 1.0 사이값이며, 새 음악이 로드되면 볼륨이 재설정된다.

pygame.mixer.music.get_volumn( ) – 믹서의 현재의 볼륨을 0.0 ~ 1.0 사이의 값으로 반환된다.

pygame.mixer.music.set_volumn / pygame.mixer.music.get_volumn 함수

형식 : music.set_volumn(value)
반환 값 : None

형식 : music.set_volumn( )
반환 값 : Value

• pygame.mixer.music.get_busy( ) – 음악 스트림이 재생 중이며 True를 반환하고, 음악이 유휴 상태이면 False를 반환한다.

pygame.mixer.music.get_busy 함수

형식 : music.get_busy( )
반환 값 : boolean

• pygame.mixer.music.set_pos( ) – 재생이 시작될 음악 파일의 위치를 설정한다. 인수 (pos)는 음악 형식에 따라 다르다.

pygame.mixer.music.set_pos 함수

형식 : music.set_pos(pos)
반환 값 : None

- pygame.mixer.music.get_pos( ) – 음악이 재생되고 있는 시간 (밀리 세컨드)를 반환한다. 반환된 시간은 음악이 재생된 시간을 나타낸다.

pygame.mixer.music.get_pos 함수

형식 : music.get_pos( )
반환 값 : time

- pygame.mixer.music.queue( ) – 음악 파일이 로드되고 큐에 삽입된다. 큐에 삽입된 대기중인 음악 파일은 현재 재생중인 음악이 끝나면 시작된다. 현재 음악이 중단되거나 변경되면 대기중인 노래가 삭제된다.

pygame.mixer.music.queue 함수

형식 : music.queue(file_name)
반환 값 : None

- pygame.mixer.music.set_endevent( ) – 음악 재생이 끝나면 파이게임 (Pygame)이 (이벤트 큐를 통해) 신호를 보내고, 인수는 큐에 넣을 이벤트의 유형을 판별한다. 음악이 끝날 때마다 이벤트가 큐에 삽입된다. 이벤트가 큐에 들어가는 것을 막으려면, 인수없이 호출한다.

pygame.mixer.music.set_endevent 함수

형식 : music.set_endevent( )
music.set_endevent(type)
반환 값 : None

- pygame.mixer.music.get_endevent( ) – 음악 재생이 끝날 때마다 전송할 이벤트 유형을 반환한다. endevent가 없으면 함수는 pygame.NOEVENT를 반환한다.

pygame.mixer.music.get_endevent 함수

형식 : music.set_endevent( )
반환 값 : None

3 파이게임 (Pygame)에서 소리 재생하기

pygame.mixer 인터페이스를 사용하여 파이게임 (Pygame)으로 사운드 효과를 재생할 수 있다.

1) 믹서 (mixer) 초기화하기

믹서를 사용하려면 먼저 pygame.mixer.init 함수( )를 사용하여 초기화해야 한다. 플랫폼에 따라 믹서는 pygame.init에 의해 자동으로 초기화되나 pyame.mixer.pre_init( ) 함수를 사용하여 자동 초기화에 대한 매개변수를 재설정할 수 있다.

믹서를 초기화하기 위한 매개변수는 인수를 사용한다.

표 ▶ 믹서 초기화 매개변수

매개변수	설명
주파수 (frequency)	- 오디오 재생의 샘플 속도 (사운드 파일의 샘플 속도) - 보통 44100
크기 (size)	- 재생을 위한 오디오 샘플 크기 (비트) - 샘플 크기 : 8 또는 16
스테레오 (streo)	모노 사운드의 경우 1, 스테레오 사운드의 경우 2로 설정
버퍼 (buffer)	- 재생을 위해 버퍼링된 샘플 수 - 값이 낮을수록 대기 시간이 짧아짐 - 16 비트 스테레오 사운드에 대해 4096의 값이 최적

예를 들어 16-bit, 44100Hz stereo sound를 위한 믹서는 다음과 같이 초기화한다.

```
pygame.mixer.pre_init(44100, 16, 2, 4096)
pygame.init( )
```

pygame.mixer.pre_init( ) 함수를 호출하면 믹서 (mixer)의 매개 변수가 설정되고, pygame.init( ) 함수를 호출하여 초기화된다. 파이게임 (Pygame)이 초기화 된 후에 매개 변수를 변경해야한다면 pygame.mixer.init( ) 함수를 호출하기 전에 먼저 pygame.mixer.quit( ) 함수를 호출하여 믹서를 종료해야한다.

2) 사운드 객체 (Sound objects) 만들기

사운드 객체 (sound object)는 WAV 또는 Ogg 파일에서 읽은 오디오 데이터를 저장하고 재생하기 위해 사용한다. 사운드 파일의 파일 이름을 사용하는 pygame.mixer.Sound( ) 함수 또는 데이터가 포함된 Python 파일 객체를 사용하여 사운드 객체 (sound object)를 생성 할 수 있다. 'myMusic.ogg'라는 사운드 파일을 로드하는 방법은 다음과 같다.

```
mySound = Pygame.mixer.Sound( "myMusic.ogg" )
```

play( ) 메서드를 사용하여 Sound 객체를 재생할 수 있다. 이 메서드는 반복 회수를 설정하는 loop 및 설정된 시간 (밀리세컨드) 이후 재생을 중지하기 위한 maxtime 두 개의 선택적 매개를 사용한다.

play( ) 메서드 호출이 성공하면 Channel 객체를 반환하고, 그렇지 않으면 None을 반환한다. 앞에서 만든 mySound를 한 번 재생하도록 하려면 다음과 같이 코드를 작성한다.

```
mySoundChannel = mySound.play( )
```

3) 사운드 채널 (Sound Channels) 만들기

채널 (Channel)은 사운드 카드에 의해 함께 혼합되는 채널 객체로 표현되는 여러 사운드 소스 중 하나이다. 사운드 객체 (sound object)의 play( ) 메서드는 사운드를 재생할 채널의 채널 객체 (Channel object)를 반환하고, 모든 채널이 재생 중일 경우 None을 반환한다.

pygame.mixer.get_num_channels( ) 함수를 호출하여 사용 가능한 채널 수를 검색 할 수 있다. 필요한 사운드를 모두 재생할 수 있는 채널이 충분하지 않은 경우 pygame.mixer.set_num_channels( ) 함수를 호출하여 더 많은 채널을 만들 수 있다.

채널 객체 (Channel object)의 메서드를 사용하면 왼쪽 및 오른쪽 스피커의 볼륨을 독립적으로 설정하여 화면의 특정 지점에서 소리가 나는 것처럼 구현할 수 있다. 이러한 효과를 스테레오 패닝 (stereo panning) 이라고 한다.

일반적으로 파이게임 (Pygame)이 자동적으로 채널을 선택하도록 하는 것이 가장 좋지만, 채널 객체의 play( ) 메서드를 호출하여 특정 채널을 통해 사운드 객체 (sound object)를 재생하도록 할 수 있다. 특정 채널을 통해 재생함으로써 우선 순위가 높은 사운드에 대해 하나 이상의 채널을 예약할 수 있다. pygame.mixer.set_reserved( ) 함수를 호출하여 하나 이상의 채널을 예약할 수 있다.

두 채널 (0과 1 채널)을 예약하려면 다음과 같이 코드를 작성한다.

```
pygame.mixer.set_reserved(2)
reservedChannel_0 = pygame.mixer.Channel(0)
reservedChannel_1 = pygame.mixer.Channel(1)
```

예약된 채널을 통해 사운드가 재생되도록 하려면 다음과 같이 작성한다.

```
reservedChannel_0.play (mySound)
```

이제 마우스를 클릭하면 사운드 (cosmic.wav)가 재생되도록 코드를 성해보도록 한다. 마우스가 화면에 보이도록 마우스 이미지(mouseCorsor.png)를 로드하고, 화면에 보이도록 다음과 같이 코드를 작성한다.

```
mouseImage = pygame.image.load("mouseCursor.png").convert_alpha( )
pygame.mouse.set_visible(True)
```

소리 파일(cosmic.wav)을 로드하기 위해 다음과 같이 추가한다.

```
click_sound = pygame.mixer.Sound("cosmic.wav")
```

마우스를 클릭하면 play( ) 메소드를 사용하여 채널 객체를 만들고, 왼쪽과 오른쪽 볼륨을 설정하도록 다음과 같이 코드를 작성한다.

```
if event.type == MOUSEBUTTONDOWN:
    clickChannel = click_sound.play( )
    if clickChannel is not None :
        left_volumn = event.pos[0] / SCREEN_SIZE[0]
        right_volumn = 1.0 - left_volumn
```

전체 코드는 다음과 같다. 코드를 실행하면 화면에 화살표 모양의 커서 이미지가 표시되고, 마우스를 클릭하면 사운드가 재생된다.

사운드 재생하기

```
import pygame
```

```
from pygame.locals import *

# 44KHz 16-bit stereo sound 초기화
pygame.mixer.pre_init(44100, -16, 2, 4096)
pygame.init( )

SCREEN_SIZE = (640, 480)

screen = pygame.display.set_mode(SCREEN_SIZE, 0)
pygame.display.set_caption("Play Sound~!!")

mouseImage = pygame.image.load("mouseCursor.png").convert_alpha( )
pygame.mouse.set_visible(True)

# 사운드 파일 로드
click_sound = pygame.mixer.Sound("cosmic.wav")

clock = pygame.time.Clock( )
done = True

while done:
    for event in pygame.event.get( ):
        if event.type == QUIT:
            done = False
        if event.type == MOUSEBUTTONDOWN:
            clickChannel = click_sound.play( )
            if clickChannel is not None :
                left_volumn = event.pos[0] / SCREEN_SIZE[0]
                right_volumn = 1.0 - left_volumn

    screen.fill((255, 255, 255))

    mouse_pos = pygame.mouse.get_pos( )
    screen.blit(mouseImage, mouse_pos)
    pygame.display.update( )

pygame.display.quit( )
```

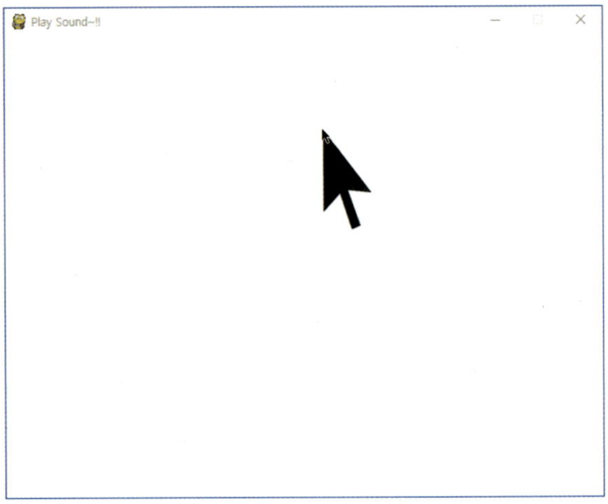

4) 음악 파일 재생하기

pygame.mixer 모듈은 모든 종류의 오디오를 재생할 수 있지만 일반적으로 음악 파일의 크기가 큰 음악 파일을 재생하기 위해 사용하지 않는다. 파이게임 (Pygame)은 pygame.mixer의 라는 하위 모듈인 pygame.mixer.music 모듈을 제공한다. pygame.mixer.music 모듈은 한 번에 하나씩 음악 파일을 읽어 오디오를 스트리밍하기 위한 기능을 제공한다.

pygame.mixer.music 모듈은 MP3 및 Ogg 음악 파일을 재생할 수 있다. MP3 지원은 플랫폼마다 다르므로 플랫폼 간에 잘 지원되는 Ogg 형식을 사용하는 것이 가장 좋다. 음악 파일을 재생하려면 먼저 재생하려는 음악 트랙의 파일 이름으로 pygame.mixer.music.load( ) 함수를 호출한 다음 pygame.mixer.music.play( ) 함수를 호출하여 재생을 시작한다. 하나의 음악 파일만 스트리밍할 수 있기 때문에 Music 객체가 없다.

음악 파일 (frozon.ogg)을 재생하도록 하기 위해서는 다음과 같이 코드를 작성한다.

```
pygame.mixer.music.load("frozon.ogg")
pygame.mixer.music.play( )
```

간단한 mp3 플레이어를 만들기 위해 pygame.mixer.music 모듈을 사용하도록 한다. 다음 예제는 mp3 파일 목록을 읽어 들여 음악을 재생, 일시 중지 또는 중지하는 간단한 코드이다.

버튼 이미지를 로드하여 화면에 표시되도록 다음과 같이 코드를 작성한다.

```
pygame.mixer.music.load("frozon.ogg")
pygame.mixer.music.play( )
```

다음 예제는 화면을 마우스로 클릭하면 음악(playMusic_1.mp3)이 재생되도록 하는 간단한 예제이다. 마우스를 클릭하지 않으면 print 문(print ("마우스로 클릭하면 노래가 재생된다네~~~~")이 계속 출력되고, 마우스를 클릭하여 일단 음악이 재생되면 끝날 때까지 멈추지 않는다.

Music Start~

```
import pygame
from pygame.locals import *

# Mixer 초기화
pygame.mixer.init(44100, 16, 4096)
pygame.init( )

SCREEN_SIZE = (800, 360)

screen = pygame.display.set_mode(SCREEN_SIZE, 0)
pygame.display.set_caption("Play Music~~")

clock = pygame.time.Clock( )

playFile = "playMusic_1.mp3"

done = True

while done :
    clock.tick(30)
```

```
    for event in pygame.event.get( ) :
        if event.type == QUIT :
            done = False
        if event.type == MOUSEBUTTONDOWN :
            playMusic = pygame.mixer.music.load(playFile)
            pygame.mixer.music.play( )
            print("Playing~!!")

    print ("마우스로 클릭하면 노래가 재생된다네~~~~")

pygame.display.quit( )
```

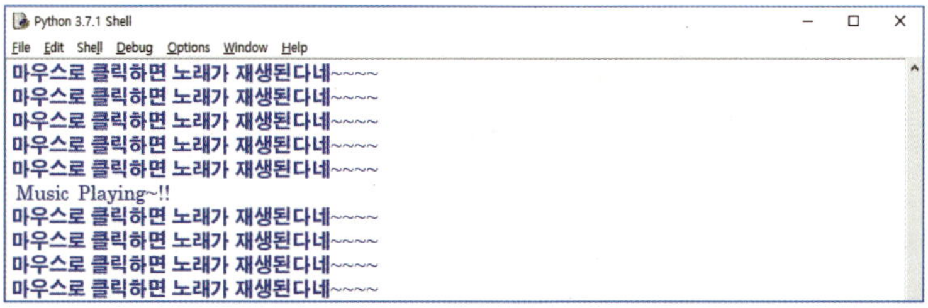

당연히 노래가 재생 중일 때 마우스로 화면을 클릭하면 새로 재생된다. 창을 닫으면 음악 재생을 중지하도록 하려면 다음과 같이 코드를 수정한다.

```
for event in pygame.event.get( ) :
    if event.type == QUIT :
        pygame.mixer.music.stop( )
        done = False
    if event.type == MOUSEBUTTONDOWN :
        playMusic = pygame.mixer.music.load(playFile)
        pygame.mixer.music.play( )
        print(" Music  Playing~!!")
```

이제 재생 버튼과 중지 버튼을 이용하여 음악을 재생하도록 코드를 변경하도록 한다. 재생 버튼과 중지 버튼을 화면에 표시하기 위해 이미지를 로드하고 표시할 위치를 설정한다.

```
# 버튼 이미지 로드
playButtonImage = pygame.image.load("play_button.png")
stopButtonImage = pygame.image.load("stop_button.png")

# 첫 번째 버튼의 표시 위치
button_pos = (100, 150)

# playButton을 Rect 개체로 변환하고, (0,0)인 위치를 button_pos로 설정
playButtonRect = playButtonImage.get_rect( )
playButtonRect.left , playButtonRect.top = button_pos

# stopButton을 Rect 개체로 변환하고, 위치 설정
stopButtonRect = playButtonImage.get_rect( )
stopButtonRect.left, stopButtonRect.top = (playButtonRect.right+50 ,
playButtonRect.top)
```

이제 마우스 버튼을 클릭했을 때 클릭한 버튼의 종류는 마우스 버튼의 위치에 따라 결정되므로 클릭한 위치가 버튼 이미지의 좌표 내에 있는 지를 확인하고, 클릭한 버튼의 이름을 변수 (pressedButton)에 저장하도록 한다.

```
musicFile = "playMusic_1.mp3"

if event.type == MOUSEBUTTONDOWN :
    click_pos_x, click_pos_y = event.pos
    playMusic = pygame.mixer.music.load(musicFile)

    if click_pos_y >= playButtonRect.top and click_pos_y <=  playButtonRect.bottom :
        if click_pos_x >= playButtonRect.left and click_pos_x <= playButtonRect.right :
            pressedButton = "play"
        elif  click_pos_x >= stopButtonRect.left and click_pos_x <=
              stopButtonRect.right:
            pressedButton = "stop"

    print(pressedButton)
```

클릭한 버튼의 종류에 따라 음악을 재생하거나 중지하도록 다음과 같이 코드를 작성한다.

```
if pressedButton is not None :
    if pressedButton == "play" :
        if not playingState :
            pygame.mixer.music.play( )
            playingState = True
    elif pressedButton == "stop" :
        pygame.mixer.music.stop( )
        playingState = False
```

전체 코드는 다음과 같다.

버튼으로 음악 재생하기

```
import pygame
from pygame.locals import *

# Mixer 초기화
pygame.mixer.pre_init(44100, 16, 4096)

pygame.init( )

SCREEN_SIZE = (600, 360)

screen = pygame.display.set_mode(SCREEN_SIZE, 0)
pygame.display.set_caption("Music Player~")

musicFile = "playMusic_1.mp3"

# 버튼 이미지 로드
playButtonImage = pygame.image.load("play_button.png")
stopButtonImage = pygame.image.load("stop_button.png")
```

```
# 첫 번째 버튼의 표시 위치
button_pos = (100, 150)

# playButton을 Rect 개체로 변환하고, (0,0)인 위치를 button_pos로 설정
playButtonRect = playButtonImage.get_rect( )
playButtonRect.left , playButtonRect.top = button_pos

# stopButton을 Rect 개체로 변환하고, 위치 설정
stopButtonRect = playButtonImage.get_rect( )
stopButtonRect.left, stopButtonRect.top = (playButtonRect.right+50 ,
playButtonRect.top)

clock = pygame.time.Clock( )
done = True

playingState = False

while done :
    pressedButton = None
    clock.tick(30)

    for event in pygame.event.get( ) :
        if event.type == QUIT:
            pygame.mixer.music.stop( )
            done = False
        if event.type == MOUSEBUTTONDOWN :
            click_pos_x, click_pos_y = event.pos
            playMusic = pygame.mixer.music.load(musicFile)
            if click_pos_y >= playButtonRect.top and click_pos_y <=  playButtonRect.bottom  :
                print(click_pos_y >= playButtonRect.top and click_pos_y <=playButtonRect.bottom)
                print(click_pos_y)
                print(playButtonRect.top, playButtonRect.bottom)
                if click_pos_x >= playButtonRect.left and click_pos_x <= playButtonRect.right :
                    pressedButton = "play"
                elif  click_pos_x >= stopButtonRect.left and click_pos_x <= stopButtonRect.right:
                    pressedButton = "stop"
```

```
            print(pressedButton)

    if pressedButton is not None :
        if pressedButton == "play" :
            if not playingState :
                pygame.mixer.music.play( )
                playingState = True
        elif pressedButton == "stop" :
            pygame.mixer.music.stop( )
            playingState = False

        print(playingState)

    screen.fill((255, 255, 255))

    screen.blit( playButtonImage, (playButtonRect.left, playButtonRect.top))
    screen.blit( stopButtonImage, (stopButtonRect.left, stopButtonRect.top))

    pygame.display.update( )

pygame.display.quit( )
```

요약

■ 사운드 (sound)

- 게임에 필요한 음악 및 효과음을 재생할 수 있도록 pygame.mixer 모듈과 pygame.mixer.music 모듈 사용

■ pygame.mixer 모듈

- Sound 객체를 로드하고 재생을 제어하기 위한 클래스 포함
- pygame.mixerpygame 모듈을 사용하기 전에 사용 가능한 상태인 지, 초기화되었는 지 확인 필요
- 사운드를 재생할 수 있는 채널 수 8개로 제한

함수	
pygame.mixer.init	pygame.mixer.set_num_channels
pygame.mixer.pre_init	pygame.mixer.get_num_channels
pygame.mixer.quit	pygame.mixer.set_reserved
pygame.mixer.get_init	pygame.mixer.find_channel
pygame.mixer.stop	pygame.mixer.get_busy
pygame.mixer.pause	pygame.mixer.Sound
pygame.mixer.unpause	pygame.mixer.Channel
pygame.mixer.fadeout	

■ pygame.mixer.music 모듈

- 사운드 로드 및 재생을 위한 pygame.mixer 모듈과 밀접하게 연결
- 사운드 믹서 (mixer)에서 음악 재생을 제어하기 위해 사용
- music 모듈의 재생 (playback)은 Sound 모듈에서의 재생 (playback)과 다르게 실제로 음악이 한 번에 로드되지 않고 스트리밍됨

함수	
pygame.mixer.music.load	pygame.mixer.music.set_volume
pygame.mixer.music.unload	pygame.mixer.music.get_volume
pygame.mixer.music.play	pygame.mixer.music.get_busy
pygame.mixer.music.rewind	pygame.mixer.music.set_pos
pygame.mixer.music.stop	pygame.mixer.music.get_pos
pygame.mixer.music.pause	pygame.mixer.music.queue
pygame.mixer.music.unpause	pygame.mixer.music.set_endevent
pygame.mixer.music.fadeout	pygame.mixer.music.get_endevent

연습문제

1. 파이게임(pygame)에서 지원하는 소리 파일의 형식은 무엇인가?

2. mixer 모듈과 music 모듈의 기능을 설명하라.

3. music 모듈의 재생 (playback)이 Sound 모듈에서의 재생 (playback)과 다른 점은 무엇인가?

4. 파이게임(pygame)에서 소리를 재생하기 위한 프로그래밍 과정을 설명하라.

Chapter 13

충돌 감지 (Collision Detection)

게임에서 개체가 이동하는 경우 대부분 게임화면의 가장자리에 닿거나 서로 다른 개체들 사이에 닿게 되는 경우와 같이 충돌이 발생하게 된다. 이러한 충돌이 일어났을 때를 충돌 감지 (Collision detection)이라 하며, 게임에서 충돌 감지는 두 개의 사각형이 서로 중첩되어 있는지 여부로 판단한다.

앞 부분에서 사각형이 게임 화면의 모서리에 닿았을 때 방향을 바꾸도록 하는 예제를 통해 이미 학습하였으나 이장에서 좀 더 구체적으로 알아보도록 한다.

게임에서 충돌 감지는 충돌 감지를 위해 두 개의 사각형이 서로 중첩되어 있는지 여부로 판단하기 때문에, 두 직사각형이 서로 중첩하는지 여부를 결정할 수 있는 함수가 필요하다.

한 사각형의 각 4개의 모서리 중 하나 이상이 다른 사각형의 내부에 있는 지를 확인하여, 내부에 있으면 충돌 즉, 중첩되었다고 판단한다.

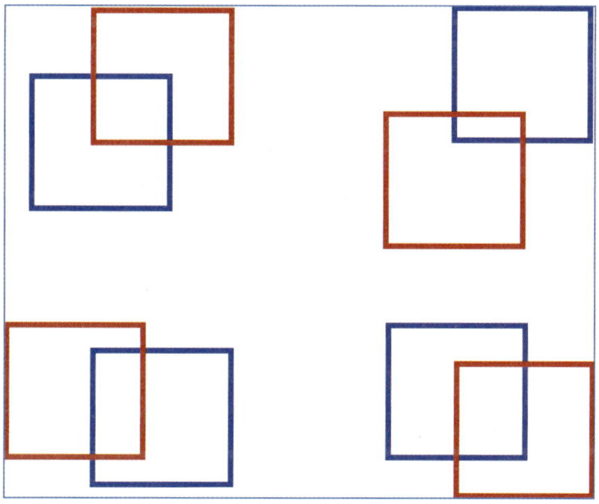

[충돌 감지]

다음과 같이 두 개의 사각형 개체 (pygame.Rect)를 사용하여 중첩하면 True를, 중첩하지 않으면 False를 반환하는 함수 (is_overlap( ))를 작성하도록 한다. is_overlap( ) 함수는 두 개의 사각형 개체를 인수로 받아야 한다.

```
def is_overlap (rect1, rect2) :
```

두 개의 사각형 개체 rect1의 모서리가 rect2 안에 있는지 확인한 다음, 다시 rect2의 모서리가 rect1에 있는지 확인하도록 한다. 실제로 모서리가 있지는 않으므로 다음과 같이 사각형의 좌표를 비교하는 식이 필요하다.

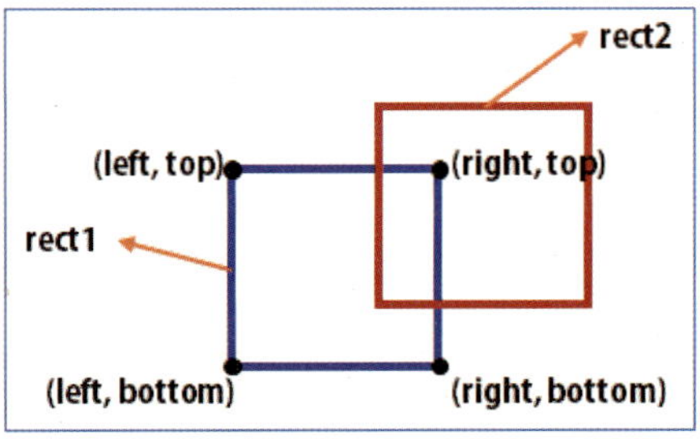

[사각형의 좌표]

즉, rect1의 left가 rect2의 left와 right 사이에 있고 rect1의 top이 rect2의 top과 bottom 사이에 있는 지, rect1의 right가 rect2의 left와 right 사이에 있고 rect1의 top이 rect2의 top과 bottom 사이에 있는 지, rect1의 top이 rect2의 left와 right 사이에 있고 rect2의 top과 bottom 사이에 있는 지, rect1의 bottom이 rect2의 left와 right 사이에 있고 rect2의 top과 bottom 사이에 있는 지를 검사하도록 코드를 작성해야 한다.

반대로, rect2의 left가 rect1의 left와 right 사이에 있고 rect2의 top이 rect1의 top과 bottom 사이에 있는 지, rect2의 right가 rect1의 left와 right 사이에 있고 rect2의 top이 rect1의 top과 bottom 사이에 있는 지, rect2의 top이 rect1의 left와 right 사이에 있고 rect1의 top과 bottom 사이에 있는 지, rect2의 bottom이 rect1의 left와 right 사이에 있고 rect1의 top과 bottom 사이에 있는 지를 검사하도록 코드를 작성해야 한다.

아래 코드와 같이 rect1이 rect2와 중첩되는 지, rect2가 rect1에 중첩되는 지 8개의 모서리를 모두 검사해야 한다.

```
# 첫 번째 사각형 : R1, 두 번째 사각형 : R2
    R1 = rect1
    R2 = rect2

    # R1이 R2에 중첩되는 지 검사
    check11 = ( (R1.left > R2.left) and (R1.left < R2.right) and (R1.top > R2.top)  and
                    (R1.top < R2.bottom) )
    check12 = ( (R1.right > R2.left) and (R1.right < R2.right) and (R1.top > R2.top) and
                    (R1.top < R2.bottom) )
    check13 =  ( (R1.left > R2.left) and (R1.left < R2.right) and (R1.bottom > R2.top)
                    and (R1.bottom < R2.bottom) )
    check14 = ( (R1.right > R2.left) and (R1.right < R2.right) and (R1.bottom > R2.top)
                    and (R1.bottom < R2.bottom)   )

    CHECK1 = check11 or check12 or check13 or  check14

    # R2가 R1에 중첩되는 지 검사
    check21 = ( (R2.left > R1.left) and (R2.left < R1.right) and (R2.top > R1.top)  and
                    (R2.top < R1.bottom) )
    check22 = ( (R2.right > R1.left) and (R2.right < R1.right) and (R2.top > R1.top) and
                    (R2.top < R1.bottom) )
    check23 =  ( (R2.left > R1.left) and (R2.left < R1.right) and (R2.bottom > R1.top)
                    and (R2.bottom < R1.bottom) )
    check24 = ( (R2.right > R1.left) and (R2.right < R1.right) and (R2.bottom > R1.top)
                    and (R2.bottom < R1.bottom)   )

    CHECK2 = check21 or check22 or check23 or  check24

    if CHECK1 or CHECK2 :
        return True
```

위 코드를 모서리를 검사하는 함수 isInside( )를 사용하여 다음과 같이 간단하도록 한다.

```
def is_overlap(rect1, rect2):
    for R1, R2 in [(rect1, rect2), (rect2, rect1)]:
        if ((isInside(R1.left, R1.top, R2)) or (isInside(R1.left, R1.bottom, R2)) or
(isInside(R1.right, R1.top, R2)) or (isInside(R1.right, R1.bottom, R2))):
                return True

    return False

def isInside(x, y, rect):
    if (x > rect.left) and (x < rect.right) and (y >rect.top) and (y < rect.bottom):
        return True
    else:
        return False
```

충돌하는 두 사각형 개체는 다음과 같이 생성하도록 한다.

```
whiteRect = {'rect':pygame.Rect(randint(0, screen_width), randint(0, screen_height),
                    (100, 100), 'dir':LEFTUP}
redRect = {'rect':pygame.Rect(randint(0, screen_width), randint(0, screen_height),
                (100, 100), 'dir':RIGHTUP}
```

두 사각형 개체가 4개의 방향(LEFTUP, LEFTDOWN, RIGHTUP, RIGHTDOWN)으로 이동하도록 함수(moveRect)를 다음과 같이 만들어 주도록 한다.

```
def moveRect(dic_rect1) :
    if dic_rect1['dir'] == LEFTDOWN:
        dic_rect1['rect'].left -= MOVESPEED
        dic_rect1['rect'].top += MOVESPEED
    if dic_rect1['dir'] == RIGHTDOWN:
        dic_rect1['rect'].left += MOVESPEED
        dic_rect1['rect'].top += MOVESPEED
    if dic_rect1['dir'] == LEFTUP:
        dic_rect1['rect'].left -= MOVESPEED
        dic_rect1['rect'].top -= MOVESPEED
```

```
    if dic_rect1['dir'] == RIGHTUP:
        dic_rect1['rect'].left += MOVESPEED
        dic_rect1['rect'].top -= MOVESPEED
```

이동하는 두 개의 사각형이 충돌하는 지를 검사하기 위한 함수(is_overlap)과 함수(isInside)는 다음과 같이 작성한다.

```
def is_overlap(rect1, rect2):
    rect1_rect = rect1.get('rect')
    rect2_rect = rect2.get('rect')
    print(rect1_rect.width)
    for R1, R2 in [(rect1_rect, rect2_rect), (rect2_rect, rect1_rect)]:
        if ((isInside(R1.left, R1.top, R2)) or (isInside(R1.left, R1.bottom, R2)) or
            (isInside(R1.right, R1.top, R2)) or (isInside(R1.right, R1.bottom, R2))):
            return True

    return False

def isInside(x, y, rect):
    if (x > rect.left) and (x < rect.right) and (y >rect.top) and (y < rect.bottom):
        return True
    else:
        return False
```

충돌한 경우 이동 방향을 대각선 방향으로 변경하도록 하기 위해 함수(afterCollision)를 다음과 같이 작성한다.

```
def afterCollision (dic_rect1) :
    print(dic_rect1)
    if dic_rect1['dir'] == LEFTDOWN :
        dic_rect1['dir'] = RIGHTUP

    if dic_rect1['dir'] == RIGHTDOWN :
        dic_rect1['dir'] = LEFTUP
```

```
    if dic_rect1['dir'] == LEFTUP :
        dic_rect1['dir'] = RIGHTDOWN

    if dic_rect1['dir'] == RIGHTUP :
        dic_rect1['dir'] = LEFTDOWN
```

이제 전체 코드를 작성한 후 결과를 확인해보도록 한다.

충돌 감지

```
import pygame, sys, random
from pygame.locals import *
from random import *

def is_overlap(rect1, rect2):
    rect1_rect = rect1.get('rect')
    rect2_rect = rect2.get('rect')
    print(rect1_rect.width)
    for R1, R2 in [(rect1_rect, rect2_rect), (rect2_rect, rect1_rect)]:
        # R1이 R2 내부에 있는 지 확인
        if ((isInside(R1.left, R1.top, R2)) or (isInside(R1.left, R1.bottom, R2)) or
            (isInside(R1.right, R1.top, R2)) or (isInside(R1.right, R1.bottom, R2))):
            return True

    return False

def isInside(x, y, rect):
    if (x > rect.left) and (x < rect.right) and (y > rect.top) and (y < rect.bottom):
        return True
    else:
        return False

def moveRect(dic_rect1) :
    if dic_rect1['dir'] == LEFTDOWN:
```

```
        dic_rect1['rect'].left -= MOVESPEED
        dic_rect1['rect'].top += MOVESPEED
    if dic_rect1['dir'] == RIGHTDOWN:
        dic_rect1['rect'].left += MOVESPEED
        dic_rect1['rect'].top += MOVESPEED
    if dic_rect1['dir'] == LEFTUP:
        dic_rect1['rect'].left -= MOVESPEED
        dic_rect1['rect'].top -= MOVESPEED
    if dic_rect1['dir'] == RIGHTUP:
        dic_rect1['rect'].left += MOVESPEED
        dic_rect1['rect'].top -= MOVESPEED


def afterCollision (dic_rect1) :
    print(dic_rect1)
    if dic_rect1['dir'] == LEFTDOWN :
        dic_rect1['dir'] = RIGHTUP

    if dic_rect1['dir'] == RIGHTDOWN :
        dic_rect1['dir'] = LEFTUP

    if dic_rect1['dir'] == LEFTUP :
        dic_rect1['dir'] = RIGHTDOWN

    if dic_rect1['dir'] == RIGHTUP :
        dic_rect1['dir'] = LEFTDOWN


def screenInsideCheck(dic_rect1) :
    if dic_rect1['rect'].top < 0:
        if dic_rect1['dir'] == LEFTUP:
            dic_rect1['dir'] = LEFTDOWN
        if dic_rect1['dir'] == RIGHTUP:
            dic_rect1['dir'] = RIGHTDOWN
    if dic_rect1['rect'].bottom > screen_height:
        if dic_rect1['dir'] == LEFTDOWN:
            dic_rect1['dir'] = LEFTUP
```

```
        if dic_rect1['dir'] == RIGHTDOWN:
            dic_rect1['dir'] = RIGHTUP
    if dic_rect1['rect'].left < 0:
        if dic_rect1['dir'] == LEFTDOWN:
            dic_rect1['dir'] = RIGHTDOWN
        if dic_rect1['dir'] == LEFTUP:
            dic_rect1['dir'] = RIGHTUP
    if dic_rect1['rect'].right > screen_width:
        if dic_rect1['dir'] == RIGHTDOWN:
            dic_rect1['dir'] = LEFTDOWN
        if dic_rect1['dir'] == RIGHTUP:
            dic_rect1['dir'] = LEFTUP


# 파이게임 (Pygame) 초기화
pygame.init( )
mainClock = pygame.time.Clock( )

# 화면 설정
screen_width = 640
screen_height = 480
screen = pygame.display.set_mode((screen_width, screen_height), 0, 32)
pygame.display.set_caption('Collision Detection')

# 방향 변수 설정
LEFTDOWN = 1
RIGHTDOWN = 3
LEFTUP = 7
RIGHTUP = 9

MOVESPEED = 10

BLACK = (0, 0, 0)
WHITE = (255, 255, 255)
RED = (255, 0, 0)

whiteRect = {'rect':pygame.Rect(randint(0, screen_width), randint(0, screen_height),
```

```
                100, 100), 'dir':LEFTUP}
redRect = {'rect':pygame.Rect(randint(0, screen_width), randint(0, screen_height),
            100, 100), 'dir':RIGHTUP}

# 게임 루프
while True:
    # QUIT 이벤트 확인
    for event in pygame.event.get( ):
        if event.type == QUIT:
            pygame.quit( )
            sys.exit( )

    screen.fill(BLACK)

    moveRect(whiteRect)
    moveRect(redRect)

    screenInsideCheck(whiteRect)
    screenInsideCheck(redRect)

    if is_overlap(whiteRect, redRect) :
        afterCollision(whiteRect)
        afterCollision(redRect)
        print("overlap")

    pygame.draw.rect(screen, WHITE, whiteRect['rect'])
    pygame.draw.rect(screen, RED, redRect['rect'])

    pygame.display.update( )
    mainClock.tick(10)
```

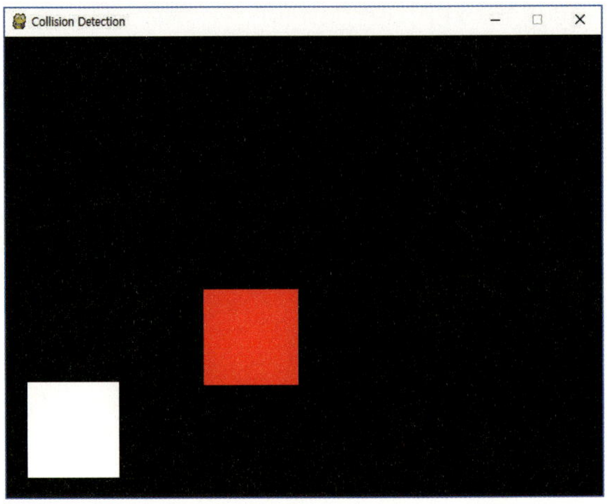
Collision Detection

요약

- **충돌 감지 (Collision detection)**
  - 두 개의 사각형이 서로 중첩되어 있는지 여부로 판단
  - 한 사각형의 각 4개의 모서리 중 하나 이상이 다른 사각형의 내부에 있는 지를 확인하여, 내부에 있으면 충돌 즉, 중첩되었다고 판단

연습문제

1. 640x480 크기의 창을 만들어 표시하라.

2. 화면에 10x10 크기의 사각형을 무작위로 표시하라.

3. 표시된 사각형이 위에서 아래도 이동하도록 설정하라.

4. 사용자의 마우스 포인트 위치에 빨간색 사각형이 표시되도록 하라(사각형의 크기는 10x10).

5. 마우스로 사각형을 클릭하면 화면에서 사라지도록 설정하라(빨간색 사각형과 사각형이 충돌하는 것을 감지하여 충돌하는 경우 화면에서 사라지도록 함.

Chapter 14

간단한 슈팅 게임 만들기

앞에서 배운 파이게임의 기능들을 이용하여 간단한 슈팅 게임을 만들어 보도록 한다. 키보드의 화살표 키를 사용하여 비행기를 좌우로 이동하고, 스페이스 키를 사용하여 총알이 나가도록 설정한다.

❶ 게임 스크린 초기화

화면 크기가 (500, 800)인 게임 화면이 생성된다.

```
import pygame

# 게임 화면 크기 설정
screenWidth = 500
screenHeight = 800

WHITE = ( 255, 255, 255)

pygame.init( )

# 게임 화면 설정
gameScreen = pygame.display.set_mode((screenWidth, screenHeight))
pygame.display.set_caption("Try!! Making game~")
gameScreen.fill(WHITE)
```

❷ 텍스트 표시하기

게임을 시작하면 다음과 같이 텍스트가 출력되도록 코드를 작성한다. 필요할 때마다 텍스트를 출력할 수 있도록 함수(displayMessage)를 만들어 사용한다. 텍스트를 게임 화면(gameScreen)에 출력하도록 할 예정이므로 함수에서 gameScreen을 사용할 수 있도록 전역 변수로 선언하도록 한다.

```
global gameScreen

def displayMessage(message) :

    # 게임 화면의 정중앙에 텍스트 (message) 출력
    dispFont = pygame.font.SysFont("AdobeGothicStd-Bold", 35)
    dispMessage = dispFont.render(message, True, RED)
    dispMessage_pos = dispMessage.get_rect( )
    dispMessage_pos.center = (screenWidth/2, screenHeight/2)

    gameScreen.blit(dispMessage, dispMessage_pos)

    pygame.display.update( )

    sleep(2)
```

초기 화면에 메시지가 출력되도록 하기 위해 다음과 같이 코드를 작성한 다음 실행하면 다음과 같이 텍스트가 표시되고 2초 후에 텍스트가 사라진다. sleep 함수는 프로그램에서 일정 시간 동안 작업을 대기(wait) 하고 싶을 때 사용한다.

```
import pygame

# 게임 화면 크기 설정
screenWidth = 500
screenHeight = 800

WHITE = ( 255, 255, 255)

pygame.init( )

# 게임 화면 설정
gameScreen = pygame.display.set_mode((screenWidth, screenHeight))
pygame.display.set_caption("Try!! Making game~")
gameScreen.fill(WHITE)

displayMessage("Ready~~~! Enjoy Game")
```

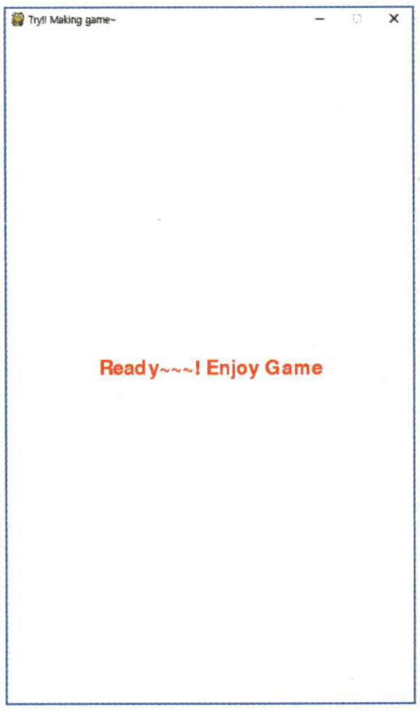

❸ 움직이는 배경 만들기

게임 화면의 배경 이미지를 아래로 움직이면 앞으로 나아가는 것 같이 보여질 수 있다. 그러나 다음 그림과 같이 배경 이미지를 아래로 움직이면 위쪽에서부터 이미지가 사라지게 된다.

먼저 배경 이미지를 로드하고 화면에 표시되도록 다음과 같이 코드를 작성하도록 한다.
배경 이미지를 정해진 위치에 표시하도록 하는 함수 (displayBG) 함수를 다음과 같이 작성한다.

```
# img_obj를 ( x, y ) 위치에 표시
def displayBG( img_obj, x, y ) :
   gameScreen.blit(bgImage, (0, 0) )
```

```
bgImage = pygame.image.load('bg.png')

displayBG (bgImage, 0, 0)
```

다음과 같이 텍스트가 표시된 후 배경이 보여진다.

이제 배경 움직이도록 해야 한다. 배경 이미지가 아래쪽으로 조금씩 이동하도록 코드를 작성한다. 배경 이미지의 초기 y 좌표값은 0이고, 아래쪽으로 2씩 증가하도록 작성하였다.

```
bgImage = pygame.image.load('bg.png')

bgImage_y = 0

bgImage_y += 2

displayBG (bgImage, 0, bgImage_y)
```

실행하면 배경 이미지가 아래쪽으로 이동하면 화면에 빈 공간이 아닌 이미지가 끌리는 것처럼 자국이 남게 된다.

이러한 현상을 해결하기 위해 동일한 배경 이미지를 사용하여 첫 번째 배경 이미지가 아래로 이동하면 바로 이어서 두 번째 배경 이미지가 표시되도록 해야 한다.

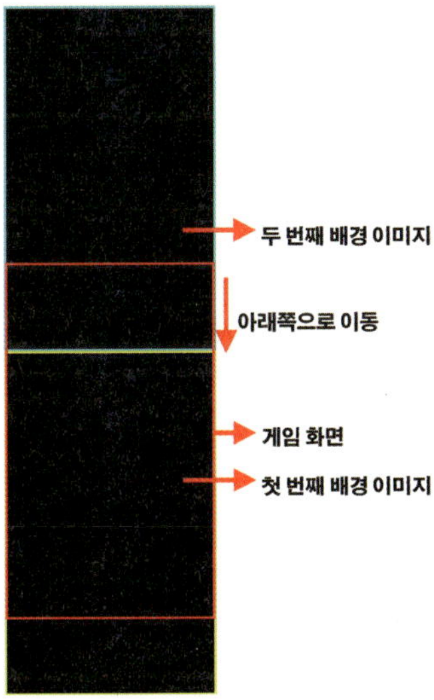

첫 번째 배경 이미지를 bgImage1, 두 번째 배경 이미지를 bgImage2라고 하고, 두 번째 배경 이미지는 bgImage1을 복사(copy)해서 사용하도록 위 코드를 다음과 같이 수정한다.

```
bgImage1 = pygame.image.load('bg.png')
bgImage2 = bgImage1.copy( )
```

bgImage2의 bottom의 좌표가 bgImage1의 top의 좌표와 같아야 두 개의 이미지가 연속적으로 이동할 수 있으므로 bgImage1과 bgImage2의 시작 값을 다음과 같이 설정한다.

```
backgroundImage_Height = 800

bgImage1_y = 0
bgImage2_y = bgImage1_y - backgroundImage_Height
```

이제 bgImage1과 bgImage2가 아래쪽으로 조금씩 이동하도록 다음 코드를 추가한다.

```
bgImage1_y += 2
bgImage2_y += 2
```

bgImage2의 top이 게임 화면(gameScreen)의 (0,0) 위치로 이동하면 bgImage1이 이어서 내려오도록 함으로써 두 개의 배경 이미지가 반복되도록 다음 코드를 추가하도록 한다.

```
if bgImage1_y == backgroundImage_Height :
   bgImage1_y = -backgroundImage_Height
if bgImage2_y == backgroundImage_Height :
   bgImage2_y = -backgroundImage_Height
```

이제 두 개의 배경 이미지를 하면에 표시하도록 다음 코드를 추가한다.

```
displayBG (bgImage1, 0, bgImage1_y)
displayBG (bgImage2, 0, bgImage2_y)
```

❹ 배경 이미지를 표시하는 ❸번의 코드를 함수 (runGame)으로 작성

게임 화면의 〈닫기〉 버튼을 클릭하면 게임을 종료하도록 코드를 추가한다.

```
def runGame( ) :
    bgImage1_y = 0
    bgImage2_y = bgImage1_y - backgroundImage_Height

    gameScreen.fill(WHITE)

    while not crashed  :
        for event in pygame.event.get( ) :
            if event.type == QUIT :
                crashed = True

        displayBG(bgImage1, 0, bgImage1_y )
        displayBG(bgImage2, 0, bgImage2_y)

        bgImage1_y += 2
        bgImage2_y += 2

        if bgImage1_y == backgroundImage_Height :
            bgImage1_y = -backgroundImage_Height
        if bgImage2_y == backgroundImage_Height :
            bgImage2_y = -backgroundImage_Height

        print(bgImage1_y, bgImage2_y)

        pygame.display.update( )

        clock.tick(10)

    pygame.quit( )
```

메인 게임 루프는 다음과 같이 수정하고 실행하여 두 개의 배경 이미지가 표시되는지 확인한다.

```
# 게임 메인 루프
pygame.init( )

gameScreen = pygame.display.set_mode((screenWidth, screenHeight))
pygame.display.set_caption("Try!! Making game~")

gameScreen.fill(WHITE)
clock = pygame.time.Clock( )

bgImage1 = pygame.image.load('bg.png')
bgImage2 = bgImage1.copy( )

displayMessage("Ready~~~! Enjoy Game")

runGame( )
```

❺ 비행기 배치하기

비행기를 배치하고 사용자가 위쪽과 아래쪽 화살표 키를 사용하여 위아래로 움직이도록 코드를 작성한다.
먼저 비행기로 사용할 이미지를 로드하고, 전역변수로 선언한다.

```
global gameScreen, plane

plane = pygame.image.load('plane.png')
```

비행기는 배경 이미지가 블리팅(Bliting)된 다음에 화면에 표시되도록 해야 한다. 먼저 비행기를 표시하는 함수 (displayPalne)를 다음과 같이 작성한다.

```
def displayPlane (obj, x, y) :
    gameScreen.blit(obj, (x, y))
```

비행기가 표시되도록 displayPlane 함수를 runGame 함수에서 호출한다. 아래 코드와 같이 작성하면 게임 화면의 왼쪽 상단에 표시된다.

```
def runGame( ) :
    bgImage1_y = 0
    bgImage2_y = bgImage1_y - backgroundImage_Height

    gameScreen.fill(WHITE)

    while not crashed  :
        for event in pygame.event.get( ) :
            if event.type == QUIT :
                crashed = True

        displayBG(bgImage1, 0, bgImage1_y )
        displayBG(bgImage2, 0, bgImage2_y)

        displayPlane(plane, 0,0)

        bgImage1_y += 2
        bgImage2_y += 2

        if bgImage1_y == backgroundImage_Height :
            bgImage1_y = -backgroundImage_Height
        if bgImage2_y == backgroundImage_Height :
            bgImage2_y = -backgroundImage_Height

        print(bgImage1_y, bgImage2_y)

        pygame.display.update( )

        clock.tick(10)

    pygame.quit( )
```

비행기 (plane)가 표시되는 위치를 게임화면의 아래쪽에 표시되도록 한다. x축 위치는 랜덤하게 설정되도록 한다.

```
import random

# plane의 크기
plane_rect = plane.get_rect( )
plane_width = plane_rect.width
plane_height = plane_rect.height

# 비행기 위치 설정
plane_x = random.randint(int(plane_width/2), int(screenWidth-plane_width/2))
plane_y = screenHeight - plane_height
```

runGame 함수에서 비행기를 표시하기 위한 displayBG 함수를 호출하는 구문을 다음과 같이 변경한다.

```
        displayPlane(plane, plane_x, plane_y)
```

수정된 코드를 실행하면 다음과 같이 비행기가 게임 화면의 하단에 표시된다.

❻ 비행기를 좌우로 움직이기

게임 화면에 표시된 비행기를 좌우로 움직이기 위해서 runGame 함수를 다음과 같이 수정한다.

```
def runGame( ) :
    bgImage1_y = 0
    bgImage2_y = bgImage1_y - backgroundImage_Height

    gameScreen.fill(WHITE)

    while not crashed  :
        for event in pygame.event.get( ) :
            if event.type == QUIT :
                crashed = True
            if event.type == KEYDOWN :
                if event.key == K_LEFT :
                    plane_x += -10
                if event.key == K_RIGHT :
                    plane_x += 10
            if event.type == KEYUP :
```

```
        if event.key == K_UP or event.key == K_RIGHT :
            plane_x += 0

    displayBG(bgImage1, 0, bgImage1_y )
    displayBG(bgImage2, 0, bgImage2_y)
        •
        •
        •
```

코드를 실행하면 왼쪽 화살표 버튼과 오른쪽 화살표 버튼을 클릭할 때마다 조금씩 좌우로 이동한다. 키를 누르고 있는 동안 연속적으로 부드럽게 이동하도록 하기 위해서는 키보드 누름을 반복 설정해야 한다.

키보드 누름을 반복 설정은 key 모듈의 set_repeat 함수를 사용하여 설정한다.

키보드 누름 반복 설정

형식 : pygame.key.set_repeat( )
pygame.key.set_repeat(delay, interval)

반환 값 : None
인수가 없으면 키 반복이 활성화 되지 않음

인수 : delay - 처음 키를 눌렀을 때 pygame.KEYDOWN 이벤트 발생을 지연 시키는 시간(밀리세컨드)
interval - pygame.KEYDOWN 이벤트가 전송되는 간격 (밀리세컨드)

다음과 같이 게임 메인 루프를 수정한 다음 실행하면 키는 누르고 있는 동안 비행기가 부드럽게 이동하게 된다.

```
# 게임 메인 루프
pygame.init( )

gameScreen = pygame.display.set_mode((screenWidth, screenHeight))
pygame.display.set_caption("Try!! Making game~")
```

```
gameScreen.fill(WHITE)
clock = pygame.time.Clock( )

pygame.key.set_repeat(1,1)

plane = pygame.image.load('plane.png')

bgImage1 = pygame.image.load('bg.png')
bgImage2 = bgImage1.copy( )

displayMessage("Ready~~~! Enjoy Game")

runGame( )
```

❼ 적군 비행기 배치하기

적군 비행기로 사용할 이미지를 로드하고, 게임 화면의 위쪽에 표시되도록 코드를 설정한다.

```
# 게임 메인 루프
pygame.init( )

gameScreen = pygame.display.set_mode((screenWidth, screenHeight))
pygame.display.set_caption("Try!! Making game~")

gameScreen.fill(WHITE)
clock = pygame.time.Clock( )

pygame.key.set_repeat(1,1)

plane = pygame.image.load('plane.png')
enemy = pygame.image.load('enemy.png')

bgImage1 = pygame.image.load('bg.png')
bgImage2 = bgImage1.copy( )
```

```
displayMessage("Ready~~~! Enjoy Game")

runGame()
```

적기의 위치를 표시하도록 runGame 함수를 다음과 같이 수정한다.

```
def runGame():
    bgImage1_y = 0
    bgImage2_y = bgImage1_y - backgroundImage_Height

    plane_rect = plane.get_rect()
    plane_width = plane_rect.width
    plane_height = plane_rect.height

    enemy_rect = enemy.get_rect()
    enemy_width = enemy_rect.width
    enemy_height = enemy_rect.height

    # 비행기와 적기 위치 설정
    plane_x = random.randint(int(plane_width/2), int(screenWidth-plane_width/2))
    plane_y = screenHeight - plane_height

    enemy_x = random.randrange(int(enemy_width/2), int(screenWidth -
                enemy_width/2))
    enemy_y = 0

    gameScreen.fill(WHITE)

    crashed = False

    while not crashed :
        for event in pygame.event.get():
            if event.type == QUIT :
                crashed = True
            if event.type == KEYDOWN :
```

```
        if event.key == K_LEFT :
            plane_x += -10
        if event.key == K_RIGHT :
            plane_x += 10
    if event.type == KEYUP :
        if event.key == K_UP or event.key == K_RIGHT :
            plane_x += 0

displayBG(bgImage1, 0, bgImage1_y )
displayBG(bgImage2, 0, bgImage2_y)

displayPlane(plane, plane_x, plane_y)
displayEnemy(enemy, enemy_x, enemy_y)

bgImage1_y += 2
bgImage2_y += 2
        •
        •
        •
```

이제 적기 (enemy)를 화면에 표시하기 위해 함수 (displayEnemy)를 다음과 같이 선언한다.

```
def displayEnemy (obj, x, y) :
    gameScreen.blit(obj, (x, y))
```

이제 수정된 코드를 실행하면 다음 화면과 같이 비행기가 표시된다.

❽ 적기 이동시키기

비행기 (plane)와 달리 적기 (Enemy)는 화면 아래쪽으로 이동하도록 runGame 함수를 다음과 같이 수정한다.

```
def runGame( ) :
    bgImage1_y = 0
    bgImage2_y = bgImage1_y - backgroundImage_Height

    plane_rect = plane.get_rect( )
    plane_width = plane_rect.width
    plane_height = plane_rect.height

    enemy_rect = enemy.get_rect( )
    enemy_width = enemy_rect.width
    enemy_height = enemy_rect.height

    enemySpeed = 10

    # 비행기와 적기 위치 설정
    plane_x = random.randint(int(plane_width/2), int(screenWidth-plane_width/2))
```

```
plane_y = screenHeight - plane_height

enemy_x = random.randrange(int(enemy_width/2), int(screenWidth -
          enemy_width/2))
enemy_y = 0
      ·
      ·
      ·

  if bgImage1_y == backgroundImage_Height :
    bgImage1_y = -backgroundImage_Height
  if bgImage2_y == backgroundImage_Height :
    bgImage2_y = -backgroundImage_Height

  if enemy_y < screenHeight :
    enemy_y += enemySpeed
  else :
    enemy_y = 0
    enemy_x = random.randrange(int(enemy_width/2), int(screenWidth -
              enemy_width/2))

  pygame.display.update()

  clock.tick(10)

pygame.quit()
```

수정된 코드를 실행하면 적기 (enemy)가 게임 화면의 아래쪽으로 사라지면 다시 화면의 위쪽에서 나타나게 된다.

[첫 번째 적기(enemy) 위치]

[두 번째 적기(enemy) 위치]

❾ 비행기와 적기의 충돌 구현하기

비행기와 적기가 충돌한 경우 적기와 비행기가 모두 화면에서 사라지도록 코드를 작성한다. 먼저 적기가 비행기가 충돌하는 지를 검사하는 함수 (Collision)을 다음과 같이 작성한다.

```
# 적이 비행기와 충돌하는 경우
def Collision(p_x, p_y, e_x, e_y) :
    if (e_x > p_x - 20) and (e_x < p_x + 20) and (e_y > p_y - 20) and (e_y < p_y + 20) :
        return True
    else :
        return False
```

적기와 비행기가 충돌하는 경우 적기의 y 좌표 값을 게임화면 밖으로 이동하고 다시 적기를 화면에 표시하도록 displayEnemy 함수를 실행하는 코드를 runGame 함수에 추가한다. 추돌하면 화면에 boom 이미지가 표시되도록 메인 게임 루프에 추가한다.

```
# 게임 메인 루프
pygame.init( )
```

```
gameScreen = pygame.display.set_mode((screenWidth, screenHeight))
pygame.display.set_caption("Try!! Making game~")

gameScreen.fill(WHITE)
clock = pygame.time.Clock( )

pygame.key.set_repeat(1,1)

plane = pygame.image.load('plane.png')
enemy = pygame.image.load('enemy.png')
boom = pygame.image.load('boom.png')
          •
          •
          •
```

runGame 함수는 다음과 같이 코드를 추가한다.

```
def runGame( ) :
          •
          •
          •
    if enemy_y < screenHeight :
        enemy_y += enemySpeed
    else :
        enemy_y = 0
        enemy_x = random.randrange(int(enemy_width/2), int(screenWidth -
enemy_width/2))

    # 적기와 비행기가 충돌하는 지 체크
    if Collision(plane_x, plane_y, enemy_x, enemy_y) :
        gameScreen.blit(boom, (enemy_x, enemy_y))
        enemy_x = random.randrange(int(enemy_width/2), int(screenWidth - e
nemy_width/2))
        enemy_y = -enemy_height
        displayEnemy(enemy, enemy_x, enemy_y)
```

```
    pygame.display.update( )

    clock.tick(10)

pygame.quit( )
```

수정된 코드를 실행하면 적기와 비행기가 충돌했을 때 다음과 같이 boom 이미지가 표시되고 적기가 게임화면 위로 이동하게 된다.

⑩ 총알 구현하기

스페이스바를 누르면 비행기에서 총알이 발사하도록 하기 위해서 총알 이미지를 로드하고, 총알이 적기에 충돌하는 지를 검사하도록 한다.
먼저 메인 게임 루프에 총알 이미지를 추가하도록 코드를 수정한다.

```
# 게임 메인 루프
pygame.init( )

gameScreen = pygame.display.set_mode((screenWidth, screenHeight))
pygame.display.set_caption("Try!! Making game~")
```

```
gameScreen.fill(WHITE)
clock = pygame.time.Clock( )

pygame.key.set_repeat(1,1)

plane = pygame.image.load('plane.png')
enemy = pygame.image.load('enemy.png')
boom = pygame.image.load('boom.png')
yellowBullet = pygame.image.load('bullet.png')
        •
        •
        •
```

스페이스바를 누르면 비행기에서 총알이 날아가도록 코드를 작성한다. 총알의 위치는 비행기의 수평 가운데로 설정하도록 runGame 함수에 코드를 추가한다.

```
def runGame( ) :
        •
        •
        •

  bullet_rect = yellowBullet.get_rect( )
  bullet_width = bullet_rect.width
  bullet_height = bullet_rect.height

  bullet_x = 0
  bullet_y = 0

  gameScreen.fill(WHITE)

  crashed = False

  while not crashed  :
    for event in pygame.event.get( ) :
```

```
        if event.type == QUIT :
            crashed = True
        if event.type == KEYDOWN :
            if event.key == K_LEFT :
                plane_x += -10
            if event.key == K_RIGHT :
                plane_x += 10
            if event.key == K_SPACE : # 스페이스바를 누르면 총알 위치 설정
                bullet_x = plane_x + int((plane_width / 2 ) - (bullet_width /2))
                bullet_y = plane_y - int(bullet_height / 2 )

        if event.type == KEYUP :
            if event.key == K_UP or event.key == K_RIGHT :
                plane_x += 0



            •
            •
            •

    # 적기와 비행기가 충돌하는 지 체크
    if Collision(plane_x, plane_y, enemy_x, enemy_y) :
        gameScreen.blit(boom, (enemy_x, enemy_y))
        enemy_x = random.randrange(int(enemy_width/2), int(screenWidth-
                    enemy_width/2))
        enemy_y = -enemy_height
        displayEnemy(enemy, enemy_x, enemy_y)
        print("Crushed")

    # 총알 이동하기
    if bullet_y > 0 and bullet_y < screenHeight :
        gameScreen.blit(yellowBullet, (bullet_x, bullet_y))
        bullet_y -= 15

    pygame.display.update( )

    clock.tick(10)
```

```
    pygame.quit( )
```

수정된 코드를 실행하면, 스페이스바를 눌렀을 때 비행기의 가운데 부분에서 총알이 발사되어 게임화면의 위로 이동한다.

그러나 총알이 발사된 후 스페이스 바를 누르면 이동하던 총알이 화면에서 사라지게 된다. 총알은 이전 발사된 총알 다음에 새로운 총알이 발사되도록 해야하므로 스페이스바를 누르때 마다 총알을 저장하도록 코드를 수정해야 한다. 발사된 총알 목록을 유지하기 위한 변수(bullets)를 다음과 같이 runGame 함수에 선언한다.

```
def runGame( ) :
        •
        •
        •

    bullet_rect = yellowBullet.get_rect( )
    bullet_width = bullet_rect.width
    bullet_height = bullet_rect.height
```

```
    bullet_x = 0
    bullet_y = 0
    bullets = [ ]

    gameScreen.fill(WHITE)
            •
            •
            •
```

이제 스페이스 바를 누를 때마다 총알(yellowBullet)을 변수 bullets을 추가하도록 다음과 같이 코드를 수정한다.

```
if event.key == K_SPACE : # 스페이스바를 누르면 총알 위치 설정
    bullet_x = plane_x + int((plane_width / 2 ) - (bullet_width /2))
    bullet_y = plane_y - int(bullet_height / 2 )
    bullets.append([bullet_x, bullet_y])
```

```
def runGame( ) :
            •
            •
            •
        if enemy_y < screenHeight :
            enemy_y += enemySpeed
        else :
            enemy_y = 0
            enemy_x = random.randrange(int(enemy_width/2), int(screenWidth-
enemy_width/2))

        # 적기와 비행기가 충돌하는 지 체크
        if Collision(plane_x, plane_y, enemy_x, enemy_y) :
            gameScreen.blit(boom, (enemy_x, enemy_y))
            enemy_x = random.randrange(int(enemy_width/2), int(screenWidth-
                    enemy_width/2))
            enemy_y = -enemy_height
```

```
    displayEnemy(enemy, enemy_x, enemy_y)

  # 총알 발사하기
  if len(bullets) != 0 :
    for b_index, bullet_pos in enumerate(bullets) :
      gameScreen.blit(yellowBullet, (bullet_pos[0], bullet_pos[1]))
      bullet_pos[1]  -= 15

      if bullet_pos[1] <= 0 :
        bullets.remove(bullet_pos)

      if bullet_pos[1] < enemy_y + int(enemy_height/2):
        if bullet_pos[0] > enemy_x and bullet_pos[0] < enemy_x + enemy_width :
          gameScreen.blit(boom, (enemy_x, enemy_y))
          bullets.remove(bullet_pos)
          enemy_x = random.randrange(int(enemy_width/2), int(screenWidth-
                    enemy_width/2))
          enemy_y = -enemy_height
    •
    •
    •
```

목록에 저장된 총알의 순서대로 화면에 표시하고, 총알의 위치와 적기의 위치를 비교하여 충돌했는 지를 검사하도록 코드를 수정한다.

수정된 코드를 실행하면 총알이 적기에 맞은 후 boom 이미지를 표시하고 화면에서 사라지게 된다.

⑪ 게임 종료 루틴 만들기

게임을 무한히 반복할 수는 없으므로, 게임을 종료하기 위한 규칙을 만들어야 한다. 비행기(plane)가 적기(enemy)와 3번 충돌한 다음 게임이 종료되도록 코드를 작성한다. 비행기가 적기와 충돌했는 지를 나타내는 변수 (planeCrushed)를 다음과 같이 선언하고, 비행기가 충돌하면 충돌회수를 증가시키도록 코드를 수정한다.

```
crushedCounter = False
```

비행기와 적기가 충돌하는 지 검사한 후에 충돌 회수를 1 증가시키고, 3이 되면 Game Over 메시지를 출력하도록 한다.

```
if planeCrushed :
    crushedCounter += 1
    planeCrushed = False
```

```
# 적기와 비행기가 충돌하는 지 체크
if Collision(plane_x, plane_y, enemy_x, enemy_y) :
```

```
gameScreen.blit(boom, (enemy_x, enemy_y))

crushedCounter += 1
if crushedCounter == 3 :
    displayMessage("Game Over !!")
    crushedCounter = 0
planeCrushed = True
enemy_x = random.randrange(int(enemy_width/2), int(screenWidth -
                enemy_width/2))
enemy_y = -enemy_height
displayEnemy(enemy, enemy_x, enemy_y)
```

전체 코드는 다음과 같다.

전체 코드

```
import pygame
import time
import random
from pygame.locals import *
from time import sleep

global gameScreen, clock, plane, enemy, boom, yellowBullet

WHITE = ( 255, 255, 255)
RED = ( 255, 0, 0 )
screenWidth = 500
screenHeight = 800

backgroundImage_Height = 800

def runGame( ) :
    bgImage1_y = 0
    bgImage2_y = bgImage1_y - backgroundImage_Height
```

```
plane_rect = plane.get_rect( )
plane_width = plane_rect.width
plane_height = plane_rect.height

enemy_rect = enemy.get_rect( )
enemy_width = enemy_rect.width
enemy_height = enemy_rect.height

enemySpeed = 10

# 비행기 위치 설정
plane_x = random.randint(int(plane_width/2), int(screenWidth-plane_width/2))
plane_y = screenHeight - plane_height

enemy_x = random.randrange(int(enemy_width/2), int(screenWidth-
enemy_width/2))
enemy_y = 0

bullet_rect = yellowBullet.get_rect( )
bullet_width = bullet_rect.width
bullet_height = bullet_rect.height

bullet_x = 0
bullet_y = 0

bullets = [ ]

gameScreen.fill(WHITE)

crashed = False
crushedCounter = 0


while not crashed :
    for event in pygame.event.get( ) :
        if event.type == QUIT :
            crashed = True
```

```
        if event.type == KEYDOWN :
            if event.key == K_LEFT :
                plane_x += -10
            if event.key == K_RIGHT :
                plane_x += 10
            if event.key == K_SPACE : # 스페이스바를 누르면 총알 위치 설정
                bullet_x = plane_x + int((plane_width / 2 ) - (bullet_width /2))
                bullet_y = plane_y - int(bullet_height / 2 )
                bullets.append([bullet_x, bullet_y])

        if event.type == KEYUP :
            if event.key == K_UP or event.key == K_RIGHT :
                plane_x += 0

    displayBG(bgImage1, 0, bgImage1_y )
    displayBG(bgImage2, 0, bgImage2_y)

    displayPlane(plane, plane_x, plane_y)
    displayEnemy(enemy, enemy_x, enemy_y)

    bgImage1_y += 2
    bgImage2_y += 2

    if bgImage1_y == backgroundImage_Height :
        bgImage1_y = -backgroundImage_Height
    if bgImage2_y == backgroundImage_Height :
        bgImage2_y = -backgroundImage_Height

    if enemy_y < screenHeight :
        enemy_y += enemySpeed
    else :
        enemy_y = 0
        enemy_x = random.randrange(int(enemy_width/2), int(screenWidth-
                    enemy_width/2))


    # 적기와 비행기가 충돌하는 지 체크
```

```
if Collision(plane_x, plane_y, enemy_x, enemy_y) :
    gameScreen.blit(boom, (enemy_x, enemy_y))

    crushedCounter += 1
    if crushedCounter == 3 :
        displayMessage("Game Over !!")
        crushedCounter = 0
    planeCrushed = True
    enemy_x = random.randrange(int(enemy_width/2), int(screenWidth-
                enemy_width/2))
    enemy_y = -enemy_height
    displayEnemy(enemy, enemy_x, enemy_y)

# 총알 이동하기
if len(bullets) != 0 :
    for b_index, bullet_pos in enumerate(bullets) :
        gameScreen.blit(yellowBullet, (bullet_pos[0], bullet_pos[1]))
        bullet_pos[1]  -= 15

        if bullet_pos[1] <= 0 :
            bullets.remove(bullet_pos)

        if bullet_pos[1] < enemy_y + int(enemy_height/2) :
            if bullet_pos[0] > enemy_x and bullet_pos[0] < enemy_x + enemy_width :
                gameScreen.blit(boom, (enemy_x, enemy_y))
                bullets.remove(bullet_pos)
                enemy_x = random.randrange(int(enemy_width/2), int(screenWidth-
                            enemy_width/2))
                enemy_y = -enemy_height

    if planeCrushed :
        crushedCounter += 1
        planeCrushed = False

pygame.display.update( )

clock.tick(10)
```

```
    pygame.quit( )


def displayMessage (message) :


    dispFont = pygame.font.SysFont ("AdobeGothicStd-Bold", 35)
    dispMessage = dispFont.render(message, True, RED)
    dispMessage_pos = dispMessage.get_rect( )
    dispMessage_pos.center = (screenWidth/2, screenHeight/2)

    gameScreen.blit(dispMessage, dispMessage_pos)

    pygame.display.update( )

    sleep(2)

    runGame( )

def displayPlane (obj, x, y) :
    gameScreen.blit(obj, (x, y))

def displayEnemy (obj, x, y) :
    gameScreen.blit(obj, (x, y))

def displayBG( img_obj, x, y ) :
    gameScreen.blit(bgImage1, (x, y) )
    gameScreen.blit(bgImage2, (x, y) )

# 적이 비행기와 충돌하는 경우
def Collision(p_x, p_y, e_x, e_y) :
    if (e_x > p_x - 20) and (e_x < p_x + 20) and (e_y > p_y - 20) and (e_y < p_y + 20) :
        return True
    else :
        return False
```

```
# 게임 메인 루프
pygame.init( )

gameScreen = pygame.display.set_mode((screenWidth, screenHeight))
pygame.display.set_caption("Try!! Making game~")

gameScreen.fill(WHITE)
clock = pygame.time.Clock( )

pygame.key.set_repeat(1,1)

plane = pygame.image.load('plane.png')
enemy = pygame.image.load('enemy.png')
boom = pygame.image.load('boom.png')
yellowBullet = pygame.image.load('bullet.png')

bgImage1 = pygame.image.load('bg.png')
bgImage2 = bgImage1.copy( )

displayMessage("Ready~~~! Enjoy Game")

runGame( )
```

Chapter **15**

스프라이트 (Sprite) 사용하기

스프라이트(Sprite)는 다른 이미지와 합성하기 위해 사용하는 이미지나 애니메이션을 말한다.
"게임 화면 내에서 움직이는 물체"라고 생각해도 된다. 스프라이트를 사용하면 더 작은 용량으로 더 작은 메모리로 객체의 상태 변화나 객체들 간의 충동 처리 등이 용이하게 구현 가능하다.

1 스프라이트 (Sprite)란?

이미지(Image)는 일반적으로 이미지 파일만을 참조하며, 픽셀을 저장하는 Python 객체인 표면 (Surface) 객체를 사용하여 디스크 이미지에서 데이터를 읽은 표면을 스탬프처럼 blit 메서드를 사용하여 이미지를 화면에 표시한다.
반면에 스프라이트 (Sprite)는 화면상의 움직일 수 있는 모든 게임 개체를 의미하는 것으로 스프라이트에 표시되는 이미지 (Image)와 스프라이트를 담는 사각형 (Rect) 영역이 합쳐져 있는 개념으로, 움직임을 가지는 이미지나 이미지의 일부를 파이게임 (Pygame)에서 스프라이트 (Sprite)라고 한다.
파이게임 (Pygame)은 스프라이트를 다루기 위해 pygame.sprite 모듈을 제공하며, sprite 모듈은 스프라이트를 다루기 위한 Sprite라는 기본 클래스를 포함하여 Sprite가 포함된 여러 그룹 클래스와 메서드들을 포함한다.
스프라이트 (sprite) 모듈에는 다음과 같은 클래스가 포함되어 있다.

표 ▶ 스프라이트 (sprite) 모듈의 클래스

클래스	설명
pygame.sprite.Sprite	게임 객체에 대한 기본 클래스
pygame.sprite.DirtySprite	스프라이트의 서브 클래스
pygame.sprite.Group	여러 스프라이트를 포함하고 관리할 수 있는 클래스
pygame.sprite.RenderPlain	pygame.sprite.Group과 동일
pygame.sprite.RenderClear	pygame.sprite.Group과 동일
pygame.sprite.RenderUpdates	Group 서브 클래스
pygame.sprite.OrderedUpdates	RenderUpdates 서브 클래스(추가된 순서대로 스프라이트 그리기)
pygame.sprite.LayeredUpdates	레이어를 관리하거나 스프라이트를 그리는 스프라이트 그룹
pygame.sprite.LayeredDirty	LayeredUpdates 서브 클래스
pygame.sprite.GroupSingle	단일 스프라이트를 포함하는 그룹 컨테이너
pygame.sprite.spritecollide	그룹 내에서 다른 스프라이트와 겹치는 스프라이트 반환
pygame.sprite.collide_rect	rect를 사용하여 두 스프라이트 사이의 충돌 감지
pygame.sprite.collide_rect_ratio	크기가 조정된 rect를 사용하여 두 스프라이트 사이의 충돌 감지
pygame.sprite.collide_circle	circle을 사용하여 두 스프라이트 사이의 충돌 감지
pygame.sprite.collide_circle_ratio	크기가 조정된 circle을 사용하여 두 스프라이트 사이의 충돌 감지
pygame.sprite.collide_mask	마스크(mask)를 사용하여 두 스프라이트 사이의 충돌 감지
pygame.sprite.groupcollide	두 그룹 사이에 충돌하는 모든 스프라이트 반환
pygame.sprite.spritecollideany	그룹 안에서 겹치는 지 여부 검사

1) Sprite 클래스

pygame.sprite.Sprite 클래스는 여러 유형의 객체에 대한 기본 클래스로 사용된다. 기본 클래스인 Sprite 클래스를 직접 사용하지 않고 pygame.sprite.Sprite를 기반으로 하는 하위 클래스(파생 클래스)를 만들어서 사용한다. 파생 클래스가 스프라이트 객체가 된다.

Sprite 클래스의 클래스 생성자 (__init__ 메소드)는 Sprite 인스턴스가 속해야 하는 그룹 (또는 그룹 목록)을 인수로 하여 스프라이트를 초기화한다. 클래스 생성자 (__init__ 메소드)에는 이미지 (image)와 스프라이트가 표시되는 위치를 포함하는 Rect 개체를 속성 (Built-in attributes)으로 포함한다.

Sprite 클래스의 파생 클래스(derived class)를 선언할 때 객체의 속성을 정의하여야 한다.

❶ 스프라이트 객체를 그룹에 추가하기 전에 Sprite.init( ) 메소드를 호출해야 한다.

❷ pygame.Surface 형식의 image 속성을 설정한다.

❸ pygame.Rect 형식의 rect 속성을 할당한다.

❹ update( ) 메소드를 오버라이드한다.

예를 들어 비행기를 표시하는 Plane 클래스를 다음과 같이 선언한다. 이 예제에서 비행기는 사각형 개체로 표시하도록 한다.

```
class Plane (pygame.sprite.Sprite) :
    def __init__(self, color) :
        super( ).__init__( )

        self.image = pygame.Surface([50,50])
        self.color = color

        self.image.fill(color)

        self.rect = self.image.get_rect( )
        self.rect.topleft = (200, 350)

    def update(self, color) :
        pass
```

이제 airCraft 객체를 생성하고 화면에 표시하도록 다음과 같이 코드를 작성한 후 실행해 보자.

```
import pygame
from pygame.locals import *

WHITE = (255, 255, 255)
```

```
RED = (255, 0, 0)

class Plane (pygame.sprite.Sprite) :
    def __init__(self, color) :
        super( ).__init__( )

    • • •

    def update(self, color) :
        pass

# 메인 게임 루프
pygame.init( )

screen = pygame.display.set_mode((640, 480), 0, 32)
pygame.display .set_caption("Sprite Example")

clock = pygame.time.Clock( )

airCraft = Plane(RED)

done = True
while done :
    for event in pygame.event.get( ) :
        if event.type == QUIT :
            done = False

    screen.fill(WHITE)
    screen.blit(airCraft.image, airCraft.rect.topleft)

    pygame.display.update( )
    clock.tick(60)
pygame.display.quit( )
```

코드를 실행하면 다음 그림과 같이 이미지가 표시된다.

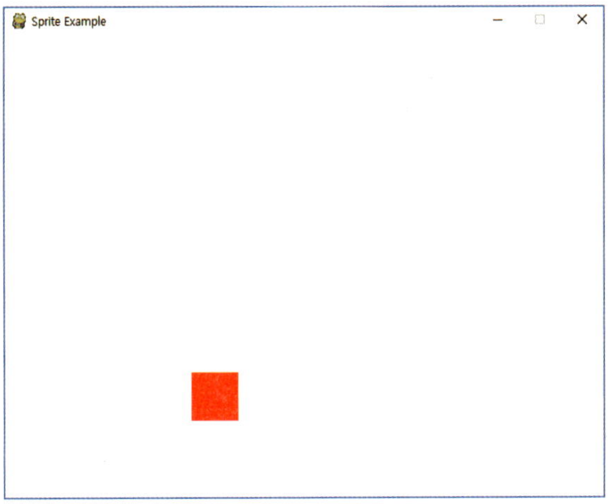

이제 화살표 키를 누르면 클릭하면 객체가 좌우로 이동하도록 메소드(planeLeft, planeRight)를 다음과 같이 Plane 클래스에 추가한다.

```
class Plane (pygame.sprite.Sprite) :
    def __init__(self, color) :
        super( ).__init__( )

        self.image = pygame.Surface([50,50])
        self.color = color

        self.image.fill(color)

        self.rect = self.image.get_rect( )
        self.rect.topleft = (200, 350)

    def moveRight(self, moving):
        self.rect.x += moving

    def moveLeft(self, moving):
        self.rect.x -= moving

    def update(self, color) :
        pass
```

이제 메인 게임 루프를 다음과 같이 수정하고 실행한 후 좌우 화살표 키를 눌러 비행기가 좌우로 이동하는 지 확인하도록 한다.

```
# 메인 게임 루프
pygame.init( )

screen = pygame.display.set_mode((640, 480), 0, 32)
pygame.display .set_caption("Sprite Example")

clock = pygame.time.Clock( )

airCraft = Plane(RED)

done = True
while done :
    for event in pygame.event.get( ) :
        if event.type == QUIT :
            done = False

    keys = pygame.key.get_pressed( )
    if keys[pygame.K_LEFT]:
        airCraft.moveLeft(5)
    if keys[pygame.K_RIGHT]:
        airCraft.moveRight(5)

    screen.fill(WHITE)
    screen.blit(airCraft.image, airCraft.rect.topleft)

    pygame.display.update( )
    clock.tick(60)

pygame.display.quit( )
```

이번에는 위에서 내려오는 Enemy 개체를 만들기 위해 다음과 같이 메인 게임 루프에 추가하도록 한다. airCraft의 x축 위치가 지정된 범위내에서 랜덤하게 표시되도록 약간 수정 하도록 한다.

```
# 메인 게임 루프
pygame.init( )

screen = pygame.display.set_mode((640, 480), 0, 32)
pygame.display .set_caption("Sprite Example")

clock = pygame.time.Clock( )

airCraft = Plane(RED)
airCraft.rect.x =random.randint(30, 300)
Enemy = Plane(BLUE)
Enemy.rect.x =random.randint(30, 300)
Enemy.rect.y = 0

done = True
while done :
    for event in pygame.event.get( ) :
        if event.type == QUIT :
            done = False

    • • •

    screen.fill(WHITE)
    screen.blit(airCraft.image, airCraft.rect.topleft)
    screen.blit(Enemy.image, (Enemy.rect.x, Enemy.rect.y))

    pygame.display.update( )
    clock.tick(60)

pygame.display.quit( )
```

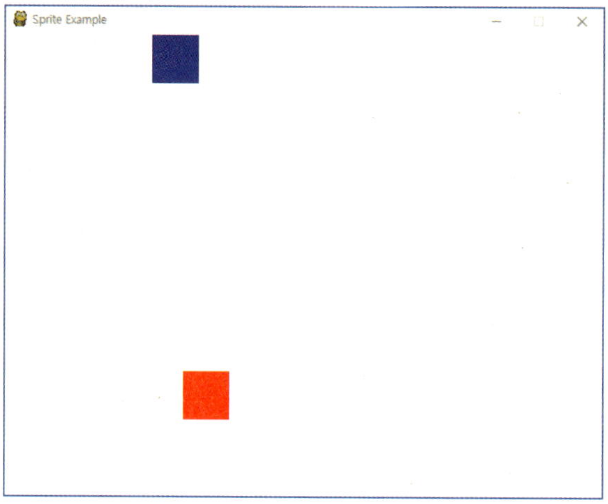

이제 Enemy 개체가 위에서 아래로 내려오도록 moveDown 메서드를 Plane 클래스에 추가하도록 한다.

```
class Plane (pygame.sprite.Sprite) :
    def __init__(self, color) :
        super( ).__init__( )

        self.image = pygame.Surface([50,50])
        self.color = color

    • • •

    def moveLeft(self, moving):
        self.rect.x -= moving

    def moveDown(self, moving):
        self.rect.y += moving

    def update(self, color) :
        pass
```

이제 Enemy 개체가 screen을 벗어나면 다시 위에서 아래로 내려오도록 메인 게임 루프에 다음과 같이 코드를 추가한다.

```
# 메인 게임 루프
pygame.init( )

screen = pygame.display.set_mode((640, 480), 0, 32)
pygame.display .set_caption("Sprite Example")

clock = pygame.time.Clock( )


  • • •

  keys = pygame.key.get_pressed( )
  if keys[pygame.K_LEFT]:
    airCraft.moveLeft(5)
  if keys[pygame.K_RIGHT]:
    airCraft.moveRight(5)

  Enemy.moveDown(5)
  if Enemy.rect.y > screen.get_height( ) :
    Enemy.rect.x =random.randint(30, 300)
    Enemy.rect.y = -100

  screen.fill(WHITE)
  screen.blit(airCraft.image, airCraft.rect.topleft)
  screen.blit(Enemy.image, (Enemy.rect.x, Enemy.rect.y))

  pygame.display.update( )
  clock.tick(60)

pygame.display.quit( )
```

이 코드를 실행하면 airCraft 개체와 Enemy 개체가 충돌해도 아무 일도 일어나지 않는다. 두 개체가 충돌했을 때 충돌했다는 메시지를 출력하고 게임을 종료하도록 메인 게임 루프에 다음과 같이 코드를 추가한다.

```
# 메인 게임 루프
pygame.init( )

screen = pygame.display.set_mode((640, 480), 0, 32)
pygame.display .set_caption("Sprite Example")

clock = pygame.time.Clock( )


  • • •

  Enemy.moveDown(5)
  if Enemy.rect.y > screen.get_height( ) :
    Enemy.rect.x =random.randint(30, 300)
    Enemy.rect.y = -100

  if pygame.sprite.collide_rect(airCraft, Enemy):
    print("Stop~!!!")
    done = False

  screen.fill(WHITE)
  screen.blit(airCraft.image, airCraft.rect.topleft)
  screen.blit(Enemy.image, (Enemy.rect.x, Enemy.rect.y))

  pygame.display.update( )
  clock.tick(60)

pygame.display.quit( )
```

코드를 실행 한 후 두 개체가 충돌하면 'Stop~!!!' 메시지가 출력되고, 게임이 종료된다.

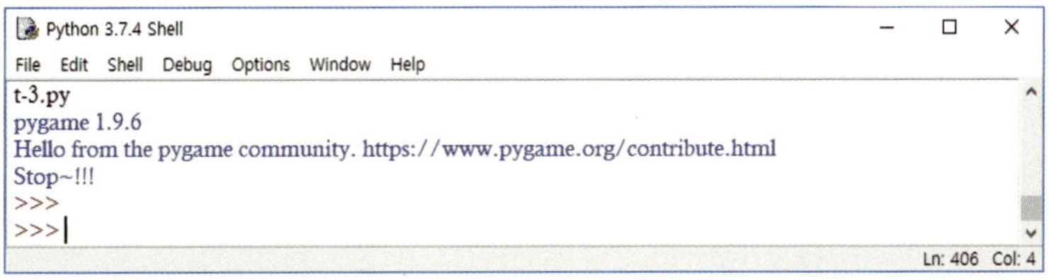

Sprite 클래스에는 다음과 같은 메소드를 포함한다.

표 ▶ Sprite 클래스의 메소드

메소드	기능
update( )	객체 상태 업데이트
add( )	스프라이트를 그룹에 추가
remove( )	스프라이트를 그룹에서 제거
kill( )	스프라이트가 속해 있는 모든 그룹에서부터 스프라이트 제거
alive( )	스프라이트가 한 그룹에라도 속해있는 지 여부 반환
groups( )	스프라이트가 속해 있는 모든 그룹 반환

2) pygame.sprite.Group 클래스

pygame.sprite.Group 클래스는 Sprite 객체의 컨테이너 기능을 하는 클래스로, 스프라이트 목록인 스프라이트 그룹을 저장한다. Sprite 클래스와 마찬가지로 그룹에 속하는 스프라이트를 변경할 수있는 add( ) 및 remove( ) 메소드를 포함하며, 스프라이트 또는 스프라이트 목록을 생성자 (__init__ ( ) 메서드)에 전달하여 초기 스프라이트가 포함된 Group 인스턴스를 만들 수도 있다.

Group 클래스에는 그룹에 포함 된 모든 스프라이트 목록을 반환하는 sprites( ) 메서드, 그룹에서 모든 스프라이트를 제거하는 empty( )와 모든 멤버를 가진 그룹의 사본을 반환하는 copy( ) 메서드, 그룹에 스프라이트 또는 스프라이트 목록이 포함되어 있는지 확인하는 has( ) 메서드 등을 제공한다.

다음은 Group 클래스의 메소드 목록이다.

메소드	기능
sprites( )	그룹에 포함되어 있는 모든 스프라이트의 목록 반환
copy( )	그룹 복사
add( )	스프라이트를 그룹에 추가
remove( )	스프라이트를 그룹에서 제거
has( )	그룹이 특정 스프라이트를 갖고 있는지 확인
update( )	그룹에 포함되어 있는 모든 스프라이트 객체의 update( ) 메소드를 호출한다.
draw( )	그룹에 포함되어 있는 각 스프라이트 객체의 image 데이터 속성과 rect 데이터 속성을 매개변수로 Surface.blit( ) 메소드 호출
clear( )	그룹이 갖고 있는 스프라이트 위로 배경 표시
empty( )	모든 스프라이트를 그룹에서 제거

Sprite 클래스와 Group 클래스는 함께 사용하면 매우 편리하다. 스프라이트는 원하는 만큼 여러 그룹에 포함될 수 있다. 스프라이트는 다른 스프라이트에 의해 참조되지 않는 한 스프라이트 그룹에 포함되지 않아도 된다. 게임에서 여러 개체를 사용하는 경우 그룹을 만들어 사용하면 게임 객체를 반복하여 사용하거나 그룹과 스프라이트를 추가하고 삭제하는 등의 작업을 빠르게 처리할 수 있다.

Sprite 클래스에서 사용한 예제를 수정하여 4개의 Enemy 스프라이트가 포함되도록 다음과 같이 코드를 수정하여 스트라이프를 추가한다.

```
# 메인 게임 루프
pygame.init( )

screen = pygame.display.set_mode((640, 480), 0, 32)
pygame.display .set_caption("Sprite Example")

clock = pygame.time.Clock( )

airCraft = Plane(RED)
airCraft.rect.x =random.randint(30, 300)
```

```
Enemy1 = Plane(BLUE)
Enemy1.rect.x =random.randint(30, 300)
Enemy1.rect.y = 25

Enemy2 = Plane(MAGENTA)
Enemy2.rect.x =random.randint(30, 300)
Enemy2.rect.y = -300

Enemy3 = Plane(CYAN)
Enemy3.rect.x =random.randint(30, 300)
Enemy3.rect.y = -600

Enemy4 = Plane(ORANGE)
Enemy4.rect.x =random.randint(30, 300)
Enemy4.rect.y = -900

done = True
while done :
    • • •
    pygame.display.update( )
    clock.tick(60)

pygame.display.quit( )
```

추가된 Enermy 스트라이프를 그룹에 추가하기 위해 Group( ) 메서드를 사용하여 다음과 같이 코드를 수정한다.

```
# 메인 게임 루프
pygame.init( )

screen = pygame.display.set_mode((640, 480), 0, 32)
pygame.display .set_caption("Sprite Example")

clock = pygame.time.Clock( )
```

```
airCraft = Plane(RED)
airCraft.rect.x =random.randint(30, 300)

  • • •

Enemy4 = Plane(ORANGE)
Enemy4.rect.x =random.randint(30, 300)
Enemy4.rect.y = -900

enemy_list = pygame.sprite.Group( )

enemy_list.add(Enemy1)
enemy_list.add(Enemy2)
enemy_list.add(Enemy3)
enemy_list.add(Enemy4)

done = True
while done :
  • • •
  pygame.display.update( )
  clock.tick(60)

pygame.display.quit( )
```

스프라이트 그룹(enemy_list)에 포함된 스프라이트를 순서대로 화면에 표시하도록 따음 코드를 수정한다.

```
# 메인 게임 루프
pygame.init( )

screen = pygame.display.set_mode((640, 480), 0, 32)
pygame.display .set_caption("Sprite Example")
```

```
clock = pygame.time.Clock( )

airCraft = Plane(RED)
airCraft.rect.x =random.randint(30, 300)

  • • •

Enemy4 = Plane(ORANGE)
Enemy4.rect.x =random.randint(30, 300)
Enemy4.rect.y = -900

enemy_list = pygame.sprite.Group( )

enemy_list.add(Enemy1)
enemy_list.add(Enemy2)
enemy_list.add(Enemy3)
enemy_list.add(Enemy4)

done = True
while done :
  • • •

  for enemy in enemy_list :
  enemy.moveDown(5)
  if enemy.rect.y > screen.get_height( ) :
    enemy.rect.x =random.randint(30, 300)
    enemy.rect.y = -100

  if pygame.sprite.collide_rect(airCraft, Enemy):
    print("Stop~!!!")
    done = False

  • • •

pygame.display.quit( )
```

지금까지 작성된 코드를 실행하면 스프라이트 airCraft만 표시되고, enemy_list에 추가된 스프라이트들은 표시되지 않는다. 스프라이트를 표시하기 위해 스프라이트를 블리팅하기 위한 코드를 추가한다.

```
# 메인 게임 루프
pygame.init( )

screen = pygame.display.set_mode((640, 480), 0, 32)
pygame.display .set_caption("Sprite Example")

  • • •

  if pygame.sprite.collide_rect(airCraft, Enemy):
    print("Stop~!!!")
    done = False

  screen.fill(WHITE)
  screen.blit(airCraft.image, airCraft.rect.topleft)
  for enemy in enemy_list :
    screen.blit(enemy.image, (enemy.rect.x, enemy.rect.y))

  • • •

pygame.display.quit( )
```

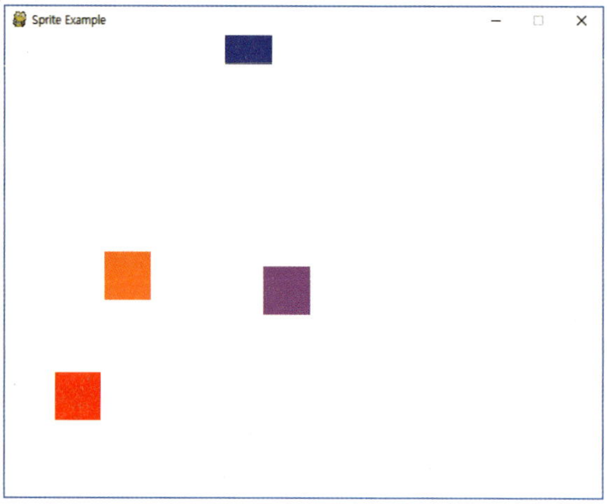

2 스프라이트 사이의 충돌 처리

pygame.sprite에는 스프라이트 사이의 충돌 여부를 평가하고 처리하기 위한 여러 메서드를 포함한다.

메소드	기능
spritecollide( )	스프라이트 그룹에서 다른 스프라이트와 교차하는 스프라이트 목록 반환
collide_rect( )	rect를 사용하여 두 스프라이트 사이의 충돌 감지
collide_rect_ratio( )	비율에 맞게 조정된 rect를 사용하여 두 스프라이트 사이의 충돌 감지
collide_circle( )	circle을 사용하여 두 스프라이트 사이의 충돌 감지
collide_circle_ratio( )	비율에 맞게 조정된 circle을 사용하여 두 스프라이트 사이의 충돌 감지
collide_mask( )	마스크(mask)를 사용하여 두 스프라이트 사이의 충돌 감지
groupcollide( )	스프라이트 그룹 사이에 충돌하는 모든 스프라이트 목록 반환
spritecollideany( )	한 스프라이트가 스프라이트 그룹의 스프라이트와 겹치는 지 검사

다음 예는 3개의 스프라이프가 서로 충돌하면, 스프라이프의 이동 방향을 변경하고 어느 스트라이프가 충돌했는 지 메시지를 출력하는 예제이다.

```
import pygame, random, math, time, sys
from pygame.locals import *

class movingBall(pygame.sprite.Sprite):
    def __init__(self, color):
        pygame.sprite.Sprite.__init__(self)
        self.image = pygame.Surface((30,30))
        self.color = color
        pygame.draw.circle(self.image, self.color, (15,15), 15,0)
        self.rect = self.image.get_rect( )
        self.rect.centerx = random.randrange(0,600)
        self.rect.centery = random.randrange(0,600)
        self.angleX = random.randrange(-45,45)
        self.angleY = random.randrange(-45,45)
```

```
    def bouncing(self):
        if (self.rect.left <= 0 or self.rect.right >= screen.get_width( )):
            self.angleX *= -1
        if (self.rect.top <= 0 or self.rect.bottom >= screen.get_height( )):
            self.angleY *= -1

    def update(self):
        self.bouncing( )
        self.rect.centerx += self.angleX
        self.rect.centery += self.angleY

GREEN = (0,255,0)
BLACK = (0,0,0)
BLUE = (0, 0, 255)
RED = (255,0,0)

pygame.init( )

screenSize = 600, 600
screen = pygame.display.set_mode((screenSize))

clock = pygame.time.Clock( )

ball_1 = movingBall(RED)
ball_2 = movingBall(BLUE)
ball_3 = movingBall(GREEN)

#스프라이트 그룹에 스프라이트 추가
sprites_list = pygame.sprite.Group( )
sprites_list.add(ball_1)
sprites_list.add(ball_2)
sprites_list.add(ball_3)

done = True

#메인 게임 루프
while done:
        screen.fill(BLACK)
```

```
        for event in pygame.event.get( ):
            if event.type == QUIT:
                done = False

        if pygame.sprite.collide_rect(ball_1, ball_2):
            ball_1.angleX *= -1
            ball_1.angleY *= -1
            ball_2.angleX *= -1
            ball_2.angleY *= -1
            print("Collide! : ball_1, ball_2")

        if pygame.sprite.collide_rect(ball_1, ball_3):
            ball_1.angleX *= -1
            ball_1.angleY *= -1
            ball_3.angleX *= -1
            ball_3.angleY *= -1
            print("Collide! : ball_1, ball_3")

        if pygame.sprite.collide_rect(ball_2, ball_3):
            ball_2.angleX *= -1
            ball_2.angleY *= -1
            ball_3.angleX *= -1
            ball_3.angleY *= -1
            print("Collide! : ball_2, ball_3")

        sprites_list.update( )
        sprites_list.draw(screen)

        pygame.display.update( )
        clock.tick(30)

    pygame.quit( )
```

위 코드를 실행하면 3개의 스프라이프가 움직이고, 스프라이트 사이에 충돌이 발생하는 지 여부를 collide_rect( ) 메서드를 사용하여 감지한 후 이동 방향을 변경하고, 메시지를 출력한다.

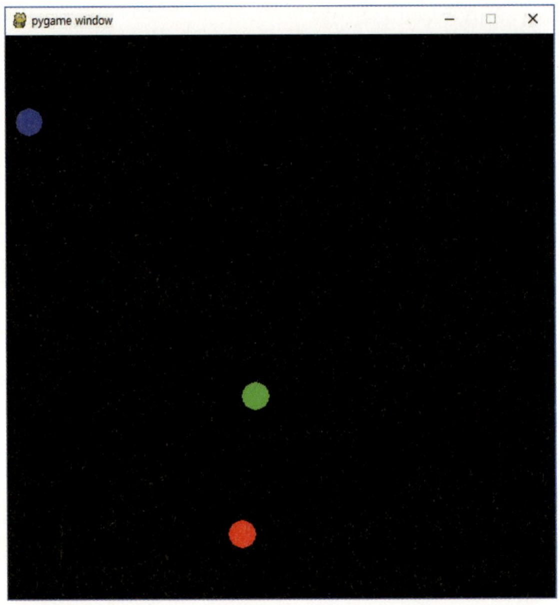
pygame window

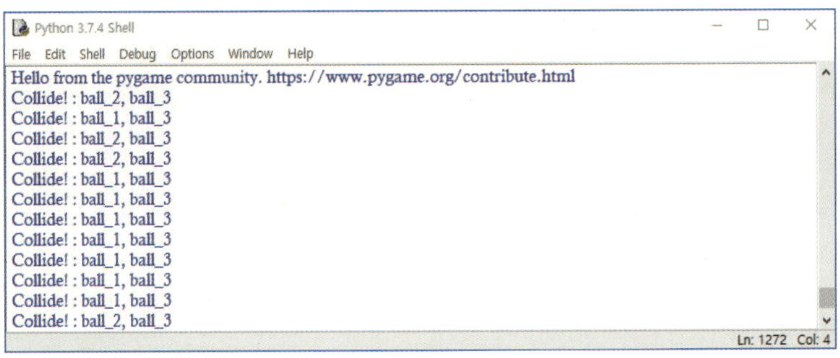
Python 3.7.4 Shell
File Edit Shell Debug Options Window Help
Hello from the pygame community. https://www.pygame.org/contribute.html
Collide! : ball_2, ball_3
Collide! : ball_1, ball_3
Collide! : ball_2, ball_3
Collide! : ball_2, ball_3
Collide! : ball_1, ball_3
Collide! : ball_1, ball_3
Collide! : ball_1, ball_3
Collide! : ball_1, ball_3
Collide! : ball_1, ball_3
Collide! : ball_1, ball_3
Collide! : ball_1, ball_3
Collide! : ball_2, ball_3
Ln: 1272 Col: 4

요약

■ 스프라이트 (Sprite)

- 화면상의 움직일 수 있는 모든 게임 개체 의미
- 스프라이트에 표시되는 이미지 (Image)와 스프라이트를 담는 사각형 (Rect) 영역이 합쳐져 있는 개념으로, 움직임을 가지는 이미지나 이미지의 일부를 의미
- 스프라이트를 다루기 위해 pygame.sprite 모듈 제공
- 스프라이트를 다루기 위한 Sprite라는 기본 클래스를 포함하여 Sprite가 포함된 여러 그룹 클래스와 메서드 포함

클래스	
pygame.sprite.Sprite	pygame.sprite.GroupSingle
pygame.sprite.DirtySprite	pygame.sprite.spritecollide
pygame.sprite.Group	pygame.sprite.collide_rect
pygame.sprite.RenderPlain	pygame.sprite.collide_rect_ratio
pygame.sprite.RenderClear	pygame.sprite.collide_circle
pygame.sprite.RenderUpdates	pygame.sprite.collide_circle_ratio
pygame.sprite.OrderedUpdates	pygame.sprite.collide_mask
pygame.sprite.LayeredUpdates	pygame.sprite.groupcollide
pygame.sprite.LayeredDirty	pygame.sprite.spritecollideany

■ Sprite 클래스의 파생 클래스(derived class) 선언

- 스프라이트 객체를 그룹에 추가하기 전에 Sprite.init( ) 메소드 호출
- pygame.Surface 형식의 image 속성 설정
- pygame.Rect 형식의 rect 속성 할당
- update( ) 메소드 오버라이드
- Sprite 클래스의 메소드

메소드	
update( )	kill( )
add( )	alive( )
remove( )	groups( )

■ pygame.sprite.Group 클래스

- Sprite 객체의 컨테이너 기능을 하는 클래스
- 스프라이트 목록인 스프라이트 그룹 저장
- Group 클래스의 메소드

메소드	
sprites( )	update( )
copy( )	draw( )
add( )	clear( )
remove( )	empty( )
has( )	

■ 스프라이트 사이의 충돌 처리

- 스프라이트 사이의 충돌 여부를 평가하고 처리하기 위한 여러 메서드 포함

메소드	
spritecollide( )	collide_circle_ratio( )
collide_rect( )	collide_mask( )
collide_rect_ratio( )	groupcollide( )
collide_circle( )	spritecollideany( )

연습문제

1. 스프라이트(Sprite)란 무엇인가?

2. 스프라이트를 사용하기 위해 사용하는 pygame.sprite 모듈의 Sprite 클래스에 대해 설명하라.

3. pygame.sprite.Group 클래스에 대해 설명하라.

4. 프로그램에서 스프라이트를 그리는 방법을 설명하라.

5. 스프라이트 사이의 충돌을 처리하는 메서드에 대해 설명하라.

6. Chapter 13장의 연습문제를 스프라이트를 사용하여 수정하라.

INDEX

한국어

저자약력 **정선호**

2002. 3 ~ 현재 평택대학교 IT공과대학 융합소프트웨어학과 교수

(저서)
- 비주얼 베이직 2015 : 초보 프로그래머를 위한 입문서 (2017)
- 한 번에 이해되는 나모웹에디터 (2010)
- 컴퓨터 활용과 실습 (2010)
- (나를 위한 특별한 프로젝트!) MCAS Excel 2007 (2009)
- HTML, CSS와 Javascript 에센스 (2008)
- 비주얼 베이직 프로그래밍 (2007)
- (실습과 함께 배우는) 파워포인트 2003 (2007)
- 데이터베이스 개론: 기본 이론에서 모바일 데이터베이스까지 (2006)
- 컴퓨터의 이해와 활용 (2006)
- 예제로 배우는 엑셀 2003 (2006)
- 데이터베이스 개론과 실습 (2004)
- 비주얼베이직 프로그래밍 입문 - 프로그래머로 가는 프랫폼 (2004)
- 인터넷프로그래밍입문 : HTML, CSS, JavaScript (2003)

쉽고 재미있게 예제로 배우는 **파이썬과 파이게임**

발행일	1판 1쇄 인쇄 2020년 2월 20일 1판 1쇄 발행 2020년 2월 25일
지은이	정선호
발행인	윤덕우
발행처	도서출판 그린
주　소	서울특별시 서대문구 연희로5길 50 (03716)
전　화	02)333-2574, 5
팩　스	02)333-2561
출판등록	제8-16호(1995. 5. 3.)
E-mail	greenpress@greenpress.co.kr
Homepage	http://www.greenpress.co.kr
가　격	28,000원
ISBN	978-89-5727-300-5(93000)